Wilhelm Sauer

LEBEN UND LEHRE

Eine Selbstdarstellung
als Lehrmittel und Zeitbild

von

Wilhelm Sauer

Berlin 1958

WALTER DE GRUYTER & CO.

vormals G. J. Göschensche Verlagshandlung · J. Guttentag, Verlagsbuchhandlung Georg Reimer · Karl J. Trübner · Veit & Comp.

Archiv-Nr. 27 21 58

Satz und Druck: Berliner Buchdruckerei Union G. m. b. H., Berlin SW 61

Dem Andenken meiner Lehrer,

der Zukunft meiner Schüler,

der Mitarbeit meiner Freunde

Vorwort

Diese Autobiographie ist nicht „Dichtung und Wahrheit“, sie ist lauterste Wahrheit. Längere Zeit scheute ich mich, das Buch mit seiner Kritik der Zeitlage und noch lebender Autoren bei Lebzeiten zu veröffentlichen; auf Zureden von Freunden und Kollegen entschloß ich mich endlich dazu, da mein Lebenswerk im wesentlichen abgeschlossen sein dürfte. Etwaige Ergänzungen und Erwiderungen können in einem Nachtrag gebracht werden. Ich hoffe, daß auch dieses Werk der Pflege der Kultur, der Wissenschaft, des Rechts, der Rechtspflege, des Unterrichts, der Selbsterziehung werdender Persönlichkeiten dient.

Wiederholt wurde auf die Einheit und Geschlossenheit meines „Lebenswerkes“ hingewiesen, woraus erst die einzelnen Werke ganz zu verstehen und zu würdigen seien. So möge denn diese gedrängte, aus dem eigenen Leben fließende Darstellung eine erste Einführung und einen erleichternden, vor Mißdeutungen schützenden Überblick über das Gesamtwerk und seine allmähliche Entwicklung darbieten. Für Freunde und näher stehende Kollegen seien einige Worte über die persönliche Entwicklung gesagt, die vielleicht auch für aufstrebende Gelehrte und Jungjuristen bei der Selbstausbildung von Interesse sind. Das aus dem Ganzen hervortretende Zeitbild wird endlich den Historiker interessieren. Allerdings war eine gewisse Zurückhaltung bei der Würdigung der im Fluß befindlichen Dinge und der noch in der Entwicklung stehenden Persönlichkeiten geboten. Meine Darstellung bezieht sich daher vor allem auf die Zeiten, in denen jene Dinge und Personen mein eigenes Leben berührten und beeinflußten.

Diese Lebensdarstellung ist trotz des jeder Biographie wesentlichen Entwicklungscharakters als ein systematisches und insofern streng wissenschaftliches Werk angelegt. Die wertwissenschaftliche und kultursoziologische Methode, die ich in meinen kriminologischen und anderen Arbeiten, zuletzt in meinem Beethovenwerk anwendete, führte folgerichtig zu einer — hier erstmalig vorgelegten — Kritik des eigenen Lebens und seines Werkes.

Vier Register mögen die Lektüre und das Studium erleichtern.

Münster, im Juni 1958

Inhaltsverzeichnis

1. Leitmotive

Das Leben ist der Güter höchstes nicht.
Schiller (Braut von Messina)

Sein eigenes Leben darzustellen, bedarf der Rechtfertigung in einer Zeit, in der das Einzelleben in den Strom der Gesamtheit untertaucht. Einst im Zeitalter der Persönlichkeitspflege fanden Selbstbiographien ein allgemeines Interesse; in der Genieperiode nahm man Goethes Leben, selbst soweit es nicht in „Dichtung und Wahrheit" geschildert wird, als Muster und Vorbild, als Anregung, das eigene Leben einzurichten. Je weniger der Einzelmensch gegenüber der Gesamtheit gilt, umso gleichgültiger wird das Einzelleben – für andere wie für sich selbst: der Einzelne wird zum Glied eines Gesamtorganismus, bei dem das ausschließliche Interesse liegen sollte, wie in unserem sozialen Zeitalter bis zur Erschöpfung verkündet wird. Der Einzelne ist nichts; alles ist das Volk, alles der Staat, alles die Nation, alles die Menschheit. Ein Menschenleben ist ein Sandkorn im rauschenden Meer der Ewigkeit.

Sollte nicht aber auch das Umgekehrte Gültigkeit beanspruchen? Jetzt wie einst zu Goethes Zeiten, als jener vielleicht größte deutsche Mensch uns anderen sein großes Leben vorgelebt hat? Ist nicht auch von Interesse, ob wir ihm heute in allem folgen können, wie weit wir von ihm und wie weit wir untereinander abweichen? Gewinnt nicht das Ganze erst durch den Wert der Einzelnen? Auch das Ganze ist nichts wert, wenn die Einzelmenschen ein ödes Einerlei bilden. Ein sinnvolles Ganzes ist nicht die Summe irgendwelcher Einzelheiten, sondern die Summe von Einzelwerten. Eine Gemeinschaft, die in der Kultur etwas gelten will, ist nicht die Mehrheit irgendwelcher Menschen, sie ist die Mehrheit von Persönlichkeiten. Persönlichkeiten bestimmen das Gemeinschaftsleben; sie bestimmen es umso mehr, je ausgeprägter sie sind. Das Volk, der Staat sind nichts, wenn die Glieder Nullen sind. Volk und Staat gelten umso mehr, je kulturell reifer die Einzelmenschen sind. Ein Menschenleben ist nicht nur ein Sandkorn im Meer; es fährt auf dem Meer und steuert durch das Meer. Und der Mensch orientiert sich auf dem Meer an den Sternen der Ewigkeit.

Ein Gelehrtenleben ist unpersönlicher als ein Künstlerleben; es ist mehr auf das Schaffen von Sachwerten gerichtet. Der Gelehrte interessiert nicht als Person, vielmehr als Schöpfer von Werken. Ein echtes Gelehrtenleben kennt nur das Schaffen von Werken; ein schöpferisches Leben erschöpft sich in seinen Werken. Der echte Gelehrte lebt nur in seinen Werken. Der Gelehrte entäußert seine Person, um nur Sachwerte zu setzen; er vergißt seine Person und lebt nur seinem Werk, nur in seinem Werk. Leib und Gestalt sind ihm nur Hülle; er scheidet aus dem Leben, wie wenn er ein Gewand ablegt, um ein neues anzulegen. So wenn er sich rüstet, jene letzte Fahrt über das wogende Weltmeer anzutreten, sich orientierend nach den Sternen der Ewigkeit.

Die Selbstbiographie eines Gelehrten interessiert nicht als Leben einer bestimmten Person, sondern als Typ eines Schöpfers von Werken. Wohl mögen in jeder Biographie, auch von Künstlern und Werktätigen, von Staatsmännern und Feldherren, die äußeren Zusammenhänge aufgedeckt werden, in denen sich das äußere Leben entwickelt, inwieweit Anlage und Umwelt von entscheidendem Einfluß bei der Lebensgestaltung waren, inwieweit sich das eine Leben individuell unterscheidet von anderen verwandten Lebensführungen. Der Schwerpunkt liegt nicht bei den Umweltverhältnissen, wie so gern die Historiker und Soziologen annehmen; er liegt noch weit weniger bei der Anlage, wie in unseren Tagen durchaus irreführend von biologischer und anthropologischer Seite betont wird. Das Wesentliche ist der frei schöpferische Willensakt, wie beim moralischen und religiösen Menschen, wie beim Künstler und Werktätigen, wie beim großen Staatsmann und Politiker, so erst recht beim Gelehrten. Würden die großen Persönlichkeiten unseres kulturellen Lebens entscheidend bestimmt sein von Anlage und Umwelt, so wären ihre Werke nicht die Werke ihrer Person, sondern persönlichkeitsfremde Erzeugnisse, und so würde ihre Person allerdings noch weit weniger interessieren. Von den drei Ursachen, die bei jedem wichtigen Lebensschicksal mitwirken, Umwelt, Anlage und Wille, ist die wichtigste, die persönlichste der schöpferische Willensakt, der ein Werk allererst zum Werk gerade dieser Persönlichkeit macht; die Umwelt bietet nur den äußeren Rahmen, der allerdings oft stark mitwirkt, und die Anlage liefert die äußere Hülle, die bei Lebzeiten ebenfalls oft von stark bestimmendem Miteinfluß sein mag. Im übrigen gestaltet ein jeder selbst sein Leben und selbst sein Lebenswerk. Sein auf Schaffung von Werten gerichteter Wille ist es auch, der am Walten und Wirken der Ewigkeit teilnimmt. Wer sich auf günstige Anlage oder auf günstige Umwelt verläßt, wird nie die Stürme des Lebens bestehen. Seine eigene Willenskraft erzeugt jene Werte, die ihn bei Not und Gefahr durch die Brandung der Meere tragen. Die Ewigkeit in sich tragend, findet nur er allein als freier Willensmensch den Weg durch das Leben zur Ewigkeit.

Beim Gelehrten möge das Individuelle zurücktreten hinter dem Typ, für den das Hauptinteresse anderer besteht. Individuell und einmalig müssen die Werke schon aus dem einfachen Grunde sein, weil sie zunächst sich vom Alltag abheben, über ihn hinausragen müssen, um Beachtung zu erregen. Aber sofort entsteht die Frage nach dem Typ, weil sie sonst ebenfalls nicht Bedeutung besitzen würden. Worin besteht die individuelle Eigenart? Inwiefern und weswegen ist er verschieden von anderen Menschen, von Andersgesinnten und selbst von Gleichgesinnten? Was hat auf ihn gewirkt und was kann auf andere gewirkt haben und noch wirken? Jede Lebensdarstellung dient zur Belehrung anderer und vermag Gedanken zu erregen, die in anderen weiterleben – bereits ein typischer Gehalt und ein bescheidener Anteil an der Ewigkeit. Das Weiterleben gewisser Gedanken in anderen, mögen jene es wissen oder nicht, mögen sie es selbst ablehnen und bestreiten, läßt sich objektiv nachweisen; und auf den objektiven Standpunkt kommt es unter dem Gesichtspunkt der Kultur stets allein an, nicht auf persönliches Wollen und Wünschen. So vermag die Lebensbeschreibung typische Bedeutung zu gewinnen; in dem Lebenswerk ruht ein, sei es auch noch so winziges Element der Ewigkeit.

Die Selbstdarstellung dient schließlich zur Selbstbelehrung, zur Selbstkritik, für den Rest des noch verbleibenden Lebens. Sie wird zur Rechenschaftslegung über das, was gelebt und gewirkt wurde. Hat der Mensch gehalten, was er nach der günstigen Anlage und der günstigen Umwelt einst erwarten ließ? Hat er sein Versprechen eingelöst? Was wurde erreicht und was nicht? Darf er sich seiner Erzieher und seiner Umgebung würdig erweisen? Durfte er selbst als Erzieher in dieser Umgebung auftreten, und wieweit? Kann er selbst dereinst vor die Gottheit mit reinem Gewissen treten und sprechen: „Sieh, so bin ich aus eigener Kraft geworden?" Steht vor allem, woran es gar leicht fehlt und wozu gerade eine Selbstbiographie herausfordert, im Einklang das wirkliche Leben mit der verkündeten Lehre? Habe ich ein Leben geführt, das meinen eigenen Grundsätzen und Zielen einigermaßen entspricht? Wieweit ist es gelungen, im unendlichen Raum ein zeitloses Leben, ein Leben als ewiges Wesen zu führen?

2. Elternhaus, Freundschaft

O lieb, so lang du lieben kannst.
Freiligrath

Mein Leben fing erst an, als ich dich liebte.
Goethe (Iphigenie: Pylades zu Orestes)

Am Johannistag, 24. Juni, des Jahres 1879 wurde ich in Frankfurt a. d. Oder geboren, als die Rosen im Vor- und im Hintergarten meines Geburtshauses in voller Pracht standen. Mein Vater, Wilhelm Sauer, war Orgelbaumeister, ebenso wie schon mein Großvater, und stammte aus Mecklenburg; meine Mutter Anna geb. Bauer, war die Tochter eines Stadtrates in Potsdam und die zweite Frau meines Vaters. Aus der ersten Ehe war eine Tochter hervorgegangen, die einen Professor der Mathematik, Oswald Marbach in Potsdam heiratete, einen Vetter von Oswald Marbach, dem Gatten von Richard Wagners Schwester, einem Professor der Philosophie in Leipzig, der neben wissenschaftlichen Werken auch Dichtungen veröffentlichte, Novellen, dramatische Werke und freie Bearbeitungen von Werken des

Aeschylos, Sophokles und Aristophanes sowie Shakespeares; ein Sohn meiner Schwester war zuletzt Regierungsrat und Stadtbaurat in Leipzig.

Mein einziger, um vier Jahre jüngerer Bruder, Dr. Franz Sauer, wurde Staatsanwalt in Berlin, später am Kammergericht, dann Oberregierungsrat, Ministerialrat und Ministerialdirigent im Reichsjustizministerium und Reichsgerichtsrat, in den letzten Kriegsjahren Major im Wehrkreiskommando Berlin, im April 1945 in russische Gefangenschaft geraten und seitdem vermißt. Alle seine Ämter und Schicksale erlebte ich innerlich mit, beinahe als wären sie meine eigenen. Wir standen stets im besten Einvernehmen und wohnten lange Zeit (auch in Berlin) zusammen. Mein Bruder veröffentlichte (außer der Herausgabe von Verwaltungsgesetzen) mehrere juristische Arbeiten straf-, prozeß- und konkursrechtlichen Inhalts, darunter eine Geschichte des Ministeriums und eine Darstellung der zum Teil von ihm selbst bearbeiteten Überleitung der Länderjustiz auf das Reich. Er heiratete die Tochter eines Oberregierungsrates, zuletzt beim Oberpräsidium in Königsberg, späteren Präsidenten einer Verwaltungsbehörde daselbst.

Es verdient noch erwähnt zu werden, daß wir beiden Brüder das humanistische Gymnasium unserer Vaterstadt besuchten, unsere juristischen Examina in Berlin ablegten, unsere praktische Tätigkeit bei der Justiz im Kammergerichtsbezirk versahen, unserer militärischen Dienstpflicht im Feldartillerie-Regiment Nr. 18 unserer Vaterstadt genügten und dort auch Reserveoffiziere waren. Hervorgehoben sei, daß mein Bruder, dem ich sonst wohl stark ähnelte, im Gegensatz zu mir ein ausgesprochenes Talent zum Organisieren besaß und hochbegabt für Malerei und Zeichnen war; er beschenkte seinen Verwandten- und Bekanntenkreis mit prachtvollen Ölgemälden. In der juristischen Laufbahn überholte er mich schnell; obwohl er um vier Jahre jünger war, wurde er Staatsanwalt, als ich noch Assessor war, und erwarb früher als ich den Doktortitel, ohne daß ich mich jedoch irgendwo länger aufgehalten hätte, als es der Regel entsprach. Er war von fabelhafter Ausdauer und Rührigkeit, innerer Liebenswürdigkeit und äußerer Gewandtheit.

In diesem Familienkreis bewegte ich mich Jahrzehntelang. Wirtschaftliche Sorgen wurden mir nie bekannt. Auch sonstige schwere Sorgen blieben mir fern, abgesehen davon, daß ich seit meiner Referendarzeit viele Jahre lang mit der Tochter eines Professors verlobt war, die später an langer schwerer Krankheit starb. Mit ihren Geschwistern verbindet mich noch jetzt innige Freundschaft. – So verlief das äußere Leben in ruhigem Gleichmaß, erst seit der Hitler-Regierung 1933 traten jene Erschütterungen auf, die fast alle Deutschen, ja fast alle Menschen mehr oder weniger befielen. Sonst war äußerlich überall Harmonie gewahrt. Umso mehr wurde das innere Leben schon früh von gewaltigen Stürmen durchzogen, die nach außen kaum in die Erscheinung traten und nur wenigen nahestehenden Menschen bekannt wurden. Sie machen mein Leben auch für andere Menschen interessant und lehrreich, weswegen ich es eben für andere darstelle.

Die vielleicht quälendste, jedenfalls bedeutendste Sorge meines Lebens beschlich mich schon während meiner Schülerzeit im Anschluß an den Religions- und Deutsch-Unterricht, sie entstand beim Studium einiger Philosophen, aus denen ich zu ersehen glaubte, daß jeder Forscher, jeder Künstler, ja schließlich jeder tiefer veranlagte Mensch sich seine eigene Weltanschauung schaffen müsse: Werde ich dazu in der Lage sein, ein eigenes philosophisches System zu schaffen, in dem alle Ergebnisse meiner Arbeit und alle Einzelheiten meines Lebens harmonisch eingefügt und zu dem großen Unbekannten hingeführt werden können?

Es war eine wahrhaft große Sorge, die zwar zeitweise, jahrelang, während brennender äußerer Aufgaben zurücktrat, die aber später umso gewichtiger anpochte und mir nach dem ersten Weltkrieg[1]) keine Ruhe mehr ließ. Im Jahre 1922 in den Wäldern des Ostseestrandes bei Königsberg gelang mir der Wurf in Gestalt der „Philosophie der Zukunft" (1923); gerade dieses Buch wurde am heftigsten angefeindet, am wenigsten verstanden und gelesen. Es blieb mein liebstes Buch; jetzt fühlte ich mich geborgen, mein Lebenswerk und mein Leben waren in aller „Zukunft" gesichert. Mit innerer Ruhe und reiner Harmonie, vor dem weiten Meer stehend, ließ ich die Dinge der Welt an mich herantreten. –

Von der Vielseitigkeit und dem inneren Reichtum des väterlichen Berufs wird sich ein Fernstehender kaum eine richtige Vorstellung machen. Die ersten und zum Teil entscheidenden Jugendeindrücke gingen von hier aus. Daher muß ich zuerst ausführlicher von diesem seltenen Berufszweig erzählen, zumal da es geradezu als Wunder erschien, daß ich bei meiner musikalischen Begabung und sonstigen höchsten Interessiertheit für Musik und Architektur nicht den Beruf des Vaters und Großvaters ergriff: ein problematisches Abweichen der Lebenslinie von dem allseitig zu erwartenden harmonischen Verlauf.

Mein Vater hatte nach seiner in Deutschland, der Schweiz, England und Frankreich erfolgten Ausbildung im Jahre 1857 absichtlich in der Nähe Berlins und an dem für die Holzbeförderung geeigneten Oderstrom eine Orgelbauanstalt gegründet, die (nach der Bemerkung des Großen Brockhaus von 1933) für fast alle Länder der Welt Kirchen- und Konzertorgeln lieferte. Die Firma ging 1910 in andere Hände über, blieb aber bestehen[2]). Mit

---

[1]) Vgl. den Schluß meiner „Grundlagen des Prozeßrechts", 1919, S. 614.

[2]) Die Firma überstand beide Weltkriege. 1953 meldeten Berliner Zeitungen, daß die Firma W. Sauer die neue Orgel für die Berliner Lindenoper liefere – wie einst.

der Orgel für St. Pauli in Hamburg im Jahre 1932 lieferte die Firma W. Sauer Nachf. das 1450. Werk. Zur Erklärung muß eingeschaltet werden, daß die Orgeln nicht fabrikmäßig nach einem bestimmten Schema, etwa wie ein Bechstein- oder ein Steinwayflügel, nach Nummern und Typen hergestellt werden können; kein Werk ist ebenso wie das andere, da die Raumverhältnisse, der Stil und die Akustik von Kirchen niemals die gleichen sind. Jede Orgel besitzt ihre eigene persönliche Individualität und muß eigens für bestimmte Aufgaben entworfen werden. Es gibt Kirchenorgeln, die zu ausgedehnten Konzertaufgaben gebaut werden, so in der Berliner Kaiser-Wilhelm-Gedächtniskirche. Früher wurde das Ideal in der Angleichung an das moderne Orchester (R. Wagner oder gar R. Strauß) gesehen; solche Orgeln eignen sich besonders zum Vortrag Regerscher Werke. Späterhin setzte eine Gegenbewegung (Albert Schweitzer, W. Gurlitt) ein und suchte stärker und reiner den spezifischen Orgelklang (J. S. Bach) zu verwirklichen (Prätoriusorgel). Die einstige Riesenorgel, auf deren Entwurf noch mein Vater mit Recht stolz sein konnte, (Breslau, Jahrhunderthalle, die einstige „Lieblingsorgel des Thomaskantors Carl Straube" nach Mosers Musiklexikon) wich der Orgel im Kammermusikstil.

Von hier aus kann man sich ein ungefähres Bild von den Aufgaben des Leiters einer Orgelbauanstalt machen. Mein Vater entwarf die Disposition jeder einzigen Orgel eigenhändig, nachdem er sich meist persönlich von der Eigenart des Aufstellungsraumes überzeugt hatte. Das erforderte ausgedehnte Reisen; hinzu kamen Verhandlungen mit drei untereinander verschiedenen und verschiedene Wünsche vertretenden Berufskreisen: Kirchenbaumeister, Musiker, Gemeindevorsteher (Geistliche, Regierung). Zuletzt die Hauptaufgabe: die Ausführung in der Fabrik, die Zusammensetzung und Spielbarmachung in unserem Fabriksaal, die geschäftliche Abnahme, der Transport der zerlegten Teile, die Aufstellung und Spielbarmachung am Bestimmungsort mit etwa erforderlichen Nacharbeiten. Die Ausführung in der Fabrik erfordert zweierlei Arbeitskreise, einen technischen und einen künstlerischen, wozu noch die kaufmännische Tätigkeit tritt. Der erste erstreckt sich auf zwei verschiedene Materialien: Holz und Zinn; der zweite besteht in zwei Zielen, einem architektonischen und einem musikalischen (wobei wieder zwischen Stimmen und Intonieren zu unterscheiden ist). In der Fabrik hatten wir Räume mit grundverschiedenen Bestimmungen: Werkstätten für Holzarbeiten und solche für Zinngießerei; Maschinenräume, den großen Saal für die Probeaufstellung, Räume für die Zeichner und endlich Zimmer für die Verwaltung (Buchhalterei, Kasse usw.). Demgemäß verschieden waren die von uns beschäftigten Personen: Holzarbeiter (Tischler), Gießer, Zinnarbeiter, Kunstschnitzer, Maschinenarbeiter, Werkführer, Stimmer, Monteure, Zeichner, Kaufleute, Büropersonal usw. Ein Teil von ihnen befand sich stets auf Reisen, auch im Ausland. In Berlin unterhielten wir eine ständige Vertretung. Jeder Personenkreis muß verschieden angefaßt und behandelt werden, was bereits ein gehöriges Maß von Kunst und Gewandtheit erfordert. Vorausgehen muß die in schwierigen Zeiten umso schwierigere Materialbeschaffung: Holz, Zinn, Eisen, Metalle, Leder usw. Es schloß sich dann jenes Ereignis an, das die Krönung der langwierigen Arbeit darstellt und an das ich noch jetzt nach Jahrzehnten mit einem wahren Hochgefühl zurückdenke: die Einweihung der Orgel in unserem großen Aufstellungssaal, die Abnahme der spielfertigen Orgel durch die sachkundigen Musiker, die zu uns oft von weither aus fernen Ländern kamen; oft erschienen auch die Kirchenbaumeister, mitunter auch interessierte Geistliche. Sie blieben oft Tage und Wochen unsere Gäste und wohnten im Elternhaus. Die Organisten wuchsen oft erst in unserer Fabrik in ihren Beruf hinein, diese und gerade diese Orgel in ihrer Eigenart und in ihren Feinheiten zu bedienen.

So habe ich schon als Kind im Elternhause die wundervollsten Konzerte gehört und bin mit den interessantesten Menschen in Berührung gekommen, die sich mit mir auch gern abgaben, weil ich selbst das Klavier- und Orgelspiel früh erlernt und im Gymnasium bei den Schulandachten und -feiern ausgeübt habe und stets meiner hellen Freude Ausdruck gab, wenn sich die Wunderwelt unserer größten Meister vor mir persönlich, gleichsam in einem Sonderkonzert, auftat. In einer heiligen Atmosphäre wuchs ich als Kind auf, äußerlich umgeben von Gärten und Fabrikschornsteinen, innerlich mich bewegend, als könnte es nicht anders sein, im Reich unserer Kontrapunktiker und Klassiker. In ihrem reinen Geiste bin ich herangewachsen und groß geworden; die unirdischen Sphärenklänge höherer Harmonie standen am Eingang meiner irdischen Laufbahn. Rückblickend muß ich bekennen, damals Bach und besonders Reger nicht entfernt verstanden zu haben; wohl aber schienen sich (außer Händel, Haydn, R. Wagner und Bruckner) ganz besonders M o z a r t und B e e t h o v e n früh mir schon als Kind zu offenbaren. Es sind jene beiden Meister, die mich wie Genien auf meinem gesamten späteren Lebensweg begleitet, oft sogar geleitet haben. Nicht von außen traten sie an mich heran; es war geradezu, als wenn mein Leben aus ihren Harmonien hervorwuchs. Ein Beethovenbuch war innere Notwendigkeit; nur schwankte ich bis zuletzt, ob ich nicht Mozart hätte wählen sollen.

Der Vater erzählte von seinen Beziehungen zu Franz Liszt, der ja noch unmittelbare Berührung zu Beethoven besaß; als Liszt auf dem Flügel die A-dur-Symphonie spielte, soll ihn Beethoven auf die Stirn geküßt haben. Direkten Verkehr unterhielt mein Vater mit führenden Musikern seiner Zeit, so mit Max Reger, Fritz Stein, Felix Weingartner, Arthur Nikisch[3]),

[3]) Über Nikisch brachte mein Vater folgende amüsante Begebenheit mit. Als der große Dirigent auf wiederholtes Drängen sich herbeiließ, in einer kleinen süddeutschen Stadt ein Konzert zu geben, fand er ein gut geschultes, auf jeden Wink verständnisvoll eingehendes Orchester vor. Zu Beginn wurde Beethovens dritte Leonoren-Ouvertüre gespielt. Bei der Probe hatte Nikisch den Wunsch geäußert, die beiden Trompetensignale „hinter der Bühne“ müßten noch etwas ferner erklingen. Er wies darauf dem Trompeter einen bestimmten Platz im Stimmzimmer an. Aber wie sollte Nikisch verwundert sein, als er bei der Auf-

Karl Muck, Richard Strauß, dem Dirigenten der Berliner Singakademie Georg Schumann (dem Vater meines späteren Kollegen Hans Schumann in Münster), dem Leipziger Thomas-Kantor Carl Straube, dem Berliner Domorganisten Bernhard Irrgang, dem Organisten an der Kaiser-Wilhelm-Gedächtniskirche Heinrich Reimann, dem bekannten Leiter des Bach-Vereins und Verfasser einer Brahmsbiographie, in dessen Hause ich noch als Student und Referendar intim verkehrte und dessen berühmte Donnerstag-Nachmittag-Orgelkonzerte ich regelmäßig mit nur wenigen Ausnahmen besuchte. Manche von ihnen kamen auch in unser Haus, so besonders viel der letztgenannte Heinrich Reimann, der wohl zu den engsten und treuesten Freunden des Vaters gehörte. Welche Fülle von Geist und Kultur strömte da auf den empfänglichen Knaben ein! In meine Tertianerzeit fiel die Einweihung der großen, nach Rio de Janeiro gehenden Orgel, deren späterer Organist wochenlang in unserem Hause wohnte. Die Eltern nahmen diese Einweihe zum Anlaß, Einladungen für weitere führende Kreise in Frankfurt und Berlin ergehen zu lassen; und Prof. Heinrich Reimann, dem die Aufgabe zufiel, die Orgel abzunehmen, spielte wundervoll aus dem Parsifal und aus dem Siegfried. Die hohen Fenster des Aufstellungssaals zu unserem gepflegten Garten waren geöffnet, und der würzige Lindenduft strömte ein. Nachher fand ein Essen in unserer sog. Parkvilla statt, und Prof. Reimann entwickelte seine ebenso interessanten wie umstrittenen Ansichten über die Transskriptionen von Orchesterwerken auf die Orgel. Auch die neuen Errungenschaften des Rollschwellers, des Jalousieschwellers, der Registerwalze und des Kombinationspedals, einer patentierten Erfindung meines Vaters, wurden besprochen. Später trat noch das Fernwerk der Echo-Orgel hinzu, in der die Vox humana wie aus einer höheren Welt der Engel ertönte. Mein Vater behauptete bis zuletzt, diese Wirkung sei ihm in der Berliner Gedächtnisorgel am vollkommensten gelungen, während er mit der Berliner Domorgel weniger zufrieden war. Der Freiburger Musikhistoriker Prof. W. Gurlitt hat in der Festschrift für den Leipziger Thomaskantor Straube 1943 sich wieder für die Bach-Orgel eingesetzt und dabei auch meines Vaters mit schönen, anerkennenden Worten gedacht[4]).

---

führung an der betreffenden Stelle das Trompetensignal überhaupt nicht hörte! Er wartete unter höchster Erwartung einige Sekunden; dann rettete er die Situation dadurch, daß er einem im Orchester mitsitzenden Trompeter das Zeichen für das Signal gab, der es auch verständnisvoll etwas gedämpft zu blasen suchte. Auch bei der zweiten Stelle das gleiche Schweigen und der gleiche Ersatz! Die rechte Freude war aber verloren. Nach Beendigung erschien der pflichtvergessene Trompeter, sein Instrument unter den Arm geklemmt, und nahm pflichtgemäß seinen Orchesterplatz ein. Als Nikisch in der Pause ihn anherrschte, gab er kreidebleich zur Antwort: als er gerade ansetzen wollte, sei der Direktor von seinem danebenstehenden Schreibtisch wütend aufgesprungen und habe ihm die Trompete mit den Worten entrissen: „Mensch, du bist wohl verrückt; wenn du zu spät kommst, werden die anderen schon ohne dich fertig werden. Wie darfst du mich beim Kassenabschluß stören!"

[4]) Ferner: W. Gurlitt, Der gegenwärtige Stand der modernen Musikwissenschaft. Deutsche Vierteljahrsschrift für Literaturwissenschaft und Geistesgeschichte, Halle 1939. Vgl. Moser, Musiklexikon, Art. Orgel (1951) S. 525/8.

Die Rückkehr zu einfachen Formen mag dem Geist unserer Zeit entsprechen, eine Erscheinung, die sich überall zeigt, in der Komposition, der Dichtkunst, dem Prosastil, der Malerei und Architektur. Sind aber erst einmal höhere und reichere Mittel ersonnen und ausgebildet, so bedarf es auch ihrer Weiterpflege; sonst sinkt die Kultur in primitive Stadien zurück. Um den Regerschen Werken zu genügen, die man doch nicht verleugnen kann, bedarf es auch reicher ausgebildeter Orgelwerke. Beide Typen, die einfachen und die komplizierten, sollte man nebeneinander bestehen lassen. Übrigens lassen sich die komplizierten Werke auch als einfache verwenden, nicht aber umgekehrt. Man trägt Mozartsche Sonaten auch auf dem modernen Konzertflügel vor, aber nicht umgekehrt Reger auf dem Spinett. Die höhere, reichere Kultur ist immer überlegen. Sind höhere Werte erst einmal da gewesen, so lassen sie sich nicht unterdrücken. Die Erinnerung an sie wird zur Überwindung des Primitiven anregen.

Die musikalischen Überkreuzungen sind ohne Zweifel anregend gewesen für die später von mir bevorzugten methodischen Überkreuzungen auf wissenschaftlichem Gebiet: die soziologische, psychologische und ethische Bearbeitung des Rechts, speziell des Strafrechts sowie umgekehrt die staatstheoretische Befruchtung der Philosophie. Ich glaube, diese Arbeitsweise nicht anderen, sondern mir selbst verdankt zu haben; bei anderen, so bei meinem Berliner Lehrer Franz v. Liszt, fand ich nur stoffliche Vorarbeiten und Programme (die sich allerdings abweichend auswirkten); und wegen der gleichen Bestrebung wurde er zu meinem Lehrer, ebenso wie die (wiederum durchaus abweichend vorgehenden) Neukantianer Cohen, Natorp und Stammler zu meinen Anregern, wenn auch nicht Lehrern, auf philosophischem Gebiet wurden. Das war nicht Zufall, sondern innere Entwicklung. Übrigens ist möglich, daß sich zu einem ähnlichen Entwicklungsgang auch Franz v. Liszt einstmals aus demselben Grunde veranlaßt sah: auf die (der meinen verwandte) Anregung seines um 40 Jahre älteren Vetters, des Wagner-Interpreten Franz Liszt.

Auch mit unseren ersten Baumeistern wurde ich früh näher bekannt, so mit den Vorstehern der Meisterateliers an der Berliner Kunstakademie Johannes Otzen, dem Erbauer der Christuskirche in Hamburg (1886), der Heilandskirche in Leipzig (1887), der Luther- und der Georgenkirche in Berlin (1894/8), und vor allem Franz Schwechten, über dessen Schaffen mein Vater eindrucksvoll berichtete. Jener pflegte mehr den gotischen Stil mit frei verwendetem französischen Einschlag; dieser bevorzugte einen spätromanischen Stil. Zu Schwechtens Werken[5]) gehören der monumentale Anhalter Bahnhof in Berlin (1875—80), dessen gewaltige, bisher wohl unerreichte Wölbung auf mich jedesmal bei Ankunft und Abfahrt einen wundervoll feierlichen, fast religiösen Eindruck hinterließ; sodann die mächtige Kriegsakademie in der Dorotheenstraße (1880—83); der

---

[5]) Deutsche Bauzeitung, Band 50 und 58 (1916/24).

Neubau der Philharmonie (1888); die von mir in ihrer Entstehung genau verfolgte, in streng spätromanischem Stil und doch mit gotischer Wirkung steil aufstrebende Kaiser-Wilhelm-Gedächtniskirche, die von Schwechten mit den nebenstehenden Gebäuden, dem sog. romanischen Haus und dem sog. romanischen Café, zu einem der schönsten Stadtbilder kunstvoll vereinigt wurde (1945 zerstört); später die romanischen Oberbauten der Hohenzollernbrücke in Köln (1907–11) und die romanische evangelische Kirche in Rom (1911), deren Projekt meinen Vater zu einer Besichtigung an Ort und Stelle veranlaßte. Alle diese wunderbaren Schöpfungen Schwechtens ließ ich später oft genug nachhaltig auf meine Seele wirken; je öfter ich sie sah, umso sympathischer wurde mir der gotische Stil – bis mir schließlich die Gotik zum Sinnbild zielstrebigen Schaffens wurde. Und wenn ich später das „gotische Streben", die „gotische Seele", den „gotischen Menschen" verherrlichte[6]), so lag der Keim für dieses Prinzip, diese regulative Idee (Kant) in meiner Jugend, im Erleben von Meisterwerken der norddeutschen Architektur.

Mein Vater selbst wurde mir und meinem Bruder zum lichten Vorbild im unentwegten Schaffensdrang, in seiner den Hauptinhalt seines Lebens ausfüllenden Werkfreudigkeit, in seiner echt norddeutschen Beharrlichkeit und Arbeitsenergie, sodann in der Vielseitigkeit seiner Interessen und seiner Lust an Vergleichen, die er allerdings auf anderem, mehr praktischem Gebiet anzustellen pflegte. Er verglich gern die zahlreichen von Grund aus verschiedenen Menschen, mit denen er im beruflichen Leben daheim und auf seinen ausgedehnten Reisen sowie im gesellschaftlichen Verkehr in seinem gastlichen Haus in nähere Berührung kam. Die Reisen führten ihn nach Italien, nach Ungarn, in die nordischen Länder und besonders häufig nach Rußland bis in den Kaukasus; und da er sie bis ins hohe Alter ausführte und sich dabei nur selten seiner Vertreter bediente, so blieb er bewundernswert elastisch. Bis zum 80. Lebensjahr leitete er seine Fabrik persönlich bei einer Fülle von Aufträgen, bei deren beständiger Mehrung es ihm umso schwerer wurde, sich in die längst verdiente Ruhe zurückzuziehen. Und als endlich doch die Zeit kam, auszuscheiden und die Firma seinem langjährigen Vertreter Paul Walcker (einem Verwandten der Ludwigsburger Orgelbauer Gebr. Walcker, der größten deutschen Orgelbauanstalt neben der unseren) unter kaufmännischer Einschaltung der bekannten Firma Blüthner in Leipzig zu übertragen, war das allgemeine Bedauern groß. Mit den Angestellten und Arbeitern hatte ihn ein echt patriarchalisches Verhältnis verbunden; eine eigentliche „soziale Frage" gab es für uns nicht. Das „Soziale", d. h. ein sozialgemäßes Verhalten, war eine Selbstverständlichkeit. Jedoch sagte mein Vater um die Jahrhundertwende wiederholt, mindestens die Hälfte seiner Arbeiter seien Sozialdemokraten. Unsere Familie kam im Jahr ein oder zwei mal mit den

---

[6]) Lehrbuch der Rechts- und Sozialphilosophie 1929 (s. Sachverzeichnis „Gotische Seele") sowie Metaphysik 1951, S. 282 ff. (Ethik).

Familien der sämtlichen Angestellten und Arbeiter zusammen; es geschah meist im Anschluß an den Geburtstag meines Vaters oder auch um die Zeit des Geburtstags des Landesherrn. Ein großes Gartenrestaurant wurde gemietet, und es gab gemeinsame Spiele, Essen, Tanz und Verlosung usw. Bei diesem Anlaß lernten wir Kinder auch die Arbeiterfamilien, ihre Anschauungen und Gebräuche näher kennen. Es gab auch sonst immer einige Familien, zu denen unser Haus, also vor allem die Mutter, Beziehungen unterhielt, die öfters zu uns besuchsweise oder zur häuslichen Aushilfe kamen, so daß wir durch Gespräche auch die anderen, fernerstehenden Kreise einigermaßen kennen lernten. So entwickelte sich allmählich ein engeres Verhältnis, was umso leichter fiel in einer Mittelstadt, in der es größere Entfernungen kaum gab und die meisten Arbeiterwohnungen in der Nähe der Fabrik lagen. Von ernsteren Spannungen war nie die Rede; sie bestanden auch in Wahrheit nicht. Auch wir Kinder hatten eine angenehme Stellung und einen leichten Stand. Aber es wurde doch empfunden, daß wir nicht die Absicht hatten, später einmal in die Firma einzutreten, obwohl sie geschäftlich florierte und Weltberühmtheit besaß; es wurde nicht verstanden, weshalb wir nicht diesen allgemein als naturgemäß und selbstverständlich angesehenen leichten Schritt taten und uns sozusagen ins warme Nest setzten, statt die Firma in fremde Hände zu geben. Daß wir, gleich unserem Vater, selbst aus eigener Kraft etwas Neues anbahnen und selbständiges Schaffen auf einem aus freiem Entschluß gewählten, unseren besonderen Neigungen und Fähigkeiten entsprechenden Gebiet entfalten wollten, das verstanden wohl die wenigsten Menschen, auch die wenigsten unserer sonstigen Bekannten. Mir wurde auch eine öfter getane Äußerung vorgehalten, daß mich die fertige Orgel mehr interessiere als ihre Herstellung und daß ich meine Arbeitskraft lieber für später aufsparen wolle. Auch der Unterricht von Anfängern entsprach nicht meiner Neigung (Kap. 6). Das Höchste ist eben doch das selbständige Schaffen. Nur keine bequemen ausgetretenen Wege gehen! Schwierigkeiten suchen und überwinden! So und nur so entstehen neue Werte. Unser äußeres Leben im Elternhaus verlief so sonnig und harmonisch, daß wir uns selbst das Leben schwer machen wollten – nur um etwas Tüchtiges zu leisten. Für diese Lebensauffassung bringen genügsame Durchschnittsmenschen kein Verständnis auf.

Es entsprach nicht nur dem Beruf meines Vaters, sondern seiner wahren Überzeugung, daß er streng kirchlich und im ganzen, trotz alles fortschrittlichen Schaffens, konservativ gesinnt war. Wie ihn ein inneres soziales Verhältnis mit seinen Arbeitern verband, so brachte er auch dem Landesherrn, früher dem Großherzog und später dem König und Kaiser, jene patriarchalische Haltung und Gesinnung entgegen, wie er sie von seinen eigenen Untergebenen erwartete; das Treueverhältnis war kein leeres Wort, sondern wurde bei jeder sich bietenden Gelegenheit durch die Tat bewiesen. Ohne sich parteipolitisch jemals festgelegt zu haben – dazu war sein Geist zu selbständig und zu beweglich –, darf seine Stellung doch als konservativ mit liberalem (genauer vielleicht: nationalliberalem) Einschlag bezeichnet werden; in der späteren Sprachweise: als deutschnational mit Neigung zur deutschen Volkspartei. Er hielt auch viel darauf, daß in seiner Familie ein entsprechender Geist herschte; und ich entsinne mich, daß es zu nicht gerade leichten Auseinandersetzungen kam, als sich in mir als heranreifendem Jüngling die künstlerische und wissenschaftliche Ader regte und ich (gemäß den im Liszt'schen Seminar herrschenden Anschauungen) mehr die liberale Seite gewahrt wissen wolte. Wie aufgeschlossen mein Vater jedoch dachte, geht daraus hervor, daß zur Vermeidung jeder einseitigen Festlegung in unserem Haus drei politische Tageszeitungen verschiedener Richtungen gleichzeitig (jedoch öfter wechselnd) gehalten und gelesen wurden: zugleich ein Zeichen für den hohen geistigen Lebensstandard meines Elternhauses; dazu kamen selbstverständlich gehaltvolle Kunstzeitschriften und sämtliche Fachzeitschriften. Ebenso verstand es sich von selbst, daß ich schon als junger Student mir die Deutsche Juristenzeitung, die Zeitschrift für die gesamte Strafrechtswissenschaft und später mehrere philosophische Zeitschriften hielt. Ein freier, umfassender Blick und ein selbständiges, unbefangenes Urteil, fern von Einseitigkeit und Bindung oder gar geistiger Knebelung, wurden im Elternhaus gepflegt und mir als selbstverständlich erscheinende Gaben eingepflanzt; nur so konnten sich meine wissenschaftlichen Neigungen später entfalten.

Dem Hohenzollernhaus fühlte sich mein Vater ganz besonders verbunden und verpflichtet. Den edlen Sinn des späteren Kaiser Friedrich III., mit dem er wiederholt Unterhaltungen führen durfte, konnte er nicht genug wegen seines aufgeschlossenen Wesens und seiner liberalen Haltung rühmen; Kaiser Wilhelm II. und besonders die Kaiserin waren sehr häufig bei Kirch- und Orgel-Einweihungen anwesend und ehrten auch meinen Vater durch einige Worte. Den kirchlichen Bestrebungen des letzten Kaiserpaares und seiner starken Förderung des Baues evangelischer Kirchen hatte unsere Firma eine Fülle von Aufträgen zu verdanken, so daß mein Vater nicht ohne gewissen Stolz den ihm verliehenen Titel Königl. Hof-Orgelbaumeister führte. Wir betrachteten es als eine Gunst des Schicksals, daß der Vater die Abdankung des Kaisers, den Zusammenbruch des Hohenzollernstaates und überhaupt den Ausgang des ersten Weltkrieges nicht mehr erlebte.

Als Schöffe und Geschworener sowie bei mancherlei Ehrenämtern in Gemeinde und Kirche hatte er im Laufe der Jahrzehnte manche Erfahrungen gesammelt, die er auf seine Weise auswertete. Politik sollte nach seiner Ansicht nur von älteren und in der Welt genügend umhergekommenen Menschen getätigt werden. Es ist vielleicht bezeichnend, daß er nicht nur den gealterten Bismarck besonders hoch einschätzte, sondern daß er daneben einen Lieblingsdichter, dessen Statue auf seinem Schreibtisch stand, auffallend häufig zitierte – Lessing.

Die M u t t e r, die eigentliche Seele des Elternhauses, wird gegenüber dem Vater und seinem Beruf in den Biographien oft zu wenig gewürdigt. Bei ihr lag die Erziehung der Kinder, schon weil der Vater durch Beruf und Reisen überstark beansprucht war. Als wichtigste Züge glaube ich hervorheben zu sollen die Anhaltung ihrer Kinder zur unbedingten Zuverlässigkeit und Pünktlichkeit, zur strengsten Wahrhaftigkeit, zur peinlichsten Pflichterfüllung in Schule und Leben. Sie erzog zu Moltkes Lebensregel: „mehr sein als scheinen". Sie war sehr wählerisch in der Zulassung von Freunden, allerdings hatten wir Brüder auch Jugendfreunde, die sich später voll und ganz bewährt haben. Die Mutter zeichnete sich durch ein ungemein sicheres und untrügliches Urteil aus, das in knapper und geistvoller Form abgegeben wurde und den Nagel auf den Kopf traf. Noch in späten Jahren erinnere ich mich gewisser geistreicher Wendungen. Sie verfügte über einen köstlichen, unerschöpflichen Humor, auch wenn sie, was namentlich in späteren Jahren öfters eintrat, unter Krankheit zu leiden hatte, die sie jedoch ihre Familie nicht fühlen lassen wollte. Auch sie hatte einen Lieblingsdichter, der denjenigen des Vaters in der Tat ergänzen mußte. Wer konnte das anders sein als Goethe, an dem wir uns zu „orientieren" lernten! Meine grenzenlose Liebe zur Natur habe ich der Mutter und Goethe zu verdanken. Sie selbst hatte, wie die gebildeten Damen jener Zeit, das unvermeidliche literarische Kränzchen. Selbst nicht nennenswert musikalisch veranlagt, sang sie doch im Chor der großen Oratorien mit. Auch sorgte sie dafür, daß ich früh Klavier-, mein Bruder Violinunterricht bekam. Durch ihr gewinnendes, schlicht liebenswürdiges Wesen zog sie dauernd erlesene Gäste in unser Haus. Außer den zum väterlichen Beruf gehörenden Kreisen (Architekten, Musikern, Geistlichen und Geschäftsleuten) verkehrten in unserem Haus Juristen und Offiziere; Frankfurt a. O. galt damals als Beamten- und Militärstadt. So vereinigten sich im Elternhaus die verschiedensten Kreise, unsere Abendgesellschaften galten als besonders beliebt, bewegten sich auf gehobenem Kulturniveau und Lebensstandard.

Seit meiner Sekundanerzeit bis zum Abitur und darüber hinaus pflegte ich ein musikalisches Kränzchen mit vier Freunden (Streichmusik); ich war weitaus der Jüngste, so daß dieser beständige gesellschaftliche Verkehr zu meiner schnelleren Heranreifung beitrug. Wir luden uns abwechselnd jeden Sonntag Nachmittag und Abend in die elterlichen Wohnungen ein, womit der Gesichtskreis sich auf fremde Elternhäuser in erzieherisch überaus günstiger Weise ausdehnte. Die Eltern der Freunde, die unter dem Einfluß der edlen klassischen Musik bald zu meinen intimsten Freunden wurden, gehörten dem Kaufmanns- und dem Offiziersberufe an; der Vater eines Freundes, ein Graf von und zu E., besaß ein Rittergut in Ostpreußen, ein Familiengut in der Lausitz zum Frühlingsaufenthalt und als winterlichen Wohnsitz eine Villa bei Nizza, bezeichnend für den Lebensstandard einstiger „Ostagrarier", auch für damalige Interessen und Gespräche. Die Eltern eines anderen waren die Großeltern des späteren Generalfeldmarschalls von Kluge, des Heerführers im zweiten Weltkrieg; wir kamen mit dem damaligen Kadett Günther Kluge (sein Vater wurde erst später vom Kaiser in den erblichen Adelsstand erhoben) wiederholt zusammen und freuten uns über den aufgeschlossenen Blick und das hohe kulturelle Niveau. Als ich ihn nach Jahrzehnten bei meiner Berufung nach Münster (1935) dort als kommandierenden General antraf, nahm ich Gelegenheit, mit ihm dankbare Worte über die harmonischen, uns Jünglinge so ungemein erziehenden musikalischen Abende edler Geselligkeitspflege im Hause seiner Großeltern zu wechseln. Meinen Freunden widmete ich, nach nicht wenigen vorangegangenen Kompositionsversuchen, eine immerhin größere Komposition in Sonatenform für Klavier und zwei Violinen; die Entstehung des anspruchslosen Werkes fiel wohl in die Sekundanerzeit und stand selbstverständlich, worüber ich später lächelte, in c-moll, Beethovens angeblicher Lieblingstonart. Manches Beethovensche Adagio empfand ich als „Himmelfahrt", die leider nur zu kurze Zeit währte; aber ich habe sie schon in der Jugend oft angetreten. Und was ich dort geschaut und erlebt habe, gehört zu den wertvollsten Schätzen, die mir zeitlebens verblieben.

Als Primaner lernte ich den in Frankfurt während der Ferien zum Besuch weilenden, gleichaltrigen späteren Musikschriftsteller und Komponisten Hermann Wetzel kennen, der schon damals einen innerlichen Kampf ausfocht, ob er Naturwissenschaft oder Musik studieren sollte. Er entschied sich auf Wunsch der Eltern für den gesicherten Weg der Wissenschaft, um später nach Ablegung der Examina umzusatteln. Der Widerstreit blieb aber bestehen. Er schuf in zurückhaltend spätromantischem Stil mehr als 300 Lieder und zahlreiche Klavierstücke, wurde Lehrer an der Berliner staatlichen Akademie für Kirchen- und Schulmusik und veröffentlichte später eine ansprechende Elementartheorie der Musik (1911) sowie Werke über Beethovens Violinsonaten (1925) und Liedformen (1931). Die wissenschaftliche Gewissenhaftigkeit wurde vielleicht der vollen künstlerischen Entfaltung des Musikgenies ein Verhängnis; in manchem glich er Robert Schumann.

Zur inneren Bereicherung gehörte es ferner, daß ich von meinem Bruder dessen Freunde übernahm. So den Divisionspfarrer Franz Dohrmann, später Probst an der Neuen Garnisonkirche in Berlin, dem die Ehre zufiel, auf Hindenburg die Grabrede zu halten. In der Schulzeit von Anfang bis Schluß ging er in meinem Elternhaus ein und aus, und meine Mutter nannte ihn nach dem frühen Tod seines Vaters ihren dritten Sohn. Nach dem zweiten Weltkrieg wurde er Pfarrer in München. – Uns beiden befreundet war ein Nachbarssohn Günther Roeder, schon in der frühen Schulzeit trotz eifrigen Violinspiels eine ausgesprochene Gelehrtennatur mit Vorliebe für die alten Ägypter; er wurde Orientalist, Professor in Breslau und Göttingen, Museumsdirektor in Berlin und Hildesheim, war viel im Ausland und Verfasser einer Fülle gelehrter Schriften. Wir traten nach dem zweiten Weltkrieg wieder in Briefwechsel, als wir beide wie in der Schulzeit „Nachbarn" wurden, nämlich als zwei Aufsätze von uns zufällig an seltener Stelle unmittelbar aufeinanderfolgten: in der Akademiezeitschrift „Forschungen und Fortschritte" (1947). Zur Ergänzung seiner allmählich wohl selbst als einseitig und weltfremd empfundenen Vorliebe wandte er sich später, namentlich in Hildesheim, der Geschichte der niederdeutschen Kunstdenkmäler zu. – Spät im Jahr 1951 wurde ich wieder an einen Jugendfreund aus meinem Elternhaus erinnert, Karl Dienstmann, der seinen frühen Neigungen gemäß in den diplomatischen Dienst ging, zuerst an die Botschaft in St. Petersburg (noch unter diesem Namen), dann unter den Sowjets nach Moskau als Generalkonsul, sodann nach Tiflis im Kaukasus, zuletzt nach Zürich; nach langer eidgenössischer Internierung kam er ins Ruhrgebiet, wo ich wieder Beziehungen zu ihm aufnahm. Im Leben dieses charakterfesten, treuen, zuverlässigen Mannes fand die Unzuverlässigkeit politischer Maßstäbe ergreifend tragischen Ausdruck. Er war jedoch so sehr „Diplomat", daß er äußerlich wie innerlich einen Ausweg fand, im Gegensatz zu dem nicht minder charaktervollen und ehrenwerten, soeben genannten General v. Kluge, der als Oberstkommandierender des Westheeres bei dessen Rückzug 1945 sich den Gewissenskonflikten, in die ihn höchste Befehle trieben, nicht anders als durch Selbstmord entziehen konnte. – Zu meinen ältesten Freunden, die noch im Elternhaus verkehrten, gehörte ein aufrechter preußischer Stockbeamter, der gleichwohl geschickt den politischen Wandlungen zu folgen verstand, Walther Uttech, den ich bei meinem Einzug in Münster 1935 dort als Reichsbahndirektionspräsidenten wiedersah; später wurde er in gleicher Eigenschaft in die damals wichtigere Direktion Ost in unserer gemeinsamen Vaterstadt Frankfurt/Oder versetzt. Im Justizprüfungsamt in Hamm wirkten wir, wie einst als Referendare bei den Gerichten, wieder Schulter an Schulter; er hatte dort das unter den Nazi eingeführte Prüfungsfach „allgemeine Bildung" zu vertreten, dessen Prüfer von den Studenten spottweise „Völkischer Beobachter" (das damalige Naziblatt) genannt wurde. Das gab auch zwischen uns beiden, selbst während der Beratung, zu manchen ironischen Scherzen Anlaß. Denn er als Nur-Beamter hatte mich immer wegen meiner vermeintlichen Vielseitigkeit und „allgemeinen Bildung" bewundert, wie ich sein exaktes Fachwissen rühmte. Jetzt bei der Prüfung beschränkte ich mich auf meine engen juristischen Fächer, während er die allgemeine Bildung zu prästieren hatte und sich vorher von mir instruieren ließ, welche Fragen er „aus diesem Fach" zu stellen habe. Da überschüttete ich ihn mit „rechtsphilosophischer Weisheit", von der er bisher nichts wissen wollte. Übrigens baten mich Studenten allen Ernstes, ihnen ein kurzes und nicht zu teures Buch zu empfehlen, nach dem sie „allgemeine Bildung" für das Examen arbeiten könnten.

„Wer Freunde sucht, ist sie zu finden wert, wer keine hat, hat keine noch begehrt". – Von diesen und noch anderen Freundeskreisen, die sich gewissermaßen um das Elternhaus herumlegten, ging ein unvergleichlicher Reichtum für das innere Leben und die kulturelle Persönlichkeitsentwicklung aus. Welche tiefgehenden Gespräche bis in die Nacht in unserer engen Zelle oder zur Dämmerstunde auf einsamen Waldspaziergängen haben wir doch im Laufe der Jahre geführt! Sie betrafen nicht nur den zukünftigen Beruf, sondern allgemein die Lebensideale und vor allem weltanschauliche und metaphysische, ethische und soziale Fragen, zuletzt allerdings auch Wirtschaft und Politik – wiederum bezeichnend für die Haltung der damaligen Jugend im Gegensatz zu den späteren idealarmen, nüchternen Jahrzehnten nach den Revolutionen! Wir hielten es damals mehr mit Goethe und Kant, wir hielten es aber auch mit Bismarck und doch n i c h t mit ihm, weil er die Beschäftigung mit Politik nur gereiften Männern von mindestens fünfzig Jahren vorbehalten wollte. Lebens- und weltfremd waren wir leider in hohem Maße, weil wir unsere eigenen sozialen Ideale auf die Allgemeinheit, auf das „Volk" im heutigen Sinne (ein damals von uns nie verwendetes Wort) übertragen zu können glaubten. Immerhin boten die damaligen Gespräche und Erlebnisse den Anlaß und den Grund für meine späteren Ausführungen in den „Grundlagen der Gesellschaft" (1924): meine Ansichten über Ehe und Familie, über Freundschaft und Beruf, gingen a u s dem Leben hervor und suchten f ü r das Leben zu wirken. In dem von mir selbständig gesuchten Gemeinschaftsleben wurde der Keim gelegt und prangten schon die ersten Blüten für die später in meinen soziologischen Arbeiten gewonnene Ernte.

Mein Vater starb 1916 im 86. Lebensjahr; meine Mutter, die später in das Haus meines verheirateten Bruders in Berlin zog, starb 1924 im 77. Lebensjahr. Daß ich die Eltern so lange Zeit behalten durfte, war wohl der eine Grund dafür, daß ich selbst unverheiratet blieb. Der andere wichtigere Grund war, daß ich in Wissenschaft und Kunst eine derartige Befriedigung fand, daß ich, an sich eine durchaus gesellige Natur, kein unbedingtes Verlangen nach dieser sozialen Ergänzung einer schaffenden Persönlichkeit empfand. Übrigens waren meine Tage von früh bis spät mit Arbeit dermaßen angefüllt, daß Zeit und Gelegenheit zum Heiraten einfach fehlten. Auf die häufigen Ratschläge und Vermittlungsversuche gab ich gern zur Antwort: Wenn ich eine Cosima zur Vollendung meines Lebenswerkes fände, wie Richard Wagner das Glück hatte, so wäre ich nicht abgeneigt. Sie kam nicht. Das ist der dritte Grund.

3. Landschaft, Kulturkreise

Das halte fest mit deinem ganzen Herzen,
Hier sind die starken Wurzeln deiner Kraft.
Schiller (Tell)

Nach dem Elternhaus und den sich anschließenden Freundschaften übt wohl den nachhaltigsten, wenn auch mehr verborgenen und schwerer erfaßbaren Einfluß auf die Entwicklung des Menschen der Charakter der Landschaft aus: der Heimat, allgemein des längeren Wohnorts, aber auch bestimmter Aufenthaltsorte. Zunächst ist es die natürliche Umwelt, deren geheimnisvollen seelischen Einwirkungen sich niemand entziehen kann; hinzu tritt die kulturelle Umwelt, die je nach der Persönlichkeit ihre tieferen, geistigen wie seelischen Einflüsse auszuüben vermag. Diese Zusammenhänge werden meist nicht beachtet; man kann sie bei großen Männern wie bei Verbrechern studieren – und bei sich selbst am besten. Man bemerkt sie erst später, erst rückblickend, erst von erhöhter Warte, und vor allem erst an den Gegensätzen, also wenn man in andere Umgebung, in andere Umweltlagen gekommen ist, wie man etwa den Wert der Gesundheit erst beim Kranksein gewahrt. In meinem Leben spielen die Gegensätze eine bedeutende Rolle. Gerade wegen der Harmonie meines äußeren Lebens und dem ausgeglichenen Ebenmaß meiner Jugendzeit suchte ich Gegensätze, und ich schuf sie mir, um zu Leistungen und zu Erkenntnissen zu gelangen. Der Einsiedler kennt nur das öde Einerlei, ebenso wie der Stammtischhocker, der Vereinsmeier, der Bürokrat.

Ich fühle mich als echter Sohn der Mark Brandenburg; und wenn ich von Italien wieder zurück in die märkischen Nadelwälder kam, da spürte ich, was mir die märkische Heimat bedeutet. Ich lebte Jahrzehnte in dem in jeder Hinsicht gegensatzreichen Frankfurt, wo einer unserer bedeutendsten Dichter geboren wurde und seine frühesten und vielleicht wichtigsten Eindrücke empfing; aber Heinrich v. Kleist zerbrach an den von ihm künstlich verschärften Gegensätzen, und der unglückliche Dichter sah in der Kantischen Philosophie nur die ihm unerträgliche Dualistik, statt an ihrem Einheitsstreben zu genesen. In dieser Hinsicht hielt ich es mehr mit dem größeren Dichter aus dem anderen Frankfurt. Meine Heimatstadt liegt in überaus reizvoller Umgebung[1]): in dem fruchtbaren Tal des großen Stroms an der Stelle, wo die bewaldeten Höhen weiter zurücktreten und

[1]) Von Frankfurt wurde bei der Universitätsgründung 1506 gesagt: „Wegen gesunder Lage und anmutiger Umgebung, seiner Obst- und Weingärten, seines fischreichen Stromes und seines Wohlstandes wurde die Stadt zum Sitz der Universität gewählt“ (nach einer Chronik 1706 anläßlich der 200-Jahrfeier). – Der Name Frankfurt rührt davon her, daß Franken (so wurden alle aus dem Westen kommenden Deutschen genannt) an dieser besonders günstigen Stelle die Oder auf ihrem Zuge nach Osten zu überschreiten pflegten (Vrankenvorde); hier stießen die beiden Hügelketten, von denen der Strom begleitet wurde, nahe an das Wasser heran, während das sonst breitere Odertal ein sumpfiges Gelände war, wie denn überhaupt die Oder leicht über die Ufer trat.

sich die weite Ebene mit ihren freien Blicken öffnet, in der alsbald die andere große Niederung mit dem noch breiteren Strom, der Warthe als Nebenstrom, einmündet. Daher kommt es, daß die Landschaft oberhalb und unterhalb der Stadt einen grundverschiedenen Charakter trägt. Stromaufwärts liegen jene schönen, blauen Berge, die aus der Ferne wohl höher erscheinen, als sie in Wahrheit sind: auf der linken Stromseite die Rosengarten-Höhen mit den Kasernen, die meine geliebten Artillerie-Fernziele aufweisen, und die neuen Stadtteile mit der Straße, die den Namen meines Vaters zu unseren Ehren trägt; auf der rechten Stromseite erheben sich aus der Ebene die ansehnlichen Höhen des einstigen Kunersdorfer Schlachtfeldes, auf dem 1759 der große König die furchtbare Niederlage erlitt, die den Krieg auf Jahre hinaus verlängerte, später wurde es ein Truppenübungsplatz. Am bewaldeten Abhang stand an überragender Stelle der Kleistturm, benannt nach dem anderen Dichter, Ewald v. Kleist, der in jener Schlacht tödlich verwundet wurde. Wundervoll sind die Gegensätze der Wälder: in der engen Oderniederung inmitten der Auen liebliche Laubwälder, meist Eichen mit prachtvollem alten Bestand; auf den Höhen beider Stromseiten dunkle, ernste Nadelwälder auf weit ausgedehnten Flächen. Stundenlang wandert man dort nur durch den würzreichen Wald und genießt nur von Zeit zu Zeit durch einige Lichtungen weite Fernsichten in die Täler und auf das gegenüberliegende Ufer. Völlig anders ist der Charakter stromabwärts. Hier tut sich, allmählich erweitert, die ausgedehnte, waldlose, fruchtbare, in den Frühjahren nach der Schmelze meist überschwemmte Oder-Warthe-Niederung auf. Bei dem leichten Dunst, der über dem Bruch zu schweben pflegt, verliert sich der von den Frankfurter Höhen gen Norden in die Ferne schweifende Blick in ein herbes, melancholisches Grau, als glaubte man in die endlosen Meeresflächen zu schauen, gleichsam vorausahnend das wirkliche Meer, dem unser Strom zustrebt. In dieser Richtung steht nie die Sonne; sie geht auf über den Kleisthöhen, sie erreicht ihre Mittagshöhe über den Laubwäldern, und sie beendet ihren Lauf hinter den Rosengartenbergen. Hier hat die Sonne ein herrliches Tageswerk. Es ist der Sonnenlauf meiner und meines Bruders Jugend: von waldigen Höhen über Wiesentäler mit den Strömen und den Stätten der Menschen wieder hinauf zu waldigen Höhen, mit dem Blick in verschleierte Fernen des Nordens, wo in sommerlichen Nächten noch die Dämmerung liegt und es nie dunkel wird.

Durch den Charakter der Landschaft, der nordischen, so wie ich sie auffaßte, wurde mein Leben, wie ich glaube, stark beeinflußt, während die kulturelle Seite zurücktrat. Frankfurt war eine Behörden- und Militärstadt von damals nur 50 000 bis 60 000 Einwohnern; vorherrschend waren sodann Handel und Handwerk, in nordöstlichen und nördlichen Stadtteilen Ackerbürger, in letzterem auch Industrie. Die unmittelbare Nähe Berlins war der kulturellen Entwicklung Frankfurts (ebenso wie anderer Städte, z. B. Potsdam) nachteilig, den bessergestellten Bewohnern umso willkommener, weil sie ihre Stadt als Vorort Berlins ansehen konnten. Wir Kinder verlebten fast alljährlich während der Schulferien im Herbst und Frühling mehrere Wochen in Berlin und Potsdam bei Verwandten; später war das Elternhaus oft nur mein nächtlicher und mein sonntäglicher Aufenthalt, die Arbeitsstätte lag in Berlin. So wurde Berlin nebst Vororten (besonders Charlottenburg und Wilmersdorf) meine zweite und zwar meine geistige Heimat. Namentlich außerhalb der Provinz Brandenburg sowie im Ausland galt ich von je her bis auf den heutigen Tag als „typischer Berliner" (über dessen „Eigenart" mag man streiten; hierüber einige Worte unten Seite 37 in diesem Kapitel). — Ich glaube aber, daß meine Wesensart die Züge der märkischen und speziell der Frankfurter Landschaft erkennen läßt. Das Landschaftsbild Potsdams und der Berliner Umgebung ist ähnlich und doch verschieden. Dieses wird mehr durch ebene Flächen ohne tiefer eingeschnittene Täler, durch große Seenflächen ohne Stromläufe und durch Sandboden mit Kiefernwäldern bestimmt. Die Berge fehlen in und bei Berlin ganz; bei Potsdam sind es Hügel, die nahe an die Stadt herantreten. Dagegen liegen die Höhenzüge im Frankfurter Odertal in ziemlicher Ferne; es ist ein breites Stromtal mit großen Perspektiven und überall neuartigen, anders erscheinenden Fernblicken auf waldige Berge, auf reichbesiedelte Auen, auf vorspringende Hänge, auf das schöne Stadtbild mit den fünf Kirchen und dem Rathausturm und mit den beiden großen, weit auseinander liegenden Brücken, auf zahlreiche Dörfer, alles zu verschiedenen Zeiten und bei der häufig wechselnden Bewölkung mannigfaltigst beleuchtet, und schließlich gen Norden der Übergang in unendliche, sich stets im Nebel verlierende Fernen. Sind die Landschaftsbilder von und bei Berlin und Potsdam mehr lieblich und gepflegt und wirken sie durch die reichen Bauten und Gärten kultiviert, durch die Schlösser und Parkanlagen repräsentativ, so erscheint das Tal meiner Heimat mit den weit zurücktretenden Höhenzügen vor allem weiträumig und großzügig, gewaltig und machtvoll, ja heroisch: es eröffnet eine totale Überschau der gesamten Natur und Kultur, weite Gebiete erscheinen noch ungepflegt, unberührt und ursprünglich, und regen zur Kultivierung an. Die furchtbare Zerstörung 1945 mag dem Aufbauwillen neue Antriebe geben oder ihn hindern(?).

Melancholisch und tief tragisch stimmten einst die furchtbaren Überschwemmungen im Frühjahr, zu einer Zeit, wo sonst überall neues Leben hoffnungsfreudig erwacht. Da galt es fast alljährlich einen schweren Kampf mit den unbezwingbaren Naturgewalten zu führen, denen gegenüber das menschliche Werk so winzig und nichtig erscheint. Die Oder und die Warthe sind wilde Steppenflüsse; im trockenen Sommer ragen grauweiße Sandbänke aus dem Strombett gespenstisch hervor, bilden sich neue, wunderbare Inseln, und die von der Strombauverwaltung errichteten Buhnen und Faschinen erweitern sich zu ganzen Halbinseln. Im Frühjahr wird von den oberen Pegelstationen oft Hochwasser in verschiedenen

Stärkegraden gemeldet. Trotz der Ankündigung ist alles menschliche Mühen umsonst. Die schmutzig gelben Massen der Oder und die schwarzen Massen der Warthe erweitern sich mit unheimlicher Macht und Schnelligkeit. Da steht oft das gesamte Bruch mit zahlreichen Siedlungen unter den Fluten, die mitunter unbarmherzig das Vieh, das Hab und Gut fleißiger Menschen mitreißen. Ganze Baumalleen ragen aus dem Wasser hervor und zeigen die Stelle an, wo einst eine Chaussee führte. Wider Erwarten werden auch Straßen der Stadt unter Wasser gesetzt; dann müssen Notstege gebaut werden. Wochenlang stehen die Häuser im Wasser und müssen mit Kähnen erreicht werden. Im Keller meines Elternhauses drang wiederholt das sog. Grundwasser ein, das nicht von außen kommt und nicht abgehalten werden kann. Der Eisenbahndamm der Hauptstrecke Berlin–Posen führt alsdann durch riesige unnatürliche Seen: die Oder scheint hier um das Hundertfache erweitert. Und wenn sich nach einigen Wochen der Strom beruhigt und die Elemente abziehen, bleibt vielfach eine böse Krankheit zurück: die Malaria. Die Oder und die Warthe besitzen Untugenden, die zwar der zum großen Teil unregulierten Weichsel, glücklicherweise aber in diesem Maße und dieser Häufigkeit keinem anderen deutschen Strom eignen, weder dem Rhein noch der Elbe, die geradezu friedlich erscheinen. Zu Gunsten der „Überschwemmten", die mitunter noch obendrein vom Fieber heimgesucht wurden, habe ich als Schüler in Wohltätigkeitskonzerten mitgewirkt und jenen Meister bevorzugt, dessen Musik selbst an die Macht der Naturgewalten (im Doppelsinn: absichtlich oder rein objektiv und unbewußt) erinnert: Beethoven. Bei der Lektüre von „Dichtung und Wahrheit" fühlte ich mich allerdings mehr an den jungen Goethe erinnert, als er das gewaltige Erdbeben von Lissabon erlebte und dabei heftige Zweifel an der göttlichen Gerechtigkeit in der Natur, ja an Gott selbst, empfing. Ein ähnliches Ringen empfand auch meine Seele. Helfen in der inneren Not konnte aber nicht Goethe, sondern Beethoven, der alle Gegensätze zu überbrücken weiß. In Vorlesungen über Rechtsphilosophie und über Methodenlehre habe ich wiederholt diese Beispiele vorgetragen und das Problem so gelöst: im Naturgeschehen gibt es überhaupt keine Gerechtigkeit und braucht es keine zu geben; dort herrscht das Kausalitätsgesetz. Die Gerechtigkeit gehört dem sozialen und moralischen Leben an; nur hier, nicht in der Natur soll (nach Kant) sich auch die Gottheit bewähren. Letzteres entspricht jedoch nicht meiner späteren Lehre.

Eine wie große Rolle die Überschwemmungen der Oder, die gerade bei Frankfurt ein starkes Gefälle besitzt, von jeher spielten, zeigen Denkmäler und Erinnerungen. In der (zerstörten) mächtigen, fünfschiffigen, gotischen St. Marienkirche, dem einstigen Wahrzeichen der Stadt, befand sich ein überaus wertvolles Bild von Bernhard Rhode: Die Auffindung der Leiche des Herzogs Leopold von Braunschweig. Der Herzog verunglückte am 27. April 1785, als er den durch eine riesige Überschwemmung in Lebensgefahr geratenen Bewohnern der Dammvorstadt zu Hilfe eilte, wobei er selbst von den Wogen mitgerissen wurde. Ihm selbst wurde ein würdiges Denkmal nahe der Brücke errichtet. Am 27. April jedes Jahres zog die Schuljugend einer nahegelegenen Schule unter dem Läuten der Kirchenglocken zum Leopoldsdenkmal, um dem hochherzigen Retter in Worten und Liedern zu huldigen und das Andenken kommenden Generationen zu erhalten. –

Diese Episoden mögen für die Charakterbildung von Wichtigkeit gewesen sein. Entscheidende Bedeutung gewann für mich aber, worauf ich hier Gewicht legen möchte, der Einfluß der Landschaft an sich: ihre großangelegte, vielseitige, beständig anregende, heroische, tragische, herbe und doch idyllisch-anmutige Schönheit. Die Wirkung auf mein eigenes Wesen wurde bestärkt und nach wesentlichen Seiten erweitert durch die verwandte Landschaft, die während meines fast zwei Jahrzehnte dauernden Aufenthalts in Ostpreußen den nächst wichtigsten Einfluß auf meine Wesensart gewann. Es ist welliges Flachland mit großen Seen, dem nahen Meer und ausgedehnten ehrfurchtgebietenden Fichten- und Buchenwäldern mit oft prachtvollem Baumwuchs, weit einsamer als die Heimat, nur sehr dünn besiedelt mit wortkargen Bewohnern, die auf dem stellenweise ärmlichen Boden und gegen den strengen und langen Winter, gegen Stürme und Schnee, unentwegt zu kämpfen haben. Das gegen Mittel- und erst recht gegen Westdeutschland Charakteristische glaubte ich zu sehen und empfand ich wenigstens mit aller Eindringlichkeit in der wunderbaren Klarheit und Reinheit der Luft, namentlich in dem lang währenden Herbst. Statt des Schleiers, der über den großen Strömen und Niederungen meist ausgebreitet liegt, und der gedrückten, schweren und oft schwülen Luft umfing mich hier eine leichte, belebende, anreizende, ja aufreizende Atmosphäre mit den bekannten, schon bei der Weichsel beginnenden schroffen Gegensätzen des Kontinentalklimas, den extremen, oft sehr lang anhaltenden Hitze- wie Kälteperioden und dem häufigen Wechsel salzhaltiger Seewinde mit trockener, dürrer Luftzufuhr aus dem Landinneren. Nie genug bewundern und aus vollen Zügen genießen konnte ich die Klarheit und Durchsichtigkeit: über dem gewellten Gelände und noch mehr über den Seen und dem Meer schweifte der Blick beständig ins Unendliche; kein Nebel gebot Halt, sofern nicht alles in dichten Wolkenmassen eingehüllt war, die aber schnell vorüberzogen. Meilenweit konnte das Auge ferne Umrisse vorspringender Dünen der Nehrung erkennen, die sich gleich Inseln aus dem Meer zu erheben scheinen, aber zum Festland gehören. Darüber ein tiefes Himmelsblau im Sonnenglanz, wie man es vollkommener nicht in Italien vorfindet. Unter dem Eindruck dieser durchsichtigen Ferne, in der die Dinge scharf umrissen und ganz in die Nähe gerückt erscheinen, wie anderswo nur nach einem klärenden Gewitter, ist Kants reine Erkenntnistheorie erwachsen, von der die Dinge in ihrer Wesenheit in das menschliche Bewußtsein gerückt erscheinen. Bewährte Kant-Philologen habe ich wiederholt und vergeblich gefragt, ob diese Zusammenhänge in Kants Leben schon einmal in Schärfe aufgedeckt seien. Erneut wurde ich in der Stadt der reinen Vernunft zum Kantstudium angeregt; aber zum inneren Besitz wurde mir mancher wesentliche Zug dieser für uns alle ewig neue Fernen erschließenden Philosophie, wie ich glaube, erst im Rahmen dieser durchaus parallel verlaufenden (sic venia verbo!) Landschaft, so daß ich hier eine Vorwegnahme der Identitätsphilosophie zu verspüren glaubte: die gewaltige Natur, die weiten Flächen, das unendliche Meer mit dem Himmelsbogen a u ß e r und ü b e r mir, und die ewigen Gesetze und Werte i n mir. Kant selbst hat übrigens die Unendlichkeit zwar sicher empfunden und in ihr gelebt, aber sie nicht in entsprechendem Maße in seiner Lehre zum Ausdruck gebracht (fehlte ihm die künstlerische Gestaltungskraft?). Ich glaube gerade unter dem Eindruck der Landschaft den entsprechenden Unendlichkeitsgehalt der kritischen Philosophie aufgegriffen und ausgestaltet zu haben, getreu dem Grundsatz: Kant verstehen heißt über ihn hinausgehen. Kant hat sich außerdem zwar in die Großartigkeit, aber kaum in die Schönheit seiner Heimatlandschaft versenkt. Von dieser Seite hat erst Goethe, hat erst Beethoven, haben erst die Romantiker die Natur gesehen.

Wie besonders Goethe mit seinen großen Augen die weite Welt geschaut und erfaßt hat, mag für mich wohl eine Anregung geboten haben. Ich glaube jedoch aus eigener Kraft, allein auf mich gestellt und unmittelbar auf das Tiefste verbunden mit der mich umgebenden großartigen Landschaft alles das herausgelesen und herausgefühlt zu haben, was später zum Wesensgehalt meiner metaphysischen und erkenntnistheoretischen Lehren geworden ist. Kaum kann ich die hohen Augenblicke (ach, es sind nur Augenblicke) der Andacht, des innerlichen Ergriffenseins wiedergeben, wenn ich von erhöhtem Platze, von Bäumen beschattet, in die weiten Fernen des Meeres schaute und die fein geschwungene Küste der Kurischen Nehrung am Horizont verfolgte, wie sie immer kleiner wurde, dann noch einmal gleich waldigen Inseln aufragte und endlich sich mit dem Meer vereinte. Das Meer ist die große Ruhe, der ewige Friede; dort finden die Ströme des Lebens ihr Ziel, dort verlieren sie ihre Individualität und leben nur als die untereinander gleichen Meereswogen – gleichwie die aus dem irdischen Leben abgeschiedenen Menschenseelen als gleiche Wesen, als Brüder vor Gott den Vater treten. Der Gedanke der Gemeinschaft aller Lebewesen in der Gottheit ergab sich ebenso wie die regulative Idee, jene von Kant herausgearbeitete logische Form des Sehnens und Strebens des Menschen hinein in die Ewigkeit, zu den ewigen Werten. Das so schwer erfaßbare Kantische Ding an sich wird zur ewigen Aufgabe im Sinne der Neukantianer. Alle Gegenstände erschienen mir als Glieder des unendlichen Alls. Hier werden sie sämtlich in dem reinen, klaren, durchsichtigen Äther sichtbar in ihrer Zugehörigkeit zum Ganzen; im lichten Sonnenschein treten die Dinge plastisch hervor und liegen zum Greifen nahe. Wie abwechslungsreich erscheinen sie je nach dem Stand der Sonne und dem Zug der Wolken! Bei tiefstehender Sonne dringen die Strahlen in hochstämmigen Kiefernwald der fernen Nehrung tief ein, jetzt plötzlich das geheimnisvolle Innere auch dem erstaunten Blick offenbarend, während der Himmel zart rosa und zuletzt purpurrot gefärbt ist, die nunmehr stärker belebten Wogen blau und dann wieder tief grün erscheinen, bis endlich die große Nacht aufzieht und das Blinkfeuer des am Tag nie sichtbaren Leuchtturms von Nidden (wo sich Thomas Mann ansiedelte) sichtbar wird. –

Der Mensch selbst schafft sich die erhabensten Naturschauspiele mit seinem künstlerischen Auge, ebenso wie er den Lauf der Gestirne kausal und die Strebungen der Menschen sozial begreift. Wenn aber die Dinge nicht auch selbst entsprechende Eigenschaften besäßen, wie könnte der Menschengeist sie sonst so sehen? Also muß auch die Außenwelt mit der Innenwelt des Menschen irgendwie verwandt sein – eine für Kant fremd gebliebene, pantheistische Haltung. Ostpreußen wurde mir zu einer zweiten geistigen Heimat; dort wurden alle diese im künstlerisch-wissenschaftlichen Bewußtsein liegenden Keime unter der warmen, strahlenden Sonne zum blühenden Leben erweckt. Nie wollte ich, wie einst Kant, das weiträumige menschenarme, einsame Land des Ostens wieder verlassen. Es sollte anders kommen. Im dichtbesiedelten N o r d w e s t e n findet man keine Gelegenheit zu so stiller Einkehr und so tiefer Selbstbesinnung; hier spannt der N i e d e r r h e i n seine oft undurchdringlich dichten Nebelschleier und hängen schwere Regenwolken schwül über dem Flachland. Da drängen sich die betriebsamen, vielseitigen Menschen nach Arbeit und Gewinn. Für mich sind im Nordwesten später (seit 1935) Raum und Zeit gekommen und willkommen für Ausarbeitung und Verarbeitung. Auch ich habe, gleich den Zechenbesitzern, manche Bodenschätze zu heben, an den Tag zu fördern und für meine Mitmenschen nutzbar bereitzustellen. Umso mehr wird die hochstehende Kultur begrüßt; der beständige Anblick der herrlichen Kirchen stimmt künstlerisch-religiös. Bevorzugt wird von mir von je her die Gotik, geliebt wird Frühgotik. Die gotischen Bogen und Strebepfeiler sind mir Symbole der strebenden, ringenden Menschenseele, des Wertestrebens des faustischen (gotischen) Menschen, der regulativen Idee, der ewigen, unabschließbaren Aufgabe im Sinne der Neukantianer. Der Aufblick im Innern des Kölner Domes inmitten des dichten Säulenwaldes gleicht einem Ahnen der Unendlichkeit, deren man sich umso mehr bewußt wird, wenn die kalte, steinerne Pracht mit dem dekorativen Figurenwerk, jene „gefrorene Musik", durch wahre, lebendige Musik durchzogen wird, wenn in dem gotischen Dom Bachsche Fugen oder Beethovens Missa solemnis erklingen.

Der Besuch der Kirchen, namentlich der gotischen, wird mir zur Gewohnheit, beinahe zur täglichen, was ich ohne Übertreibung sage. Wenn irgendwie Zeit und Gelegenheit es gestatten, trete ich im Vorübergehen auf einen Augenblick, meist nur wenige Minuten in das Innere, um das geheimnisvolle Dunkel und die aufstrebenden Pfeiler, jenes Ebenbild des reinen, gotischen Wertstrebens, auf mich wirken zu lassen. So besuche ich häufig die Münstersche Lambertikirche, an der mich mein Weg meist vorüberführt, mit Vorliebe dann, wenn ich von draußen Orgelmusik höre; dabei nehme ich die Verwunderung der frommen Kirchgänger gern auf mich, wenn sie nicht wissen, ob sie mich zu den ihrigen rechnen sollen. Und ohne Übertreibung sage ich, daß ich, um den Kölner Dom und seinen grandiosen Säulenwald auf mich wirken zu lassen, bei mancher Durchfahrt durch Köln die Reise kurz unterbreche. Leider wurde die Stimmung durch die Zerstörungen und die Bauarbeiten um einiges herabgemindert; umso mehr gilt es, den eigentlichen Zweck meines Kirchenbesuches nicht aus den Augen zu verlieren, nämlich sich auf die regulative Idee umso energischer zu konzentrieren, gotisch immer tiefer und reifer sich durchdringen zu lassen, damit die Seele sich immer vollkommener dem himmelanstrebenden Kunstwerk angleicht und selbst zu einem, sei es auch noch so winzigen und bescheidenen Teil des gotischen Strebens der Menschheit wird.

In diesem Sinne fühle ich mich als nordischer (gotischer) Mensch; in diesem Sinne verstehe ich den nordischen Menschen als Ideal. Daß dagegen der norddeutsche Mensch kulturell oder gar rassisch mehr gilt und höhere Werte aufweist als andere Menschen, eine solche Anschauung lag mir völlig fern. Jeder Mensch ist befähigt und berufen, die regulative Idee auf seine Weise und nach seinem Maße zu verkörpern, d. h., nach Werten für die Gesamtheit zu streben, also zum gotischen Menschen zu werden. Der norddeutsche Mensch mag es aber hierin leichter haben. Im Nordosten wird man durch die Natur, im Nordwesten wie überhaupt im Westen durch die Kunst stärker zum Wertstreben angeregt und wohl auch beeinflußt. –

Mein Aufenthalt in anderen Ländern und Landschaften, der meist nur kürzere Zeit währte, vermochte gleichwohl in üblicher Weise zu wirken oder wenigstens anzuregen, sei es auch nur durch den Vergleich und die Gegensätze. In dem lieblichen Marburg, das mich auf ein Jahr als Student aufnahm, hatte mich schon am ersten Tag die stilreine Frühgotik der Elisabethkirche gefangen genommen, um nie mich frei zu geben; die mehr auf das Idyllisch-Romantische gestimmte Landschaft besitzt namentlich im Süden und gen Süden einen gewissen Zug ins Heroische, bezaubert mich aber nicht in dem Maße, wie ich es von anderen naturempfänglichen Menschen regelmäßig hörte. Ein längerer Aufenthalt in engen Tälern, wie in Heidelberg oder in Jena, sagt mir weniger zu und regt mich jedenfalls nicht an, bedrückt und beengt mich im Gegenteil. So konnte ich mich gar nicht wohl fühlen in dem an Naturschönheiten sonst so reichen Gasteiner Tal, wo ich zweimal je einen Monat zum Kurgebrauch weilte. Ich mußte erst hoch auf die Berge steigen, um mich frei zu fühlen, um frei zu atmen, um frei um mich und in die Ferne zu schauen. Umso mehr befriedigten mich einige andere, gern gewählte Aufenthalte: in Zermatt (schon wegen der Nähe des Gorner Grates und des Monte Rosa), in Vulpera-Tarasp und in St. Moritz; die Vorliebe Nietzsches für Sils Maria teile ich dagegen nicht wegen der zu nahe aufsteigenden Berge, und der Blick in den Malojapaß ist mir zu beengt. Jener umfasende und für Naturschönheiten so ungemein empfängliche Künstlergeist ließ sich von der Landschaft in seiner Anschauung nach Ursprung und Inhalt offenbar weniger beeindrucken, was wegen des Gegensatzes zu Goethe und Beethoven gesagt sei; die Landschaft wurde ihm mehr zum Objekt als zum Anregungsmittel der Gestaltung. Die breiten Täler der Etsch von Meran und Bozen waren für mich häufige und längere Wohnorte; dort fesselte mich der Blick auf die Schneehäupter der Zentralalpen, hier der typisch gotische Aufstieg der Dolomiten, der Rosengarten- und Latemargruppe mit ihren unvermittelt aus den Fichtenwäldern gen Himmel strebenden Wänden, Pfeilern und Zacken. Besonders bevorzugte ich aber zum längeren Aufenthalt des Frühjahrs (während des langen ostpreußischen Winters) die oberitalienischen Seen, jedoch mit bezeichnenden Unterschieden: der tragisch stimmende Oberteil des Garda war mir lieber als der allgemein so stark bevorzugte, malerisch-idyllische Comer See; ein monatelanger Aufenthalt im ländlich-stillen Brissago am oberen Lago Maggiore (allgemein als langweilig geltend) nahe dem von Künstlern so gern bewohnten Ascona bot mir mehr Anregung zum Schauen und Schaffen als die Besuche des abwechslungsreichen, kultivierten und frequentierten Luganer Sees. Auch darin befinde ich mich in interessanter Abweichung von der geläufigen Ansicht: die östliche Riviera von Nervi ab bevorzugte ich vor der westlichen (San Remo bis Ventimiglia mit Ausnahme des stillen, auch von meinem Lehrer Gustav Schmoller vorgezogenen Bordighera, wo ich einen überaus anregenden Spätwinter verlebte). In dieser Hinsicht stehe ich in Übereinstimmung mit Nietzsche (Santa Margarita), anscheinend auch mit Gerhart Hauptmann (Rapallo). Die Nordalpen habe ich im Hochsommer und zum Bergsteigen besucht, während sich zum Schaffen und zur Anregung dort wenig Gelegenheit bot.

Aus einer Jugendgedichtsammlung[2]) darf ich zur Probe ein Sonett wieder geben, weil es in unbändiger Schaffenslust schon von pantheistischer Stimmung getragen ist, die sich erst beim späteren Studium Schellings wissenschaftlich entfalten sollte.

Nach heißen, arbeitsreichen Erdentagen
Hab ich einst eine sternenhelle Nacht
In einer Alpenhütte zugebracht
Und sah gewaltge Berge mich umragen.

Obwohl ich müde war, hab ich gewacht;
Mir wars, als hörte ich den Berggeist fragen:
Wie kannst du ohne Andacht hier es wagen,
Zu schaun der Ewigkeit erhabne Pracht?

---

[2]) Aus der Sammlung meiner Gedichte und Novellen, auch von meinen Kompositionen gab ich mitunter den in meiner Wohnung erschienenen Seminarteilnehmern, Assistenten und jüngeren Dozenten nach getaner Arbeit einige Proben. Diese lyrische Entspannung nach logisch-abstrakter Diskussion wurde eingeleitet durch das bekannte Lutherwort: „Ein Jurist, der nicht mehr ist denn ein Jurist, ist ein arm Ding". – Mir fiel auf, daß die Musik wirkungsvoller war, als die Poesie, vielleicht ein Zeichen für den höheren künstlerischen Grad der Musik.

Da steigt heran das goldne Mondeslicht
Und läßt den Blick sich in die Fernen dehnen;
Nun schlummerten auch die Gedanken nicht:

Ins weite All zog mich ein glühend Sehnen,
Zu schaun den Weltengeist von Angesicht –
Mir blieben nur die heißen Sehnsuchtstränen...

Eine gehörige Krafterprobung gab ein Abenteuer. Am 30. Juli 1902 bestieg ich mit einem Freund und einem Tiroler Bergführer den Gr. Mösele in den Zillertaler Alpen vom Furtschaglhaus über den höchst selten bezwungenen Südwestgrat. Um 1/23 Uhr nachts brachen wir mit Laternen auf, um noch vor hochstehender Sonne und der Schneeschmelze die gefährlichen Stellen zu überwinden. Gleichwohl geschah später das Unvermeidliche. Wir gingen angeseilt, ich als letzter. An einer Gletscherspalte kamen noch die beiden anderen über den bereits nachgebenden, weichgewordenen Schnee hinweg, während bei mir der Schnee in den Abgrund glitt und ich einige Minuten den Boden völlig unter den Füßen verlor und zwischen Himmel und Erde über der gähnenden Glescherspalte hing. Der Führer schrie: Ruhe, nicht zappeln, sonst reißt der Strick. Während um mich herum die Schneewände abbröckelten, behielten der Führer und der Freund glücklicherweise den festen Boden und konnten mich am Strick in die Höhe winden. Am frühen Morgen, noch vor 8 Uhr, als die Sonne hier oben schon hoch stand, gelangten wir auf den Gipfel (3486 m) und genossen die über alle Maßen großartige Rundsicht. Nur wenige Bergspitzen überragten die unsere: die Ötztaler Wildspitze, der Hochfeiler, der Ortler, einige Schweizer Riesen, während über den Tauern der übliche Morgennebel lag, aus dem wenige Spitzen wie Schiffsmasten ragten. Alles andere lag zu unseren Füßen. Aus einer Steinhöhle holte der Führer eine Blechkapsel, in der ein sauber erhaltenes Buch lag; wir trugen Namen und Erlebnis ein. Das Erlebnis war nicht nur ein Abenteuer, sondern ein unbeschreiblich erhebender Natur- und Kunstgenuß. Der regulativen Idee, dem gotischen Streben war zum großen Teil genügt; eine Teilaufgabe reizte zu neuen, größeren Aufgaben. Diesmal erlebte ich in schneller Folge stärkste Spannungen und schroffste Gegensätze. Vor noch einer Woche seit jener Bergtour weilten wir in Venedig, badeten in der Adria des Lido, vertieften uns in Kultur und Kunst der Vergangenheit, sahen statt Aufstieg und Zukunft mehr Stillstand und Verfall. Der baufällige Turm von San Marco war um jene Tage eingestürzt; die Melancholie der Gondellieder lag noch in den Ohren. Jetzt hatte ich in den weißen Tod geblickt, einige Minuten danach vom Gipfel in die unendlichen Fernen des blühenden Lebens. Und nach wiederum einer Woche erlebte ich in Bayreuth erstmalig die Abendmahlsmusik des Parsifal.

Mehr ans Herz gewachsen sind mir jedoch die von Kindheit an eng vertrauten deutschen Mittelgebirge mit ihren herrlichen Nadelwäldern; die ausgedehnten hochstämmigen Wälder erwecken beim Anblick von den außerhalb liegenden Tälern aus sowie beim Durchblick im Inneren, namentlich in der Richtung der Sonnenbestrahlung des Mittags, einen echt gotischen Eindruck: in edler Harmonie ragen die bis nach unten benadelten Fichten pyramidenhaft in den reinen Äther der Berge hinein. Hier empfing schon das Kind den Grundakkord der Seele für das Leben. Auch hier bevorzugte ich die hoch gelegenen Orte mit freiem, weitem Blick, und zwar gleichzeitig in die Ebene sowohl wie auf die Bergkämme.

Von frühester Kindheit an wohnte ich mit meiner Familie während vieler Jahre wochen- und monatelang in Flinsberg, einem rauh nordwärts gelegenen Höhenkurort des Isergebirges; auf der Tafelfichte (1124 m) genoß ich bei den verschiedensten Wetterlagen und Sonnenstellungen Fernblicke von wunderbarer Abwechslung, schärfte das Auge für Artilleriefernziele, den Geist für umfassendste und vielseitigste Einstellungen und bereitete im Stillen, unbewußt, jene totale, kosmische Aufnahme der Außenwelt vor, wie sie einst der Dichter Graf Platen seinem Lehrer Schelling nachrühmte, bei dem er philosophische Vorlesungen hörte:

Wenn wir zerstückelt nur die Welt empfangen,
Du siehst sie ganz wie von des Berges Spitze;
Was wir zerpflückt mit unsrem armen Witze,
Das ist vor dir als Blüte aufgegangen.

(zitiert bei Kuno Fischer, Schelling)

Wer kann mir die hohen Wonnen nachfühlen, die mich durchglühten, wenn ich gesamtsystematisch arbeite und das Schaffen zu totalen Fernblicken, die ich bei Rundblicken von Bergeshöhen vor- und nachempfinde, erweitere und beflügele! Wie mußten mich aber die einfältigen, lauten Unterhaltungen jener Ausflügler verletzen, die später in immer größer werdenden Schwärmen (Hitlers „Kraft durch Freude") und mit Kraftwagen wie in Großstadtstraßen unsere stillen Wälder und einsamen Berge stören ohne jeden Sinn für Natur, für Schönheit, für göttliche Schöpfung! Nur um allein zu sein, bestieg ich den Aussichtsturm der Tafelfichte, des höchsten Berges auf der waldreichen böhmischen Seite zu jeder unmöglichen Tages- und Nachtstunde, so daß der Baudenwirt den leidenschaftlichen Bergtouristen mit Argwohn anschaute. Und wenn meine wissenschaftlichen und künstlerischen, auf das Ganze gerichteten Arbeiten einmal nicht nach Wunsch weitergingen, flüchtete ich vom Tal hinauf zu den Bergspitzen. Der Berggott lieh mir stets seine Unterstützung. – In Schreiberhau auf der deutschen Seite des Riesengebirges wohnte meine Familie zwei mal längere Zeit in einer Villa, dem letzten und höchstgelegenen Haus der Streusiedlung des oberen Marientals auf dem Kammweg zur Alten schlesischen Baude; ich selbst mietete mich im Jahre 1924, als ich an meinen Grundlagen der Wissenschaft (1926 erschienen) arbeitete, auf der noch höher gelegenen Seite des Weißbachtals am Hochstein (1058 m) ein, von wo der gesamte Gebirgskamm zu überschauen war. Nicht verstehen konnte ich, daß Gerhart Hauptmann seine Wohnung im breiten Tal von Mittelschreiberhau wählte. Wie stark die Einheimischen, denen oft der Sinn für die Schönheit ihrer eigenen Landschaft abgeht, in meinem eigenen Sinne empfanden, zeigte mir eine schlichte Tafel an einsamem Weg, ehe er in das Waldesdunkel eintritt; mit ungewandten Schriftzügen, die offensichtlich von Eingeborenen herrührten, standen die Worte: „Wanderer, hebe deinen Blick auf zu Jehova". Ich berichtete hierüber bereits in meinem damals entstehenden, soeben genannten Werk. Kurz vor dem Eintritt in den Wald wird der Bergsteiger aufgefordert, stehen zu bleiben und zurückzuschauen: hier entrollt sich vor seinem Auge die Pracht des gesamten Gebirgskamms bis zur Schneekoppe. Wird man durch jene Tafel nicht zu pantheistischer Einstellung angehalten? und zwar durch einfache Hand aus dem Volk, das offenbar ähnlich empfindet? Ich erinnere an die tief empfundenen schlesischen Volkslieder, die von Heinrich Reimann bearbeitet und selbst auf der Orgel der Kaiser-Wilhelm-Gedächtnis-Kirche vorgetragen oder begleitet wurden; ich selbst spielte sie gern bei Schulfeiern nach („Schlaf wohl, du Himmelsknabe du, schlaf wohl, du süßes Kind, dich wiegen Engelein zur Ruh mit sanftem Himmelswind. Wir armen Hirten bringen Dir ein herzig Wiegenliedlein für" usw.).

Bei jedem Sommeraufenthalt im deutschen Mittelgebirge suchte ich neue, mehr oder weniger verwandte seelische Einstellungen zur Landschaft sowie zu meinem Schaffensgebiet. Später besuchte Orte in Mittel-, West- und Südwestdeutschland boten ihrer Landschaftseigenart gemäß mannigfachste Anregungen. Das Erz- und das Fichtelgebirge schätzte ich mehr als die überlaufenen, meist wegen ihrer Romantik beliebten Stätten im Harz und in Thüringen; auch dem Teutoburger Wald und dem Sauerland gewann ich manche Schönheiten ab. Am häufigsten zog es mich nach dem Schwarzwald, den ich wohl in allen Teilen und zu den verschiedensten Jahreszeiten kennenlernte. Zum dauernden Wohn- und Wirkungsort hielt ich aber selbst das so umworbene Freiburg mit der herrlichen Lage und dem stilreinsten Münsterturm nicht als geeignet für mich; der beständige Ausblick auf die Rheinebene mit dem allerdings großzügigen Abschluß der Vogesen und die nahen Waldberge mit ihren sanften Bögen und romantischen Tälern wirkten auf mich weit eintöniger und langweiliger als der dauernde Anblick des Meeres und der norddeutschen Tiefebene von erhöhter Warte, etwa von den niedrigen Hügeln des Teutoburger Waldes. Dies steht im Gegensatz zu den meist gehörten Ansichten. Ich fühle mich eben ganz und gar als rein nordischer Mensch; das soll heißen: eng und tief verbunden mit einem bestimmten Landschaftscharakter. Von dem Typ der dort eingeborenen oder gar nur mehr oder weniger zufällig wohnenden Menschen spreche ich dabei gar nicht; ebenso wenig von der vermeintlichen Volksseele oder der vermeintlichen Rasseneigenart. Diese Besonderheiten, wenn man sie überhaupt scharf erfassen und bestimmen kann (woran es oft gebricht), erklären sich nach meiner Ansicht weitgehend, aber natürlich nicht ausschließlich, als Einwirkungen der Landschaft. Jedenfalls trifft diese Beobachtung auf mich zweifellos zu. Ich glaube auch nicht, daß eine derartig starke Empfänglichkeit für die äußere Natur sich nur wiederum aus einer persönlichen Eigenart erklärt. Wohl aber wirken noch andere Einflüsse, solche der Erziehung und der Kultur, mehr oder weniger entscheidend mit. –

Es versteht sich von selbst, daß die großen Städte und bedeutenden Kulturstätten, in denen ich, sei es auch nur kurze Zeit, zu wirken hatte, nachhaltige Einflüsse auf mich ausübten. Für mich kamen aber im wesentlichen nur drei Gruppen in Betracht, mit denen ich mich näher beschäftigte: landschaftliche Lage, bildende Kunst (besonders Kirchen und Museen) und sonstige allgemeine Kultur (Stadtbild, Anlage, Technik). Zwei mal weilte ich in Paris einige Wochen (1931) und zum Vortrag auf dem Rechtsphilosophenkongreß (1935). Paris ist in meinen Augen die Krone aller Städte, über alle Maßen schön und großzügig in der städtebaulichen Anlage, von formvollendeter systematischer Struktur, die weit mehr bedeutet als der sonst gerühmte Formensinn der Romanen, von unvergleichlichem Reichtum an herrlichen Kirchen und Bildwerken, von unübertrefflicher Organisation der Verkehrsmittel und des Verkehrs, mit einem trefflich geeigneten und überall auf das Bequemste zu erreichenden Raum für jedermann, arm wie reich, einfach wie gebildet. Und darüber schwebt ein leichter, von der Seine aufsteigender Nebelschleier, der mir immer wie ein Symbol des undefinierbaren ästhetischen Zaubers erschien, der über der wunderbaren Stadt mit ihren weichen Anhöhen ruht, während das „Tempo", der „Rhythmus", der „Elan", von denen das Getriebe der Weltstadt durchpulst wird, den Geist, den Esprit, die innere Schwungkraft der Bewohner wiederzugeben scheinen. Gegen die Dimensionen und die baulichen Anlagen von Paris empfindet man Berlin als klein, winkelig und spielzeugartig; und doch hinterließ Großberlin vor 1944 mit seinen Vororten einen ungleich moderneren, technisch und wirtschaftlich gediegeneren betriebsameren Eindruck, es entfaltete die bedeutendere Arbeitskraft und verbürgt die reichere Zukunft.

An zweiter Stelle nenne ich Rom, wo ich ebenfalls zwei mal längere Zeit wohnen konnte (1924 anläßlich des 5. Internationalen Philosophenkongresses in Neapel, wo ich einen Vortrag hielt, und 1938 beim 1. Kriminologenkongreß, zu dem ich ein Gutachten erstattete). Gegen Paris erscheint diese ungleich kleinere Stadt, die in sich mehrere Jahrtausende vereinigt und auf unregelmäßigem, hügeligem Boden langsam und ruckweise ohne Planung erwachsen ist, trotz des romanischen Formgefühls ungeordnet und trotz der alten Kultur unfertig, so daß man überall vermutet, hier solle noch gebaut, dort solle noch renoviert werden, hier scheine der erforderliche Platz zu fehlen und dort das geeignete Mittel auszustehen oder gar der Plan mißglückt zu sein. Eine umso größere Aufgabe fällt dem Besucher zu: er muß gedanklich drei oder gar fünf grundverschiedene Kulturkreise, die sich in dieser ewigen Stadt treffen, beherrschen und zu einer gedanklichen Einheit verknüpfen, die von Paris bereits verkörpert ist: die Antike, die Renaissance, die moderne Haupt- und Regierungsstadt, dazu noch die Vatikanstadt, die Fremdenstadt am Monte Pincio (etwa unserem Wiesbaden ähnlich), sodann das Verkehrsviertel am hochmodernen Bahnhof Termini oder die in der Entwicklung begriffene Universitätsstadt draußen vor den Toren. Der kulturelle Gehalt ist, wie man weiß und wie es schon Goethe bei seinem zweimaligen Aufenthalt erlebte, in höchstem Sinne unerschöpflich, ebenso wie jene Kulturkreise selbst. Nach meiner Ansicht ist zu diesem Zweck aber ein persönlicher Aufenthalt in Rom nicht in gleichem Maß erforderlich, wie etwa in Paris; man kann Rom weit mehr aus Büchern studieren, Paris muß man sehen. Allerdings muß man sehen auch die Peterskirche, die Deckengemälde der Sistina, die Stanzen mit der Schule von Athen, überhaupt die Originale der Meisterwerke Raffaels und Michelangelos, und so unendlich viele andere, von den Kirchen ganz zu schweigen. Gerade deswegen verlegte ich den Schwerpunkt, gleich Goethe, auf das Rom der Renaissance; das ist gewiß einseitig, aber zur Arbeitsteilung geboten. Stundenlang staunend stand ich in den Stanzen; stundenlang staunend starrte ich in der Sistina zur Decke. Sehr bedauerte ich, keinen geeigneten Standort in der Nähe zu finden, um die Peterskuppel voll zu genießen; es ist unnatürlich, sie vom Dach, unzureichend, vom Monte Pincio aus zu bewundern. Auch das Innere ist nicht so einheitlich-überwältigend wie etwa der Mailänder Dom, ganz zu schweigen von unserem Köln. Man ist überhaupt in Rom sehr auf Einzelheiten und Einzelstudien angewiesen; der Große Blick, wie ich ihn liebe und suche, ist erst nach Aufnahme einer großen Reihe von Einzelnem mühsam zu konstruieren. In Paris braucht man nur zu schauen und zu genießen. Was ferner nicht hervorgehoben und erkannt wird, das ist die landschaftlich heroische Lage Roms im Gegensatz zu Paris, Berlin, London, Wien. Rom liegt zwar in der öden Campagna, nicht umgeben von großen, mächtigen Vororten wie Berlin; aber der Blick schweift über die Ebene hinweg zu den weit zurücktretenden und umso stärker hochstrebenden Ketten des Albaner und des Sabiner Gebirges. Ob nicht diese wunderbare, außerdem klimatisch in höchstem Grade gesunde Lage der Stadt mit der vorzüglichen Wasserversorgung ihren Bewohnern die Tatkraft verliehen haben mag, mit der sie jene mächtigen, vielgestaltigen Kulturen und einstmals das Weltreich aufrichten konnten? das politische, das kirchliche und das kulturelle?

An dritter Stelle nenne ich endlich B u d a p e s t, wohin mich ebenfalls zweimal meine kulturellen und wissenschaftlichen Interessen führten (1928 und 1935, wo ich einen rechtsphilosophischen Vortrag hielt: Vorsitz von Prof. J. Móor, unter den Zuhörern befand sich der damalige deutsche Gesandte von Mackensen, später Botschafter in Rom, sowie der Oberstaatsanwalt von Budapest). Das Stadtbild, nächst Paris wohl das schönste aller Hauptstädte Europas, löste auf mich, wie anscheinend auf die meisten Fremden, einen unvergleichlichen Reiz aus; beherrscht wird es, ganz im Gegensatz zu Wien, von dem mächtigen Strom, hier mit den Inseln und den vier kühnen Brücken, die eine immer schöner und interessanter als die andere; an dem linken Ufer die vielstöckigen Häuser, vornehmen Hotels, staatlichen öffentlichen Gebäude, das prunkvolle Parlament, die schönen Promenaden, auf dem rechten Ufer die Hügel mit der Königlichen Burg, den interessanten alten Häusern und dem imposanten Blocksberg, von dem aus der Blick sich von den waldigen Höhen des Mittelgebirges über die rebenumkränzten Hügel und das Häusermeer der Weltstadt hinein in die sich von hier entfaltende, unendlich erscheinende ungarische Tiefebene ausweitet. So dringt die Kultur, dem Schicksalsstrom folgend, gen Südosten vor. Der zweite Weltkrieg schuf 1944 und 1945 Trümmerhaufen aus der herrlichen Stadt. Nach dem Wiederaufbau traf der politische Schlag 1956 noch schwerer.

Daß ich bei allen internationalen und kosmopolitischen Tendenzen in Leben und Lehre bis zuletzt in meiner Lebensart als „echter Berliner" galt (vgl. oben S. 25), durfte ich geradezu als Ehrentitel auffassen, als die Wertung des Berlinertums in der Weltöffentlichkeit immer stärker ins Positive umschlug, besonders seit der tapferen Haltung des Durchschnitts der Berliner Bevölkerung während des kalten Krieges, der Blockade und der zahlreichen politischen Drangsalierungen. Worin man aber das T y p i s c h - B e r l i n i s c h e sieht, ist mir nicht ganz klar zum Bewußtsein gekommen. Suche ich hier kurz die Wesensgründe zu erfassen, so bemerke ich vorweg, daß ich selbst nicht überall diesem Berliner Typ zu entsprechen glaube, wie im einzelnen dieses Buch der Rechtfertigung zu ergeben hofft.

Wesentlich scheint mir zu sein das Emporarbeiten aus eigener Kraft, durch eigene Tätigkeit, gleich den brandenburgisch-preußischen Herrschergestalten an der Spree. Berlin galt lange Zeit als die fleißigste Stadt der Welt, begünstigt vielleicht durch das gesunde Klima, durch die bevorzugte natürliche Lage. Typisch ist die Grundehrlichkeit des Berliners: kein Schein und kein Getue, aber auch keine Eleganz und keine Grazie; wenn Schopenhauer und Nietzsche den Deutschen den (romanischen Völkern eigenen) Schönheitssinn absprechen, so trifft dieser Mangel jedenfalls für den typischen Berliner zu. Anderseits fehlt ihm der den Engländern eigene politische Sinn. Er ist offen, zum Teil grob, derb, frech, rücksichtslos, aber nicht bösartig und boshaft, im Gegenteil gut, gutmütig, mitleidig, einfach, sparsam, nüchtern (die nationalen Speisen und Getränke sind im einzelnen charakteristisch, namentlich im Vergleich mit anderen Städten und Ländern). Der Berliner denkt gesund volkstümlich und will sein Volk repräsentieren; er hält seine Stadt für die natürliche Hauptstadt Deutschlands, und zwar wesentlich auf Grund seiner eigenen Leistungstüchtigkeit, seines Triebes zur Spitzenleistung. Trotz Mangel an Material und Mitteln fand seine Leistung bald wieder Anerkennung als Qualitätsware. In unverwüstlichem, durch treffenden Humor gefördertem Optimismus ist er nach Rückschlägen bald wieder Herr der Lage. Er ist seines Erfolges sicher und weiß daher zu warten. Zu gute kommt ihm dabei seine Schlagfertigkeit, sein natürlicher, oft geistreicher, mitunter derber Witz und die Fähigkeit zu einem aus der Situation entsprungenen Wortspiel, das den Nagel auf den Kopf trifft („Berliner Mundwerk"!), aber oft geeignet ist, eine verfahrene Situation zu retten und selbst Leid und Schmerz zu mildern. –

Die Tatsache zweier Weltkriege hat Städte und Völker gänzlich umgeformt. Man muß schon auf die Umwälzungen der großen Völkerwanderung oder allenfalls zu Beginn der Neuzeit, der großen Entdeckungen und Erfindungen zurückgehen, um auf ähnliche gewaltige Einschnitte im geschichtlichen Prozeß zu stoßen. Der jetzige, dritte Einschnitt ist wohl noch elementarer, das Tempo beschleunigter, die Wirkung für den Einzelmenschen empfindlicher. In Vorlesungen um 1949 formulierte ich gern: ich habe in 30 Jahren mehr erlebt, als normale Zeiten in 300 Jahren sehen. Die geschichtliche Entwicklung wurde durch die beiden Kriege in ungeahntem Maße beschleunigt; vielleicht wäre sie ohne die Kriege zu anderen Ergebnissen gelangt – müßig, hiernach zu forschen. Aber die Erfindungen wären langsamer gekommen; man denke nur an Kraftwagen, Flugzeug, Rundfunktechnik, Atomphysik und andere naturwissenschaftliche, technische Neuerungen. Und die Völker wären nicht so plötzlich einander angenähert; die Notwendigkeit internationaler Vereinbarungen und Organisationen wäre nicht so schnell eingesehen und eingeleitet. Sicher stehen wir zur Zeit, wo ich diese Zeilen einflechte (1953), noch nicht am Ende der rapiden Zickzack-Kurve, wo wir wieder auf die Einlenkung in ein ruhiges, normales Fahrwasser hoffen dürfen; dazu sind die politischen, wirtschaftlichen, sozialen, allgemein kulturellen Verhältnisse noch zu gespannt und konfliktsreich. Umso interessanter und wichtiger sind kurze Zeitbilder, die wie Momentaufnahmen bei ruhiger Rückschau gewonnen werden. Vielleicht kann der eine oder der andere auch hier aus geschichtlichen Diagnosen eine gewisse Wahrscheinlichkeits-Prognose gewinnen. Ich selbst war mir schon bei Beginn des ersten Weltkrieges bewußt, Zeuge einer großen Zeit zu sein, gleich welchen Ausgang er nehmen wird; umso mehr empfand ich ein Gleiches im Verlauf der Diktatur und des Zusammenbruchs. Umso mehr sah ich auch die Pflicht ein, zu meinem bescheidenen Teil das eigene Leben in den Dienst des kulturellen Ganzen zu stellen, wo es auch immer erforderlich ist. Galten doch von je her als bedeutende Aktivposten in der Außenpolitik deutsche Arbeit, deutsche Leistung, deutsche Kultur, Kunst, Wissenschaft, Technik Wirtschaft, Rechtsauffassung, Rechtsdurchsetzung.

Den ungeheuren Wandel des Zeitbildes, der an der Persönlichkeitsgestaltung eines langen Menschenlebens nachhaltig mitwirken mußte, mögen einige Schlaglichter veranschaulichen. Berlin, jetzt (seit 1945) eine politisch umkämpfte Provinzialstadt, war die drittgrößte Stadt der Welt und folgte Paris hart auf den Fersen; jetzt (1953) steht es an 9. Stelle. Es war in wirtschaftlicher und technischer Hinsicht bedeutender als Paris, in Kunst und Wissenschaft bedeutender als London; in der Kunst wurde es allerdings von Wien und wohl auch Paris überflügelt, und waren darin Dresden und München von gleichem Rang. Aber welche gewaltige Entwicklung in wenigen Jahrzehnten! Während meiner Studentenzeit fuhren durch Berlin noch Pferdebahnen; und während meiner Kinderzeit hielten am Brandenburger Tor Familien-Kremser bei schönen Sommer-Nachmittagen zur Fahrt durch den – jetzt abgeholzten – Tiergarten nach Charlottenburg. Als Sextaner bewunderte ich die ersten elektrischen Bogenlampen in der Prachtstraße Unter den Linden: man sprach von Tageshelle. Zu Haus brannten wir Petroleumlampen und Kerzen, woran wir uns neiderfüllt noch vor wenigen Jahren des Brennstoffmangels und der Stromsperren erinnern mußten, obwohl wir in Westfalen buchstäblich auf den Kohlen saßen. Während meiner Kindheit waren Kanalisation und besser eingerichtete Krankenhäuser auf wenige wohlhabende Städte beschränkt. Das Schulgeld von 25 Mark halbjährlich zahlten wir in Goldstücken, die man seit dem 1. Weltkrieg nicht mehr sah. Bismarck führte unter Kaiser Wilhelm I. die Sozialversicherung ein, die vorbildlich für alle Kulturländer wurde. Aber er bekämpfte den „Sozialismus": ein Mitgrund für die späteren Differenzen mit Wilhelm II. Das Organ der Sozialdemokratie, der „Vorwärts", durfte auf den Bahnhöfen nicht verkauft werden. Dem Hohenzollernhaus wurde in den mir bekannt gewordenen Kreisen aufrichtige Verehrung entgegengebracht. Aber die Art, wie der gealterte Bismarck entlassen wurde, bedauerte man allseitig. Über die monarchische Staatsform sprach man bald nach dem 1. Weltkrieg nur noch wie in ferner historischer Erinnerung. Aber man ist nicht gleichgültig, wenn man sieht, mit welchen Feierlichkeiten die junge englische Königin in unseren Tagen gekrönt wurde. Und es bleibt nicht unbemerkt, daß Europa in den germanischen Staaten noch sechs Königreiche aufweist. Der Deutsche, der an sich eine unpolitische Natur ist, besitzt so viel politischen Sinn, daß er die dringenden politischen Notwendigkeiten erkennt: die Überwindung des kalten Krieges, die Beseitigung der unnatürlichen Grenzen im Innern und nach außen, das Wohlergehen aller Bevölkerungsschichten, aber auch der Nachbarstaaten, die von Krisen bedroht sind und deren Niedergang auch uns schadet. Der Deutsche sehnt sich nach einem zweiten Bismarck, wie einst nach einem zweiten Barbarossa. Doch jetzt gilt es, den Untergang des Abendlandes zu verhüten – wenigstens ihn aufzuhalten.

Es gibt lange Menschenleben, die sich für die „beste Staatsform" nie entscheiden können, weil sie überall Vorzüge wie Mängel sehen. Welche ungeheuren Wandlungen wurden doch erlebt, wovon die folgenden Blätter nur einige Symptome darstellen! Es gab gewaltige, früher nie gekannte und nie für möglich gehaltene Auseinandersetzungen politischer, militärischer, wirtschaftlicher, sozialer, kultureller Art: die Gegensätze prallten hart aufeinander; und doch suchte ein jeder Teil sein Bestes zu bieten. Dabei kann es nur einen Weg, nur eine Richtschnur geben. Man lerne die größtmöglichen Werte für das Ganze zu erkennen und zu verwirklichen oder wenigstens zur Verfügung zu halten; dieses kulturelle Ganze zeigt sich für den einzelnen Menschen verschieden, je nach seinen Fähigkeiten und seinen Lebensaufgaben. Doch welche Konflikte türmen sich auf bei den komplizierten Lebensverhältnissen, in die der Einzelmensch in den letzten Jahrzehnten gestellt war. Drei grundverschiedenen Regierungen war ich in kurzen Abständen eidlich verpflichtet; nach herkömmlicher Anschauung müssen also mindestens zwei Meineide geschworen sein, wenn man gesinnungstreu bleiben will und nicht als Gesinnungslump erscheinen möchte. Die „treuen" Beamten, die sichersten Staatsstützen, mögen Gewissenskämpfe ausgefochten haben: mindestens zwei Meineide! also sogar rückfällig! Und doch sind die meisten geblieben, wie Hindenburg und wie Adenauer sich zur Verfügung hielten. Es gilt nicht im Formelkram zu ertrinken, sondern die große Lebenslinie zu erkennen und zielstrebig zu verfolgen. Der schönste Lohn des Lebens ist das Leben selbst – das wahre, lebenswerte Leben.

Die von mir besonders stark erlebten politischen, sozialen, kulturellen Wandlungen der sieben Jahrzehnte mögen in Kürze so zusammengefaßt werden: 1. Von streng nationaler Einstellung, wie wir sie vor allem im Osten und in den Grenzlanden betonten, dringt die Entwicklung zum Übernationalen vor; das Nationale wird nicht verleugnet, aber die Rücksicht auf die nationalen Belange der anderen Kulturvölker, ohne die das unsere nicht leben und gedeihen kann, ist eigene nationale Pflicht geworden. Erst allmählich hat sich unter dem übermächtigen Eindruck der politischen Ereignisse dieser übernationale Gedanke meines „Systems des Völkerrechts" herangebildet, das nach mehrmaligem Ansetzen schließlich nach meinem 70. Lebensjahr Gestalt gewann. – 2. Von der Person geht die Entwicklung zum Sozialen. Während meiner Jugendzeit (vielleicht in der Jugend eines jeden) stand die Persönlichkeit voran: nach Goethe „höchstes Glück der Erdenkinder". Die Pflege des Sozialen beschränkte sich auf wenige Kreise, zu denen man engere Beziehung besaß. Während der Studentenzeit wetteiferten die Korporationen, später die Berufe, Klassen und Parteien. Je welterfahrener man wird, umso mehr wird man von der Gleichberechtigung aller Kreise und Schichten der Bevölkerung überzeugt und entäußert sich die Person, um allmählich immer mehr im Sozialen aufzugehn, für das All und im All zu leben. Man erkennt, wie nichtig die Person für sich, wie wichtig sie für das Ganze ist und wie gültig sie erst im Ganzen wird. – 3. Den Zug zum Speziellen und Spezialistentum, in dem man bei heutiger schwieriger Zeit allein etwas Tüchtiges leisten kann, sah ich zwar als notwendig ein, um sich durchzusetzen und vorwärtszukommen. Aber anderseits erkannte ich die Einseitigkeit, die den Blick für das Ganze immer mehr beschränken mußte; und das Ganze steht doch voran, wie soeben (zu 2) außer Zweifel gestellt wurde. Das Spezielle, in dem man sich zunächst bewähren muß, um zur tüchtigen Persönlichkeit zu werden, muß sich also wieder im Allgemeinen bewähren. In der weisen Vereinigung liegt eine gutes Stück Lebenskunst. –

Innerhalb der Kultur, der letzthin stets nüchternen Kultur der Sachwerte freut man sich auf Kulturträger und Kulturspitzen zu stoßen, an denen sich die werdende Persönlichkeit orientieren kann. Wenn man von den großen vorbildlichen Klassikern absieht, unter denen wohl noch immer Goethe als vorzüglichstes Orientierungsmittel gilt, konnte ich zu meinem Glück andere große Persönlichkeiten in ihrer Entwicklung von Werk zu Werk verfolgen; ihr Leben begleitete mich beständig und übertrug Lebenswerte in das meine. Über die Juristen und Philosophen spreche ich im Folgenden (Kap. 3/7). Unter den Musikern waren es Richard Strauss und später immer stärker Hans Pfitzner. Unter den Dichtern waren es Gerhart Hauptmann, dann Stefan George und immer stärker R. M. Rilke. Ihre Bücher begleiteten mich meist auf Reisen und in die Sommerfrische, erhoben mich daheim nach getaner Arbeit vor dem Schlaf. George und besonders Rilke empfand ich als beinahe musikalische Genien von unaussprechlicher Tiefe. Ihre Worte sind nur Symbole, und die Dinge sind für sie ebenfalls nur Symbole, hinter denen ihr wahres Wesen verborgen als Rätsel liegt. Ich erkannte hier die von mir später Wert-Monaden genannten ewigen Wesenheiten. Während George sich mehr in schönen Formen ergeht, dringt Rilke in die Tiefe zur Deutung von Leben und Tod, Welt und Gott. Ich sah diesen Gegensatz als einen ähnlichen, wie er wohl zwischen Strauss und Pfitzner bestand, ja zwischen Händel und Bach, zwischen Mozart und Beethoven, zwischen Wagner und Brahms (Bruckner). So führten selbst diese meine zeitweiligen (!) Lieblingsdichter unter den Modernen zu interessanten Parallelen, über die ich öfter im Anschluß an Seminarübungen mit gebildeteren Studenten Gespräche führte. Dostojewsky und Thomas Mann, die ich beide in ihrer Art schätzte, konnte ich nur durch gelegentliche Lektüre während Reisen kennen lernen, da einfach die Zeit für die Lektüre langer Romane fehlte. – Über eine ergreifende, nachahmenswerte Veranstaltung darf ich kurz berichten. In der Evangelischen Kirche in Wiessee am Tegernsee trug ein Münchener Schauspieler vor dem durch Vorhänge verdeckten Altar aus Dostojewskys Hauptwerk Szenen vor, in denen sich die „Abtrünnige" unter heftigem Ringen von der Kirche und von Gott lossagt. Vorher gab der Geistliche eine Einführung in die gewaltige Dichtung und bot die psychologische Erklärung, daß das Ringen des Abtrünnigen gerade das Symptom dafür sei, daß es einen Gott gebe, von dem er sich nicht lossagen könne und der ihn nicht loslasse. Am Schluß gab er (jetzt von der Kanzel) weitere psychologische Erklärungen und sprach christliche Gebete. Umrahmt war die seltene dramatische Feier durch geistliche Musik. Die Genehmigung hatte der Kirchenvorstand nicht ohne Meinungskämpfe gegeben. –

Bei Thomas Mann interessierte neben der bewundernswert treffsicheren, lebensvollen Kleinmalerei die metaphysische Hintergründigkeit: in den „Buddenbrocks" der auch die späteren Werke beherrschende Gegensatz von Geist (Kultur) und Leben (Decadence, Krankheit), im „Zauberberg" außerdem die Relativität des Sinnes für die Zeit, den man bei langer Krankheit ganz verliert, im „Dr. Faustus" (nochmals: außerdem) das Künstlergenie, das an der eigenen Kunst zerbricht. Eine wundervolle Staffel mit dem gleichen Grundmotiv und einer immer feineren Spezialisierung. Der Dichter selbst nennt demgemäß Schopenhauer, Wagner und Nietzsche seine geistigen Ahnen; ich wurde im „Dr. Faustus" aber den Gedanken an R. Schumann nicht los. Mit den Jahren stieß mich bei diesem großen Menschenzeichner und Schicksalsdarsteller immer mehr ab die ausgesprochen fatalistische Lebensauffassung, die zwar dem Zeitgeist entspricht, aber zu wenig positive Werte bietet, die man bei einer so hohen Künstlerschaft erwarten darf. Man vermißt die „tragische Erhebung". –

In Studentenkreisen wurde vor dem 2. Weltkrieg der Ruhm Rilkes kaum noch überboten. Da er in rein künstlerischer Hinsicht andere Dichter seiner Zeit, wie George und Hofmannsthal, gewiß nicht überragt, muß sein Werk doch Gedanken auslösen, die dem jetzigen philosophischen Wünschen der gebildeten Jugend entgegenkommt. Soziales Empfinden lag ihm aber durchaus fern. Mitunter hörte ich die Anschauung, Rilke komme als neuer Erlöser, der eine neuzeitliche Philosophie in ästhetisch-aphoristische Formen gekleidet hat, um selbst einen frühen Opfertod für die Menschheit zu erleiden. Da erwiderte ich: ebenso könnte man als Erlöser Mozart und Kleist, Hölderlin, Novalis und viele andere betrachten. Als der 2. Weltkrieg kam, verabschiedeten sich einige Getreuen, sie zögen jetzt in den frühen Rilke-Tod oder, wenn ich das lieber höre, in den frühen Mozart-Tod. Alsdann habe ich wohl manchmal überlegen lächelnd gesagt, sie seien berufen, mir einen passenden Nachruf zu schreiben, und erinnerte an Johann Gottlieb Fichte, dessen Schüler ihm auf den Grabstein schrieben, wie man bei Kuno Fischer nachlesen könne: „Was er uns gelehret hat, wird leuchten wie der Sonne Glanz, und alle, welche er zum Wahren, Guten, Schönen bildete, sie werden um ihn leuchten wie die Sterne" – woran Kuno Fischer den Satz schließt: „Hiermit haben sie sich selbst das schönste Denkmal gesetzt". Und meiner Gewohnheit gemäß schloß ich mit einem Scherz in solchem Falle ähnlich wie: Doch um an Fichte heranzureichen, müßte ich noch 100 Jahre leben. Dann empfahlen sie sich lächelnd etwa so: Also auf die nächsten 100 Jahre! – Ein mir nahe stehender Referendar, in dem ich einen fast idealen Schüler zu sehen glaubte, schrieb mir mehrmals aus dem Felde mit Zitaten von Rilke, bis endlich das (von mir längst erwartete) große Schweigen eintrat. Später schickten mir seine Eltern die Todesanzeige mit Worten aus Rilkes Stundenbuch (die er sich wohl selbst wünschte):

O Herr, gib jedem seinen eignen Tod:
Das Sterben, das aus jenem Leben geht,
Darin er Liebe hatte, Sinn und Not.
Denn wir sind nur die Schale und das Blatt.
Der große Tod, den jeder in sich hat,
Das ist die Frucht, um die sich alles dreht.

4. Lehrjahre, Wanderjahre — Gegensätze

Richte, richte dich, nicht andre, kehr in dich selbst den Blick hinein.
Erst wenn du das getan, kannst du der andren Richter sein.

Erziehung und Selbsterziehung sind wohl die stärksten Gründe für die Lebensgestaltung, wichtiger als Anlage und Vererbung, wichtiger als Politik und Wirtschaft, wichtiger selbst als die natürliche und kulturelle Umwelt. Namentlich die Kritik durch Berufene und durch sich selbst – an beiden fehlt es so oft – vermag den Inhalt eines normalen Lebens entscheidend zu beeinflussen. Hier bilden und klären sich am reinsten des Lebens Ideale und Ziele, Einzelaufgaben und Arbeitsweisen, die doch recht eigentlich den Sinn und Gehalt eines Menschenlebens ausmachen. „Ein jeder ist seines Glückes Schmied", richtiger: seines Lebens Gestalter, seiner Lebenswerte Schöpfer.

Seit meiner Schulzeit, jedenfalls von den reiferen Oberklassen ab, habe ich mich größtmöglicher Selbständigkeit befleißigt und hohen Wert auf den „freien Willen" gelegt, jedoch um fremde Einflüsse und Ratschläge nur umso sorgfältiger zu prüfen und zur Selbstkritik zu verwerten. Unerträglich war mir Willensbevormundung oder gar Gewissensknechtung; wenn ich selbst den allerbesten Willen habe, mein möglichst Bestes herzugeben, etwas Tüchtiges zu werden und zu leisten, anderen Menschen wahrhaft zu nützen, dann muß ich doch selbst der Gebende, der Leistende, der Schaffende sein und dürfen mich andere Menschen nicht daran hindern. In der unnatürlichen Lenkung des Willens sehe ich eine Fälschung meines redlichen Wollens, eine Verhinderung meines Vollbringens, somit eine Schädigung anderer und der Gesamtheit. Muß ich selbst doch am besten beurteilen können, wozu ich imstande bin. Jede Eindrängung und Einmischung von fremder, angeblich zur Lenkung befugter Seite bedeutet nicht nur eine Taktlosigkeit wegen mangelnder Zurückhaltung und Reserviertheit, sondern auch eine Versündigung gegen das Gewissen, gegen die Gesamtheit, gegen die höchsten Güter; der Grund ist meist nichts weiter als Wichtigtuerei und Eigensucht. – Diese Erziehungsgrundsätze haben sich bei mir allerdings erst allmählich entwickelt, und sie haben sich erst geklärt, als ich selbst Erzieher war und vor allem als ich fremde Eingriffe in meine Arbeit erlebte. Aber ich habe sie schon als Tertianer und Sekundaner empfunden und danach gehandelt. Gearbeitet und gelernt habe ich niemals wegen äußerer Vorteile, nie wegen der Schule, nie wegen der Lehrer, nie wegen des Examens, später nie wegen Geld oder Anerkennung, immer nur um der Sache willen. Den Gedanken an das Examen habe ich bewußt ausgeschaltet, weil das Lernen und Zielstreben alsdann zum öden Pauken, zum Einlernen und Eintrichtern, zur Beschränkung des schönen, gerade durch seine Vielseitigkeit reizvollen Stoffes herabgewürdigt wäre. Gearbeitet und gelernt habe ich aber auch nie aus bloßer Pflichterfüllung trotz Kant, nie zur Erledigung von Aufgaben oder in Erfüllung eines Auftrags; das hätte einer subalternen Bürotätigkeit oder einem militärischen Dienst gemäß Geschäftsanweisung und Befehl geglichen. Aber später bei größerer Reife schied ich auch Liebhabereien aus; sonst wäre ich etwa bei dem Musiker- oder Künstlerberuf mit ihren Schattenseiten der praktischen Ausübung und Durchführung und ihren oft so unsympathischen Milieuerscheinungen hängen geblieben. Auch einseitige und bloß augenblickliche Interessen in Befolgung der „Lebenslinie" dürfen nie den Ausschlag geben (trotz Goethe, Schelling und Nietzsche); sonst droht die Gefahr des Umsattelns und schon des Schwankens, der so viele Studenten erliegen, um schließlich nirgends festen Boden und dauernden Halt zu gewinnen und überall Dilettant zu bleiben. So ist z. B. das Interesse junger Studenten für Medizin und Biologie stark ausgeprägt, während sie entsprechende Berufe mit ihren Nebenfolgen nie ergreifen möchten. Schließlich sollte auch das bei Ungunst der allgemeinen oder persönlichen Wirtschaftslage im Vordergrund stehende, begreifliche Streben nach einem alsbaldigen sicheren Brotberuf nicht allein entscheidende Bedeutung gewinnen; sonst wird der wahre Beruf, die innere Berufung, zum wirtschaftlichen Erwerb erniedrigt. Nur auf diesen inneren Zwang und Drang kommt es an: möglichste Entfaltung der Fähigkeiten, um sich zu vervollkommnen und hiermit der Allgemeinheit möglichst viele und hohe Werte zuzuführen. Das Leitziel ist: ein Sichausleben nicht um seiner selbst willen, sondern um zum Wertebringer und Kulturschöpfer zu werden. Selbstvervollkommnung zur Vervollkommnung von Ganzheiten, Gemeinschaften, anderen Menschen und Menschengruppen. Möglichste Wertevermehrung unter dem Gesichtspunkt der Ewigkeit. Jede auch noch so kleine Sonderaufgabe sollte diesem Leitgedanken eingeordnet werden. Jede einzige Arbeit, das Schulpensum, das Studium, der Hauptberuf, sie alle sind nur Sonderaufgaben und sollten sich höheren Ganzheiten in Harmonie einfügen. Es gibt keine höhere, keine schönere und reinere Aufgabe, als sein eigenes Leben zu entfalten, damit aus ihm Werte in das Gesamtleben einströmen, der eigenen Nation, der Völker, der Menschheit. Sub specie aeternitatis.

Diese Lehre hat sich aus meinem eigenen Leben allmählich entwickelt, damit mein weiteres Leben wiederum mit meiner Lehre im Einklang steht. Aber die Ansätze zu den Grundsätzen und Leitsätzen lagen schon in der Studentenzeit. Und für diese sehe ich deutlich den Boden bereits in der Schulzeit, jedenfalls in den Oberklassen.

Die Schulzeit in den Oberklassen und die jüngeren Studentenjahre darf ich jetzt rückblickend als die herrlichste Zeit meines Lebens bezeichnen. Den Grund sehe ich darin, daß ich die mir neu erschlossenen Werte, wie wenn sich eine junge Blüte beim ersten warmen Sonnenlicht öffnet, mit einer unbeschreiblichen Wißbegierde und einer hochgespannten Empfänglichkeit, mit einem wahren Heißhunger, aufnahm, um sie sofort in mir zu verarbeiten und meinem eigenen Werteschatz zuzuführen. Und es gab in der

Tat kein Gebiet, wo ich nicht Werte entdeckte, die ich hätte gebrauchen können. Nur mußte ich überall den Stoff umgrenzen, um mit der Verarbeitung Schritt halten zu können; die Werteschatzkammer durfte nicht überfüllt werden, und ein äußerer Anbau stößt leicht an. Und so lernte ich schon früh eine gewisse Entsagung kennen; ich mußte mich gegen Werte verschließen, die ich so gern in meiner Kammer beherbergt hätte. Wenn mein Leben überhaupt tragisch ist, so ist es dies nicht wegen äußerer Ereignisse, etwa gar wegen mangelnder Anerkennung und groben Undanks durch Jüngere oder wegen Zurücksetzung oder gar wegen Buchverbote, die mich nichts angehen, die vielmehr nur die Gegenseite belasten; tragisch ist es, weil ich es oft bei Vorarbeiten belassen mußte, ohne daß die Ausarbeitung nachfolgen konnte. Manchmal sind die Werte von mir überhaupt nicht voll aufgenommen oder gar nicht als solche erkannt, oder sind nicht oder nicht voll ausgewertet.

Die Schulzeit durchlief ich in der üblichen Weise in meiner Heimat, im humanistischen Kgl. Friedrichsgymnasium in Frankfurt a. O. (unter den Direktoren Georg Kern, einem Altphilologen, und Prof. Rethwisch, einem bekannten Schulmann und Historiker), einer in der ganzen Provinz und wohl darüber hinaus wegen ihrer Strenge bekannten Anstalt, die auch von Berliner Jungen besucht wurde, wenn sie in gute Zucht kommen sollten. Umgekehrt war bezeichnend, daß ein Lehrer zu schlechten, nicht mitkommenden Schülern zu sagen pflegte: Gehen Sie nach Berlin, oder: Und nach Berolin, da gehen die Esel hin. – Ich war sicherlich kein Musterschüler, obwohl ich manchmal (nicht immer) Primus war und die üblichen Prämien (so über antike Idealgestalten, herausgegeben von Oehler) erhielt; ich war zu selbständig und suchte meine eigenen Wege, was mir auch ins Reifezeugnis geschrieben wurde. Viel bot mir und wohl den meisten anderen der Religionsunterricht von Prof. Vigelius, der sich häufig auf seinen Lehrer, den „alten Ernst Moritz Arndt“ berief und auf streng nationale Erziehung und Ehrgefühl hielt. Dieses Thema spielte im Religionsunterricht eine ebenso große Rolle wie eine gediegene philosophische Propädeutik, in der nach Paulsens Vorgang Kant als Philosoph des deutschen Protestantismus aufgefaßt und bei Fichte selbstverständlich die ethische und zugleich nationale Seite in den Vordergrund gerückt wurde. Spinoza lernten wir im Deutschunterricht im Anschluß an Lessing und Goethe kennen, Platon und Aristoteles im Griechischen, Leibniz im Mathematikunterricht. Wenn ich in meinen Universitätssemestern von Beginn an philosophische Vorlesungen besuchte, so erklärt es sich aus dem Bedürfnis, mein Schulwissen zu vertiefen. Von der Mathematik fesselten mich in den Oberklassen besonders die Anfangsgründe der höheren Mathematik, insbesondere die analytische Geometrie; auch die Schwierigkeiten der theoretischen Physik nahmen mich gefangen. Leider mußte ich diese Probleme später zurücktreten lassen und nahm sie erst in späteren

Jahren unter dem Eindruck der Atom-Physik wieder auf (in Untersuchungen über die „Raum-Zeit-Ordnung", vgl. Metaphysik 1951, S. 395). Es gab kein Fach, das nicht meine Bewunderung und mein höchstes Interesse erregte. Begeistert waren wir, als uns im Physikunterricht die naturwissenschaftlichen Ergebnisse der Nordpolar-Expedition Nansens erklärt wurden, der im Jahre 1897 nach drei Jahren spannender Ungewißheit zurückkehrte und in Deutschland unter großen Ovationen populäre Vorträge hielt: Entdeckung eines Tiefseebeckens mit warmer Strömung, während die Strömung, durch die sich sein Schiff von den neusibirischen Inseln treiben ließ, nicht über den Pol führte, dazu die neue Forschungstechnik und die Organisation des Unternehmens. Wir Primaner verschlangen sein später bei Brockhaus erschienenes, zweibändiges Werk: „In Nacht und Eis", mit den prachtvollen farbigen Abbildungen der Naturwunder. Der wissenschaftliche Ertrag der gewaltigen körperlichen wie seelischen Strapazen erschien uns verhältnismäßig gering; aber uns packte die hinreißende Schilderung der großen, unberührten Natur, der beständige Vergleich mit der norwegischen, wälderreichen Heimat, das übermenschliche Heldentum im Kampf gegen Frost und Sturm, die entsagungsvolle Selbstüberwindung im Ertragen von Leiden, die Lossagung von Familie, Heimat und jeglicher Kultur im Dienste wissenschaftlicher Forschung. Mancher von uns mag Fridtjof Nansen als Vorbild für Energie in begeisterter Verfolgung einer großen Sache angenommen haben und schmerzvoll betroffen gewesen sein, wie er später als Politiker gegen Deutschland, dem er einst seine literarischen Erfolge zum großen Teil verdankte, zeitweise Stellung nehmen zu müssen glaubte. Seine Hilfsaktion für die russischen Flüchtlinge (sog. Nansenpässe) führte mich nach Jahrzehnten bei meinen völkerrechtlichen Arbeiten auf mein Primaner-Ideal zurück.

Unser Lehrer in den damals auf dem Gymnasium vernachlässigten neueren Sprachen war Prof. Siebert, der auch die politische und juristische Eigenart der Völker wohl öfter, als es sonst zu geschehen pflegt, hervorhob und uns näher zu rücken suchte. Später wurden seine drei Söhne Juristen und meine Kollegen; der Sohn des ältesten, eines Staatsanwalts, Wolfgang Siebert, wurde der bekannte Professor für Zivil-, Arbeits- und Jugendrecht (Berlin, Göttingen, jetzt Heidelberg). Ich lernte ihn in seiner Wiege kennen. Mit dem dritten Sohn, meinem Mitschüler und Freund, unternahm ich die oben (Kap. 3) beschriebene, lebensgefährliche Bergbesteigung in den Zillerthaler Alpen, wobei wir uns wohl als Abenteurer und kleine Epigonen Nansens fühlten.

Ich war und bin noch jetzt ein überzeugter Befürworter des Unterrichts in den beiden alten Sprachen trotz des übermäßigen Verlustes an Zeit und Kraft auf Kosten anderer, jetzt wichtigerer Dinge; das Problem eines verständigen Ausgleichs, so daß beide Teile möglichst geringe Einbuße erleiden, ist bekanntlich noch jetzt (1953) Gegenstand mancher mißglückter Experimente (Wahl der Schüler zwischen Griechisch und Englisch oder gar Naturwissenschaft! ein Unding!). Es wurde schon während unseres Schulunterrichts besprochen und war ein Thema, über das ich zweimal mit meinem Kultusminister, dem Orientalisten Prof. Carl Heinrich Becker (Gestalter der Pädagogischen Akademien und der Dichterakademie, Förderer der Hochschulreform) näher sprechen durfte. Das erste Mal war es 1921 anläßlich meiner Berufung zum Ordinarius (ich wollte gern in Königsberg bleiben und sollte bald nach Tübingen kommen) [1]), das zweite Mal war es 1925/6 (als ich den Kongreß für Rechtsphilosophie in Berlin zu organisieren hatte und begreiflich darin auf Widerstand bei Kollegen stieß). In Becker schätzte ich einen großen Idealisten ganz anderer Art, wie er bei dem erfolgreichen Althoff noch damals bewundert wurde; er war ein Verkörperer des Geistes in damaliger Nachkriegszeit, der deutschen Kultur, ein zweiter Humboldt (wenn diese kleine Übertreibung erlaubt ist). Leider starb er Anfang 1933 mit nur 57 Jahren, was für mich persönlich ein schwerer Schlag war. Zu meinem rechtsphilosophischen Kongreß (unten Kap. 7 III) hatte er den Leiter der Hochschulabteilung, den Germanisten Ministerialdirektor Werner Richter, später Professor in Bonn, entsandt; er zeigte aber auch selbst für die Rechtsphilosophie größtes Interesse. Auf seine erstaunte Frage, woher ich als Jurist, der so lange in der Praxis war, diesen „Idealismus" bekommen hätte, antwortete ich: Von Platon und Kant; Griechisch war mein Lieblingsfach in der Schule. Dem Sinne nach zog ich Parallelen zwischen Sokrates und Jesus Christus, worüber hier zu sprechen zu weit führen würde. In Hellas wurzelt die ganze abendländische Kultur, nicht im Orient und nicht bei den alten Germanen. Die so eingehende Beschäftigung mit den alten Sprachen möchte ich bei mir nicht gemißt haben. Sie erzieht zum Idealismus, zur Selbstverleugnung zu Gunsten des Staates und der Allgemeinheit. Im klassischen Altertum begegnen sich alle Kulturvölker; und hierin besteht eine starke völkerverbindende Kraft, eine ausgezeichnete Grundlage für die erstrebte Einheit Europas. Ich glaube später beobachtet zu haben, daß die Studenten, die in beiden alten Sprachen ausgebildet wurden, weit selbstloser und idealer die Welt und das Leben betrachten, während die „Realisten" berechnender und eigennütziger gerichtet sind, in der Regel (natürlich mit vielen Ausnahmen) sich für Kunst und Wissenschaft beruflich weniger eignen. Derselbe Gegensatz kehrt auch innerhalb der alten Sprachen wieder: zunächst zwischen den Griechen und Römern, sodann zwischen Athen und Sparta. Unser Geschichtslehrer fragte einmal, welches von diesen beiden Völkern wir lieber hätten; das sei bezeichnend für unseren Charakter. Die meisten Schüler der Unterprima stimmten für

---

[1]) Daß ich nicht nach Tübingen gegangen bin, wo einst Frank und Beling so lange, glückliche Jahre wirkten, bereute ich später nur in einer einzigen Hinsicht: jedesmal, wenn ich auf der Rückkehr von meinen zahlreichen Italienfahrten die Alpen durchquert hatte, sagte ich mir stets: jetzt könnte ich in wenigen Stunden zu Haus sein; nun stand mir bis Königsberg noch eine volle Tages- und Nachtfahrt bevor. Wieder hatte ich mir das Leben unnötig schwer gemacht.

Athen und gegen Sparta und erst recht gegen Rom. Da antwortete er: Also haben Kunst und Philosophie gesiegt; wir würden einmal schlechte Soldaten und noch schlechtere Politiker werden, und wir würden nie in unserem Leben ein Weltreich gründen. Aber er freute sich doch über unsere Entscheidung. Die Wahl bei solchen heiklen Themen ist aber stark durch den Charakter bedingt; sie hängt auch von der Eignung der Lehrer ab. Die Persönlichkeit macht auch im Lehrfach alles, wie im Richterberuf und im Staatsleben, beim Arzt und beim Geistlichen.

Noch jetzt werde ich innerlich erhoben, wenn ich an die Stunden denke, als wir Ciceros Laelius de amicitia und Platons Laches über die Tapferkeit lasen, um nur zwei weniger bevorzugte Schriften zu nennen. Und nun erst Phaidon und die Unsterblichkeit der Seele! Und dann Platons Ideal der Gerechtigkeit! Hier wurden erste Keime für die Jurisprudenz und vor allem die Rechtsphilosophie gelegt. Als wir die Antigone des Sophokles lasen, sagte der Lehrer: da steht die Pflicht gegen Pflicht. Antigone bestattet ihren toten Bruder Polyneikes entgegen dem Befehl des Kreon, aber gemäß dem Gebot der Götter. Hier steht staatliches Gesetz gegen Religion und Moral. Welcher Pflicht man den Vorzug gibt, soll nach der Erklärung des Lehrers wiederum davon abhängen, welchen Charakter man habe. Das gab zu vielen Auseinandersetzungen Anlaß. Vielleicht hatte der Geschichtslehrer doch recht, und ebenso der Kultusminister Becker: der Idealismus siegt schließlich doch einmal. Das Wundervollste ist nun aber, daß Hellas alle so früh erkannten, allezeit hochaktuellen Probleme mit dem Glanz der Schönheit überzieht. Die Kirche muß sich erst der Hilfen der Musik und der bildenden Künste bedienen, um ihre Lehren von Leid und Armut und Verzweiflung ästhetisch-metaphysisch zu verklären. Für das schönheitsselige Hellas ergibt sich aus dem eigenen Leben und aus sozialen Notwendigkeiten eine Fülle von Schönheitswerten mit bleibendem Gewinn; es ist jene Kalokagathie: die Verbindung von Ethos und Schönheit als Erziehungsideal Athens sowie als Richtschnur in der wahren Demokratie für den freien Bürger. – So verlief der Primanerunterricht im Zeichen des Humanismus Goethes und Schillers. Und ich wurde später während des Studiums mit innerer Notwendigkeit in die Vorlesungen der Neukantianer sowie zu Wilamowitz-Moellendorff geführt.

Mein Hauptinteresse konzentrierte sich von Klasse zu Klasse immer stärker auf den Deutschunterricht. Dort bot sich mir willkommene Gelegenheit, vom Katheder über selbstgewählte Themen frei vorzutragen, wovon ich reichlich Gebrauch machen durfte; ich mußte erst bis zu Seminarübungen der letzten Studiensemester warten, um einmal wieder vom Katheder aus zu sprechen. Bezeichnend für die Vielseitigkeit und die freie Gestaltung unseres Unterrichts sind die Themen gewesen. Den ersten Vortrag hielt ich über die Fabrik meines Vaters; dieses Thema hatte der Lehrer gewünscht. Die folgenden waren meiner eigenen Wahl entsprungen: Mozart und Beethoven, Gleiches und Verschiedenes (mein Klavierlehrer schalt meinen Größenwahn, mich zu einem solchen Thema zu versteigen, und korrigierte in mein Manuskript mehr herein, als später der Amtsrichter in Referendarurteile). Dann kam der unvermeidliche Hamlet (über den ich erstmalig 1945 in meinen rechtsphilosophischen Seminarübungen durch zwei bevorzugte Studenten zu dem so vernachlässigten, auch juristisch erheblichen Thema „Tragische Gerechtigkeit" vortragen ließ); ferner Macbeth bei Shakespeare und bei Schiller (sehr aufschlußreich auch der Vergleich der beiden großen Dichter selbst); dann kam Fiesco, dann König Lear. Ich besinne mich, wie der Lehrer lobte, daß ich in dem Lear-Vortrag die komplizierte Handlungsfolge der Übersicht halber systematisierte, indem ich nicht die Akte der Reihe nach beschrieb, sondern zuerst die Haupthandlung bis zum Schluß entwickelte und sodann parallel (!) die Nebenhandlungen und Nebenfiguren der Reihe nach mit wenigen Worten erledigte. Von je her besitze ich eine große Neigung (und vielleicht auch Eignung) zum systematischen Ordnen schwierigster, überladener und unübersichtlicher Stoffgebiete; nur so konnten meine Grundlagen des Prozeßrechts und meine Grundlagen der Gesellschaft entstehen. – Wie schön und reich sich der Deutschunterricht gestaltete, ersieht man daraus, daß auch für damalige Zeiten neuere Dramen gelesen und erklärt wurden, z. B. Freytags Fabier, Ibsens Kaiser und Galiläer, Gerhart Hauptmanns Versunkene Glocke und Hanneles Himmelfahrt. Als vorzüglich gewählt empfanden wir die folgenden Aufsatzthemen: Hermann als Knabe und Jüngling nach Goethes Epos als Thema für das Einjährigen-Examen (wundervoll sind Wahl und Fassung im Hinblick auf den Übertritt der Schüler in einen reiferen Lebensabschnitt); Goethe in Rom als Thema für das Abiturium (wundervoll ist die Anregung zum Nachsinnen über die Bedeutung Roms für Goethe sowie für die gegenwärtigen Schüler); Goethes dichterische Gestaltungskraft, dargelegt an einem frei zu wählenden größeren Gedicht (hier wurde angeregt, über das Wesen der Gestaltungskraft überhaupt nachzudenken und ein besonders geeignetes Gedicht zu finden). Nicht billigen kann ich die spätere Übung, Aufsatzthemen nicht mehr über die Dichtung, sondern über eigene Erlebnisse oder Tagesfragen zu geben; hierin sehe ich eine Vernachlässigung der Kunstwerke. Das für meinen zukünftigen Beruf wichtigste, ja meine nahe Berufswahl mitentscheidende Thema lautete: Summum jus summa injuria (als Grundlage war vorher besprochen die reizende Erzählung H. v. Kleists, des großen Sohnes unserer Stadt: Michael Kohlhaas, dem einige Pferde gestohlen waren und der, weil er nirgends zu seinem Rechte kam, schließlich zum Mordbrenner wurde: ein Fall des so seltenen Landzwangsdelikts); ferner die bekannteren Werke: Der zerbrochene Krug und der Prinz von Homburg. Der Lehrer hielt für irrig die Auffassung Ciceros, von dem jener Ausspruch stammt, der aber zweifellos dem großen, in seinem Wort liegenden Gedanken nicht gerecht wurde, und gab selbst die Erklärung: das „Buchstabenrecht" müsse dem höheren, dem natürlichen, nach Goethe dem mit uns geborenen Rechte weichen. Es fragt sich, ob der Lehrer und ob wir alle dem wahren, vielleicht unergründlichen Sinn des Wortes gerecht geworden sind. Endlose Auseinandersetzungen bis in die Nacht hinein hatte ich mit meinen Freunden über die rätselhafte Bedeutung jenes unbewußt tiefsinnigen Ausspruchs des mir nicht besonders sympathischen alten römischen Politikers; wir konnten uns mit dem Lehrer so wenig wie untereinander verständigen. Wir dachten erstmalig über das Wesen des Rechts und der Gerechtigkeit in allen Tiefen nach. Und viele von uns wurden – Juristen. Vielleicht hätten wir uns sonst nicht zum Rechtsstudium entschlossen. Der Schüleraufsatz aus dem Jahr 1897 fand seine Ausarbeitung und Berichtigung in meiner 43 Jahre später erschienenen Juristischen Methodenlehre (1940). So entwickeln sich aus verborgenem Keim Werte und Werke.

In erhöhtem Maße gilt das alles von einer geradezu dramatischen Zuspitzung eines Gegensatzes zwischen dem in die Tiefe gehenden Religionsunterricht, über den ich oben berichtete, und der Lektüre, die der anregungsreiche Deutschlehrer in dem (wie er selbst sagte) selten verstandenen und doch in die Zukunft weisenden Hauptwerk Herders gab: Ideen zur Philosophie der Geschichte der Menschheit (1784/91). Der Gegensatz begleitete mich mit Unterbrechungen während meines ganzen Lebens bis in die letzten Jahre. Wiederholt sprach ich hierüber in Vorlesungen, und zu spannendsten Augenblicken meiner Seminarübungen gehörte dieses unergründliche, ungelöste Thema. Wenn ich diese Zeilen schreibe und lese, schwillt mir die Seele in überschäumender Jugendkraft, die sich wohl auch mitgeteilt haben mag meinen Seminarteilnehmern und Doktoranden, die mich in nächtlicher Stunde nach Haus begleiteten oder die mich am Ostseestrand trafen oder in der Studierstube besuchten. Ob die heutige Jugend eine solche Hochstimmung wohl noch versteht, wenn ich die folgenden, in Kürze niedergeschriebenen, nüchternen und doch so inhaltsreichen und folgenschweren Sätze zu den wichtigsten Leitmotiven und zugleich beglükkendsten Augenblicken meines Lebens bezeichne? – Im Reich der Natur, der Erfahrung, herrsche das Gesetz der Kausalität; demgemäß verweise Kant die Begriffe Gott, Freiheit und Unsterblichkeit in die „metaphysische Rumpelkammer", wie die einseitigen Verherrlicher der Kritik der reinen Vernunft (1781) spotten. Umso größer sei ihre Verwunderung (sollte heißen: Bewunderung), daß er sie bald darauf wieder heraushole und in der Kritik der praktischen Vernunft (1788) als Postulate der Moral, der Verantwortung, der Pflicht und der Lebensaufgabe aufstelle. An der Überwindung dieser zwar methodisch begründeten, aber im sachlichen Ergebnis doch unbefriedigenden Dualistik von Sein und Sollen, von Natur und Wert, ringt die wissenschaftliche Philosophie bis auf den heutigen Tag. Schiller fand seine Zuflucht im Reich der schönen Künste, die eine Überbrückung aber leider nur vortäuschen. Und die für diese Welt zu schwache Seele unseres großen Heimatdichters, H. v. Kleist, zerbrach, weil Kant nach seiner Ansicht nur eine Scheinwelt lehre, und endete im Selbstmord. Goethe und Herder überschritten in gesunder Lebensauffassung die rationalistische Wissenschaft und schufen sich von ihrem reichen Lebensinhalt aus eine eigene, auf Kultur gegründete Weltauffassung. Hier wußte unser Deutschlehrer jedoch Widersprüche über Widersprüche im faustischen (gotischen) Weltbild, die auch die Religion nicht aufheben könne, in wunderbarer Klarheit der jungen, empfänglichen Seele einzuprägen.

Größte Bedeutung gewann bald die Musik. Seit frühester Kindheit genoß ich Klavierunterricht bei einer Dame aus der tüchtigen Schule von Th. Kullak. Vom 13. Lebensjahr bis hinein in die Studentenzeit erhielt ich Klavier-, Orgel- und Theorieunterricht (während mein Bruder die Violine erlernte) bei Ferdinand Wrede aus der die Mozartverherrlichung fast übertreibenden Spohr-Schule, einem ausgezeichneten Lehrer, berühmten Organisten, Direktor der Singakademie (die vor allem Bach und Händel pflegte), Komponist ansprechender, nicht leicht spielbarer Klavierwerke im Schumann-Stil. Er wurde mein väterlicher Freund; später verkehrte ich im Hause seines Sohnes, des Marburger Germanisten Ferdinand Wrede gleich freundschaftlich. Auf die eine wöchentliche Klavierstunde freute ich mich jedesmal in einem Maß, wie sich kaum ein Kind auf den Geburtstag freut. Zuletzt nahm ich Klavierunterricht als Referendar, zugleich zum Gegengewicht gegen den trockenen Aktenbetrieb, bei dem damals bekannten Konzertpianisten Alfred Schmidt-Badekow, Lehrer am Berliner Sternschen Konservatorium und ständigen Begleiter des damals im Zenit seines Ruhmes stehenden Geigenvirtuosen Willi Burmester auf seinen Konzertreisen. Hier wurde ich mit der großen Künstlerwelt persönlich vertraut, lernte die Feinheiten und Eigenheiten ihres Nachschaffens an der Quelle kennen und erhielt in der Tat einige Routine darin, wie man ein Werk in großem Stil vorträgt, „hinlegt", „ausbreitet", vor der jedesmal neuen, anders zusammengesetzten Zuhörerschaft. Ich nahm während eines Jahres wöchentlich nur eine Halbstunde. Aber diese kurze Zeit war aufs Höchste angespannt und konzentriert. Oft wurden mehrere Schüler auf eine Viertelstunde vereinigt; dabei hatte der eine, dann der andere einige Takte aus dem Wohltemperierten Klavier oder einen Seiten- oder Durchführungssatz von Beethoven zu spielen, und der Lehrer schloß seine Bemerkungen an, spielte auch mitunter selbst. Mitunter wurden auch größere Werke im Zusammenhang vorgetragen, und dann wurden Anlage, Aufbau und Auffassung besprochen. Nach Auffassung Burmesters durfte nie ein Stück allmählich leise ausklingen, es mußte stets unmittelbar vor Schluß eine Hebung, etwa bis zum mezzoforte, eintreten; ich widersprach und verwies auf Tschaikowskys Symphonie pathétique. – Ich hatte technisch etwa das Niveau der Appassionata, des Wohltemperierten Klaviers und des leichteren Chopin. Aber die Musik kostet Zeit. Das Kunststück der Zeiteinteilung ist das Geheimnis eines kulturellen Lebens.

Bei öffentlichen Vorträgen, auf Wohltätigkeitskonzerten und in Abendgesellschaften bevorzugte ich seit der Referendarszeit vor allem die überaus dankbare Appassionata, obwohl der letzte Satz, bei aller Hochachtung vor dem unsterblichen Meister, weniger meinen Idealen entspricht, als eine Schlußfuge, wie in op. 106 oder in der bewundernswert harmonisch verlaufenden Jupitersymphonie Mozarts. Gern hörte man von mir auch Chopin, Schubert oder Wagner (Walküre, Tristan), während Bach zu wenig Verständnis fand. Zugstücke von mir bis in die Gegenwart wurden u. a. Isoldens Verklärung (wie ich statt der geschmacklosen eingebürgerten Bezeichnung „Liebestod" zu sagen pflegte), der Rosenkavalier-Walzer, die beiden Mittelsätze aus Beethovens Vierter und Siebenter, die verschiedensten Sonaten Beethovens, das Andante favori und (bei mehr Zeit und mehr Andacht, als sie gewöhnlich vorhanden sind) Teile aus den beiden Abendmahlsszenen des Parsifal, die ich auch auf der Orgel gern spielte. Vor einer weniger gebildeten Zuhörerschaft war mir Mozart meist zu schade, auch zu schwierig und schwerverständlich (gerade das Gegenteil der geläufigen Meinung!). „Dienst am Klavier" gab es für mich weniger während der Studentenjahre, weniger in meinem Musikverein, in dem ja noch viele andere Tüchtigere ausübend waren, als in der Referendar-, Assessoren- und Militärzeit, in Abendgesellschaften und im Offizierskasino. Es war in der Tat ein Dienst, der im Lauf der Jahre schwerer und anstrengender wurde; nach dem Essen und Trinken, als man abgespannt war und sich gern in den Lehnstuhl setzte, hatte ich anzutreten und mein Pensum zu erledigen. Das wurde schließlich zur drückenden Selbstverständlichkeit; zu Abendgesellschaften, wie sie in Beamtenkreisen geradezu Pflicht waren, wurde ich in der Wintersaison nicht nur ein Mal im Jahr von demselben Hause geladen, womit jener Pflicht genügt wäre, sondern nicht selten mehrmals „herangezogen", wogegen keine Entschuldigungen halfen. Denn wozu übte ich sonst die Kunst aus? Sie galt jenen Kreisen als Mittel der Unterhaltung oder der Verschönerung der an sich langweiligen Zusammenkünfte, Da ich unter den Gästen in der Regel mehrere Interessierte (sei es auch wenige wahrhaft Sachkundige) befanden, so hielt ich mich umso mehr für verpflichtet, meiner Kunst Ehre zu machen und möglichst Gutes, auch Abwechslung zu bieten. So bedurfte es der Vorbereitung, und ich wurde selbst immer anspruchsvoller. Erst später trat eine einführende Belehrung hinzu, als ich vor Studenten spielte; hier fühlte ich mich in meinem ureigensten Element und Heimatgebiet. Das geschah meist in Verbindungshäusern, sofern ein leidliches Instrument zur Verfügung stand, einige Male in meiner Wohnung im Anschluß an rechtsphilosophische Seminarübungen. Nur ein Mal (1923/24) habe ich in meiner (damals sehr geräumigen) Wohnung in Königsberg ein regelrechtes Konzert vor Studenten veranstaltet. Ich wollte 20 Hörer aufnehmen, die sich in einer Liste vorher einzuzeichnen hatten; tatsächlich trugen sich 46 ein. Sie erschienen auch und holten sich als Sitzgelegenheiten noch meine Koffer und Bücherkisten. Das Programm war anspruchsvoll: die Egmont-Ouvertüre, Teile aus der 3., 5. und 4. Symphonie, im zweiten Teil Szenen aus der Walküre (Todesverkündung),aus dem Tristan (2. Akt und Schluß) und Parsifal (Vorspiel und Schluß). Alles mit einführenden Erläuterungen und natürlich wie stets auswendig ohne Noten.

Die überstarke Abhängigkeit aller Musikausübung von einem überwiegend unreifen, urteilslosen, dauernd schwankenden Publikum und obendrein von einer mehr oder weniger berufenen Kritik ist der entscheidende Grund gewesen, daß ich die mir von Kindheit an so ans Herz gewachsene edle Musik nicht zum Hauptberuf meines Lebens nehmen konnte und nicht nach großen Vorbildern noch zuletzt umsattelte. Es ist nicht übertrieben, wenn Max Reger drastisch sagte: „Wenn nur zwei oder drei unter den Schafsköpfen im Saal sitzen, die mich verstehen, ists mir schon genug". So selbstbescheiden mochte ich nicht sein. Aber ist es in der Wissenschaft etwa anders? Wer liest und wer versteht gelehrte Bücher! und wie selten werden sie sachgemäß von wahrhaft Berufenen kritisiert! Die Parallele besteht nicht. Wissenschaftliche Bücher müssen auf weite Sicht geschrieben werden und können sich oft nur langsam durchsetzen, umso langsamer, je bedeutender sie sind. Die verständnisvollen Schüler stellen gegenüber dem Konzertpublikum einen höheren Prozentsatz, wie schon das Examen zeigt; zwischen Lehrer und Schüler entwickelt sich ein persönliches, auf Treue und Dankbarkeit gegründetes Verhältnis, während dort Zufall und Mode entscheidend einwirken. Und wie tief soll man Publikum und Kritik einschätzen, wenn selbst Bach und der späte Beethoven, selbst der späte Wagner und Bruckner Jahrzehnte lang unverstanden, ja ungepflegt blieben! Gewiß verstauben auch die Bücher in den Bibliotheken, aber sie sind für einen kleineren Kreis geschrieben und bilden nur ein winziges Glied im Fortschritt unserer Erkenntnis. Die Partitur soll dagegen für sich allein und als Ganzes wirken. Der Forscher knüpft an die Vorgänger an; der Künstler beginnt mit jedem Werk von vorn. Das ist der große Vorrang der Kunst, aber auch die Gefahr für den Künstler. Die Musik kann man nicht genug bewundern und verherrlichen; den Musiker kann man nicht in gleicher Weise beneiden. Ich war zu sehr in das Getriebe der Musikpflege eingeweiht, habe zu genau hinter die Kulissen blicken müssen, als daß ich die Ausübung zum Hauptberuf hätte wählen können. Ob die Art und Weise der Musikpflege, das dauernde Einstudieren und Wiederholen gleicher Werke, mich auf alle Zeiten befriedigt hätte, sei dabei noch dahingestellt. Ist eine wissenschaftliche Erkenntnis erst einmal zum geistigen Besitz geworden, so geht sie nicht mehr verloren und wirkt umso fruchtbarer, je wertvoller sie ist.

Die äußere Lossagung von der Musik vollzog sich wieder unter heftigen seelischen Kämpfen. Die Nichtweiterbildung meiner Fähigkeiten steigerte sich zum Vorwurf, sich selbst untreu zu werden und von dem zielsicheren Weg zu scheiden, auf den mich das Schicksal berief, um hohe kulturelle

Werte den anderen Menschen nahe zu bringen. So betrieb ich sie künftig als „Nebenberuf, soweit der Hauptberuf es zuließ" – wie ich mir den Lebensplan gewissenhaft zurechtlegte. Danach spielte ich fast täglich, mit verhältnismäßig wenigen Ausnahmen, auf meinem großen Bechstein-Konzertflügel (Größe C), bis er 1944 bei der Ausbombung vernichtet wurde. Erst nach meinem 70. Lebensjahr konnte ich mir ein Piano anschaffen.

Wie stark die Wirkung der Musik auf meinen Seelenzustand war und noch ist, darf ich durch die in unserer nüchternen Gegenwart vielleicht als übertrieben empfindsam erscheinenden Tatsachen belegen, daß ich bei bestimmten Stellen in Beethovens Werken die Tränen kaum zu unterdrücken vermag; so berichtet ja Beethoven über sich selbst (Streichquartett op. 130, Cavatine). Als ich während meiner Militärzeit (wo ich also körperlich und nervlich durchaus auf der Höhe war) zum ersten Mal in Bayreuth den Parsifal gehört, das Wunder geschaut und die Ewigkeit vorausgeahnt hatte, lief ich mit Tränen den Festspielhügel hinab zum Bahnhof, wo ich bei Ankunft des D-Zugs noch bitterlich weinte. Später las ich eine Äußerung Max Regers: „Als ich als fünfzehnjähriger Junge zum ersten mal in Bayreuth den Parsifal hörte, habe ich vierzehn Tage lang geheult". Ich kann nicht behaupten, daß mir die Tränen locker sitzen, die sich bei wirklich traurigen Begebenheiten, Schicksalsschlägen, Todesfällen, nicht zu zeigen pflegen. Es ist der Ausdruck überaus starker seelischer Anspannung mit tragischer Erhebung, die ein unbeschreiblich beglückendes Wonnegefühl auslöst; es verrauscht niemals und wirkt so nachhaltig weiter, daß der bloße Gedanke daran bei Leiden und Enttäuschung Trost spendet, wie es bei mir keine Kirche vermag. Ein Problem, das mich erneut auf die Philosophie führt.

Meine Stellung zu Religion und Kirche hat sich aus meiner Lebensauffassung entwickelt und gab mir keine besonderen Probleme auf. Evangelisch-lutherisch im Elternhaus, in der Schule und im kirchlichen Konfirmandenunterricht erzogen, von manchen Geistlichen gefesselt und angeregt, wie den Hofpredigern Dryander und Döring am Berliner Dom, habe ich stets die hohe soziale Bedeutung des kirchlichen Bekenntnisses für weiteste Kreise des Volkes betont, denen die Kirche Halt und Richtschnur, Trost und Zuflucht bietet. Ohne kirchlichen Glauben müßten viele Menschen verzagen und verzweifeln, zumal bei Not und Krankheit. Für mich selbst, eine (wie ich glaube) tief religiöse Natur, erhielt religiöse Verklärung eine ganze Reihe besonders wichtiger Lebenserscheinungen und Lebensaufgaben; die Religion mußte sich bei mir, wie alle anderen kulturellen Werte, im Leben bewähren, sollte sie selbst einen Lebenswert für mich darstellen. So betrachtete ich mit religiösem Sinne die Wunder der Natur, Sonne und Sterne, Meere und Gebirge, edle Menschen und ihre Leistungen, Krankheit und Tod. Religiöse Weihe erhielten aber auch meine Aufgaben und Pflichten gegenüber meinen Mitmenschen, vor allem im Beruf und in der Arbeit. Später habe ich neben der ethischen und der sozialen Bedeutung der Religion die politische und kulturpolitische Seite stärker betont; heute bedauere ich angesichts der kulturfeindlichen Zersetzungserscheinungen, daß ich früher in dieser Hinsicht nicht nachdrücklicher und aktivistischer vorgegangen bin. Anderseits wird von späteren Rezensenten meiner Bücher (so von Engisch Z. f. Strafr. 67, 464) hervorgehoben, daß überall in den grundlegenden Erörterungen die letzte Beziehung zu Gott erkennbar ist; und rückblickend muß man wohl zugeben, daß das große Unbekannte, Unbegreifliche, Unaussprechliche als solches bestehen bleibt, mag man es liberal-theologisch, streng-dogmatisch, theistisch, pantheistisch, idealistisch-regulativ, kulturpolitisch, künstlerisch, oder wie sonst, zu erfassen suchen. Schließlich erscheint es nur als jene große, feierliche Ruhe, die nur in Andacht und Ehrfurcht geahnt werden kann. Doch ich bin noch bei der Darstellung der Lehr- und Wanderjahre; der Sturm und Drang der Jugend kennt nicht feierliche Stille und Andacht. Es mag sein, daß ich zu lange jung geblieben bin und mich noch im höheren Alter als Student fühle[2]).

S t u d e n t e n z e i t. Herrliche Zeit. Früher sang man, was man heute kaum noch versteht: „Student sein, wenn die Veilchen blühn ... Herr, laß diese Zeiten nie vergehn". Ja! Aber die Lebensuhr kann nicht still stehen; die Lebensblüten reifen zur Frucht und zur Ernte heran. Der Wonnemond weicht den Winterstürmen. Ewig Studentsein ist aber das Lebensideal, wenn man mit Goethe definiert: S t u d e n t s e i n h e i ß t, w e r i m m e r s t r e b e n d s i c h b e m ü h t.

In letzterem, idealem, normativem Sinne ist meine Studentenzeit nie vergangen; der Herr hat meine Bitte erhört, und die Veilchen blühn noch unverwelkt. Mein Studium besteht noch jetzt; und es bestand von Anfang an, wie einst im Schulunterricht, weitaus überwiegend in eigener L e k t ü r e mit der Feder in der Hand: Darstellung der fremden Ansichten und sofort Entwicklung der eigenen Ansicht. Von Beginn ab machte ich Notizen am Rand und vor allem auf Zetteln, die ich später ordnete und zu Unter- und Obergruppen vereinigte; so traten die gemeinsamen Gesichtspunkte hervor, das Allgemeine (seit 1933 so verpönt!) wurde vor die Klammer gezogen, und es erwuchs schließlich ein systematisches Gebilde. Der D r a n g z u m S y s t e m ist ein wesentlicher Grundzug meines Schaffens, vielleicht der typischste für mich. Je weiter mein Werk vorschritt, umso mehr trat die Darstellung fremder Ansichten zurück. Daher kommt es, daß ich bald, und zwar verhältnismäßig früh mit eigenen Systemen hervortreten konnte. Ich stellte nicht weitläufig fremde Ansichten dar und entschied mich sodann für die eigene, die sich hiernach lediglich dogmengeschichtlich erklärt hätte;

---

[2]) Meine Auffassung der Religion habe ich in „Philosophie der Zukunft" 1923 (26), S. 97/109 und „Grundlagen der Wissenschaft" 1926, S. 343 ff., 401 ff. näher dargelegt, zuletzt in „Metaphysik" 1951, S. 352–373, 390.

diese Anfängermethode, bei der manche ältere Gelehrte (wie die eigentlichen Studenten!) stehen geblieben sind, konnte ich dank jener Arbeitsweise schon früh überwinden. Auf diese Weise gewannen meine Schriften von früh an einen eigenen selbständigen Charakter; ich erwarb den Ehrentitel eines selbst schürfenden Arbeiters, vielleicht sogar eines schöpferischen Forschers. Auf der anderen Seite zog ich mir schon früh einen großen Kreis von Feinden zu, die mich als Außenseiter und Eigenbrötler ansahen, weil sie ihre eigenen Ansichten nicht genügend gewürdigt und nicht breit genug dargestellt fanden; und ferner wurde es nicht leicht, für meine neuen Ansichten Schüler zu gewinnen, die zunächst einmal Übersichten über fremde Ansichten, womöglich erschöpfend, erwarten, ein Vorzug der Schönke'schen Werke. Jenen Drang zum eigenen System, das einzig und allein gesicherte wissenschaftliche Erkenntnis verbürgt, verdanke ich vor allem den Neukantianern, und zu diesen wurde ich allerdings erst durch Vorlesungen geführt, ohne die ich auf ihre gewiß nicht leicht zu findenden und zu lesenden Werke nicht aufmerksam geworden wäre. Die Vorlesungen dienten also zu wertvollsten Anregungen; außerdem waren sie mir natürlich eine unentbehrliche Kontrolle und selbstverständlich das, was sie vor allem sein wollen: kurze Einführung und leicht zugängliche Belehrung. Aber den Schwerpunkt meines Studiums bildeten sie nicht. Bei vielen, von mir besuchten Vorlesungen suchte ich sofort nach dem Bekanntwerden eines Problems meine eigene Stellungnahme zu skizzieren. Es versteht sich, daß bei dieser Arbeitsweise nicht sämtliche Vorlesungen, die für das juristische Studium „vorgeschrieben" waren, gehört werden können; eine Beschränkung ergab sich ferner schon aus der Unmöglichkeit, an einem Tag 7 Stunden und mehr im Hörsaal aufmerksam zu folgen. Endlich gibt es wohl immer Vorlesungen, die derartig wenig bieten, d. h. so geringe oder gar keine Werte übermitteln, daß der Nichtbesuch nicht nur erlaubt, sondern geradezu pflichtmäßig ist. Denn der Interessenkreis bei jedem kulturell arbeitenden Menschen ist verschieden; und wertlose Dinge zu betreiben, ist sinnwidrig, entzieht Zeit, vergeudet Arbeitskraft, schädigt das wahre Studium.

So legte ich mir einen eigenen Studienaufbau und Arbeitsplan an; die Gewissenhaftigkeit der Wahl und Zusammenstellung hat mir wiederum, wie früher im Schul- und Musikunterricht, manche schwere Stunde bereitet, und es blieben auch hier Sorgen, Enttäuschungen, Irrtümer nicht aus. Aber diese Selbständigkeit ermöglichte erst den wahren Genuß und Gewinn; wer möchte die Qual der Wahl missen? Man folgt der Linie seines Lebens und gelangt zu neuen Werten.

Eine Zugabe von Zeit mochte ich mir allerdings nicht leisten, schon weil der praktische Vorbereitungsdienst damals auf vier Jahre bemessen war und mir noch die Militärzeit bevorstand. So studierte ich seit Ostern 1898 zwei Semester in Marburg, ein Semester in Kiel und drei in Berlin (am 21. Juni 1901 Referendarexamen). Ich ließ mich bei den juristischen

Fakultäten einschreiben, ungewiß, ob ich zum Referendarexamen lossteuern oder vielleicht nur den Dr. jur. erwerben oder in eine andere Fakultät oder gar in einen anderen Beruf abschwenken würde. Diese Ungewißheit war von langer Dauer und bereitete Sorgen über Sorgen. Den Dozentenberuf hatte ich schon während des ersten Semesters in die engere Wahl gezogen. Bezeichnend war, daß ich mich schon in Marburg (nicht nur auf der Visitenkarte) stud. jur. et philos. nannte; auf diesem Doppelgebiet entfaltete sich in der Tat mein Lebenswerk. In jedem Semester belegte ich außer den obligaten juristischen Vorlesungen noch wirtschaftswissenschaftliche, historische und vor allem philosophische, dazu einige musikästhetische (Jenner) und kunstgeschichtliche (Köster). In der Philosophie habe ich sämtliche Stoffgebiete und zwar die systematischen wie philosophiegeschichtlichen Disziplinen belegt und restlos (!) gehört; hier habe ich kaum eine Stunde versäumt. Mehrmals erwog ich, auch oder allein in die philosophische Fakultät überzutreten; jedoch hätte mich der reine Lehrerberuf, das Pauken und der Umgang allein mit unreifen Personen wenig befriedigt, also eine ähnliche Erwägung, wie sie mich von der geliebten Musik fernhielt. Und als ich in Berlin Strafrecht, Prozeßrecht und Rechtsphilosophie in Vorlesungen und Übungen näher kennen lernte, wurden mir diese lebensnahen Gebiete lieber als die abstrakten und stark mit historischem Material arbeitenden philosophischen Fächer. Immerhin kosteten auch diese hier mit nüchternen Worten wiedergegebenen Erwägungen und Entschlüsse heftige Kämpfe, wenn sie auch nicht ganz so stürmisch und aufregend verliefen, wie früher (und sogar noch jetzt von Zeit zu Zeit) das Ringen um die Muse der Musik.

Der erste, mir etwas imponierende Jurist, der in meinem Lebenskreis erschien, war Ludwig Enneccerus in seiner großen, zehnstündigen von mir restlos besuchten Vorlesung über den Allgemeinen Teil und das Recht der Schuldverhältnisse des BGB. Die Vorlesung zeichnete sich weniger durch Lebendigkeit und Anschaulichkeit als durch Klarheit in Einzelfragen und durch architektonischen Aufbau aus; sein beliebtes, wenn auch nicht tiefgründiges Lehrbuch hat später von Auflage zu Auflage das bedeutende Gebiet immer vollkommener dargestellt, mochte auch der einseitig auf römischrechtlicher Grundlage errichtete, rein positivistische Bau schon damals meinen durch die Philosophie entfachten Wünschen nicht entsprochen haben. Noch nach 40 Jahren galt es als das beste Lehrbuch des bürgerlichen Rechts, sicher ein ganz seltener Fall! In dem hervorragenden Lehrer, wie er sich besonders in den Übungen erwies, lernte ich weniger einen bedeutenden und eindringenden Forscher, als einen gewissenhaften Juristen und feinsinnigen Praktiker[3]) kennen, der damals nach Abschluß seiner jahrzehntelangen parlamentarischen Tätigkeit als nationalliberaler Sprecher in Finanzfragen und Berichterstatter über das neue BGB im

---

[3]) Seine größere Monographie über das Rechtsgeschäft galt später als überholt durch die Arbeiten Manigks, der 1927 seinen Lehrstuhl einnahm.

Reichstag und vor Abschluß seines Lehrbuchs im Zenit seines Schaffens stand. Nachdem sich sein erster Mitarbeiter für Buch 3 bis 5, der früh verstorbene Marburger Germanist H. O. Lehmann, als nicht geeignet erwies, gelang ihm später ebenbürtige Nachfolge in Theodor Kipp und Martin Wolff zu gewinnen. Er selbst, die mächtige Gestalt mit der Adlernase, alle anderen um fast zwei Köpfe überragend, zeigte seinen Schülern gegenüber, die ihn wiederholt in seiner Villa am Barfüßertor in dem reich ausgestatteten Arbeitszimmer besuchen durften, eine vornehme, würdevolle Gelassenheit mit verbindlichem Lächeln, wie man sich seinen großen Vorgänger Savigny vorstellt, an den er allerdings nicht entfernt heranreicht. Ich nahm später einige Male die Gelegenheit einer kurzen Anwesenheit in Marburg gern wahr, meinem ersten, einflußreichen Lehrer einen Besuch abzustatten, zuletzt 1926, wenige Jahre vor seinem Tode. Er war in seinen späteren Jahren der „Papst der Fakultät", namentlich der Kriminalist Ludwig Traeger und der Romanist Franz Leonhard folgten ihm bedingungslos. Ob er für neuere größere Arbeiten jüngerer Juristen einen aufgeschlossenen Sinn besaß, weiß ich nicht; meinen Grundlagen des Prozeßrechts suchte er Verständnis entgegenzubringen, was ihm als eingefleischtem Positivisten kaum gelingen konnte. Er ist ein später typischer epigonenhafter Repräsentant der Geistesrichtung Windscheids und noch mehr Dernburgs, eine Art Postglossator.

Meinem ersten und vielleicht besten, wenn auch sicher nicht tiefsten und nicht anregendsten Rechtslehrer Enneccerus habe ich auch die Winke zur Fortsetzung meiner zivilistischen Studien zu verdanken. Ich arbeitete während der Semester und noch eifriger während der Ferien sein damals in Lieferungen erscheinendes Lehrbuch durch, ferner die glänzenden Institutionen Sohms sowie bruchstückweise und zum Vergleich Dernburgs und Windscheids Pandekten. Stammlers abfälliges Urteil über die Verunstaltung des Windscheidschen Werkes durch Kipp erschien mir übertrieben. Leider fehlte damals eine gute Darstellung des Sachenrechts, wie wir sie später von Martin Wolff und noch später von Westermann in Münster erhielten; das Sachenrecht ist m. E. die schwierigste und für mich noch jetzt reizvollste Materie des Bürgerlichen Rechts. So war schon in jungen Semestern wenigstens eine solide Grundlage für das juristische Studium gelegt, das nach meiner Überzeugung immer im Zivilrecht wurzeln wird. Noch jetzt halte ich die ersten drei Bücher des BGB für ein ganz vorzügliches Ausbildungsmittel, das kein Rechtsjünger vernachlässigen oder unterschätzen darf, was sich später bitter rächen würde.

Von den für meinen späteren Hauptberuf nur nebengeordneten Gebieten sei hervorgehoben, daß ich Handelsrecht bei Heinrich Brunner, Wertpapierrecht bei Otto v. Gierke hörte, daß ich diese beiden großen Rechtshistoriker also nicht in ihren Hauptfächern kennen lernte, mit denen mich erst eine spätere Lektüre vertraut machte. Die beiden genannten Vorlesungen vermittelten zwar ein klares und lebensvolles Bild der Materie, wie es für eine erste Einführung notwendig ist, erweckten in mir aber nicht den Eindruck einer großen Forscherpersönlichkeit, als die doch beide Männer gelten. Brunners Entdeckung der Traditionspapiere imponierte mir schon wegen der Enge des Kreises nicht in besonderem Maße, und seine „geschichtliche Erklärung" des Lehnswesens, das in der Ausbildung der arabischen Reiterheere wurzeln solle, zeigte die von Heinrich Mitteis mit Recht bespöttelte Engstirnigkeit eines reinen Historikers. Gierkes Nachweis der Verbandspersönlichkeit halte ich bis auf den heutigen Tag für keine Lösung des Problems, für eine methodische Unrichtigkeit und für eine Verkennung der Wirklichkeit, an deren Stelle ein Phantasiegebilde gesetzt wird. Daß Gierke vom Ideenkreis des deutschen Idealismus, etwa von Schelling oder Hegel, beeinflußt wäre, wie Erik Wolf meint, halte ich für ausgeschlossen; in dieser Hinsicht kannte ich später Gierke zu gut. Was mir an den beiden Rechtshistorikern imponierte, das war aber ihre geschlossene, sittliche Persönlichkeit, ihre Haltung und Gesinnung, nicht zuletzt ihre nationale Einstellung, mag ich auch Gierkes einseitig politische, streng konservative Überzeugung nicht gebilligt haben. Später war ich auch in Gierkes Haus in der Carmerstraße am Savignyplatz, und noch später sprach ich den gealterten Mann mit der jugendlich aufrechten, straffen Haltung, dem wallenden schneeweißen Bart wiederholt im Ostseebad Cranz bei Königsberg im Kreise seiner am Strand spielenden zahlreichen Enkel. Seinen ehemaligen Schülern gegenüber zeigte er eine überaus gütige, herzliche Gesinnung und erweckte den Eindruck unbedingter Zuverlässigkeit einen Eindruck, den auch die von ihm erstatteten, zivilrechtlichen Gutachten auf Richter und Anwälte gemacht haben sollen. Zu den wahrhaft „großen Rechtsdenkern" (Erik Wolf) rechne ich Otto v. Gierke nicht trotz des Deutschen Privatrechts, seines bedeutendsten Werkes; modern geworden und eine Zeit lang wohl modern bleiben wird er wegen des Gemeinschaftsdenkens. Er steht aber (trotz aller Propaganda seit 1933) nicht auf der Höhe eines Savigny, Feuerbach, Ihering. – Zwei interessante Publizisten lernte ich in Kiel schätzen: Albert Hänel, einen in seiner Zeit hoch angesehenen fortschrittlichen Abgeordneten, und Th. Niemeyer, den hervorragenden Förderer des internationalen und Völkerrechts, mit dem ich später auch in nähere rechtsphilosophische Beziehung trat. Auf meine Ausbildung gewannen sie keinen nennenswerten Einfluß.

Die erste Einführung in das Prozeßrecht, das für mein späteres Schaffen so wichtig werden und lange Zeit sogar an erster Stelle stehen sollte, erhielt ich bei Josef K o h l e r, dem wohl bedeutendsten Juristen unter meinen Lehrern, unübertroffen an Vielseitigkeit, an Kenntnisreichtum, an Aufnahmefähigkeit, Ausdauer und von einer fabelhaften Belesenheit, die ihm ermöglichte, überall Parallelen zu ziehen, Vergleiche anzustellen und daher mehr als andere zu sehen. Seine gesteigerte Arbeitskraft und unentwegte Schaffenslust wußten fast sämtliche Rechtsgebiete (mit Ausnahme des Kirchenrechts) mit Monographien zu befruchten und in zahlreichen

Disziplinen organisatorisch zu wirken; bahnbrechend wurde Kohler im Autorrecht, führend im Prozeßrecht (mit und gegen Wach und Hellwig), tonangebend zum Teil auch im Strafrecht (mit und gegen Binding wie Liszt), schöpferisch-anregend im Zivilrecht, Neuland aufzeigend in der Rechtsgeschichte, der Rechtsvergleichung und der (sich an diese nach seiner Auffassung anschließenden) Rechtsphilosophie. Bei dieser Fülle von Arbeitsgebieten und Aufgaben konnten, nur allzu begreiflich, nicht gleichen Schritt halten die sonstigen Forschertugenden: Schärfe und Tiefe, Durcharbeitung und Darstellung, Konzentration und Formulierung, Synthese und Systemzwang. Der Reichtum an Einfällen und der sofort einsetzende Darstellungswille[4]) lassen ihm auch kaum Zeit und Kraft, den Hörern seiner überaus zahlreichen Vorlesungen (bis zu 24 Stunden in der Woche) und seiner stark besuchten Übungen nach Inhalt und (besonders) nach Form das zu bieten, was diese von einem erstklassigen Lehrer zu erwarten pflegen. Einzigartig war die von ihm ausströmende anregende Kraft. Unter seinen engeren Schülern lernte ich schon als Student seinen späteren Mitherausgeber des Archivs für Strafrecht (Goltdammers Archiv), den späteren Senatspräsidenten und Honorarprofessor Klee näher kennen. Ich selbst besuchte als Student und Praktiker den großen Gelehrten Kohler mehrmals in seiner komfortablen Wohnung am Kurfürstendamm mit der riesigen Bibliothek, die später in japanischen Besitz überging und dort bei einem Erdbeben vernichtet wurde (samt seiner überaus weit verzweigten, in Sammelkästen geordneten Korrespondenz, in der wohl alle Sprachen vor-

---

[4]) Kohler pflegte nach seinen Vorlesungen in das nahe gelegene, durch Wandgemälde Anton von Werners berühmte Café Bauer (Ecke Friedrichstraße und Unter den Linden) zu gehen und dort regelmäßig, wie glaubwürdig berichtet wurde, eine Tasse Kaffee und ein Tintenfaß zu bestellen (Füllfederhalter waren noch nicht gebräuchlich). Das Tintenfaß stand für den berühmten Gast bereit. Dort sah man ihn oft, auf vielen kleinen Zetteln die ihn im Augenblick beherrschenden Gedanken niederschreiben, um alsdann, befreit von den ihn bestürmenden und nunmehr geborgenen Ideen, meist mit einer Taxe nach seiner Wohnung am Kurfürstendamm zu fahren und sofort an die Ausarbeitung zu gehen. Als ihm diese Gedanken in der Vorlesung überraschend gekommen waren, unterbrach er seine Rede auf oft mehrere Minuten, sah verklärt in die Höhe und soll, wie Studenten erzählen, die Pausen mit den Worten beendigt haben: „Entschuldigen Sie die Kunstpause, meine Herren, mich hat soeben die Muse geküßt". Ob Studenten heutigen Schlages noch zu derartigen Erzählungen fähig wären? – Kohlers Arbeitstechnik begünstigt seine fabelhafte Produktivität und erklärt den zu Kasuistik und Essayismus neigenden Elan. Zu der weisen Arbeitseinteilung kam aber noch eine weitere, beneidenswerte Eigenschaft: er konnte bei jeder sich bietenden Gelegenheit und zu jeder Tageszeit sich sofort und auf der Stelle in stärkenden, erquickenden Schlaf versenken, um alsbald frisch zu neuer Arbeit zu sein. So erzählte die Gattin seines jungen Kollegen, des Handelsrechtlers Prof. Johannes Burchard, einst sei Kohler in die Straßenbahn gestiegen, habe den einzig freien Platz neben ihr eingenommen und nach einigen höflichen Begrüßungsworten ungeniert gesagt: „Entschuldigen Sie, gnädige Frau, ich pflege jetzt zu schlafen, ich muß bald frisch bei der Arbeit sein, und Abends von ½7 bis 12 höre ich in der Oper die Götterdämmerung; Schaffner, wecken Sie mich bitte, Ecke Kurfürstendamm". Und sofort habe der große alte Mann mit dem weißen Lockenhaupt und dem durchfurchten, bedeutenden Antlitz, in eine andere Welt entrückt, tief und langsam geatmet und auf seine Umgebung, die sich lautlos verhielt, wohl den Eindruck eines Kindes, wenn nicht eines Engels gemacht.

kamen). Ich fand den stets stark und stets anders beschäftigten Mann einmal am Fenster, mit dem Blick über die Dächer hinweg zur Gedächtniskirche vor einer Mappe mit prachtvollen Holzschnitten, oder vor einer alten, vergilbten Handschrift, oder vor einer Partitur Wagners, den er über alles schätzte und in der Allg. Musikzeitung verherrlichte. Man kann verstehen, daß im Drange der möglichst schnell zu erledigenden Aufgaben die Frage- und Bittsteller nicht lange verweilen durften; für mich hat er immer ein williges Ohr, immer den meinen Wünschen entsprechenden, offenen Blick gehabt; er wußte auch den stets wohlgemeinten und meist richtigen Rat zu erteilen. Und als im Jahre 1925 sein Sohn Landgerichtsdirektor Arthur Kohler zusammen mit v. Wieser, Wenger und dem Verleger Walther Rothschild mir die Schriftleitung des von ihm gegründeten Archivs für Rechts- und Wirtschaftsphilosophie übertrug, da war die Annahme und Durchführung der entsagungsvollen Aufgabe bis zum Jahre 1933 nur eine Abtragung der Dankesschuld für die Fülle der von Josef Kohler einst empfangenen Anregungen. Es ist aber unrichtig, mich als Schüler Kohlers zu bezeichnen, wie es wiederholt geschah; das trifft höchstens für das Prozeßrecht zu, und selbst hier wurde ich ebenso stark durch Bülow und Hellwig, vor allem aber durch die Praxis angeregt und geschult. Ferner: im Strafrecht bin ich zwar wie Kohler ein Anhänger der Vergeltungsstrafe gewesen, aber diese Anschauung ist schon damals die herrschende gewesen. In der Rechtsphilosophie endlich wird Kohler von anderen und gelegentlich auch von sich selbst als Neu-Hegelianer bezeichnet; ob diese Charakterisierung zutrifft, ist zweifelhaft. Ich selbst bin weder Neu-Hegelianer in irgendeinem Sinne noch von Kohler rechtsphilosophisch beeinflußt. Daß ich mit Kohler in der Auffassung des Rechts als Kulturerscheinung übereinstimme, ist keine Besonderheit, wird vor allem in Strenge von dem Kreis um Windelband und Rickert durchgeführt, dem ich nahestehe. Vorbildlich für mich war von je her an Kohler die Weite und Aufgeschlossenheit des Blicks für Lebenserscheinungen, Rechtsnormen und Ansichten anderer Menschen und Völker.

Mein späteres, juristisches Hauptlehr- und -forschungsgebiet, das Strafrecht, hörte ich zuerst in Kiel bei Kleinfeller, einem Schüler des strengen Klassikers Birkmeyer; die Vorlesung war nur in der Form des Vortrags absprechend, im Inhalt gediegen und anregend, was auch die Durchschnittshörer hätten bemerken sollen, die nur die Öde, die Langeweile und die Eintönigkeit bemängeln. Jedenfalls habe ich hier das erste tiefere Interesse für Strafrecht empfangen; auch bin ich (trotz Liszt) der Klassik treu geblieben, allerdings nicht weil ich sie von Kleinfeller empfangen habe, sondern weil sie der Philosophie des deutschen Idealismus entspricht, in die ich bereits in Marburg eingeweiht wurde, worüber ich sofort unten spreche. Ein persönliches Verhältnis zu Kleinfeller gewann ich ebenso wenig wie zu irgendeinem anderen Vertreter der Klassik, ausgenommen nur Kohler (wie ich soeben ausführte) und später Finger, bei dem ich in Halle 1908 promovierte.

Am stärksten angeregt wurde ich in strafrechtlicher und alsbald auch in kriminalpolitischer Hinsicht erst seit 1899 von dem Lisztkreis, ohne mich jedoch als Schüler Franz v. Liszt's, wie ich oft genannt oder vermutet wurde, fühlen zu können. Weit eher könnte ich mich als Schüler R. v. Frank's bezeichnen, dessen Anschauungen auf meine Ausbildung einen größeren Einfluß ausübten. Daher sei zunächst an dieser Stelle Franks gedacht. Ich gewann ein solches Zutrauen, daß ich seine persönliche Bekanntschaft während seiner Berliner Tätigkeit in der Strafrechtskommission (Entwurf von 1912) nachsuchte, nachdem er schon in seinem Kommentar meine bescheidene Dissertation als „sehr fördernd" hervorgehoben hatte (zu § 242 VII 2), was mich zum Dozentenberuf wesentlich ermutigte. Zu meiner Freude übertrug er mir die Nachprüfung und Ergänzung der Zitate der Rechtsprechung in der Neuauflage (erwähnt im Vorwort zur 11./4. Auflage 1914). Diese Tätigkeit verschaffte mir zwar eine umfassende Kenntnis der höchstrichterlichen Praxis; aber diese Arbeit war überaus mühevoll und zeitraubend, so daß ich noch einmal bei der Justizbehörde Urlaub nachsuchen mußte und mit meiner eigenen wissenschaftlichen Forschung langsam vorankam. Damals wurde mir klar, daß ich mein wissenschaftliches Lebensideal nicht in einer entsagungsvollen Kommentartätigkeit sehen kann; von Frank wie später von Stein hörte ich, daß ihre Hauptarbeit allein ihren (allerdings anerkannt mustergültigen) Kommentaren, die beständige Neuauflagen erforderten, gewidmet war und für sonstige Forschung so gut wie keine Zeit übrig ließ. Ein großes System des Besonderen Teils des Strafrechts erschien mir schon damals als dunkles Fernziel, etwa nach der Art Bindings, nur soziologisch fundiert, wie es Liszt zwar nach seiner Grundanschauung hätte geben müssen, aber weder gab noch auch nur als Aufgabe sah. Hierüber sprach ich einmal mit Frank; aber ich hätte nicht gedacht, daß ein solches System erst nach 40 Jahren von mir vorgelegt werden konnte. Führte mich doch die Soziologie, jenes damals erst halb entdeckte Neuland, auf völlig unerschlossene Felder. Es gab natürlich lange Zeiten, wo ich den Plan ganz aus den Augen verlor; immerhin glaube ich rückschauend bei aller Bescheidenheit vor mir selbst sagen zu dürfen, daß mein wissenschaftliches Leben groß und auf weite Sicht angelegt wurde. Es war mir eine helle Freude, daß Frank, der Herausgeber des Neuen Pitaval, Verständnis für Tatsachenforschung zeigte; sie begegnet noch jetzt selten. In Zivilsachen besaß sie schon damals Rechtsanwalt Nußbaum, den ich im Lisztschen Seminar kennen lernte, ferner Müller-Erzbach, der mich seit 1918 in Königsberg in meinen Plänen bestärkte und den ich später wiederholt in München besuchen durfte. Frank war mein erster Vertrauter; er war eine kernhafte und unbedingte Zuverlässigkeit ausstrahlende Persönlichkeit, mit dem mächtigen, auseinander gekämmten blonden Schnurrbart an einen alten General oder Förster erinnernd, in der Unterhaltung etwas wortkarg. Während seiner Tätigkeit im Reichsjustizamt bewohnte er ein Zimmer nahe dem Anhalter Bahnhof (er fuhr in der Nacht zweimal in der Woche zu seinen Vorlesungen in München). In der kleinen Berliner Studentenbude hatte er ein Klavier gemietet; auf meine Frage, ob er nicht die schönen Berliner Konzerte besuche, sagte er, sich aktiv-gefühlsmäßig als Gegengewicht zum strafrechtlichen abstrakten Denken entspannen zu müssen, während das bloß rezeptive Verhalten im Konzert nicht ausreiche. Das war mir ganz aus der Seele gesprochen. Auch in München besuchte ich Frank wiederholt, einmal, als seine Tochter den Sohn seines Verlegers Siebeck, den späteren Mitinhaber der großen Verlagsfirma Mohr-Tübingen heiratete. Der Kommentar ist in der Tat ein einzigartiges, für Praxis und Unterricht gleich wertvolles, auch jetzt noch unentbehrliches Werk, das durch Schönkes Kommentar keineswegs abgelöst wurde; auch dieser ist in seiner Weise unschätzbar, er ist aus der Praxis und für die Praxis entstanden, läßt die eigene Ansicht des Autors mehr als Frank zurücktreten, ist aber gerade deswegen für die Praxis umso handlicher und gleichwohl für den Unterricht wertvoll (vgl. über Schönke auch unten, Kap. 7 III).

Auch Franks Münchener jüngeren Kollegen und formalistischen Gegner, den Binding-Schüler Beling, hatte ich Gelegenheit (1924) zu besuchen; vorher hatte ich eine prozeßrechtliche Fehde mit ihm ausgetragen, was ja persönlichem Verkehr nicht im Wege steht, wie ich ihm durch meinen Besuch zeigte. Er war eine überaus liebenswürdige Persönlichkeit, Verfasser instruktiver „Grundzüge des Strafrechts" und mehrerer scharfsinniger Monographien, bei den Studenten als Dozent erfolgreicher als der im Vortrag nüchterne, trockene Frank. Unmittelbar neben seinem Schreibtisch stand ein Flügel, und er bemerkte, die Musik schätzte er als abstrakte Kunst ebenso wie die Rechtsprechung: auch dies ein bezeichnender Gegensatz zu Frank. Ich sah in ihm wohl einen modernen Bachspieler (und zugleich Schachspieler), zog aber ein allerdings kaum fruchtbares Gespräch über die Tatbestandsmäßigkeit als vermeintlich neu endecktes Verbrechensmerkmal vor. Als strenger Klassiker war er unzugänglich für soziologische Gedankengänge. Später (1932, noch vor Franks Tod) erlag er vor seiner Zeit einem Schlaganfall während einer Rückfahrt mit der Starnberger Vorortsbahn. – Über Belings Hauptwerk, die Lehre vom Verbrechen (1906), äußerte sich Liszt in seinen Seminarübungen, es enthalte überhaupt nichts Neues; das „Neue" sei eben der einseitige reine Formalismus.

Mein Verhältnis zu Franz v. Liszt bestimme ich so: Ich bin ein Schüler Liszts ebenso wenig wie eines anderen, etwa Franks, Kohlers oder Stammlers, da ich nur Anregungen empfing, die nie meine eigene Auffassung bestimmten, oft sogar in das Gegenteil umschlugen. Mit Liszts grundsätzlichen Ansichten stimme ich ferner weit weniger überein, als mit denen Franks, Kohlers und selbst Bindings. Auch die Hinlenkung auf engere Arbeitsgebiete oder gar einzelne Probleme geschah nicht entscheidend durch

Liszt; denn ich kam zu ihm erst in meinem vierten Semester, als ich bereits anderswo nach fester Richtung interessiert war, und ich suchte durch fortgesetze Lektüre und Umblicke meine eigenen Wege. Auch nicht etwa durch Examina, fördernde Beratungen oder gar Empfehlungen wurde ich an Liszt näher gebunden. Gleichwohl bestand ein eigenartiges enges Verhältnis gerade zu Liszt, das näher und enger war als zu irgendeinem anderen Rechtslehrer, so daß ich mich selbst öfter wohl als Lisztschüler, nicht aber als Lisztianer bezeichnete. Einmal war es bestimmt durch die Tatsache, daß ich während der Berliner Wirksamkeit Liszts (1899–1918) mich selbst meist in oder bei Berlin aufhielt und daß ich den gleichen Interessenkreis besaß, wie er durch Liszts Lehrfächer repräsentiert wird: Strafrecht, Strafprozeß, Kriminologie, Soziologie, internationales und Völkerrecht, Rechtsphilosophie (die für Liszt allerdings nichts anderes war als allgemeine Rechtslehre und Politik). Sodann trat in Franz v. Liszt wieder eine große, überaus anziehende und gewinnende Persönlichkeit in meinen Gesichtskreis; er hatte sich seinen eigenen, in sich geschlossenen, durchaus originalen Gedankenkreis mit Kraft und Folgerichtigkeit erarbeitet, mochte ich ihm auch in wesentlichen Punkten nicht folgen können, und ließ für neue Gedanken doch wiederum genügend Spielraum, so daß sich um diese gütige, hilfsbereite, für alles Neue und Zukunftsverheißende empfängliche Persönlichkeit naturnotwendig ein ansehnlicher Kreis von Schülern, Anhängern, lernbegierigen Studenten, Gelehrten, Praktikern, Ausländern und Politikern scharte. Ich war kein Anhänger Liszts, aber ich war ein Anhänger und Mitglied des Lisztkreises. Nicht ganz mit Unrecht wurde gesagt, Liszt sei als Organisator größer denn als Jurist. Er schuf in dem Seminar, dem späteren Kriminalistischen Institut, ein einzigartiges Bildungsmittel für gemeinsame Übungen sowohl wie für private Forschungen. Im „Lisztschen Seminar" in Charlottenburg, Ecke Kant- und Schlüterstraße, entstanden meine wichtigsten Vorarbeiten für spätere Werke über Straf-, Prozeß-, Völkerrecht und schloß ich wertvollste Bekanntschaften. Manche Diskussionen in den kleinen anheimelnden Arbeitszimmern und bei gemeinsamen Mahlzeiten, Spaziergängen, abendlichen Wohnungsbesuchen boten Anregungen und klärten Mißverständnisse. Vor allem ist in Dankbarkeit der von Liszt mit seinen jeweiligen Assistenten geleiteten Seminarübungen und der sich regelmäßig in Liszts Wohnung in der Hardenbergstraße 19 am Bahnhof Zoo anschließenden sog. Kriminalistischen Bierabende zu gedenken, in denen sich nach einem Abendessen im Beisein seiner Gemahlin und seiner beiden Töchter die Aussprachen fortsetzten. Zur Erweiterung des geistigen Horizontes sind solche die Wissenschaft, die Kultur und die gehobene Geselligkeit pflegenden Abende gar nicht hoch genug für ein junges angehendes Gelehrtenleben einzuschätzen. Die ältere Tochter, Elsa v. Liszt, hat sich später größte Verdienste als Leiterin der Zentrale der Jugendfürsorge und sodann des städtischen Jugendamts erworben und ist praktisch wie literarisch, helfend und fördernd hervorgetreten; ich stand mit ihr im Briefwechsel noch jahrzehntelang nach dem Tode der Eltern. Für jeden Teilnehmer und für jeden Gast zeigte Liszt ein bewundernswert einfühlendes, verständnisvolles Interesse. Auch von seiner regen parlamentarischen Tätigkeit als liberaler Abgeordneter erzählte Liszt ebenso gern wie von den Auslandsreisen und Vorträgen. Mitunter wurde auch der Musik gedacht. Im Salon standen zwei mächtige Flügel und hing ein Bild des Komponisten, des gleichnamigen Vetters, sowie ein Relief Richard Wagners.

In diesem Seminarkreis der ersten Berliner Zeit bildeten sich gewissermaßen mehrere Ringe um die Persönlichkeit. Dem engsten Ring gehörten die eigentlichen Schüler und speziell die Seminarassistenten, später Mitdirektoren an; das waren seit 1899 Kohlrausch, Delaquis (besonders lange Zeit) und zuletzt Eberhard Schmidt (der damals als Referendar in das Seminar eintrat, wo ich viel mit ihm zusammensein konnte); während Liszts schwerer Erkrankung bestimmte er ihn zum Herausgeber seines Lehrbuchs. Auch zu den späteren Assistenten Wegner, Gallas und Bockelmann fand ich seiner Zeit Fühlung: die beiden letzteren kamen als Professor nach Königsberg und Wegner in schwerer Zeit (1946) zu mir nach Münster. Ein weiterer Ring umschloß alle Gelehrte, die sich strenger zu Liszts orginalen Ansichten bekannten, also die eigentlichen Schüler, Anhänger und Mitkämpfer, wie v. Lilienthal, v. Hippel, Mittermaier, Freudenthal, E. Rosenfeld, Exner, Tesar, in weiterem Sinne auch wohl Radbruch und Graf zu Dohna. In noch weiteren Kreisen sah man angehende und gewordene Gelehrte, die mehr Anregung suchten, wie M. Liepmann und Goldschmidt, oder zu Liszt in einem wissenschaftlichen Freundschaftsverhältnis, wie Frank, standen. Hinzu kam die ansehnliche Reihe der Praktiker, wie Landgerichtsdirektor Aschrott, Kammergerichtsrat Kronecker und der spätere Oberverwaltungsgerichtsrat Hagemann, vor allem Rechtsanwälte, die vielfach auch aus parteipolitischem Interesse sich um Liszt gesellten, eine Reihe von Psychiatern, wie Aschaffenburg, und von Psychologen, wie William Stern. Den Außenring bildeten die schnell wechselnden, aber nur mit strenger Auswahl aufgenommenen Referendare und Studenten. Beträchtlich und ungemein interessant war der Kreis der Ausländer; sie kamen aus allen Ländern und waren in der von Liszt, Prins und van Hamel gegründeten Internationalen Kriminalistischen Vereinigung vereint. Bevorzugt vertreten waren im Seminarkreis Südost- und Südeuropa, vor allem Österreich, Liszts engere Heimat.

Dies ist eine keineswegs vollständige Übersicht der Seminarbesucher, wie sie gerade in meinen damaligen Blickpunkt traten. Mitunter gewann Liszt, um jede Inzucht und jede Abkapselung zu verhüten, hervorragende Vertreter anderer Gebiete zu Vorträgen in den Seminarübungen; so hörte ich solche von dem Staatsrechtler Gerhard Anschütz über die politischen Delikte und von dem Zivilrechtler Fritz Litten über die Kausalität bei der Tierhalterhaftung. Ich lernte auch so begabte, aufstrebende Persönlichkeiten kennen, wie den späteren Staatsrechtslehrer und genialen Übersetzer der Edda Felix Genzmer, dessen Erstlingsschrift sich mit der strafrechtlichen Kausalität befaßte und ganz ähnliche Gedanken wie ich später vertrat (Begriff des Wirkens, Gestaltens, Schaffens!) Alle genossen das einzigartige Forschungsinstitut mit der reichhaltigen und vor allem glänzend organisierten Bibliothek, in das Liszt, selbstlos genug, auch einen großen Teil seines Privateigentums, der ihm dedizierten, vielfach überaus seltenen Bücher gesteckt hatte. Die Gliederung folgte bis in die subtilsten Unterabteilungen dem Gang des Lisztschen Lehrbuchs; so standen in einer selbständigen Reihe z. B. die sämtlichen Monographien über Glücksspiel, über Pfandbruch, über Vollstreckungsvereitelung usw.: zugleich ein bequemes Arbeitsmittel und eine treffliche Einführung in die Lisztsche Systematik; wenn man so sagen darf: ein Werbemittel für das eigene System. So hat v. Hippel in seinem eigenen, 1932 veröffentlichten Lehrbuch die Lisztsche Systematik mit allen ihren Schwächen einfach übernommen; er kann nicht nur systematisch, sondern sogar methodisch nur im Lisztschen Sinne denken und tadelt bereits, wenn Eb. Schmidt in den Neuauflagen des Lisztschen Lehrbuchs einmal vom alten Plan (Tatbestand, Notstand, Versuch) abweicht. Die fein gegliederte Organisation der Seminarbibliothek war mustergültig; sie enthielt die wichtigsten Werke auch aus anderen Rechtsgebieten, aus Geschichte, Philosophie, Soziologie, Wirtschaft, Politik, allgemeine Bildung (Wörterbücher und Atlanten). Wer schnell, umfassend und ungestört sich strafrechtlich bilden und betätigen will, kam zu Liszt. So gingen hier schließlich alle arbeitsbedürftigen Strafrechtler ein und aus, mit nur einer Ausnahme: der strengen deutschen Klassik, also der Kreise um Kohler und Kahl, um Binding und Birkmeyer, um das Reichsgericht und die Praxis. Und diese Kreise bildeten damals – die große Mehrheit.

Die Organisation setzte sich in den Seminarübungen in einer bezeichnenden Weise fort. Gearbeitet wurde in Sektionen, in denen zuerst die Vorträge gehalten wurden, ehe sie in die Plenarsitzung gelangten. Diese wurde von Liszt selbst, die Sektionen von besonderen Vorsitzenden, älteren Referendaren usw. geleitet, die in jeder Plenarsitzung über die in der Sektion geleistete Arbeit berichteten, so daß man ungefähr ermessen kann, ob ein Vortrag und die anschließende Diskussion wirklich für das Plenum reif geworden sind. So wird zum Wettbewerb angeregt und eine achtbare Höhe erreicht; erst wenn ein Vortrag auch im Plenum vor Liszt selbst Anerkennung findet, kommen die Ausarbeitung zu einer Abhandlung und die Aufnahme in das Sammelwerk der Seminar-, jetzt Institutsabhandlungen oder in die von Liszt und Dochow gegründete Zeitschrift für die gesamte Strafrechtswissenschaft in Betracht. Also eine ausgezeichnete Erziehung weitester Kreise zu wissenschaftlicher Qualitätsarbeit, auf die wir Dozenten von heute in den Zeiten nach 1918 und erst recht seit 1933 und 1945 neiderfüllt und zugleich schamrot zurückblicken. – Damals waren folgende Sektionen gebildet: eine dogmatische, eine prozeßrechtliche, eine historische, eine psychologische, eine statistische, eine rechtsvergleichende und internationalrechtliche, eine rechtsphilosophische. Am stärksten waren stets die beiden ersten besetzt, am schwächsten meist die statistische, so daß sie oft ganz ausfiel – trotz der „soziologischen Strafrechtsschule"!

Liszt war ein so ausgezeichneter Lehrer, daß er förmlich mit den Arbeiten der Seminarteilnehmer mitlebte; man spürte seine innere Anteilnahme: er begleitete jeden Vortrag mit seinen lebhaft rollenden Augen, fein und verbindlich lächelnd, auch wenn er eine Ablehnung meinte, was ein jeder herausfühlte. Mitunter flossen auch parlamentarische Wendungen oder ein lebhaftes „Oho", „Hört" ein. Nach dem Beginn eines jeden Vortrags schärfte er stets, ohne jede Ausnahme, mit dem Taschenmesser seinen Bleistift, was wiederum ein Schmunzeln der alteingesessenen Teilnehmer auslöste, die auf jene „Vorbereitungshandlung" zur Kritik zu warten schienen; dann schrieb er mit seinen großen, schwungvollen, kristallklaren Zügen einige zur Fragestellung und zur Diskussion geeignete Stichworte sowie das Pro und Contra nieder und gegen Schluß mit wenigen haarscharf abgewogenen Worten die für die Neuauflage des Lehrbuchs bestimmte Formulierung, über die ebenfalls diskutiert wurde. So leistete auch er in seinem Sinne Qualitätsarbeit.

Ein wie netter Ton in den Seminarübungen herrschte, zeigt der Schulfall des psychologischen Experiments. Liszt unterbricht den Redner und flüstert dem neben ihm sitzenden Assistenten einige Worte zu, worauf dieser ins Nebenzimmer geht und nach einiger Zeit mit einem dicken Buch zurückkehrt, das er einmal laut zu Boden fallen läßt. Nach einer Stunde vernimmt Liszt einige aufmerksame Hörer als Zeugen über die Einzelheiten dieses gewiß außergewöhnlichen Vorfalls sowie über die Zeitdauer der einzelnen Akte; die widersprechendsten Aussagen der gewiß urteilsfähigen Zeugen sind das Ergebnis. In einer späteren Übungsstunde verspätet sich Liszt, sich höflich entschuldigend, sodann fällt mit dröhnendem Krach ein schweres Buch vom Rednerpult, dann fällt das Glas Wasser um, und schließlich macht der Redner eine große Kunstpause – da ertönt der Ruf: Soll das wieder ein psychologisches Experiment werden? –

In den engen, intimen Seminarräumen begünstigte der rege Verkehr der Mitglieder unter einander den Austausch der persönlichen Meinungen und die Kenntnis der verschiedenen Arbeitsweisen und Methoden, wodurch die Ausbildung eines jeden ungemein gefördert und arbeitsökonomisch gesteigert wurde. Wir hielten es als Ehrenpflicht, uns gegenseitig in den späteren Veröffentlichungen zu zitieren und sachlich auseinanderzusetzen (was bereits persönlich im engen Forum vorbereitet war). Viele Monate hindurch sah und sprach ich z. B. Eberhard Schmidt fast jeden Tag; es verging kaum ein Tag, wo er mich nicht auf meinem Arbeitszimmer besuchte oder ich ihn. Als Assistent Liszts erzählte er gern von seinen Aufbau- und Organisationsarbeiten für das Seminar, wo es beständig zu verbessern galt, was ja nur der Wesensart Liszts entsprach. Wie gut wir uns standen, geht daraus hervor, daß ich den um 12 Jahre jüngeren und zum Scherz aufgelegten, sehr rührigen und aufstrebenden Kollegen gern und zu seiner offensichtlichen Befriedigung das „dolose Werkzeug" Liszts titulierte, wobei ich auf ein damals viel diskutiertes Problem der Teilnahmelehre anspielte.

Man freute sich in hohem Maße auf jede Seminarübungsstunde; für mich war sie eine wohltuende Reaktion gegen den öden Aktenbetrieb während meiner Referendar- und Assessorenzeit, so daß ich während meines Berliner Aufenthaltes keine Stunde versäumte, wenn ich es irgendwie ermöglichen konnte. Das Seminar fand regelmäßig an jedem zweiten Donnerstag Nachmittag von 6–8 Uhr statt; aber o weh! Zu gleicher Zeit lagen die von mir so sehr geliebten Orgelkonzerte von Heinrich Reimann in der Kaiser-Wilhelms-Gedächtnis-Kirche. Jedesmal entbrannte in mir ein heftiger Kampf zwischen Musik und Strafrecht, wenn ich vom Bahnhof Zoo die Konzertgemeinde in die schöne Kirche gehen sah. Das Strafrecht trug meist, nicht immer den Sieg davon. Wenn ein selten zu hörendes Werk, etwa eine Fuge von Bach oder von Reger, auf dem Programm stand, ging ich ins Gotteshaus zu den ewigen Werten.

Aus meiner eigenen Arbeit unter Liszt darf ich folgendes hervorheben. Von den sehr beliebten, überaus klar den Wissensstoff vermittelnden Vorlesungen des kleinen, zierlichen, auf dem Katheder lebhaft und etwas eckig gestikulierenden Mannes in dem dunklen Wiener Dialekt hörte ich nur ausgewählte Stunden Völkerrecht über einige mir besonders sympathische Kapitel[5]). Sehr instruktiv war das Strafrechtspraktikum; Teilnehmerzahl mindestens 500. Kohlrausch war Assistent, hatte also reichlich Gelegenheit, seine kritische Ader zu zeigen; jedenfalls hat er sie hier zu schärfen reichliche Gelegenheit genommen. Zur Abschreckung einer noch größeren Menge wurde, was Liszt selbst betonte, sehr scharf zensiert; die Generalpräventionstheorie sollte wenigstens hier gelten und restlos sich bewähren. Meine vier Arbeiten fanden Gnade. Das Thema der Referendararbeit zum Examen erbat ich mir gegen alle damals wie noch späterhin bestehende Gewohnheit aus dem Strafrecht; es prüfte aber keiner der mir bekannten drei Strafrechtsprofessoren, sondern leider der strafrechtlich wenig bedeutende Privatdozent Heilborn, später Professor in Breslau. In den Seminarübungen beteiligte ich mich möglichst regelmäßig an den Diskussionen, was vielleicht lehrreicher und jedenfalls zeitlich ökonomischer ist als ein ausgearbeiteter Vortrag. Meinen ersten größeren Vortrag hielt ich als Referendar am 9. 2. 1905 über ein selbstgewähltes Thema: über den Begriff der materiellen Rechtswidrigkeit nach der damals erschienenen Habilitationsschrift von Graf zu Dohna, der eigens zu diesem Zwecke aus Halle nach Berlin kam und der mich später selbst als Habilitand in Königsberg betreuen sollte. Während er in der Diskussion sich energisch für die Stammlersche Grundlage einsetzte, suchte ich einen soziologischen Begriff im engeren Anschluß an Liszt und an den Dänen Torp (ZStrW 23) zu entwickeln: die erste Vorarbeit für mein späteres

[5]) Wenig einleuchten wird manchem heutigen Dozenten, wie Liszt (gemäß dem dortigen Fakultätsplan) seine eigenen Vorlesungen verteilt hatte; er besaß ein verhältnismäßig kleines „Repertoire". Im Wintersemester las er Strafrecht und Strafprozeß, im kürzeren Sommersemester Völkerrecht und Rechtsphilosophie, und zwar jede dieser vier Vorlesungen vierstündig (auch Strafrecht, beide Teile zusammen). Dazu zweistündig Strafrechtspraktikum und Kriminalistisches Seminar. Weit mehr Stunden verwendete die Leipziger Fakultät z. B. auf Strafrecht, was mit Stolz gegenüber Berlin betont wurde. Naturgemäß verwies Liszt in der Vorlesung oft auf seine Lehrbücher.

Lebenswerk. Eigenartig trat später die Umkehrung ein: Graf zu Dohna wandte sich immer mehr von Stammler ab und den Lisztschen Anschauungen zu; ich wandte mich immer mehr von Lisztschen Grundanschauungen ab und den Neukantianern zu. Seit jenem Vortragstage, der mit einem schönen Abend im gastlichen Lisztschen Haus abschloß, wo die Diskussion mit Graf Dohna fortgesetzt wurde, behielt ich dauernde wissenschaftliche Fühlung zu dem liebenswürdigen, überaus anregenden Gelehrten mit stets neuen, feinsinnigen Gedanken. Meinen letzten Vortrag im Lisztschen Seminar hielt ich im Juli 1915 über das Wesen der Ehre, einen Abschnitt aus meiner eigenen Habilitationsschrift, deren Annahme mir von Graf Dohna bereits vor 1913 zugesagt war, während der Weltkrieg eine Durchführung des Verfahrens stark verzögerte. An der Diskussion beteiligte sich vor allem Eberhard Schmidt, der sich lebhaft für die äußere Ehre im Sinne Liszts einsetzte. Der auch sonst viel zu beobachtende Mangel an philosophischem Verständnis machte es Liszt unmöglich, meiner Unterscheidung von wirklicher und tatsächlicher sozialer Geltung gerecht zu werden, obwohl ähnliche Gegensätze bei Binding, Beling und Frank begegnen und schließlich in der Natur der Sache liegen; andererseits gebe ich zu, daß Liszts Anschauung nur eine Folge seiner rein soziologischen Einstellung ist.

Die Gegensätze zwischen Liszt und mir sind tief begründet und lassen sich nicht beseitigen. Namentlich sind es die folgenden Gesichtspunkte, die mir schon während meiner Studentenzeit bewußt wurden: Unannehmbar ist für mich Liszts Ablehnung der Vergeltungs- und Sühnestrafe und seine Vereinheitlichung von Strafe und Sicherungsmaßregel[6]), ganz besonders die hiermit zusammenhängende Ablehnung der Willensfreiheit, ohne die es m. E. keine ethische und rechtliche Verantwortung gibt; ferner die in seinem Lehrbuch so häufig spürbare Vermischung von Dogmatik und Kriminalpolitik; sodann die Nivellierung der normativen Methode (aus dem Sein will Liszt das Sollen erkennen); als weitere Folge die rein psychologische Schuld- und Vorsatzauffassung; sodann einige m. E. zu radikale kriminalpolitische Forderungen (z. B. die rein unbestimmte Verurteilung, obwohl es bei jeder großen Reformbewegung ohne Übertreibungen nicht abgeht); im Ganzen der Mangel an Vertiefung der Forschung, an Erfassung der Probleme an der Wurzel, an der erforderlichen erkenntnistheoretischen und ethischen Einstellung. Gleichwohl halte ich nach wie vor das Lisztsche Lehrbuch für ein vorzügliches Bildungsmittel; es will nur mit Vorsicht und kritischem Blick gehandhabt werden. Eberhard Schmidt hat die am meisten störenden Mängel zu beseitigen gesucht; hiermit sind aber Einheitlichkeit, Schwung und Eleganz gestört, abgesehen von Handlichkeit und leichter Übersicht.

---

[6]) Ein Thema für mein Gutachten zum Internationalen Strafrechtskongreß 1953 in Rom. Nach 40 Jahren!

Meine eigene strafrechtliche Grundauffassung habe ich mir von der Philosophie und zugleich von der Praxis her selbständig erarbeitet. Sie führte mich mehr zur Klassik, ohne daß mich die Bindingschule von sich aus beeinflußt hätte; dafür war sie mir wieder zu streng positivistisch und zu formalistisch. Immerhin bot sich mir dort viel Anregung, Belehrung, dogmatische und prozeßrechtliche Betätigung. So erklärt sich, daß ich mich zur sog. mittleren Richtung (Frank, v. Hippel) bekannte und zu den Vertretern der Klassik wissenschaftliche und dann auch persönliche Beziehungen anknüpfte. Nach Halle hatte mich allerdings Stammler gelockt und Graf zu Dohna empfohlen. Ich promovierte 1908 bei Finger, dessen feinsinnig durchgearbeiteter Allgemeiner Teil nicht immer genügend gewürdigt wurde. Und ich trat später, was mir wiederholt vom Lisztkreis verdacht wurde, in die von Oetker und anderen Klassikern 1925 gegründete Strafrechtliche Gesellschaft, obwohl ich auch der IKV. angehörte und ihre Tagungen seit 1925 mit wenigen Ausnahmen regelmäßig besuchte. Nur drei Professoren des Strafrechts gehörten beiden Vereinigungen an: Mezger, Kern und ich. Jene beiden kamen von Süddeutschland und der Klassik, ich allein von Norddeutschland und Liszt her. Für uns war die Arbeit in beiden Lagern eine notwendige Ergänzung. Die meisten Strafrechtler waren nach meiner Ansicht zu einseitig eingestellt und außerdem dogmatisch, persönlich oder politisch gebunden. Die wissenschaftliche Forschung verlangt einen selbständigen, aufgeschlossenen Blick für alle wissenschaftlich ernsthaften Richtungen. Im Lager der Klassik lernte ich hervorragende, wenn auch wiederum zu einseitige Persönlichkeiten kennen, wie vor allem Oetker, Richard Schmidt und Beling. Auch mit den anderen Klassikern nahm ich, mit nur wenigen Ausnahmen, wissenschaftliche Beziehungen auf. Namentlich den Kreis um Richard Schmidt und später auch Nagler lernte ich kennen und schätzen. Meine Schriften veröffentlichte ich demgemäß in den Organen aller Richtungen. Somit glaubte ich meiner wissenschaftlichen Verpflichtung, die juristischen Forschungsarbeiten aller Mitstrebenden zu studieren und innerlich zu verarbeiten, einigermaßen genügt zu haben. Nur so konnte ich mit gutem Gewissen mein Lehramt antreten und meine größeren Werke der Öffentlichkeit übergeben. Diese haben alle fremden Meinungen gewissenhaft überprüft und allen Mitforschern die gebührende Achtung entgegengebracht.

Parallel mit der Jurisprudenz läuft in meinem Studiengang von Beginn an die Philosophie, die allerdings erst weit später als jene zu einem gewissen Abschluß gelangt und unmittelbar in das Werk überleitet. Deshalb ist in diesem Kapitel der Ausbildung nur der Anfänge und Ansätze zu gedenken. Die Philosophie sollte in meinem Leben wie in meinem Lebenswerk einen überragenden Platz erhalten; kein anderes Kulturgebiet beansprucht bei mir einen so gewichtigen Rang, solchen Grad von Arbeitsenergie und solchen Umfang an Arbeitszeit. Die „monumentale" Philosophie ist die Spitze, in der alle Fäden zusammenlaufen, die sich durch meine Studien und Arbeiten ziehen. Hierin besteht die Eigenart, die Einheit und Geschlossenheit meines Werkes.

Schon früh auf der Schule war der Grund mit innerem, unwiderstehlichem Zwang gelegt. In sämtlichen Studiensemestern hörte ich philosophische Vorlesungen und zwar in jedem einzigen mindestens eine größere, meist vierstündige Privatvorlesung, zuweilen auch Übungen, jedoch nicht zu Examenszwecken, wie ein stud. phil., sondern nur zum inneren Gewinn im Hinblick auf mein im Dämmerlicht der Zukunft allmählich auftauchendes und immer greifbarere Gestalt annehmendes Lebenswerk. Was ist notwendig, um meine juristischen Studien zu ergänzen, zu stützen, vorwärtszutreiben, zu vertiefen, neuen Zielen entgegenzuführen? und worin muß und kann sich die eigene Persönlichkeit vervollkommnen und vollenden? Diese Fragen legte ich mir immer von neuem vor und suchte allein durch eigene Wahl und Entscheidung die geeignet erscheinenden Wege und Sonderziele.

In Marburg hatte ich das unsagbare Glück, eine große, in sich geschlossene, in ihrer Art zwar einseitige, aber bewundernswerte Schule vorzufinden und allmählich in mir aufzunehmen und zu verarbeiten, um sie später mit anderen, in gleichem Sinn arbeitenden jungen Gelehrten schließlich zu überwinden, ohne allerdings den Anfang und den Durchgang jemals zu bereuen. In den Vorlesungen von Hermann Cohen, dem Haupt der Schule, über Geschichte der neueren Philosophie bis und seit Kant, von Paul Natorp, dem wissenschaftlichen Freund Stammlers, über allgemeine Psychologie und von Eugen Kühnemann über die Interpretation einiger Hauptwerke traten in den Gesichtskreis des jungen Studenten erstmalig wahrhaft große Gegenstände und wahrhaft große Gestalten; Cohen und Natorp wirkten überaus faszinierend, ein jeder auf seine originale Art. In den Übungen lernte ich den späteren Hamburger Professor Ernst Cassirer kennen, der damals an seiner großen Schrift über Leibniz arbeitete, worüber wir Studenten manches erfuhren. Die damals erstmalig gehörte Monadenlehre fesselte mich ungemein und bildete für mich eine ausgezeichnete Einführung in die Logik und (später) Logistik. Weniger sympatisch war mir die Marburger Gegnerschaft zu aller Metaphysik, die ich doch als Krone der Philosophie betrachtete. Besonders übel mitgenommen wurden bei Cohen Fichte, Schelling und (trotz Geistesverwandtschaft) Hegel, weil sie sich an dem heiligen Geist des transzendentalen Apriorismus versündigten; aber Cohens unbedingte Verehrung Kants, die an kindliche Gläubigkeit grenzte, hat uns doch tief gerührt. Großen Gewinn hatte ich durch die vorzüglichen (auch im Handel erschienenen) Leitsätze Natorps zu seinen Vorlesungen über Propädeutik und Psychologie; jeder Satz erschien wie für die Ewigkeit gemeißelt. Ich habe sie wiederholt, fünf Mal und öfter intensiv durchgearbeitet und anschließend meine eigenen Ansichten zu formulieren gesucht. Natorps musikalischen Werke, noch tiefgründiger als die philosophischen, gefielen mir, soweit ich sie verstand. Cohen wie Natorp ließen, entgegen allem akademischen Brauch, ihre abendlichen Übungen wegen der Seltenheit und Unersetzlichkeit des Genusses ausfallen, wenn gleichzeitig ein berühmtes, etwa ein Berliner Streichquartett in Marburg gastierte und z. B. Mozart, Beethoven, Schumann oder Brahms zu Gehör brachte; welcher Jurist hätte das getan! Ubbelohde und Enneccerus hielten unentwegt ihre öde Digestenexegese ab, sei es auch vor drei Mann, so daß auch sie ein Quartett bildeten. Meinem ersten Philosophielehrer Natorp habe ich die Treue auch insofern gehalten, als ich mit ihm später die „Wendung" mit vollzog und seinen „Deutschen Weltberuf" in meinen Literaturberichten eingehend würdigte (ZStrW); auch seine Interpretation der Eroica und der Neunten wirkten für mein Beethovenbuch fördernd.

Dem Marburger Neukantianismus verdanke ich folgende, für die Folgezeit sich als sehr wertvoll erweisende Einsichten: 1. transzendentale Methode gegenüber naivem Realismus (wichtig z. B. für die Kausalität der Unterlassung); 2. Gegensatz von Sein und Sollen, Tatsache und Wert, beschreibender und normativer Wissenschaft (wichtig z. B. für die Stellung der Soziologie und Psychologie im Gegensatz zu Ethik und Rechtswissenschaft); 3. Gegensatz von konstitutiven und regulativen Ideen (wichtig für die Begriffe Wahrheit und Gerechtigkeit); 4. Vereinbarkeit des Kausalitätsgesetzes mit der Willensfreiheit, ohne die es keine Verantwortung gibt; 5. Bedeutung des Systemgedankens, ohne den es keine sichere Erkenntnis gibt; 6. Auffassung des Dings an sich als unendlicher Aufgabe, falls man an jenem Begriff Kants überhaupt festhält und nicht statt dessen besser (N. Hartmann) das Wesen der Dinge oder das Sein als Problem setzt, was ich später vertrat. Als einseitig erschien mir die Orientierung auf die mathematische Naturwissenschaft; insofern habe ich mich später zu Rickert und dann zu Dilthey bekannt. Auch die Hypertrophierung des Erkenntnisproblems lehnte ich später zugunsten des Willensprinzips, des Lebens, des Seins, der Existenz ab[7]).

Die reichste Anregung erhielt ich zur selbständigen privaten Weiterbildung auf diesem Gebiet. Zuerst griff ich zur Lektüre von Windelbands, dann von Kuno Fischers und Überwegs Geschichte der Philosophie; alsdann trat hinzu die Beschäftigung mit den Werken der großen Denker

---

[7]) Insofern nahm ich eine ähnliche Entwicklung wie meine „Mitschüler", Nicolai Hartmann und Martin Heidegger, die beide durch den Marburger Neukantianismus gingen, aber später verschiedene Wege einschlugen. Hartmann entwickelte sich zum umfassenden, realistischen Systematiker, Heidegger zum Begriffsdichter. Jener erinnert etwas an Aristoteles, dieser an Platon. Mit beiden setzte ich mich in meiner Metaphysik 1950, S. 71 ff. auseinander. Später führte ich über diese gemeinsamen und verschiedenen Züge einen interessanten Briefwechsel mit dem Sohn unseres gemeinsamen Lehrers Paul Natorp, dem späteren Oberamtsrichter Dr. Hans Natorp in Marburg, der übrigens Hartmann für einflußreicher, Heidegger aber für tiefer hielt, was wiederum Parallelen zu Aristoteles und Platon ergeben würde.

selbst, vor allem mit Kant und Hegel, während etwas zurücktreten mußten, ohne jedoch vernachlässigt zu werden, Fichte und Schelling, Leibniz und Spinoza, Schopenhauer und Lotze, um erst später herangezogen zu werden. Dieses Studium betrieb ich vor allem in den Ferien und auf Reisen; es dehnte sich auf Jahrzehnte bis in die Gegenwart aus. Ich glaube nicht zu viel zu sagen, daß mir diese unmittelbare Beschäftigung mit den Werken unserer großen Philosophen die wichtigste und wertvollste Lektüre meines ganzen Lebens geworden ist; ich wüßte nicht, was ich höher stellen sollte. Das beweist zugleich, wie ich meine späteren längeren Erholungsreisen einrichtete; da ich genug von Gottes schöner Natur allmählich kennen gelernt hatte, so kam es mir weniger auf neue Reiseeindrücke, auf das Kennenlernen neuer Orte und neuer Menschen an, als auf Stille, Ruhe und Muße zur Aufnahme großer Gedanken. So las ich Schopenhauers Hauptwerk in dem Ostseebad Rauschen, Kant zum dritten und vierten Mal auf der Kurischen Nehrung und in Schreiberhau, Hegel in Bordighera, Fichte in Meran, Nietzsche pietätvoll in St. Moritz und am Comersee, Schelling im Wildpark bei Potsdam, um nur einige Beispiele herauszugreifen. Daheim im Arbeitszimmer ging voraus oder folgte nach die Lektüre der entsprechenden Stellen in den Darstellungen von Windelband, Deussen, Heimsoeth, Goedeckemeyer, Kuno Fischer, Überweg-Heinze usw. Erforderlich sind Zeit und wieder Zeit, Ruhe und wieder Ruhe, um sich den höchsten Werten zu widmen.

Die systematischen Vorlesungen hörte ich überwiegend in Kiel und Berlin bei dem unermüdlichen Kantforscher Erich Adickes, dem Schopenhauer-Anhänger Paul Deussen (Veda-Forscher und Nietzsche-Freund seit der Tertianerzeit in Schulpforta), dem weniger original-bedeutenden als liebenswürdigen und (schulmeisterlich) gediegenen Darsteller der Ethik Friedrich Paulsen, dem eleganten Ästhetiker und Ästheten Max Dessoir, dem geistreichen, bohrenden, aber vielfach gar zu abstrusen Soziologen Georg Simmel, an den L. v. Wiese anknüpfte. Mit Wilhelm Dilthey und Eduard Spranger machte ich erst später Bekanntschaft; letzteren begrüßte ich auf meinem Rechtsphilosophenkongreß in Berlin 1926 und später in Münster 1943. Das alles sind einige schwache Ansätze, um dem selbständigen Streben zum System, wie es mir in Marburg eingepflanzt wurde, allmählich Schritt auf Schritt zu entsprechen. So suchte allmählich eine „monumentale Philosophie" heranzureifen.

Auf Rudolf Stammlers rechts- und sozialphilosophische Werke wurde ich erst bei der Vorbereitung auf meinen oben erwähnten strafrechtlichen Vortrag über die Habilitationsschrift des Stammler-Schülers Graf zu Dohna (1905) aufmerksam. Ihr monatelanges Studium war der Anlaß, daß ich mich fortan immer stärker auf die Rechtsphilosophie konzentrierte und zur Promotion auch nach Halle ging, obwohl meine Dissertation nicht in Stammlers Lehrgebiete schlug. Mit dem Inhalt seiner drei Hauptwerke

(Wirtschaft und Recht, Die Lehre von dem richtigen Rechte, Theorie der Rechtswissenschaft) habe ich mich später wiederholt und sehr eingehend in ZStrW auseinandergesetzt, sodann in der von ihm gegründeten Zeitschrift für Rechtsphilosophie, die allerdings nach wenigen Bänden ihr Erscheinen einstellte; Stammler hat nicht rechtzeitig genug, wie sein Freund Natorp, die Wendung zum Gegenstand und zum wirklichen Leben vollzogen, vielmehr wickelte er sich im Schneckenhaus seiner Spiralen immer enger ein, ohne sich fruchtbar zu entfalten. Als er in den letzten Jahren seiner Lehrtätigkeit in Berlin wirkte, habe ich ihn einige Male in Vorträgen gehört und auch in seiner Wohnung in der Knesebeckstraße aufgesucht, wo er sich nicht wohl fühlte. Er bestach als glänzender, beinahe schauspielerhaft vortragender Redner und durch die Fülle der eingestreuten, wirklichen oder erdachten, aber stets originellen Rechtsfälle; das Beiwerk fesselte mehr als die Theorie, die zuerst mehr zu versprechen schien als sie halten konnte. Für andere Gedankengänge zeigte er, im Gegensatz zu Liszt und Kohler, wenig Interesse und Verständnis, wohl eine Folge der neukantischen Festlegung. Stammler war in der Tat der Ansicht, daß er nicht nur allein das richtige Recht lehrt und spricht, sondern auch einzig und allein die richtige Theorie und Praxis verkündet. Stammler soll, wie C. A. Emge berichtet, vor seinem Tod geäußert haben: Goethe habe sein Werk nicht vollendet, er (Stammler) habe aber die sich gestellte Aufgabe erfüllt. Wie paßt diese Haltung zum Prinzip der unendlichen Aufgabe der Neukantianer? Vielleicht war seine Aufgabe nicht weit gestellt? Oder hat er sich etwa nur eine kleine, bescheidene Aufgabe gestellt?[8])

Schon während meiner Marburger Studentenzeit stieg mir bei der Beschäftigung mit Philosophie ein nicht unbedeutender Zweifel auf: ob nämlich die enorme geistige Kraftanstrengung, die in den Werken unserer großen Denker enthalten ist, in ungefährem Verhältnis mit der Fruchtbarkeit und der Auswertungsmöglichkeit der philosophischen Lehre steht. Das Bedenken verstärkte sich, je mehr philosophische Werke ich kennen lernte; es gilt auch für die Rechtsphilosophie. In der Folgezeit war ich bemüht, überall die Frage nach der Nutzbarmachung für und der Anwendung auf das Leben zu stellen, und schon die Theorie auf dieses Endziel einzulenken. Meine eigene Lehre gewinnt hiernach einen konkreten und praktischen Zug und zeigt einige Ähnlichkeit mit dem anglo-amerikanischen Pragmatismus. Recht ist für mich zwar nicht angewandtes, aber anzuwendendes Recht; Theorie ist anzuwendende, zu realisierende Theorie. Daher steht nicht nur in der Reihenfolge meiner juristischen Arbeiten, sondern auch in meinem Rechtssystem das Prozeßrecht voran;

---

[8]) In Kollegenkreisen erzählte man glaubwürdig: Als Stammler wieder einmal sehr selbstgefällig über seine Erfolge sprach, hielt ihm ein in seinen Augen weniger erfolgreicher a. o. Professor (der Romanist Litten) vor, er verschandele mit seiner Selbstbeweihräucherung die ganze Fakultät in Halle, worauf Stammler antwortete: Und wenn die Ros' sich selber schmückt, so schmückt sie auch den Garten, aber nicht mehr das unfruchtbare Land hinter der Hecke.

hiermit ist zugleich gegeben eine vitalistische und psycho-soziologische Auffassung des Rechts sowohl wie der Wissenschaft. Aus dem Leben ergibt sich die Lehre. Also eine Umkehrung von Hegels Logizismus, nach dem sich das Leben nach der Theorie richtet. Aus diesen Gesichtspunkten heraus war ich nicht etwa gewillt, die Philosophie zu vernachlässigen, vielmehr ging und geht mein Bemühen dahin, die Wissenschaft durch das Leben selbst zu ergänzen und zu stützen. So gelangte ich zum Studium auch der Tatsachenwissenschaft und schuf weit später eine spezifische Kriminalsoziologie, die etwas anderes ist und will als die über lieferte Kriminologie oder die neuere Kriminalbiologie: eine Tatsachenforschung, die parallel zur Strafrechtsdogmatik verläuft, wobei sich beide Disziplinen unausgesetzt zu berühren und zu ergänzen haben. Und noch viel später gelang es mir, eine Dreiseitentheorie methodisch für alle Geisteswissenschaften zu begründen; diese werden durch eine Verbindung dreier Methoden gekennzeichnet: Tatsachenforschung, formale Gestaltung und regulative Einordnung in oberste Werte (Wahrheit, Sittlichkeit, Gerechtigkeit usw.). Der Boden sind drei Wissenschaftsgebiete: beschreibende, normative und philosophische Wissenschaften. So baute sich mein Studium auf.

Nachzuholen hatte ich demnach nur noch die beschreibenden Wissenschaften. Die Wirtschaftswissenschaften lernte ich, nach einigen mir wenig bietenden Einführungen in Marburg bei dem Schmoller-Schüler Rathgen und bei Oldenberg, erst in Berlin näher kennen in großen Vorlesungen bei den damals führenden Nationalökonomen, den sog. Kathedersozialisten Gustav Schmoller und Adolf Wagner, jener als Historiker, dieser als Systematiker erste Autorität; zu fesseln vermochte mich die nüchterne Vorlesung (vielleicht auch der nüchterne Gegenstand) allerdings nicht in dem Maße, wie es bei der wohl erkannten Aktualität der Materie und Bedeutung der Gelehrten zu erwarten gewesen wäre. Schmoller gab endlose Diktate in endlosen Sätzen und kam erst in der letzten eingelegten Doppelstunde zur Gegenwart. Wagner setzte wohl bei einem derzeitigen Studenten zu viel kaufmännische Erfahrung voraus. Erst später suchte ich durch Lektüre die vorhandenen Lücken auszufüllen. Die Grenznutzenlehre v. Böhm-Bawerks und v. Wiesers sollte dereinst in meinen eigenen Arbeiten ebenso befruchtend wirken wie die Untersuchungen über Konjunkturschwankungen durch Spiethoff, den ich noch als Assistenten Schmollers persönlich kennen gelernt hatte. Schon meine strafrechtliche Erstlingsschrift über den Diebstahl, die zur Erklärung des Zueignungsbegriffs eine wirtschaftliche Werttheorie aufstellte, ruhte auf nationalökonomischer Grundlage. Und von hier aus drang der Wertgedanke in die von mir mitbegründete Auffassung der materialen Rechtswidrigkeit im Strafrecht und von hier wiederum in meine philosophische, erkenntnistheoretische und schließlich metaphysische Grundauffassung vor; der Ausgangspunkt war nicht etwa die Werttheorie der südwestdeutschen

Schule (Windelband und Rickert) oder die materiale Wertethik (Scheler, N. Hartmann), sondern die Volkswirtschaftslehre. Dieser Zusammenhänge wurde ich mir erst später bewußt; meine Kritiker sehen sie überhaupt nicht. So vermag ein Gebiet, das bei der ersten Bekanntschaft nur geringes Interesse erregt, sich späterhin als fruchtbar zu erweisen, wenn die Stunde gekommen ist. Ohne die Spiethoffschen Konjunkturuntersuchungen wäre meine kriminalätiologische These undenkbar, daß die Kriminalität der meisten und wichtigsten Delikte nicht durch die Anlage (wie die Biologie lehrt), sondern durch die wirtschaftliche Umwelt bedingt ist. Und von Interesse ist, daß v. Wieser, jener Mitbegründer der Grenznutzentheorie, später der Mitherausgeber des Archivs für Rechts- und Wirtschaftsphilosophie war, dessen Schriftleitung ich 1925 übernahm. In ein engeres Verhältnis zu den Wirtschaftswissenschaften und ihren Vertretern gelangte ich allerdings erst mit ihrem späteren, sachlich gebotenen Übertritt aus der philosophischen in die juristische Fakultät und mit der Übernahme der Schriftleitung des Archivs für Rechts- und Wirtschaftsphilosophie.

Aus der sog. Allgemeinen Bildung (später sagte man: studium generale) ragten hervor wundervolle öffentliche Vorlesungen des wohl glänzendsten Altphilologen jener Zeit, Ulrich v. Wilamowitz-Moellendorff: Thukydides, Das Zeitalter des Perikles, Platon; sowie des Germanisten, eines besonderen Lieblings der Damen, Erich Schmidt, über Lessing, Goethe und Kleist. Eine späte Frucht boten meine Juristische Methodenlehre (1940) und meine Metaphysik (1951) gegen Schluß in einer Interpretation der Faustdichtung als Ausdruck einer „gotischen Welt- und Lebensanschauung".

Wenn ich dankerfüllt auf die mir dargebotenen reichen vielgestaltigen Mittel der Ausbildung zurückblicke, so fällt gewiß die Fülle von Gegensätzen auf; diese mußten einmal mit Heftigkeit aufeinander prallen. Sie harrten der Überwindung und des harmonischen Ausgleichs. Sie galt es gemäß meinem Lebensplan in eine systematische Ordnung hineinzuzwingen. – Nunmehr war der Wanderstab niederzulegen.

5. Praxis. Behörden.

Gebraucht der Zeit, sie geht so schnell von hinnen,
Doch Ordnung lehrt euch Zeit gewinnen.

Goethe (Faust)

Unter drei Aufgaben suchte ich den praktischen Dienst (Justiz, Unterricht, Militär) zu erfüllen. Zuerst gilt es, und zwar vor allem im juristischen Vorbereitungsdienst, sich die erforderliche Technik und Routine in der Erfüllung der aufgetragenen Dienstverpflichtungen, speziell in der Erledigung von Rechtssachen anzueignen und sich daran zu gewöhnen, pünktlich, gewissenhaft und sachgemäß ein möglichst großes, sich mit der Zeit steigerndes Tagespensum zu bewältigen. Sodann heißt es, die obersten Ziele und Aufgaben selbst in Schärfe und Tiefe zu erfassen, speziell die Rechtsfindung in ihrem wahren Wesen zu ergründen und zu betätigen: Kulturwerte sind zu fördern und zu schaffen, Erziehung und Fortbildung durchzuführen, Wahrheit und Gerechtigkeit zu erkennen und zu verwirklichen. Endlich erwächst allmählich das ideale Bild des Beamten, des Lehrers, des Soldaten, des Richters, jene Idealgestalt, die es im stets unvollkommenen Leben selbst nicht gibt, die aber eine Verkörperung der unendlichen Aufgabe, der regulativen Idee bedeutet, die man sich allmählich selbst bildet, will man den Bedürfnissen der Praxis, des Lebens in der Gemeinschaft, selbst in möglichst hohem Maße entsprechen; mitunter findet man in glücklichen Fällen eine wirkliche Persönlichkeit, die den Anforderungen in verhältnismäßiger Vollkommenheit genügt und die alsdann zum Vorbild oder wenigstens zur Orientierung für das eigene Handeln und Vollbringen genommen werden kann. Die meisten Beamten (Soldaten) sehen nur die erste Aufgabe; sie halten sich alsdann über die Einförmigkeit des Dienstes unnötig und ungerecht auf, die eben ihre eigene Einseitigkeit ist. Sie sehen nur kleine, winzige, subalterne Aufgaben und betreiben den Dienst büromäßig oder als Kommiß. Es fehlt ihnen die Weite des Blicks der beiden anderen Aufgaben, das Sach- und das Persönlichkeitsideal, das zugleich ihre Tätigkeit vereinfacht und abkürzt; und daher ertrinken sie in ihrem Aktenballast, übersehen das Wesentliche, machen aus Nebensächlichkeiten eine Staatsaktion, klagen dauernd über Belastung und Überbürdung.

Von meinem eigenen praktischen Dienst ist daher nicht viel zu erzählen. Hier interessiert mehr das Typische, während oben bei der Ausbildung auf das Individuelle näher einzugehen war. Hier treten auch, wiederum im Gegensatz zur Ausbildung, seltener große Persönlichkeiten auf, die allgemeineres Interesse erwecken, und liegt der Schwerpunkt im Sachlichen und Sachgemäßen. Die einzelnen Stationen des Vorbereitungsdienstes durchlief ich seit Juli 1901 in den damals vorgeschriebenen vier Jahren – die Frist ist nicht zu lang, wenn man den Dienst richtig als Lehre und Selbstbildung auffaßt: sämtlich im Kammergerichtsbezirk, und zwar die erste Station am Amtsgericht in Seelow, die weiteren in Frankfurt a. O., die letzte in Berlin. Dazwischen fielen meine Militärzeit (1902/03) beim Feldartillerie-Regiment Nr. 18 in Frankfurt a. O. sowie zwei Übungen; 1906 wurde ich im gleichen Regiment Leutnant der Reserve. Als Gerichtsassessor (Berlin 15. 5. 1907) suchte ich, was mir bis heute sehr zustatten kam, richterliche Betätigung in möglichst sämtlichen Dezernaten nach zur Verhütung der so gefährlichen Einseitigkeit und zur methodischen Sicherheit in allen, so grundverschiedenen Denk- und Arbeitsweisen. Ich bin dankbar, daß meinen Wünschen nach Möglichkeit entsprochen wurde. Kommissorien erhielt ich am Landgericht I Berlin, Zivilkammer 19 (nahezu 2 Jahre ohne Unterbrechung), bei den Amtsgerichten in Angermünde (Schöffenrichter und freiwillige Gerichtsbarkeit), in Reppen (Zivilsachen und freiwillige

Gerichtsbarkeit), in Berlin-Lichterfelde (Grundbuch und Zwangsversteigerungssachen: das m. E. schwierigste praktische Dezernat, zumal in einem Berliner Vorort mit reger Bautätigkeit und allen denkbaren Auswüchsen des Spekulantentums!), und endlich beim Landgericht in Frankfurt a. O. (Strafkammer sowie Vortragssachen in Beschwerdesachen bei den Zivilkammern: letzteres m. E. die interessanteste, rein juristisch ungemein anregende Tätigkeit). Im allgemeinen fand ich in der Praxis (im Gegensatz zur Theorie) mehr Gefallen an Zivilsachen als an Strafsachen. So erklärt sich, daß ich in der Wissenschaft mit dem ersten großen Werk, den Grundlagen des Prozeßrechts (1919), unter überwiegend zivilprozessualer Orientierung hervortrat. Eine längere Praxis in Strafsachen kann wegen der wohl überall zu beobachtenden juristischen Eintönigkeit Interesse nur erwecken und sogar steigern, wenn das Schwergewicht auf die Strafwürdigkeit und die Strafbemessung sowie auf Prognose des Vollzugs verlegt wird. Dieser Primat der Strafjustiz wurde bis vor kurzem meist vernachlässigt, ja verkannt; jetzt gibt es schon Institute für Strafprozeß, Strafvollzug, Kriminalistik, Kriminologie usw. In Strafsachen pulsiert also mehr verwaltungsmäßiger Betrieb, während die feinsinnige juristische Problematik bei der Ziviljustiz liegt. Dort regieren m e h r (wenn natürlich auch nicht ausschließlich) die Ideen der Gerechtigkeit und der Zweckmäßigkeit (des Gemeinwohls), hier m e h r die Rechtssicherheit und die Interessenabwägung.

Unterbrechen konnte ich diese zahlreichen und überaus abwechslungsreichen Kommissorien dankenswert durch häufigen, ausgedehnten Urlaub zur Vorbereitung meiner größeren wissenschaftlichen Arbeiten; mich beschäftigten von Beginn der Praxis an: die Grundlagen des Prozeßrechts und des Strafrechts sowie die Methodik. Theorie und Praxis wechselten also in größeren Perioden (von einem halben Jahr bis zu mehr als einem Jahr) wiederholt in einer überaus glücklichen Weise mit einander ab, so daß sich beide so grundverschiedene juristische Betätigungsarten beinahe gleichzeitig entwickelten, ohne sich jedoch in ihrer Selbständigkeit zu stören: kein Zweig erlitt Einbuße durch den anderen, keiner wurde durch zu starke Arbeit und zeitliche Beanspruchung zugunsten des anderen belastet, keiner konnte sich beklagen, durch den anderen eingeengt zu sein; und doch wurde jene gefährliche Einseitigkeit des reinen Praktikers oder des reinen Gelehrten vermieden, weil der eine unausgesetzt den anderen kontrollierte und weil das soeben Erworbene auf dem einen Gebiet noch frisch im Gedächtnis weiterwirkte, um das andere Gebiet vor Uferlosigkeiten oder Fehltritten zu bewahren. Nur so wurden meine größeren Werke möglich, die, wie die Kritik im wesentlichen übereinstimmend rühmte, sowohl praktische Erfahrung wie tiefe Gelehrsamkeit verrieten: insbesondere die Grundlagen des Prozeßrechts, sowie später unter Einbeziehung und Verwertung der inzwischen vorgelegten philosophischen Werke, insbesondere die Juristische Methodenlehre. Gegenüberstand allerdings ein erheblicher Zeitverlust; aber diese Zeiteinteilung in längere Perioden war sicher mehr im Interesse des Werkes gelegen als die sonst übliche, die auch ich anfangs in meiner Referendarszeit durchzuführen hoffte: am Tage Praxis, abends Theorie; das Ergebnis wären nur kleine Abhandlungen (die berüchtigten „Pinselstriche" und „Schachzüge") gewesen, oder aber die Praxis wäre vernachlässigt. Doch schließlich nach Ablauf des Höchstmaßes für Urlaub stellte mich die Justizbehörde vor die Alternative: entweder mußte ich mich dem Richterberuf widmen oder zugunsten der Wissenschaft ausscheiden. Die Entscheidung für den zweiten Weg war mir keinen Augenblick zweifelhaft, schon wegen meiner immer stärker vordringenden philosophischen Neigungen; aber ich wußte die Bekanntgabe dieses Entschlusses bis in das zweite Jahr des ersten Weltkrieges aufzuschieben (bis dahin hatte ich mich als felddienstunfähig einem Militärgericht und einem Zivilgericht zur Verfügung gestellt).

In jene Zeit der späteren Praxis fiel der erste Schatten auf meine sonst so sonnige Lebensbahn; erst spät gelang es mir, auch dem Schatten eine Lichtseite abzugewinnen: Ende März 1906 (noch während meiner Kammergerichtsstation, unmittelbar vor dem Assessorexamen) erkrankte ich schwer an Gelenkrheumatismus, der mich monatelang ans Bett fesselte und sich nach dem Examen noch zweimal und noch schwerer wiederholte, so daß ich zuletzt an meiner Genesung zweifeln mußte und auch meine Nerven sehr stark litten. Immerhin war ich noch so gut gelaunt, daß ich den Vergleich mit dem strafschärfenden Rückfalldiebstahl zog und diese Kausalität als durchaus nicht adäquat bezeichnete. Im ganzen war ich, abgesehen von den Unterbrechungen, länger als ein halbes Jahr bettlägerig. Den Anstoß hatte keine Infektion, sondern zunächst nur eine militärische Übung, vielleicht in Verbindung mit dem mich umgebenden, für meine Konstitution zu feuchten Klima gegeben. Die Folge war mein Ausscheiden aus dem Militärdienst, was ich sehr beklagen mußte, da ich mit Leib und Seele Artillerist war und die ideale Seite, die Soldatenehre, den Einsatz für das Vaterland und die Pflege echter Kameradschaft als Herzenssache betrachtete. Außerdem mußte ich auf manche mir liebe Art der Erholung verzichten: Reiten, Schwimmen, Rudern, Eissport, Bergwandern, Radfahren. Namentlich die freie, ungehinderte Bewegung in der schönen Natur vermißte ich zuerst schmerzlich, da ich lange Zeit an Verkehrsmittel und andere Menschen gekettet war. Erst später gelang mir allmählich, mich so weit zu trainieren, daß ich wieder Berge von 1000 m Höhe von der Talsohle besteigen konnte, so den Riesengebirgskamm 1924. Auch die Krankheit zwang ich in die Harmonie meines Lebenslaufs hinein. Erstens spürte ich die läuternde Kraft des Schmerzes und fand den Weg zum Primat der Ethik, zu Gott und Ewigkeit durch eigenes, stärkeres Erleben, als wohl ohne jene Erkrankung meine innere Entwicklung möglich gewesen wäre, so daß sich meine indeterministische Weltanschauung und Lebensführung nur noch verstärkten und verinnerlichten. Zweitens bot mir die erzwungene körperliche Ruhe willkommene Gelegenheit zu verstärkter, theoretischer Konzentration: ich studierte erneut Kant, Hegel und Schopenhauer sowie erstmalig die Partituren des Tristan und der Symphonie pathétique von Tschaikowsky; vor allem arbeitete ich, stets die Feder in der Hand, die großen Werke der Binding- und Wach-Schule durch. Das Thema zur wissenschaftlichen Arbeit des Assessorexamens war der Hellwigschen Aufgabensammlung entlehnt; es behandelt den seltenen Fall der Behandlung des herrenlosen Grundstücks (BGB § 928) und verführte dazu, Hellwigs Lehre von den selbständigen Sondervermögen (Konkursmasse, Nachlaß usw.) zu übernehmen. Ich fand Gelegenheit, Hellwigs zivilprozessuale Werke gründlich zu studieren, und suchte später diesen ausgezeichneten, scharfsinnigen, wenn auch einseitig positivistischen Juristen in seinem schönen Heim in Berlin-Grunewald auf. Leider hatten wir bald den frühen Tod dieses noch viel versprechenden Forschers zu beklagen. Ohne Auseinandersetzung mit Hellwigs Lehre von der materiellen Rechtskraft und den Prozeßvoraussetzungen wären meine Grundlagen des Prozeßrechts nicht möglich gewesen, mag ich auch gegen Wach, Stein und Hellwig und zu Gunsten Bülows, Kohlers und des Reichsgerichts Stellung genommen haben. Mein wissenschaftlicher Aufstieg begann an dieser Stelle und zu diesem Zeitpunkt; er begann mit dem Prozeßrecht, nicht mit dem Strafrecht und nicht mit der Philosophie, aber er begann gleichzeitig mit dem Zivil- und dem Strafprozeß und suchte nach gemeinsamen philosophischen Grundlagen. Und daher fühle ich mich der Leipziger Schule nicht minder verpflichtet, wie dem Lisztschen Seminarkreis, so daß es für mich eine selbstverständliche Pflicht war, später der aus Leipziger Intentionen hervorgegangenen Deutschen Strafrechtlichen Gesellschaft beizutreten. So erklärt sich auch zum nicht geringen Teil meine Promotion in Halle im Gedankenkreise der Binding-Schule. Und so fühlte ich mich später dem Kreise um Richard Schmidt verbunden, zu dessen 70. Geburtstag ich mich auf Anregung seines Schülers und meines wissenschaftlichen Freundes G. Bohne mit einer Abhandlung über die Rechtskraft beteiligte. So setzte ich mich noch im Jahre 1941 für die Berufung eines Schülers von Nagler auf die strafrechtliche Professur in Münster ein: des in Leipziger Anschauungen trefflich geschulten, leider alsbald im zweiten Weltkrieg gefallenen Joh. Martin Ritter aus Breslau. — Dies alles sind notwendige Zusammenhänge in meinem Leben. Für die geistige Entwicklung ist weniger maßgebend der Vorlesungs- und Übungsbetrieb mit der mehr zufälligen Wahl des Studienortes und der Dozenten, als die Selbstschulung. Und die Selbstschulung geschah entscheidend erst zu einer Zeit, als ich die Praxis beherrschte, also erst in der späteren Referendars- und der frühen Assessorenzeit. Auch hier zeigt sich, daß die Praxis für meine Schulung wichtiger war als die Studienzeit.

Dies sind die persönlichen und die äußeren Verhältnisse, die für meine praktische Tätigkeit in Betracht kommen. Sie interessieren weit weniger, als die Sache selbst, für die von Bedeutung sind vor allem die drei oben zu Anfang dieses Kapitels berührten Gesichtspunkte. Zu ihnen ist in Kürze das Folgende zu bemerken; die Lehre ergab sich für mich bezeichnenderweise aus der Referendarausbildung, die ich zunächst selbst empfing und später erteilte. Der Niederschlag waren meine Grundlagen des Prozeßrechts, später die Juristische Methodenlehre sowie meine kriminologischen Arbeiten.

I. Die formale, technische Seite der juristischen Praxis setzt zunächst Übung und wieder Übung voraus, die sich aber nicht zur handwerkmäßigen Routine, sondern zur wahrhaft richterlichen Erfahrung auswirken soll. Zu allererst ist erforderlich eine klare und lebensnahe Erfassung des Sachverhaltes, eine Herausarbeitung der für die Würdigung und Wertung erheblichen, der wesentlichen Tatsachen und ihre Abrundung zu einem anschaulichen Tatbild, das von dem soziologischen, andere Einzelheiten betonenden Lebenstatbestand mehr oder weniger verschieden sein mag. Eine klare Erfassung und Darstellung dieses juristischen Sachverhaltes fällt dem jungen, bisher nur in Rechtsfragen geschulten Praktiker erfahrungsgemäß nicht leicht; bald werden überflüssige Einzelheiten einbezogen, bald nebensächliche zu stark betont, bald wesentliche übersehen, bald die richtig erkannten wesentlichen Tatsachen ungeschickt verbunden oder gar zu einem unnatürlichen, konstruierten Gebilde zusammengefügt.

Dem wenig geschulten Praktiker fällt es sodann schwer, den einmal erfaßten Fall längere Zeit im Gedächtnis zu behalten; das ist oft bereits die Folge nicht genügend energischer Erfassung des Falls, oft aber auch ein Zeichen mangelnden Gedächtnisses, das schon dann versagt, wenn andere, ähnliche Fälle behandelt werden sollen. Der Anfänger behält oft nur den zuletzt bearbeiteten Fall. Ein guter Vorsitzender, der in einer Sitzung zehn oder zwanzig Fälle zu verhandeln hat, besitzt oft eine bewundernswerte, aber nur durch Schulung und Erfahrung erworbene Aktenkenntnis, er klebt nicht an den Akten, sondern gestaltet bei der Beweisaufnahme einen neuen Sachverhalt, indem er die in den Akten bereits enthaltenen, wesentlichen Gesichtspunkte nur zur Fragestellung verwertet, um sie in der letzten Verhandlung oft in ganz neuem Licht erscheinen zu lassen. Bei seinem häuslichen Aktenstudium gewann er vielleicht schon ein ähnliches, vielleicht aber auch ein abweichendes Bild; jedenfalls bringt er ein ungefähres Bild mit in die Sitzung, um es zu ergänzen, zu berichtigen oder ganz umzuformen. Aktenstudium und Aktenkenntnis sind aber zur Vereinfachung und Abkürzung der Verhandlung unbedingte Voraussetzungen und können gar nicht genau und gewissenhaft genug genommen werden. Es ist erstaunlich, wie ein Vorsitzender den einmal erfaßten Fall nach Monaten, bei erneuter Verhandlung auf Grund einer Vertagung oder Rückkehr aus der höheren Instanz, noch in allen seinen Einzelheiten im Gedächtnis behält, obwohl er inzwischen viele ähnliche und doch verschiedene Fälle verhandelt und entschieden hat. Die Anforderungen an das Gedächtnis sind ganz anderer Art, als wenn der Dozent seinen Lehrstoff, der Schauspieler seine Rolle, der Dirigent seine Symphonie behält; denn dort bleiben die Gegenstände in der Tat die gleichen, während die vor dem Richter verhandelten Kauf- und Mietsklagen, die Beleidigungen und Diebstähle sämtlich verschieden, aber doch ähnlich liegen, so daß bei einer Fülle derartiger Fälle die Gefahr einer Verwechslung nahe genug liegt. Was zur Schulung vor allem unerläßlich ist, das ist ein gehöriges Maß von Energie bei der Herausarbeitung und Erfassung der wesentlichen Einzelheiten, und nur auf die wesentlichen kommt es an. – Einst hatte ich als Referendar im 6. Zivilsenat des Kammergerichts, dem sog. Handelssenat, jedes von mir zu den Akten eingereichte Referat und Votum vor der Beratung frei vortragen müssen; ich besinne mich, daß ich es als besonders schwer deswegen empfand, weil die Bearbeitung viele Wochen zurücklag und inzwischen mir ähnliche, die so häufige Mängelrüge betreffende Sachen zur Bearbeitung zugewiesen waren. Der Präsident unterbrach die Referendare mitunter mit den Worten, das von ihnen soeben Gesagte stehe nicht in den Akten und auch nicht in ihrem schriftlichen Referat; er selbst verfügte also über ein ausgezeichnetes Gedächtnis. Diese Übung des freien Vortrages, der damals nur in diesem einen Zivilsenat Sitte war, worauf der Präsident besonders stolz sein konnte, erzieht vorzüglich zur Schärfung der Gedächtniskraft.

Die Gedächtnisstärke kann, wie man weiß, durch Eindringlichkeit der Aufnahme von Gegenständen und Energie der inneren Verarbeitung gesteigert werden; eine teleologische, pragmatische Einstellung scheint hierbei unerläßlich zu sein, d. h. man muß den Vergleich mit anderen, bereits vorhandenen Eindrücken zu bestimmtem Zwecke ziehen, etwa um seine historischen oder soziologischen Tatsachenkenntnisse zu bereichern oder seine juristische oder ethische Urteilsfähigkeit zu schärfen.

Ein gutes Gedächtnis ist von unschätzbarem Wert für die verschiedensten Lebenslagen und Arbeitsweisen. Es befähigt zum gleichzeitigen Nebeneinandersehen gleicher, ähnlicher oder verschiedener Gegenstände, zum fortgesetzten Vergleichen, Gegenüberstellen, Anpassen und Systematisieren. Große gesamtsystematische Leistungen sind nur bei hoher Gedächtniskraft möglich. Denn sie setzen ein gleichzeitiges Sehen der verschiedensten Dinge voraus, damit ein jedes an dem ihm gebührenden Platz eingestellt und in die rechte Beziehung zu den anderen Objekten im Rahmen des Ganzen gesetzt wird. Ein solches schnelles Denken, ein fortdauerndes Umdenken von einem Gebiet in das andere, ein ununterbrochenes Sehen von Parallelen, von Verwandtem und von Gegensätzlichem, alles dies ist nur möglich, wenn man die Ergebnisse früherer und weit zurückliegender Arbeitsleistungen beständig mit sich herumträgt und allezeit gegenwärtig zur Verfügung hat. Das Gedächtnis-

Reservoir muß fortwährend an den verschiedensten Stellen geöffnet werden können; man darf nicht alles noch einmal mühevoll im einzelnen durchdenken, weil man sonst nur, wie es so oft geschieht, monographische Abhandlungen produzieren und nicht zu Gesamtsystemen vordringen würde. Gesamtsysteme müssen, allerdings nach langer und langsamer Vorarbeit, immer mit einer gewissen Schnelligkeit entworfen werden; es besteht sonst die Gefahr, daß frühere Stellen, die man natürlich nach ihrer Ausarbeitung immer parat und präsent besitzen muß, dem Gedächtnis entschwinden, falls man nicht eben über ein ausgezeichnetes Gedächtnis verfügt. – So erklärt sich, daß ich selbst später meine größeren systematischen Werke verhältnismäßig schnell entwarf; beim Rohbau wenigstens mußte ich mich unausgesetzt zur größten Eile antreiben, als wenn im nächsten Augenblick der D-Zug ausliefe, mit dem ich allein zum Ziele kommen könnte. Der feinere Ausbau, das Feilen und Ausbessern mochte geraume Zeit erfordern und langsam nachfolgen. Ich lebte beim Rohbau in förmlicher Angst, daß die noch ausstehenden Teile nicht mehr unter Dach und Fach gebracht werden könnten, weil der Überblick über das Ganze verloren gehen, das Gedächtnis eben nicht mehr durchhalten würde. Zu diesem Zwecke mußte ich mich im „Stadium der Schwangerschaft“ von jeder störenden Nebenarbeit befreien. Das empfehle ich auch Doktoranden und Habilitanden zur Zeit des Rohbaus. Und ich empfehle es jedem Praktiker, der einmal einen Monstreprozeß (Konkursdelikt, Betrug usw.) zu bearbeiten hat; er tut gut, sich alsdann von „laufenden Geschäften“ beurlauben zu lassen, weil er sonst leicht den Faden verliert, sein Gedächtnis eben nicht durchhalten kann.

Ähnliches gilt von der Erfahrung; ein erfahrener Richter ist nicht ein solcher, der eine große Zahl von Rechtsfällen erlebt und entschieden hat, um sie alsbald wieder zu „vergessen“, sondern der sie in ihren wesentlichen Zügen in seinem Bewußtsein aufgespeichert hat und bereit hält, um sie für spätere Entscheidungen ähnlicher Fälle zu verwerten. Die richterliche Erfahrung ist wiederum die Voraussetzung für eine hochstehende Rechtsprechung, ebenso wie die ärztliche Erfahrung die Voraussetzung für eine erfolgreiche Heilmethode ist. Über die Theorie der Rechtserfahrung, eine unentbehrliche Grundlage jeder sachlich begründeten Analogie, wurde erstmalig und eingehend in der Juristischen Methodenlehre gesprochen (§ 45), worauf ich hier verweisen darf. Jede freiere Rechtsprechung stützt sich auf Erfahrung; diese Erfahrung zu übermitteln, ist ein wesentlicher Beruf der Praxis; und diese Praxis bedarf natürlich wieder theoretischer Erklärung, an der es bisher gefehlt hat. Eine Theorie der Erfahrung vermag wiederum die Praxis zu klären und zu berichtigen. Alle diese Zusammenhänge wuchsen organisch aus meiner bescheidenen praktischen Erfahrung heraus; die Praxis betrieb ich nicht um ihrer selbst willen, in Erfüllung eines Hauptberufs, sie sollte vielmehr die Theorie befruchten und allererst eine Theorie einmal aufstellen, die ihrerseits wiederum der Praxis zu dienen hat. Ich erlernte die Erfahrung in einer reichen, damals hochstehenden Praxis; ich lehrte die Theorie der Praxis erstmalig im Unterricht für Referendare; ich schuf die Theorie der Erfahrung erstmalig ein Menschenalter später in der Juristischen Methodenlehre, der erst eine ganze Reihe philosophischer und kriminologischer Schriften vorausgehen mußte.

An dieser Stelle ist, dem Plan unseres Buches gemäß, die technische Seite in Kürze zu berühren. Die Praxis setzt zweierlei Eigenschaften des Arbeitens voraus, die nur scheinbar einander entgegengesetzt sind: einmal Gewandtheit, Schnelligkeit und Pünktlichkeit, sodann Genauigkeit, Gründlichkeit und Gewissenhaftigkeit. Nur für den Anfänger sind es Gegensätze: wenn er schnell arbeitet, so wird es flüchtig und oberflächlich; wenn er umgekehrt gründlich genau arbeitet, so währt es lange Zeit und findet kein Ende. Anders der tüchtige und besonders der erfahrene Richter: er schafft bei gründlicher Arbeit ein größeres Pensum und in kürzerer Zeit; denn er studiert die Akten nur ein Mal, nimmt den wesentlichen Inhalt sofort in sich auf und hebt die wesentlichsten Punkte für spätere Arbeiten in knappen Leitsätzen heraus (Votenzettel); eine richtige, genaue Verteilung der Beweislast ermöglicht einen und nur einen einzigen Beweisbeschluß, der bereits die halben Urteilsgründe vorwegnimmt. Werden dem Richter dieselben Akten später wieder vorgelegt, so erspart er sich ein erneutes Einlesen, während eine erste, nur oberflächliche Arbeit ein erneutes Aktenlesen und die Korrektur früherer Ungenauigkeiten erfordert. Mir ist in lebhafter Erinnerung, wie ein Amtsgerichtsrat uns Referendaren auf der ersten Station einen Stoß Akten vorlegte und beobachtete, wie wir in einem Aktenstück lasen und es dann beiseite (in das sog. Sorgenfach) legten, um ein neues zu lesen; er gab uns den drastischen Rat: man darf ein Aktenstück „nie zweimal anfassen"; das soll heißen: die erste Lektüre muß bereits so gründlich sein, daß sie zum Entwurf einer Verfügung führt, sonst ist das „Anlesen" wertlos und Zeitverschwendung. Nur eine Nutzanwendung ist die Vorschrift, einen Prozeß möglichst in einem Termin zu erledigen; läßt sich diese Bestimmung auch nicht in allen Sachen durchführen (nicht in großen, verwickelten, nur langsam aufzuklärenden Sachen, bei notwendigen Rückfragen der Prozeßvertreter usw.), so sollte wenigstens darauf zu halten sein, daß in einem einzigen Termin die Sache gründlich ver- und behandelt wird.

Weitere Folgen sind die wichtigen, nicht immer genügend beachteten Grundsätze der Konzentration und Prozeßökonomie. Nur auf Wesentliches soll sich der Jurist, wie überhaupt die Wissenschaft, beschränken, und innerhalb des Wesentlichen sollen wiederum die Hauptpunkte als solche hervortreten, während nebensächliche Fragen ihrer Bedeutung gemäß nur mit geringem Aufwand zu behandeln sind. Anfänger zeigen wenig Blick für das Wesentliche, und wenn sie es erkennen, vermögen sie sich nicht entsprechend zu konzentrieren. Eine beliebte Rüge im Praktikum und Examen lautet: „Haupt- und Nebenfragen sind nicht entsprechend behandelt". Auch in den Vorlesungen, erst recht natürlich in Abhandlungen sollte das Grundsätzliche in möglichster Schärfe hervortreten, die gegenüber Anfängern sogar übertrieben werden darf. Selbstverständlichkeiten sollten nie breit behandelt werden; in erkenntnistheoretischen Arbeiten wird hiergegen oft gefehlt. Und das Gleiche gilt von der Rechtsprechung; Anfänger schreiben bogenlange Urteile, weil sie nicht konzentriert denken und nicht prozeßökonomisch verfahren können. Und sie glauben ihren Fleiß und ihre Sorgfalt dadurch zu bekunden, daß sie die Parteiausführungen, die Zeugenaussagen in behaglicher Breite wiedergeben. Ein Richter pflegte die von Referendaren entworfenen Urteile mit den treffenden Worten zu tadeln: „Herr X ist faul gewesen; denn er hat zu lange Urteile geschrieben". Es zeugt von Fleiß und Arbeit, wenn aus dem Aktenstoff das Wesentliche und aus diesem Wesentlichen wiederum das Wesentlichste und schließlich das Allerwesentlichste herausgearbeitet und haarscharf formuliert wird[1]). Ein Oberstaatsanwalt pflegte in die von den Staatsanwälten entworfenen Einstellungsbescheide durch Streichungen und kürzere, treffsicherere Wendungen derart hinein zu korrigieren, daß kaum noch ein Wort stehen blieb. Ausgezeichnet ist die prozeßökonomische Schulung durch Formulierungen, wie sie ein moderner Gesetzgeber aufstellen würde. Ich glaube auch in dieser Richtung gewirkt zu haben, wenn meine Juristische Methodenlehre den Begriff der konkreten Gestaltungsnorm (s. Sachregister meiner philosophischen Schriften) einführte, die den wesentlichen Sachverhalt auf die dem gesetzlichen Tatbestand unmittelbar entsprechende Formel konzentriert, aber sich natürlich im Bereich des Tatsächlichen, des konkreten Falls, hält. Selbstverständlich hat auch diese Konzentrationstendenz ihre Grenzen; ein Urteil, ein Gesetz, eine Abhandlung dürfen nicht kurz und abstrakt bis zur Unverständlichkeit und Lebensfremdheit werden. Ein Rilke- oder Stefan-George-Stil ist ebenso wenig nachahmenswert, wie ein Kaufmanns- oder Telegrammstil. Nicht geeignet für den Juristen sind auch der kaufmännische oder der (Nebensätze und Begründungen vermeidende) militärische Stil.

Auch im höheren Justiz- und Verwaltungsdienst beobachtet man die ungeheure Bedeutung von Fleiß und Ausdauer. Nicht nur bei den Anfängern, nicht nur in niederen Berufen und bei Minderbegabten steht der Fleiß an erster Stelle, wie allgemein bekannt; auch in den Bereichen höherer und höchster Kultur, auch bei schöpferischen und genialen Persönlichkeiten ist Fleiß unerläßlich, sollen Werte entstehen. Allerdings: mit Fleiß allein wird nichts erreicht; aber auch umgekehrt: ohne Fleiß wird nichts erreicht. Der gottbegnadete Künstler, der über eine Fülle von Ein-

[1]) Überflüssig und bezeichnend für die damalige Urteilsfähigkeit war daher die A.V. v. 21. 3. 1942, (RGBl. I, S. 139), nach der sich Urteile auf das „unbedingt Notwendige" beschränken sollen.

fällen verfügt, wird ohne Fleiß und technisches (angelerntes) Können nie zum Meister heranreifen. Was begabte Jünglinge nicht wahrhaben möchten, was sie sogar als öden Bürokratismus und pedantisches Beamtentum abzutun wagen, das erfahren sie später beim eigenen Versagen: Fleiß und wieder Fleiß. Auch zum Fleiß kann und muß man sich trainieren. Es ist erstaunlich, wie wenig jene kräftigen und gesunden jungen Männer, die aus der Landwirtschaft oder vom Militärdienst kommen, zu längerer, konzentrierter Arbeit im Gerichtsdienst befähigt sind; man beobachtet immer wieder, daß Laienrichter in der Sitzung von der dritten Stunde ab nicht mehr zu folgen vermögen und vergeblich gegen Abspannung und Ermüdung ankämpfen. Und Referendare klagen schon bei achtstündiger Aktenarbeit über Belastung und Überbürdung. Ich selbst muß gestehen und habe es meinen erstaunten Hörern in den Prozeßrechtsvorlesungen mitunter erzählt, daß ich in meinem Leben wirkliche Arbeit erst in meiner ersten Hilfsrichtertätigkeit in der Zivilkammer am Landgericht I Berlin kennen gelernt habe: wöchentlich zweimal Sitzung mit angespanntester Aufmerksamkeit (weit intensiver als in Strafsachen) und ein oder zweimal Beweistermine; am frühen Nachmittag brachte täglich der Aktenwagen in meine Charlottenburger Wohnung ganze Stöße von Akten, die am nächsten Morgen vor der Sitzung abgeholt wurden. Das gab angestrengt konstruktive häusliche Arbeit bis in die sinkende Nacht hinein. Und nun der folgende Spaß: als ich meinem Vorsitzenden einmal sagte, ich würde wegen meines wissenschaftlichen Interesses im Hinblick auf die strafrechtliche Habilitation lieber in Strafsachen arbeiten, riet er mir schmunzelnd, meinen Wunsch dem Präsidenten persönlich vorzutragen. Dies geschah, und meinem Wunsche wurde bereitwilligst dadurch entsprochen, daß ich wöchentlich zu einer Strafkammersitzung, die sich oft bis in den späten Abend ohne Mittagspause ausdehnte, „vertretungsweise" einberufen wurde, jedoch meine bisherige Stellung in der Zivilkammer behielt, in der man mich nicht gern entbehren wollte, weil ich mich „eingearbeitet" hätte. Später äußerte der Präsident, der in ähnlicher Weise mit seinem Wohlwollen auch andere Assessoren bedachte, in seinem Jahresbericht voller Stolz, er habe trotz Vermehrung der Prozesse im Etat mehrere Richterstellen eingespart. Am Kammergericht gab es Senate, deren Präsident bis in die Nacht hinein verhandelte, weil er sich rühmte, dem Geiste der Zivilprozeßordnung zu entsprechen; denn er ließ sich gemäß dem sog. Mündlichkeitsprinzip jede Sache von den Anwälten „ab ovo" vortragen. Über diese gefürchteten Senate erzählten wir das Rätsel: Welcher Unterschied besteht zwischen Beethoven und dem Kammergericht? Antwort: Beethoven schuf die Mondscheinsonate, das Kammergericht die Mondscheinsenate. Als ein Richter während der Sitzung eines Mondscheinsenats einen Herzschlag erlitt und vom Stuhle sank, soll der Vorsitzende geäußert haben: „Ein edles Pferd stirbt in den Sielen; Gerichtsdiener, holen Sie sofort den zuständigen Ersatzrichter, damit ich weiter verhandeln kann". Überboten wurde die Belastung der Berliner Richter durch die Tätigkeit im Ministerium; mancher Rat arbeitete täglich, jahraus, jahrein, von Morgens 10 bis Abends 10 Uhr mit nur geringer „Frühstückspause" um die Mittagszeit, in der er sich beim Essen oft noch Vortrag von einem Assessor halten ließ. Allerdings kann ein höherer Verwaltungsbeamter Arbeit nach unten abschieben, wozu der Richter nicht in der Lage ist (der Spruchrichter bei den Obergerichten) und worin dieser dem Gelehrten gleicht, der jedes Buch selbst mit eigenen Anmerkungen lesen muß und sich auf einen Vortrag durch seinen Assistenten oder gar auf Zeitschriftenanzeigen nicht verlassen darf.

Und hat man sich vergegenwärtigt, welche gewaltige, schon physische Anstrengung der Vorsitz in einer großen Strafkammer- oder Schwurgerichtssache (etwa dem Sklarekprozeß in Berlin 1932) erfordert, in der täglich von früh bis spät mehrere Wochen hindurch zu verhandeln ist, der Vorsitzende dauernd zu fragen und zu klären hat? Als Schöffenrichter hatte ich einmal eine große Spieleraffäre zu leiten, die ich als Tagessache angesetzt hatte und die alsdann wegen dauernder Einwürfe der Verteidiger der nicht weniger als zehn Angeklagten (meist gewerbsmäßiger Betrüger) auf vier Tage ausgedehnt werden mußte; seitdem habe ich den größten kriminologischen Respekt nicht nur vor gewerbsmäßigen Betrügern, sondern auch vor dem meist weit unterschätzten Glücksspiel. Der Vorsitz in großen Strafsachen ist nicht, wie man öfters vernimmt, die schönste und schwierigste juristische Tätigkeit, nach der sich jeder strebsame Jurist sehnt, wohl aber die anstrengendste, die in höchstem Maße Anspannung, Ausdauer, Umsicht und Menschenbehandlung erfordert. Kants Dreiteilung der Tagesbeschäftigung in je acht Stunden Arbeit, Schlaf und Freizeit (für Erholung, Bildung usw.) paßt nicht mehr für den höheren Justizdienst und natürlich auch nicht für ein modernes Forscherleben. Man kann sich gegenüber Kant und in Wahrheit **mit** Kant trainieren für mehr Arbeit und für weniger Schlaf und Erholung; eine Einsicht, die ich an mir selbst erprobt habe. In den höheren Lebensjahren komme ich mit fünf Stunden Schlaf aus sowie mit drei Stunden für Erholung und einfachere, alltägliche Bildung und Freizeitgestaltung, so daß für berufliche Arbeit die stattliche Zahl von sechzehn Stunden verbleibt. Diesen beträchtlichen Zeitraum gilt es möglichst vielseitig, konzentriert-zweckerfüllt und fein-ökonomisch einzuteilen. Wieder fand sich bestätigt: das große Geheimnis eines erfolgreichen Lebens ist weise Zeiteinteilung, die zugleich auch Zeiteinsparung

---

[2]) Man darf natürlich nicht diese lange Arbeitszeit nur einem und demselben Gegenstand widmen, sondern muß für Abwechslung sorgen und Gebiete wählen, die sich an verschiedene Seiten der Geistestätigkeit wenden. Auf diesem geistesökonomischen Prinzip beruht meine öfter gerühmte „Vielseitigkeit", die keine Arbeitsvermehrung, sondern Arbeitserleichterung, Erholung und Entspannung bedeutet der Wechsel von Strafrecht, Kriminologie, Prozeß-, Völkerrecht, Geschichte, Erkenntnistheorie, Metaphysik, Rechts- und Sozialphilosophie, Literatur, Musik, Politik; dazu die Praxis: Vorlesung, Prüfung, Verwaltung. Es gibt die verschiedensten Kombinationen.

bedeutet[2]). Das Leben ist so kurz und bedarf daher möglichst praktischer Auswertung unter Befreiung von Unwesentlichem.

Meine eigene Zeiteinteilung kann ich rückblickend keineswegs als ideal bezeichnen. Wäre sie besser gewesen, hätte mir mehr Zeit zur Verfügung gestanden, so wäre manches besser ausgefallen. In jüngeren Jahren (noch in der Zeit der Grundlagen des Prozeß- und des Strafrechts) war ich zu breit, zu gewissenhaft, zu langsam; später mußte ich immer mehr auf Eile bedacht sein. So glaube ich namentlich die Kriminologie (1950), aber auch die Allgemeine Prozeßrechtslehre (1951) zu früh abgeschlossen und veröffentlicht zu haben; aber die Sonne stand schon tief. Ich hätte für diese beiden Werke noch länger in der Praxis wirken und mehr Doktoranden arbeiten lassen müssen; auch das von mir vergeblich erstrebte kriminalistische Institut hätte mir Erleichterung gebracht. Als weiteren Mangel empfinde ich jetzt die Vernachlässigung der Wirtschaftswissenschaften; gerade sie hätten der Kriminologie und sodann dem Völkerrecht (1952) noch gute Dienste leisten können.

Noch ein anderes Lern- und Lehrgebiet ist der Praxis zu entnehmen und zu verdanken: die Ausbildung eines feinen Taktgefühls. Der Jurist, und zunächst vor allem der Anwalt, der Richter und der Verwaltungsbeamte, muß die Volksgenossen, die Gesuchsteller, die Parteien, Angeklagten, Zeugen usw., anhören und ausreden lassen, um sie in ihren Wünschen und Sorgen zu verstehen, zu beraten, zu lenken, für sich und für den Staat zu gewinnen. Wie weit diese Redefreiheit gehen muß und gehen darf, ist eine Frage nicht nur der Prozeßökonomie, sondern vor allem des Taktes. Selbstverständlich muß der Vorsitzende den Redestrom unterbrechen und einschränken, aber er darf nicht gerade dort eingreifen, wo dem Sprecher eine ihm offenbar besonders wertvolle Stelle im Munde liegt. Auch die Beratung will gelenkt sein, was oft nur verborgen geschieht; der eine muß den anderen ausreden lassen und verständnisvoll anhören, muß aber seinen Widerspruch an passender Stelle und so rechtzeitig erheben, daß er noch wirken kann, also nicht schon durch die Einigung und Festlegung der anderen über einen erheblichen Punkt gegenstandslos geworden ist oder auch nur an Interesse verliert. Ein junger Assessor muß selbstverständlich als Rechts- und Wahrheitshüter so viel moralisches Rückgrat besitzen, die Ansicht seines Vorsitzenden, obwohl dieser über seine Leistungen zu den Dienstakten zu berichten hat, zu bekämpfen und zu berichtigen, wo er es für pflichtmäßig erachtet; aber ebenso sicher darf sein Einwand nicht rechthaberisch und überlegen erfolgen, sondern mit dem nötigen Takt vorgetragen werden, indem er etwa seinem Vorsitzenden zunächst recht gibt und hervorhebt, daß er diese Ansicht sehr wohl verstehe und auch vertreten würde, wenn nicht ein anderer wichtiger Gesichtspunkt ihm keine Ruhe ließe usw. So haben wir Assessoren sogar unseren Präsidenten überstimmt, der, wie uns bekannt, sehr rechthaberisch und von dem Wert seiner Erfahrung tief durchdrungen war, der sich gern schmeicheln ließ und andererseits sich leicht verletzt fühlte. Zu den ersten Pflichten des Juristen gehört es natürlich, für seine wohlerwogene Rechtsüberzeugung ohne Rücksicht auf die Folgen einzutreten; ein unbestechlicher Sinn ist erstes Gebot. Aber er soll sich nur bei wichtigen Dingen regen, erregen und aufregen; minima non curat praetor. Ein Anlaß besteht vor allem dann, wenn ein anderer sich nicht von seinem Rechtsgefühl, das man natürlich gebührend respektieren soll, sondern von persönlichem Vorteil oder auf äußere Anweisung hin bestimmen läßt. Moralisches Rückgrat ist erste Voraussetzung für Beruf und Beförderung, für „innere Berufung"; die Garantie ist schon im Staatsexamen zu prüfen und festzustellen. Wie viel wichtiger und seltener ist diese Prüfung bei der Habilitation.

Auch auf Taktgefühl im gesellschaftlichen Leben wurde einst, im Gegensatz zu späteren Zeiten, viel gehalten, und zwar von den Vorgesetzten nicht anders wie von den Jüngeren unter einander. In das Referendarzeugnis schrieb der Vorgesetzte einmal eine Rüge wie etwa die folgende: Es ist zu hoffen, daß der Referendar bei größerer Reife sein hier und da störend wirkendes vorlautes und überhebliches Wesen ablegen wird, oder daß er künftig mehr auf ein untadelhaftes außerdienstliches Benehmen oder auf würdiges Auftreten und eine gepflegte äußere Haltung Gewicht legt. Natürlich hielt ein gerecht wohlwollender Vorgesetzter, ehe er einem unreifen Pflegebefohlenen auf eine solche Weise seine Personalakten verdirbt und seine künftige Laufbahn erschwert, für seine Pflicht, ihn vorher eindringlich und nötigenfalls wiederholt auf die beobachteten Mängel in schonend taktvoller Weise hinzuweisen und mit einem Vermerk in den Dienstakten zu drohen; wenn jedoch alle Ermahnung vergeblich ist, so bleibt ihm kein anderer Weg, da er pflichtgemäß den künftigen Juristenstand auf einem gesellschaftlich einwandfreien Niveau zu halten und in dieser Hinsicht unwürdige und unbelehrbare Personen beizeiten fernzuhalten hat. Es sind nicht nur äußere Etikettefragen, es sind auch äußere Merkmale für innere Sauberkeit und Anstandsgefühl. Es war für uns damals unerträglich, eine gemeinsame Mahlzeit mit einem jungen Kollegen einzunehmen, der nicht die in damaliger Zeit üblichen Manieren im Gebrauch von Messer und Gabel beobachtete. Auch war der persönliche Verkehr erschwert, wenn er beim Essen oder bei der Unterhaltung die Ellenbogen auf den Tisch auflegte oder im Gespräch mit älteren Leuten die Hände in die Hüften stützte oder in die Hosentaschen steckte. Es mag sein, daß wir damals derartige Dinge überschätzt haben; ich halte es jedoch nach wie vor für geboten, sie nicht zu unterschätzen, zumal im internationalen Verkehr. In jedem Kreis bilden sich gewisse Sitten und Konventionalregeln aus; wer dauernd gegen sie verstößt, gehört zum mindesten nicht in vollem Maße zu jenem Gemeinschaftskreis. Es kam vor, daß bei einem jungen Rechtsanwalt, der dauernd Formverstöße und Entgleisungen beging, nicht die sonst üblichen Besuche gemacht zu werden pflegten, wobei allerdings noch hinzukam, daß er einer politischen Partei angehörte, die in den damaligen Juristenkreisen außerhalb der Diskussion stand. In allen diesen Fragen mag ein Wandel der Anschauungen eingetreten sein oder künftig wieder eintreten; die jeweils herrschenden Anschauungen dürften jedoch als Sitte zu beobachten sein. Sie zu beobachten, aber auch zu berichtigen und weiterzuführen, ist vor allem, was selten beachtet wird, die juristische Praxis nebst dem sich (notwendig!) anschließenden gesellschaftlichen Verkehr berufen.

Zu den Übertreibungen der Formalitäten der Vorkriegszeit gehören aber jene schon damals bespöttelten Auswüchse, die sich im Rivalisieren verschiedener Körperschaften ausdrücken; über den Vorrang sollten früher mitunter nicht etwa die Leistung, die kulturelle Bedeutung, der wahre Wert entscheiden, sondern Äußerlichkeiten, Gebräuche und Formalismen. Wie sich im Studentenleben die Korps feudaler vorkamen als die Burschenschaften, diese feudaler als die Landsmannschaften oder gar die schwarzen Verbindungen, so konnte man allgemein im Berufsleben eine gewisse äußere Hierarchie beobachten: Militär, Landwirtschaft, Industrie, Handel, freie Berufe; dazwischen (wo? lokal verschieden, streitig) die Beamten, unter diesen wiederum die Staatsbeamten vor den Gemeindebeamten, dann wieder die Verwaltung vor der Justiz, die auswärtigen vor den inneren Angelegenheiten, die allgemeine Staatsverwaltung vor Spezialzweigen (Post, Eisenbahn, Finanzen), die Staatsanwaltschaft vor den Gerichten, die Richter vor den Rechtsanwälten. Diese kurze Übersicht dürfte ungefähr die in jenen Zeiten herrschende Anschauung wiedergeben, wobei jedoch zu beachten ist, daß in den einzelnen Landesteilen des Deutschen Reiches, ja in einzelnen Städten gewisse bezeichnende Abweichungen eingebürgert waren, von denen man nur unter heftigen Kämpfen abging. Im sog. feudalen Osten legte man im allgemeinen mehr Gewicht auf Rangfragen als im sog. demokratischen Westen, im steifen Norden mehr Gewicht als im beweglichen Süden. Die letzten soziologischen Wurzeln liegen in der Verschiedenheit der Landschaft, der Kultur, der Geschichte, der staatlichen, politischen und religiösen Anschauungen, der vorherrschenden Berufs- und Wirtschaftszweige; hieraus mag sich ein verschiedener Volkscharakter gebildet haben, auf den unmittelbar zwar einige, aber nicht alle Abweichungen zurückzuführen sind (wie eine neuere generalisierende, bequeme Anschauung annimmt). In Hamburg galt der Kaufmann mehr als in Kassel, in München der Künstler mehr als in Dortmund, in Potsdam der Offizier mehr als in Mannheim, in Königsberg der Landwirt mehr als in Köln, in Düsseldorf der Beamte mehr als in Essen. So vermag ein Berufsstand tonangebend auf die Gebräuche innerhalb eines ganzen Bezirks zu wirken, und man kann verstehen, daß ein jeder einen gewissen Lokalpatriotismus hochhält.

Der Streit um die Formalitäten nahm im Staats- wie im Militärdienst einen so großen Raum ein, wie es von den späteren jungen Generationen gar nicht verstanden werden kann; im Offiziersunterricht war ein besonderes Kapitel der Briefstil, wobei gezeigt wurde, wie man zu antworten habe, wenn man eine Einladung erhält vom Offizierskasino und, durchaus verschieden, vom Regimentskommandeur allein oder zusammen mit seiner Frau. Auch im Referendarsunterricht schnitt ich wiederholt dieses Thema an; die jungen Leute zeigen sich, je nach ihrer Herkunft, unbeholfen und verlegen, möchten sich aber keine Blöße geben und keiner Taktlosigkeit schuldig machen. In meinen Prozeßrechtsvorlesungen nahm ich wiederum Gelegenheit, unter Anpassung an die gegenwärtigen Verhältnisse entsprechende Fragen zu besprechen (was im Kapitel über die Form von Prozeßhandlungen gar nicht als abschweifend erscheint: Unterschied von Antrag, Gesuch, Bitte in der Sache selbst oder in persönlichen Angelegenheiten). Höflichkeitswendungen lassen sich nicht überall vermeiden; richtig angewendet, wirken sie empfehlend und unterstützen den Erfolg. Gewiß, man sollte Formalitäten nicht überschätzen, was früher oft geschah; man darf aber nicht ihren Wert verkennen. Namentlich wo Spannungen ohnehin bestehen oder leicht eintreten können und sich besonders unangenehm auswirken, ist peinlichste Sorgfalt schon auf die Korrektheit der Form zu legen. Die Formen überbrücken latente Differenzen; sie machen ein soziales Leben oft erst möglich oder jedenfalls erträglich.

Daher die große Bedeutung der Formalitäten im Völkerrecht und im diplomatischen Verkehr. Als ich vor einem meiner Auslandsvorträge im Außenministerium oder auf einem Generalkonsulat vorsprach, wurde mir zur Pflicht gemacht, die zeremoniellen Gebräuche des Landes streng zu befolgen und besonders in dem jeweils üblichen Anzug zu erscheinen, um das Deutsche Reich würdig zu vertreten. Ich reiste 1924, als der Lebensstandard der Deutschen tief stand, nach Neapel auf nur wenige Tage, mit nicht weniger als fünf verschiedenen schwarzen Anzügen. Die nach dem ersten Weltkrieg und nach jedem Umsturz in weitesten Kreisen Deutschlands eingerissene Formlosigkeit in Haltung, Benehmen und Kleidung hat dem Ansehen des Reiches im Ausland ungemein geschadet, namentlich in den auf Formen so großes Gewicht legenden romanischen Ländern und bei den angloamerikanischen Völkern. Jeder angehende höhere Beamte sollte die guten Formen sicher beherrschen; Auswüchse und Übertreibungen, wie sie in der Vorkriegszeit zu beobachten waren, sind das geringere Übel, das sich mit den Jahren und der Lebenserfahrung abschleift. Sichere Formen lassen sich aber in vorgerückten Jahren nur sehr unvollkommen erwerben, zumal durch die schwerfälligen, wenig anpassungsfähigen Norddeutschen, denen es obendrein so oft an sicherem Geschmack fehlt.

Ich muß gestehen, daß mir das Zusammensein mit den nicht über die erforderlichen Manieren verfügenden Menschen, wozu ich nach Krieg und

Umsturz oft verpflichtet war, besonders zur Last fiel und in mir beinahe seelische Schmerzen erzeugte. Wenn jemand sich nicht den Formen anpaßt, die in meinen bisherigen Kreisen üblich sind oder waren, so will ich es hinnehmen; wenn er aber nicht einmal solche Formen beobachtet, die in seinen Kreisen geläufig sind oder jedenfalls sein können, so erregt ein solches Zusammensein, zu dem man leider wiederholt verurteilt ist, in mir Abscheu und Unbehagen. Ein Mahnruf zur Ordnung, wie ich ihn wohl manchmal versuchte, scheitert an der Dickfälligkeit, an der Unempfänglichkeit, an dem absichtlichen Sichgehenlassen, vor allem an dem mangelnden Formgefühl. Als besonders schmerzlich empfand ich es aber, daß grobe Unmanieren auch unter Studenten und sogar unter älteren Beamten begegnen. Daß dieser Formmangel, über den ich wiederholt Klagen aus den verschiedensten Kreisen vernahm, etwa mit einer Umschichtung der politischen, sozialen, wirtschaftlichen, allgemein kulturellen Verhältnisse zusammenhängt, wie man wohl hören kann, möchte ich nicht annehmen. Er müßte dann nicht nur erklärlich, sondern sogar begründet und berechtigt sein.

II. Die Rechtsfindung bildet den Schwerpunkt der juristischen Praxis, und zwar in gewissem Sinne auch der Verwaltung, die ja auf die Schaffung von Zuständen gerichtet ist, die dem Recht entsprechen oder das Recht weiterbilden. Hier macht sich von jeher in Richterkreisen jener Formalismus, von dem soeben gesprochen wurde, in einer oft störenden Weise bemerkbar; denn gerade auf dieser höchsten Stufe der Praxis sollte der Richter über Formalien hinweg, die nur für niedere Bereiche bestimmt sein können, den wahren Sinn des Rechts erfassen und nach freiem Ermessen schöpferisch verwirklichen. Viele Juristen sehen jedoch in den Rechtsnormen nur bequeme Mittel und Formen, sie ohne weiteres auf ihren Fall anzuwenden, den Fall unter die Normen zu subsumieren. Diese rein formale Auffassung des Rechts als einer Summe von Dienstvorschriften, die nach militärischer Art ohne Prüfung ihres Sinns einfach auszuführen sind, muß auch das gesamte Rechtsleben formalisieren und hat nicht mit Unrecht gegen die herrschende Rechtsprechung den Vorwurf lebensfremder Bürokratisierung hervorgerufen; die Richter haben sich auf diesem Höhengebiet ihres schönen Berufs, das sie recht eigentlich erst zu höheren Justizbeamten erhebt, oft nur als Vollzugs- und Bürobeamte erwiesen.

Diese Anschauung ist in großen Zügen, die natürlich nicht auf alle Richter und auf alle Fälle zutreffen, das ungefähre Bild, das ich nach Erledigung meines Universitätsstudiums beim Eintritt in die Praxis empfing und das ich von den meisten meiner Kollegen auch in der Folgezeit empfangen mußte. Wohl trat mit dem Schwinden der Formalitäten nach dem ersten Weltkrieg ein gewisser Wandel in der Richtung zu einer freieren Rechtsprechung ein; die Grundauffassung von Gesetz und Gesetzesanwendung blieb die gleiche. Und als seit 1933 die Bedeutung der Gesetze (sehr zu Unrecht) erschüttert wurde, traten alsbald autoritäre Anordnungen gleich militärischen Dienstbefehlen oder gleich Büroinstruktionen auf, die den bisher herrschenden Positivismus, der angeblich überwunden werden sollte, nur verschärften und bestätigten, wenn auch zugleich durchlöcherten, ohne eine andere, geschlossene Richtung aufzustellen.

Die Gründe für diese Schwäche, die wohl oft empfunden, aber in ihrem Ursprung wie in ihrer Tragweite selten erkannt wurde, sah ich schon damals vor allem in der an sich zutreffenden, aber einseitigen, formalistisch-logischen Auffassung des Rechts als einer abstrakten Ordnung, in der ebenfalls an sich richtigen, aber einseitigen Orientierung des Rechts allein auf den Gedanken der Rechtssicherheit unter Vernachlässigung der Idee der Gerechtigkeit sowohl wie der konkreten Zweckmäßigkeit (des Gemeinwohls), in dem Mangel der Beziehung auf das Rechtsleben sowohl wie auf höhere Werte. Es fehlt also einmal die psycho-soziologische (einschl. wirtschaftliche) Untergründung, sodann die sozialethische und kulturelle Überkrönung der Gesetze. Erst vom sozialen Leben auf der einen, von den obersten Werten auf der anderen Seite aus erhalten die Rechtsnormen Sinn und Wert.

Mit dieser geschlossenen Theorie trat ich erst 1929 und 1936 hervor, wenn sich auch Ansätze schon seit 1919 zeigten. Aber in der Praxis suchte ich schon als Referendar seit meiner ersten Amtsgerichtsstation in Strafsachen nach der gleichen Richtung zu wirken, indem ich den Urteilsgründen die Strafwürdigkeit bei der Strafzumessung eingehender, als es üblich war, erörterte; der zensierende Richter strich diese Ausführungen meist weg mit dem Bemerken, das sei nicht gesetzlich erforderlich und interessiere die Rechtsmittelgerichte nicht. Auf meine Bemerkung, daß der Angeklagte diesen Teil der Gründe wohl erfahren möchte, erwiderte der Richter, für jenen seien die Gründe nicht geschrieben, er habe das Wichtigste ja in der Hauptverhandlung bei der Verkündung gehört. Hierin hatte der Richter zweifellos recht; um ihn nicht zu ärgern, schrieb ich künftig die üblichen, eingebürgerten Formeln über die Angemessenheit der Strafe, über die strafschärfenden und strafmildernden Umstände in den Urteilsentwurf, und er lobte mich, daß meine Arbeiten sich „gebessert" hätten. Für mich war es ein Beweis für die „Unverbesserlichkeit" der herrschenden Praxis, für ihre eingefleischte, positivistische, formalistische, logizistische Haltung und für ihr ausschließliches Ideal der Rechtssicherheit und der Revisionssicherheit der Urteile. Um mich selbst zu belehren und weiterzubilden, sammelte ich die wirklich entscheidenden Strafzumessungsgründe, mögen sie vom Richter verkündet oder nur erwogen oder auch nicht einmal erwogen sein. Wertvoll waren die Gespräche mit Referendaren und Doktoranden bei den Mahlzeiten und auf Wanderungen. Aus diesen Sammlungen entstanden schließlich meine 1921 veröffentlichten Grundlagen des

Strafrechts, die erstmalig eine eingehend ausgeführte Strafzumessungslehre enthielten. Von diesem wahrhaft lebenden Recht, das sich in der Praxis bewährte, gelangte ich erst zum materialen Schuldbegriff (der ja nur eine Zusammenfassung aller Strafzumessungsgründe bedeutet), und von hier aus erst zum materialen Unrechtsbegriff als der objektiven Grundlage, von hier aus wiederum zur Vergeltungs- und Sühnetheorie, womit sich mir die klassische Richtung im Strafrecht bestätigte. Die gesamte Theorie erwuchs also organisch aus der Praxis als lebendes Recht, wie ich es erst spät in der Juristischen Methodenlehre 1940 geschlossen darstellte. Eine Genugtuung erhielt ich im Sommer 1931 durch Ministerialdirektor Ernst Schäfer, den damaligen Leiter der Gesetzgebungs-Abteilung für Strafsachen im Reichsjustizministerium, als er mir auf einer Tagung der IKV in Essen die erfreuliche Mitteilung machte, daß ihm meine systematische Zusammenstellung der Strafzumessungsgründe in meinen Grundlagen des Strafrechts von 1921 bei der durch ihn veranlaßten Allgemeinen Verfügung von 1926 über die einzelnen Strafzumessungsgründe, die den Richter zu leiten haben (im ganzen übereinstimmend mit den Entwürfen 1925/7) als Muster gedient habe. Inwieweit diese Gründe von den Strafvollzugsgrundsätzen abweichen, hängt wiederum mit den besonderen Vollzugszielen zusammen. Über alle diese noch jetzt für weite Kreise ungeklärte Fragen, wie ich sie in der Kriminalsoziologie (1933) und später in der Allgemeinen Strafrechtslehre (1949) und der Kriminologie (1951) erörtert habe, erfährt man Aufklärung in einer guten Praxis. Leider gab sich die Theorie mit der wichtigen Strafzumessung und der Strafwürdigkeit, einem Zentralbegriff, bisher fast gar nicht ab[3]).

Das ist auch der Grund, daß so viele Richter, ohne sich über die Theorie im klaren zu sein, intuitiv-zielsicher den richtigen Weg einschlagen und im Einzelfall zu befriedigendem Ergebnis gelangen, womit ihrer Aufgabe im Augenblick genügt ist. Auch zu dieser Erscheinung muß die Wissenschaft Stellung nehmen. Die Erklärung sehe ich jetzt in der Bedeutung der Rechtserfahrung, die sich ein bewährter Richter mit der Zeit erwirbt, ein Geheimnis auch der angelsächsischen Rechtsprechung: er wirft im Einzelfall sein gesamtes Erfahrungswissen ein, indem er seinen Fall mit früheren, gleichen, ähnlichen, verschiedenen Fällen vergleicht und aus diesem Abwägen die passende Lösung für den vorliegenden Fall findet. Die Präjudizien brauchen nicht notwendig als Vorbilder einem Obergericht entlehnt zu werden; sie können aus der eigenen Rechtserfahrung herrühren. Die etwa vorhandenen Paragraphen geben nur allgemeine An-

---

[3]) In Mezgers Studienbuch des Allg. Teils, 6. Aufl. 1955 wird die Strafzumessung auf knapp einer Seite erledigt. Vgl. die Besprechung meiner Strafrechtslehre durch Lange in der Zeitschrift für Strafrechtswissenschaft Bd. 63, S. 461 (1951), wo die bisherige starke Vernachlässigung gerügt wird; vor 30 Jahren trat ich hiermit auf, und andere Rechtslehrer wie E. Rosenfeld und M. E. Mayer waren vorangegangen, während auch der Deutsche Juristentag das bedeutende Thema behandelte. Es wurde allmählich zu meinem Lieblingsthema (vgl. Goltd. Arch. 57 H. 5): ein Angelpunkt zwischen Theorie und Praxis.

weisungen und stecken den Rahmen ab, innerhalb dessen die für den Einzelfall passende Entscheidung zu finden ist. Der erfahrene Richter bedarf ihrer nicht mehr, weswegen im angelsächsischen Rechtsleben auf Gesetze weitgehend verzichtet wird.

Die Bedeutung der Praxis auch für die Theorie kann so bald nicht überschätzt werden. Man lernt nicht nur den wahren Weg der Rechtsfindung kennen, man übt sich nicht nur in der Rechtsfindung, man erlebt nicht nur immer neue Tatsachen, die zu behandeln die Rechtsnormen berufen sind. Darüber hinaus erfährt man auch die Bedeutung und Erheblichkeit der Rechtsprobleme selbst und sieht, wie sie im Leben zusammengehören und gleichzeitig auftreten können, während die Theorie sie auseinanderreißt und nach logischen Gesichtspunkten systematisiert. Der sog. Streit der Strafrechtstheorien über Aufgabe und Zweck der Strafe übersieht ganz die Beziehung zu verschiedenen praktischen Fragen. So wird die Vergeltungs- und Sühnetheorie erheblich für die Strafzumessung, während sie für den Vollzug nichts oder wenig leistet; umgekehrt sind die Sicherungs- und Besserungstheorien weniger erheblich für die Strafzumessung als für den Vollzug; die Besserungstheorie wird für die Jugendlichen und Gelegenheitsverbrecher, die Sicherungstheorie für die chronischen Kriminellen von Bedeutung; die Abschreckungstheorie interessiert den Gesetzgeber, sollte aber nicht bei der Strafzumessung verwertet werden. Jener Streit der Theorien ist müßig, weil alle Theorien unentbehrlich sind und sich auf verschiedenen Gebieten bewähren, die sämtlich von Bedeutung sind[4]). Aus der Praxis erfährt man, daß das Unterlassungsproblem gern zusammen mit der Fahrlässigkeit auftritt, womit viele theoretische Streitpunkte überflüssig werden; und man erfährt auch, daß die bewußte Fahrlässigkeit eine ziemlich überflüssige Rechtsfigur ist, wenigstens wenn man sie gemäß der herrschenden Einwilligungstheorie erklärt. Lebensfremd ist auch der Zueignungsbegriff der formalen Auffassung, worauf schon meine Erstlingsarbeit hinwies; der Dieb denkt wirtschaftlich, nicht privatrechtlich.

Beim Erleben dieser und noch anderer, hier nicht weiter zu verfolgender Probleme tauchte in mir der Plan auf, die Rechtsfragen nicht nach ihrer logischen oder juristischen, sondern nach ihrer praktischen Bedeutung und ihrer Zusammengehörigkeit im Rechtsleben zu ordnen und demgemäß Systeme zu schaffen, die auch wahrhaften juristischen Erkenntniswert und praktische Bedeutung besitzen. So erkannte ich schon während meiner Referendartätigkeit, daß die herrschende Systematisierung des Besonderen Teils des Strafrechts nach dem angegriffenen Rechtsgut, insbesondere nach den verletzten Privatrechten nicht die Bedeutung der einzelnen Delikte im Rechtsleben zum Ausdruck bringt und die Erkenntnis ihres Wesens nicht in dem erwünschten Maße fördert. Vielmehr gehören zusammen,

---

[4]) Hierüber mein Gutachten für den Internationalen Strafrechtskongreß, Rom 1953 (Zeitschr. f. Strafr. 65 H. 3).

obwohl sie gegen verschiedene Rechtsgüter gerichtet sind, Sachbeschädigung und Körperverletzung, Betrug und Urkundenfälschung (nebst Geldfälschung und anderen Fälschungsdelikten, Meineid, falscher Anschuldigung, Verleumdung), auch Diebstahl und Wilderei, Untreue und Unterschlagung, Hehlerei und Zuhälterei. Dagegen sind in ihrem Wesen durchaus verschieden, obwohl sie das gleiche Rechtsgut verletzen, Sachbeschädigung und Diebstahl, Tötung (Körperverletzung) und Abtreibung, Beleidigung und Verleumdung, Notzucht und Kuppelei. Für ein Willens- und Schuldstrafrecht ist überhaupt nicht der Erfolg, nicht das Angriffsobjekt entscheidend, sondern die Willensrichtung und der Grad ihrer Strafwürdigkeit. Eine Neugruppierung des Besonderen Teils gemäß dem modernen Willensstrafrecht unternahm erstmalig meine Kriminalsoziologie (1933); die späteren Entwürfe haben diesen von ihnen selbst geforderten Schuldgesichtspunkt im Besonderen Teil ebenso wenig durchgeführt, wie es die in den letzten Jahren veröffentlichten zahlreichen Grundrisse und Lehrbücher taten, die einen starken Widerspruch zwischen den Grundsätzen des Allgemeinen Teils verraten. Ansätze zu dieser Neuordnung enthält meine genannte Erstlingsschrift über Diebstahl und Sachbeschädigung (1908); diese ist nicht etwa zur Entscheidung einiger unbedeutender Grenzfälle geschaffen, sie erwuchs aus gesamtsystematischen Bedürfnissen (Konkurrenz) und im Hinblick auf die praktische Bewährung der Neugruppierung. Den Schlußstein bildete mein System des Besonderen Teils, der erst 1954 und noch immer zu früh erschien (dazu Bockelmann Z. Strafr. 69, 1957 S. 268/9).

Gewisse Prozeßgrundsätze mögen theoretisch einleuchten und sich aus der Geschichte ergeben (die übrigens nie zur Lösung und Behandlung moderner Rechtsfragen angerufen werden darf); aber sie bewähren sich nicht immer praktisch und sollen daher dem richterlichen Ermessen unterstellt werden. Hier darf ich einen sicherlich einmaligen, kulturell interessanten Fall erzählen, der nach einer freieren Behandlung verlangt. Am Landgericht I Berlin hatte ich als Berichterstatter mehrmals zu votieren in einem endlosen Prozeß, der geführt wurde um kein geringeres Millionenobjekt als Böcklins Toteninsel. Es klagte die Photographische Union in Stuttgart gegen die Erben des im Jahre 1901 in Fiesole bei Florenz verstorbenen Schweizer Malers Arnold Böcklin auf Feststellung, daß ihr, der Klägerin, das ausschließliche Vervielfältigungsrecht an der Toteninsel zustehe; Böcklin solle ihr dieses ausschließliche Recht in einer Reihe von Verhandlungen eingeräumt haben. Die Berliner Zivilkammer war zuständig kraft Auftrags oder Vereinbarung; kein Gericht wollte sich mit diesen dickleibigen Schriftsätzen befassen. Klage und Klagebeantwortung allein bildeten bereits einen stattlichen Band, dessen Lesen einen halben Tag erforderte. Die Erben, die über alle Länder verstreut lebten, machten u. a. geltend, Böcklin habe eine derartige Zusicherung, falls sie überhaupt gegeben sein sollte, was bestritten werde, nach Art eines großen, stark beschäftigten Künstlers nicht in ihrer wirtschaftlichen Tragweite übersehen, und sie beziehe sich auch nicht einmal auf das letzte, am meisten bekannt gewordene Werk, sondern auf eines der vier vorangegangenen Gemälde (bekanntlich hat Böcklin die Toteninsel nicht weniger als fünf Mal gemalt, und zwar jedesmal nicht nur „entworfen", sondern „vollendet", aber jedesmal mit wesentlichen Änderungen). Jeder Schriftsatz hatte die Stärke einer ansehnlichen Broschüre mit zahlreichen Anlagen. Der Vorsitzende beraumte auf Antrag alle Vierteljahre einen neuen Termin an; aber jedesmal bat ein Anwalt um Vertagung, da auf den letzten Schriftsatz noch nicht die erforderliche Information eingegangen sei. So schleppte sich der Prozeß jahrelang weiter, ohne zur Entscheidung (während meiner zweijährigen dortigen Amtszeit) zu gelangen. Das Richtigste wäre es gewesen, wenn der Vorsitzende energisch auf einen Vergleich hingewirkt hätte, dessen Inhalt die Beteiligten einigermaßen gleichmäßig befriedigt hätte. Eine gerechte Abwägung der berechtigten Interessen durch das Gericht wäre eine bessere Lösung gewesen, als die kaum noch sichere Ermittlung des damaligen, dem Meister offenbar durch einen geschäftstüchtigen Vertreter der klagenden Firma abgepreßten Wortes, da der große Mann nur daran dachte, sein Werk von Bild zu Bild schöner und reifer zu gestalten.

Von einem Vergleich, überhaupt von möglichst endgültiger Bereinigung eines Streitfalls jeglicher Art sollte weitestgehender Gebrauch gemacht werden. Mit zwei in dieser Hinsicht grundverschieden eingestellten Richtern, die beide in ihrer Art ausgezeichnet und höchst pflichterfüllt arbeiteten, hatte ich längere Zeit zusammenzuwirken günstige Gelegenheit. Der eine verhandelt fein und scharfsinnig als würdiger Repräsentant im Geiste der Zivilprozeßordnung und entwarf die vorzüglichsten Urteile in knappster, kristallklarer Fassung, um später an den höchsten Gerichtshof zu kommen. Der andere behandelte, soweit irgendmöglich, jeden Prozeß zunächst verwaltungsmäßig und beriet patriarchalisch die Streitteile unter Aufwand eines erstaunlichen Maßes von Zeit und Arbeitskraft; unermüdlich bearbeitete er die Beteiligten, nicht nur die Parteien, sondern auch die in den Streit verflochtenen Familienmitglieder, Nachbarn, Berufsgenossen, Freunde, und zwar so lange, bis der Streitfall durch einen Ausgleich abgeschlossen werden konnte; ein ausführliches, von allen Interessierten unterzeichnetes Protokoll ersetzte das rechtskräftige Urteil, das jenem Richter durchaus ungeläufig und wesensfremd war, und so hatte er selbst häusliche Arbeit, den Streitteilen erneuten Ärger erspart. Diese alte Idee des Friedensrichters, die von jeher empfohlen und seit 1945 noch stärker gefördert wurde, taugt allerdings nicht für alle Prozesse; auch im Zivilprozeß gilt es oft den wahrhaft schuldigen, aber latenten oder renitenten Teil zu ermitteln und irgendwie büßen zu lassen. Auch in der Strafjustiz eignen sich nicht alle Privatklagesachen zum Vergleich. Der Richter ist und bleibt in erster Linie Spruchrichter; nur in geeigneten Sachen, die er als solche auf Grund seiner Erfahrung erkennen muß, mag er Anwalt und Verwaltungsmann sein. – In Beleidigungssachen werden von altersher Abbitte, Widerruf und Ehrenerklärung empfohlen. Folgender niedlicher Fall sei erzählt: In einer kleinen Stadt hatte ein Bürger öffentlich geäußert: „Die Hälfte der Stadtverordneten sind Esel". Der Richter riet ihm mit Erfolg zum öffentlichen Widerruf. Und jener läßt in die Zeitung setzen: „Ehrenerklärung. Hiermit erkläre ich, daß die Hälfte der Stadtverordneten keine Esel sind. Unterschrift." Über das Verständnis machte ich beim Erzählen dieses Scherzes in Vorlesungen im Laufe der Jahre bezeichnende Erfahrungen. Während früher verständnisvoll am Schluß gelacht wurde, setzte später das Lachen zu früh, beim Hören der ersten Äußerung ein und herrschte am Schluß stures Schweigen. Als ich aber den Witz nach

1933 in einem Vortrag im weiteren Kreise erzählte, erfolgte überhaupt kein Gelächter, sondern peinliches Erröten, so daß ich selbst glauben mußte, mich einer Taktlosigkeit in den Augen meiner Zuhörer schuldig gemacht zu haben; ich rettete die Situation durch die Geistesgegenwart einer eigenen Ehrenerklärung: „Selbstverständlich waren beide Äußerungen ungehörig und mußten bestraft werden", und nunmehr las ich in den Augen dieser offenbar auf die Vergeltungsstrafe eingeschworenen (!) Zuhörer ihre tiefe Befriedigung. Der Sinn für Humor schien verloren gegangen zu sein. Die Nazi besaßen in der Tat kein Verständnis für Humor; und da sie sich überall im Mittelpunkt des Interesses fühlten, argwöhnten sie ihre eigene Verspottung. Ein psychologisch interessantes Kapitel für den Wandel der Zeiten und das Sinken des Niveaus. –

III. Zur Frage der Persönlichkeit endlich liefert die juristische Praxis ein ungleich geringeres Material als die Wissenschaft und vor allem als die Philosophie und die Kunst. Umso dankbarer bin ich, während meiner Ausbildung und Ausübung der Praxis auch wahre Persönlichkeiten kennen gelernt zu haben, vor allem in Kreisen der Rechtsanwälte, dann aber auch der höheren Verwaltungsbeamten und Staatsanwälte, etwas seltener der Richter. Als starke Persönlichkeiten erweisen sich die Richter, wenn es um die Frage der Freiheit in der Rechtsprechung und der Unbestechlichkeit ihrer Person geht. Das Reichsgericht hat dieses teure Gut ängstlich gehütet und darüber gewacht, daß kein Richter es vernachlässigt; auch hat es selbst zuweilen demonstrativ in einer Weise geurteilt, daß man ihm den Vorwurf machte, es beachte zu wenig die vaterländischen Belange (der Reichstagsbrand durch die Nazi 1933 setzte die Richter in peinliche Lage). Nach meiner Ansicht kann ein solcher Konflikt zwischen Gerechtigkeit und Vaterlandsinteressen allerdings nicht eintreten; denn wenn überhaupt Recht und Gerechtigkeit (worüber man freilich verschieden denken kann) verwirklicht werden, so wird hiermit auch ein nationales Interesse, ja eines der höchsten, wahrgenommen. Dabei ist ferner zu beachten, daß die Begriffe der Rechtmäßigkeit und Rechtswidrigkeit nicht nur formal, sondern vor allem material (gerecht, sozialgemäß, zweckerfüllt) zu fassen sind. Unsere Gerichte haben energisch sich gewehrt, politischen Einflüsterungen stattzugeben, und der Reichsjustizminister Gürtner hat in dieser Richtung manches mannhafte Wort gesprochen, indem er darauf hinwies, daß augenblickliche Wallungen der Volksleidenschaft den Richter in seiner pflichtmäßigen Überzeugung nicht beirren dürfen. Weite, aber nicht alle Kreise der Wissenschaft haben die Freiheit der Rechtsprechung tatkräftig unterstützt. Der Bischof Graf Galen in Münster hielt in der Lambertikirche 1941 mannhafte Predigten, in denen er von der Regierung Recht und Gerechtigkeit forderte (vgl. Heinrich Portmann. Der Bischof von Münster 1946), und der Freiburger Rechtslehrer Eduard Kern (später Tübingen) prägte den Satz: „Wenn ein Napoleon befehlen würde, den Herzog von Enghien zum Tode zu verurteilen, so wäre der Richter, der diesem Befehl entsprechen würde, kein Richter mehr, sondern Scharfrichter, Henker". Ich selbst erklärte an sichtbarer Stelle, in dem Gürtnerschen Amtsblatt, jede Anweisung an den Richter im Verwaltungsweg für unzulässig und suchte demgemäß eine Zweiteilung der Staatsgewalt, Regierung und Rechtsprechung aufzustellen (Dt. Justiz 1935, S. 181/3). Es sind um jene Zeit an einigen Landgerichten Fälle vorgekommen, wo altbewährte Vorsitzende von Strafkammern, die in einer der Regierung nicht genehmen Weise verurteilten oder freisprachen, an eine Zivilkammer versetzt oder gar unter nichtigen Gründen abgebaut wurden. Über einige sehr scharfe Urteile der zahlreich eingerichteten Sondergerichte wurde zu Abschreckungszwecken in der Presse berichtet; ob die Richter sich hierbei von der Rechtsidee bestimmen ließen, allein von der Gerechtigkeit und der Rechtssicherheit geleitet wurden, an die sie sich selbst in langjähriger Übung und Erfahrung gewöhnt haben, erschien mitunter zweifelhaft. Im allgemeinen haben sich aber unsere Richter, von wenigen Strebern (in Wahrheit Schwächlingen) abgesehen, als charakterfest erwiesen, was sie von jeher waren. Unsere Referendare beeindruckte einst stark, wenn der Amtsrichter bei einer Geschäftsrevision durch einen Ministerialbeamten sich in keiner Weise in seiner sonstigen Art der Verhandlung stören ließ und sich seinem Vorgesetzten gegenüber, falls dieser zu große Milde und Nachsicht rügte, ebenso höflich wie bestimmt zu rechtfertigen wußte.

Im ganzen wirkt jedoch ein normaler Richter als Persönlichkeit auf Rechtsjünger weniger imponierend. Er ist nicht so liebenswürdig und verbindlich wie ein höherer Verwaltungsbeamter, nicht so weltmännischgewandt wie ein Politiker, nicht so energisch wie ein Offizier, nicht so überlegen-begeisternd wie ein Gelehrter. Ihnen gegenüber erscheint ein Richter als nüchtern, leidenschaftslos, besonnen, gemessen, vorsichtig, prüfend, zweifelnd, mißtrauend, zurückhaltend, würdevoll, wohlwollend, aufrichtig. Mir fiel noch später auf, daß der Durchschnittsrichter, wie er mir entgegentrat – und weitaus die meisten bilden nur den Durchschnitt – wenig aufgeschlossenen Blick für neue Anschauungen, für weitere nicht in seinen Beruf unmittelbar hineinreichende kulturelle Interessen besitzt und gar nicht einmal bestrebt ist, den engen Gesichtskreis zu erweitern. Belehrungsversuchen, mögen sie von Behörden oder von der Wissenschaft an ihn herantreten, ist er wenig zugänglich, selbst wenn sie noch so vorsichtig und taktvoll geschehen; er lehnt sie gern mit den schlichten Gründen ab, daß er dies alles längst wisse und mitunter anwende, aber meist nicht beruflich gebrauchen könne, indem er sich auf seine langjährige Erfahrung bezieht. So verhielt er sich zu den 1933 eingeführten, strafergänzenden Sicherungs- und Besserungsmaßregeln abwartend und zurückhaltend; über ihre auffallend geringe Anwendung wurde auch sonst geklagt (Dt. Justiz 1943, S. 377). Diese Einseitigkeit des Blicks und der

Interessen ist nicht nur eine Folge von Arbeitsbelastung, auf die er gern hinweist, sondern ein Mangel an jener Eigenschaft, die oben als besonderer Vorzug ihm nachgerühmt zu werden pflegt, als ein Mangel an innerer Freiheit und Selbständigkeit: er folgt den eingebürgerten Formen und Normen. Die Gestalt eines Normalrichters ist daher allgemein weniger anziehend, weniger liebens- und erstrebenswert für angehende Juristen; das durch ihn empfangene Bild eignet sich für sie weniger als Vorbild, weniger zur Orientierung und Selbsterziehung. Das kann aber auch an den jungen Juristen selbst liegen; sie mögen mit zu großen Erwartungen unter den noch frischen Eindrücken aus dem Universitätsleben und in Erinnerung an große Männer und große Dinge in die juristische Praxis und deren Alltagskram eintreten, um später an sich selbst zu erfahren, daß der Beruf einen bestimmten persönlichen Typ herausbildet, zu dem auch der Hochgestimmte herniedersteigen muß. Rein beruflich erscheint der seine Pflicht erfüllende Richter selbstverständlich als hoher Werteträger, der in diesem engen Ausschnitt dem Jungjuristen sehr wohl zum Vorbild werden sollte.

Prachtvolle Richterpersönlichkeiten sind an den kleinen, ländlichen Amtsgerichten jene Richter, die gleich einem Seelsorger mit ihren Gerichtseingesessenen verwurzelt sind und die sie in allen ihren kleinen und doch für sie großen Sorgen und Nöten betreuen. Wenn sich unangemeldet vor dem Grundbuch- oder Vormundschaftsrichter ein ganzer Schwarm einfacher Leute mit duftendem Schuhwerk einfindet und sich schweigsam um seinen Tisch gruppiert, so weiß der Richter aus ihren Gesichtern herauszulesen, um welche Sache es sich dreht, Erbauseinandersetzung, Grundstücksauflassung usw. Und wenn jemand mit einem Päckchen alter Briefe und Schriftstücke zum Richter kommt und dieser nach seinem Anliegen fragt, so erhält er mit dem Hinweis auf die Papiere zur Antwort, das wisse er nicht, er komme gerade deswegen zum Richter, um zu erfahren, was er tun solle. Einem solchen seelsorgerisch verfahrenden Richter wird eine rührende Anhänglichkeit und Verehrung entgegengebracht; mir ist ein alter Amtsgerichtsrat bekannt, der alle Beförderungen abgelehnt hat, nur um sich nicht von seiner „Gemeinde" zu trennen, und der keine sonstigen Passionen kannte, als Jagd oder Angeln, wobei er mit Land und Leuten immer mehr vertraut wurde. Auch wir Referendare verehrten ihn, wenn wir ihm auch einen Witz nach Berliner Art anhängen mußten: er entscheide nach dem Preußischen StGB von 1851 oder er habe sein eigenes Gewohnheitsrecht, das er sich aus dem Sachsenspiegel oder der Tiroler Malefizordnung in Idealkonkurrenz mit Kirchen- und Völkerrecht gebildet habe. An seinem Richter-Idealismus und seiner lokalpatriotischen und nationalen Gesinnung vermochte man sich zu stärken und zu erheben, auch ohne seine spießbürgerliche Lebensanschauung und Berufsauffassung zu teilen.

Vor allem sei auf die zahlreichen, erstklassigen Namen von Praktikern hingewiesen, die durch ihre Schriften nicht nur die Praxis, sondern auch die Wissenschaft in entscheidender Weise gefördert haben, wie es nur wenigen Berufsgelehrten vergönnt gewesen ist; und es ist erstaunlich, daß diese Männer neben ihrer anstrengenden, verantwortungsreichen praktischen Berufstätigkeit in den Abend- und Nachtstunden noch die erforderliche Frische zu geistigen Schöpfungen aufgebracht haben. Im Zivilrecht sind es die Kreise um Planck und Staudinger, um Staub und Hachenburg, im Strafrecht Olshausen, Ebermayer, Lobe und Niethammer, im Prozeßrecht Löwe, Rosenberg, Hartung, Gündel, Jonas und ihre Mitarbeiter. Die meisten lernte ich auf wissenschaftlichen Tagungen und bei festlichen Veranstaltungen kennen, auch im Anschluß an wissenschaftliche und gesetzgeberische Arbeiten, bei persönlichen Besuchen und an gesellschaftlichen Abenden, so besonders die Herren vom Reichsjustizministerium, vom Reichsgericht und vom Kammergericht. Dankbar für manche wertvolle Anregung und Besprechung bin ich vor allem, um nur einge Namen zu nennen, Persönlichkeiten, wie Ebermayer, Bumke, Schlegelberger, Niethammer, Lobe, Sauerländer, Ernst und Leopold Schäfer, Volkmar, Hauptvogel, Wilcke, Klee, Palandt, Kiesow: in ihrer Eigenart und Schaffensfreudigkeit prächtige Gestalten. Aus meiner späteren Tätigkeit in Münster nenne ich den Senatspräsidenten Scherling in Hamm, den Landgerichtspräsidenten und späteren Bundesverfassungsrichter Fröhlich, den Land- und späteren Amtsgerichtsdirektor Seiler in Münster (der als Lehrbeauftragter in der Fakultät erfolgreich wirkte), nicht zuletzt den Rechtsanwalt Professor Hermann Hallermann, mit dem ich in der Fakultät und bei Prüfungen lange Zeit vereint arbeiten durfte. –

Jedoch: es sind nicht nur persönliche Bekanntschaften mit jenen bedeutenden Praktikern, es sind vor allem enge *wissenschaftliche Berührungspunkte*, es sind sachliche Beziehungen, innere Wertzusammenhänge. Und diese beruhen auf Gegenseitigkeit. Wie ich in aller Bescheidenheit von mir selbst behaupten darf: hier *in der führenden Praxis findet ein Teil meines wissenschaftlichen Lebenswerkes seine Auswertung*. Auf vier oder fünf Gebieten zeigte sich bis jetzt die fruchtbare Auswirkung; es sind jene Fächer, die auch meine Lehrfächer wurden, über die sofort gesprochen wird. Ich schrieb keineswegs nur für die Studenten, ja für sie nicht in erster Linie; ich schrieb die juristischen Werke vor allem für die Praxis. Und von maßgebender Seite wurde bezeugt, daß auch die ältere Praxis meinen Werken gerade manche grundlegenden Einsichten zu verdanken hatte (Reichsgerichtsrat Niethammer bei Besprechung meiner „Juristischen Methodenlehre" in Dt. Justiz 1941, S. 233).

Erstens wurden im Strafrecht meine Ansichten übernommen: in dem führenden Kommentar von Ebermayer-Lobe (3. Aufl.) werden bei den allgemeinen Fragen sofort am Anfang meine Grundlagen der Gesellschaft (1924) und bei dem strafrechtlichen Ausbau meine Grundlagen des Strafrechts (1921) fortlaufend zum Beleg herangezogen; ein gleiches darf für die beiden anderen führenden großen Kommentare, von Olshausen (Niethammer) und von R. v. Frank gesagt werden. Auch die beliebten Lehrwerke von Liszt-Schmidt, von R. v. Hippel, von Beling und Mezger setzen sich mit den von mir behandelten allgemeinen Fragen fortlaufend mehr oder weniger ausführlich auseinander: die Tatbestandslehre und die Stellungnahme zur Willensfreiheit bei Mezger entsprechen trotz mancher Abweichungen durchweg meiner Auffassung. Von hier aus wurden naturgemäß auch die Praxis der Untergerichte[5]) sowie die Literatur zu Einzelfragen befruchtet.

An zweiter und dritter Stelle sind die beiden Prozeßordnungen zu nennen, wenn auch der Einfluß rein wissenschaftlicher Grundansichten auf die Prozeßgesetze begreiflicherweise zurücktritt. Der führende Kommentar von Löwe-Rosenberg verarbeitet die Erkenntnisse meiner Grundlagen des Prozeßrechts (1919, 1929) namentlich über die Prozeßvoraussetzungen und die Rechtskraft (Vorbem. zu § 151). Ähnliches darf von dem führenden Kommentar von Stein-Jonas behauptet werden, obwohl meine Prozeßrechtsauffassung mehr straf- als zivilprozessual konzipiert sein soll.

Viertens und zuletzt fanden eine entsprechende Aufnahme und freundliche Zustimmung meine Juristische Methodenlehre (1940) und mit ihr die zahlreichen Vorarbeiten, insbesondere die Untersuchung über das Wesen der Höchstrichterlichen Rechtsprechung in der Festschrift für das Reichsgericht (1929) sowie die einschlagenden Kapitel meines Lehrbuchs der Rechts- und Sozialphilosophie (1929) und der Rechts- und Staatsphilosophie (1936), sodann die späteren Ergänzungen, die Juristische Elementarlehre (1944). In den Besprechungen der Methodenlehre durch Reichsgerichtsrat Niethammer (soeben zitiert) und durch Senatspräsident Klee (Zeitschrift der Akademie für Deutsches Recht 1941, S. 160) wurde bezeugt, daß die dort erstmalig in umfassender Weise dargestellte Methodik der herrschenden deutschen Rechtspflege entspricht und auf sie anregend zu wirken berufen ist. Und für die anglo-amerikanische Rechtsprechung wurde schon früher behauptet, daß sie mit dem unabhängig von mir dargestellten Weg der Rechtsprechung übereinstimme, was zu der Annahme berechtige, daß hiermit das Wesen der Rechtsprechung überhaupt aufgedeckt sei (so nach der eingehenden Ausführung eines ehemaligen Leipziger Austauschprofessors K. N. Llewellyn[6]) von der Columbia-Universität).

Auf dem fünften, meinem neueren Forschungsgebiet, der kriminologischen Tatsachenforschung, habe ich aus der Praxis die entscheidenden Anregungen empfangen und die Auswertungen für die Praxis bestimmt (Strafzumessung und Vollzug). Die Kriminalsoziologie, meine äußerlich umfangreichste Veröffentlichung, erschien aber zur Unzeit (Anfang 1933 kurz vor der Machtübernahme durch die Diktatur) und noch dazu in einem nicht-arischen Verlag; nach der damaligen eigenartigen Grenzziehung mußte das Buch als veraltet gelten und keiner Beachtung würdig sein. Prompt erschienen abfällige, entstellende Besprechungen, und zwar gerade durch ord. Professoren, engere Fachkollegen, während die Praktiker (ein Generalstaatsanwalt in der Juristischen Wochenschrift) sich sachlich und günstig äußerten. Ich konnte auf diesem Gebiet also nur durch Schüler arbeiten wirken; deren Verarbeitung führte endlich 1950 zu der inhaltlich um fassenderen Kriminologie. Auf die Praxis hoffe ich mittelbar zu wirken durch Schönkes verbreiteten Kommentar zum StGB, der seit der 5. Auflage 1951 fortlaufend bei den wichtigeren Tatbeständen auf meine Kriminalsoziologie sowohl wie Kriminologie verweist (zu jedem Paragraphen zweimal: bei der tatsächlichen Kriminalität und bei der Strafzumessung). Auch der frühere Freiburger Generalstaatsanwalt Professor Bader hat in seiner Soziologie der Nachkriegskriminalität 1951 und in späteren ergänzenden Schriften fortlaufend meine beiden Werke

---

[5]) Vgl. Niethammer in Juristenzeitung 1954 S. 367.

[6]) Hierzu vgl. Juristische Methodenlehre 1940, §§ 45, 46.

herangezogen. Gleiches geschah durch die Schülerarbeiten Schönkes und Baders. Einige Mitteilungen machte schon mein Gutachten für den I. Internationalen Kongreß für Kriminologie in Rom 1938 kurz vor Ausbruch des zweiten Weltkriegs. So stand gerade diese Materie, die ganz besonders nach Zeit und Muße zur ungestörten Sammlung und ruhigen Beobachtung verlangt, im Zeichen der Stürme.

Mein neuestes Forschungsgebiet, das so recht aus diesen sturmbewegten Zeiten hervorgegangen ist, um Ruhe und Ordnung zu bringen, das Völkerrecht, zeitigte ebenfalls für die Praxis zwei Werke, eine Vorarbeit (Völkerrecht und Weltfrieden 1948) und ein Hauptwerk (System des Völkerrechts 1952). Das letztere fand sofort günstige Aufnahme bei den Ministerien (MinBl. d. Inneren v. 15. 9. 1952, S. 244: das erste in Deutschland nach dem Krieg neu, aus der Idee der Gerechtigkeit geschaffene System), während es nach dem österreichischen Völkerrechtler Verdroß (Arch. d. Völkerrechts 4, S. 114) sich um ein der Völkerrechtspolitik einen neuen Weg bahnendes Werk handelt[7]). Mein Verleger teilte mir, während andere Verleger stets über zu langsamen Absatz klagen, freudestrahlend mit, daß ein Hochkommissar sofort 50 Exemplare gekauft habe. Möge es nur dazu beitragen, eine leidlich erträgliche Weltordnung für die arme, geängstigte Menschheit zu schaffen.

Dagegen kann der Einfluß meiner philosophischen Arbeiten auf die Praxis nur sehr gering sein, abgesehen von dem Umweg über die soeben erwähnten Spezialwissenschaften. Wohl aber bemerkte ich einen Einfluß auf die Persönlichkeit bedeutender Praktiker (so äußerte sich gegenüber einem Ministerialrat z. B. der frühere Minister Blücher, der meine Bücher seinem Ministerium empfahl); ja ich glaube behaupten zu dürfen, daß sich gerade die bedeutenden Juristen zur Philosophie hingezogen fühlen und vielleicht von ihr allererst einen Zug zur Größe empfangen, wobei ich selbstverständlich nur die Philosophie selbst im Auge habe und von meinen eigenen bescheidenen Arbeiten auf diesem Gebiet natürlich absehe.

Was von der Philosophie, das gilt auch von der Kunst. Man wird oft beobachten, daß die Spitzen größerer Behörden, hochgestellte Staatsbeamte und hochgestellte Offiziere ein ausgesprochenes Interesse für Kunst und Philosophie besitzen und vielleicht dieser Begabung ihren Aufstieg von der beruflichen Kleinarbeit zu höheren Stellen zu verdanken haben. So bekundeten ein besonderes Interesse für meine philosophischen Bestrebungen die soeben genannten hochstehenden Praktiker, beinahe mehr als die eigentlichen Männer der Wissenschaft, die leicht in der Kleinarbeit befangen bleiben. Derartige Beweise durch die Tat, durch regen Gedankenaustausch im Rezensionswege oder sogar durch eigene schöpferische Arbeiten, erhielt ich wiederholt: ich nenne aus der früheren Zeit nur den ehemaligen Ministerialdirektor und späteren Reichsgerichtspräsidenten Bumke, den langjährigen Leiter des Reichsjustizministeriums Schlegelberger[8]), den leider so früh durch einen Autounfall seinem vielseitigen Schaffen entrissenen Ministerialrat Wilcke (einen „Viersprachenmann"), den bayerischen Ministerialrat Sauerländer, den Präsidenten des bayerischen Obersten Landesgerichts Dürr, den Oberreichsanwalt Ebermayer, den Senatspräsidenten Lobe in Leipzig, den Senatspräsidenten Deinhardt in Jena, den Oberlandesgerichtsrat Bovensiepen in Kiel, den Landgerichtsdirektor Weigelin in Stuttgart, den Senatspräsidenten und Prüfungsvorsitzenden Klee (einen Kohler-Schüler) und den Reichsgerichtsrat Niethammer. Sie alle durfte ich zu einem engeren Kreis der Mitstrebenden rechnen. –

---

[7]) Hierzu meine Erwiderung im Beitrag zur Festschrift für H. Kraus 1954. Ähnlich Aubin in Zeitschr. f. internat. u. ausländ. Privatrecht 19 S. 583/7.

[8]) Beide, Bumke wie Schlegelberger (letzterer mein Königsberger Ehrendoktor), wurden später leider ein Opfer der unseligen politischen Verhältnisse, aus denen diese zielbewußten, tatkräftigen Männer sich nicht befreien konnten.

IV. Im Sommer 1947 nahm ich noch einmal enge und sogar aktive Fühlung zur juristischen Praxis, und zwar auf einem mir völlig fern liegenden, ja völlig neuen und neu zu erschließenden Gebiet, das mich gerade deswegen ungemein reizte. Hier konnte man so gut nach Herzenslust rechtsschöpferisch wirken und zugleich schweren Mißständen abhelfen. Tausende ehemalige Parteigenossen harrten in den Internierungslagern der Aburteilung, die von der britischen Militärregierung der deutschen Justiz übertragen wurde. In der britischen Zone waren es nicht weniger als 19 000. Da wurden vom Zentraljustizamt (Hamburg) Spruchgerichte und in Hamm ein Oberster Spruchsenat eingerichtet, ein neues Verfahren gebildet und die Geschäftsleitung einem besonderen Generalgouverneur übertragen, der seine Aufgabe darin sah, binnen einem Jahr die verantwortungsvolle Aufgabe zu erledigen. Nach dem Kontrollratsgesetz Nr. 10 war schon die bloße Zugehörigkeit zu einer verbrecherischen Organisation strafbar, die nach dem Nürnberger Urteil des Militärtribunals als kriminell bezeichnet wurde. Danach mußten passive, nur karteimäßig geführte Mitglieder, auch bloße Ehrenmitglieder mitbestraft werden. War da nicht eine einschränkende Auslegung geboten? – Ich suchte an dem Ausbau der neuartigen Materie mitzuarbeiten, die eine Fülle ungeahnter, grundlegender Rechtsfragen aufwarf und manches interessante Schlaglicht auf das eigenartige Verhältnis von kontinentaleuropäischem und angloamerikanischem Rechtsdenken zeigte. Manchen Anregungen folgend, so einstiger Königsberger Hörer, des Regierungsdirektors H. Schierholt im Zentraljustizamt, schrieb ich einige Aufsätze für die Beilage „Die Spruchgerichte" des Zentraljustizblattes, erstattete ein Privatgutachten für einen Verteidiger im Nürnberger Juristenprozeß, Rechtsanwalt Behling, der einst mit seinem Sozius in Berlin in der bevorzugten Wohngegend (Bayreuther Straße) sich ein Anwaltsbüro von 18 Zimmern mit 34 Bürokräften leisten konnte (was mancher Anwalt heutzutage nicht ohne Neid hört), und hielt einen Vortrag auf einer Tagung am 6. und 7. Dezember 1947 in Hiddesen-Detmold, die der sehr rührige Oberstaatsanwalt Kleffel, einst Mitarbeiter an meiner Internationalen Vereinigung für Rechts- und Wirtschaftsphilosophie und schon damals die Triebkraft meines Berliner Kongresses 1926, arrangiert hatte. Unter den zahlreichen Teilnehmern der Detmolder Tagung, über 100 Juristen, konnte ich zu meiner Freude wohl 10 einstige Hörer aus Königsberg begrüßen. Vorträge hielt noch Prof. v. Weber aus Bonn über Handeln auf Befehl und Senatspräsident Wimmer aus Köln über Fragen der Strafzumessung. Es war eine schöne harmonische Tagung, wie einst in besseren Zeiten, die den Anlaß zu manchem wertvollen Meinungsaustausch bot. Am 4. 2. 1948 hielt ich auf einer Tagung in Münster einen kurzen Schlußvortrag, der ebenso wie meine früheren Arbeiten auf diesem Gebiet später in der Zeitschrift „Die Spruchgerichte" veröffentlicht wurde.

Unter kleineren Gelegenheitsarbeiten sei genannt ein Gutachten, das von mir das neue Oberverwaltungsgericht in Münster im März 1956 über ein aktuelles, mein engeres Forschungsgebiet betreffendes Thema erforderte (Goltd. Arch. 1956 356/6). Einem Handlungsreisenden war die Fahrerlaubnis entzogen, weil er nach seinen zahlreichen Vorstrafen als nicht geeignet zum Führen von Kraftfahrzeugen erscheine. M. E. zu Unrecht, da die Vorstrafen nur wegen Betruges und verwandter Delikte erfolgt sind, die einen Schluß auf die konkrete Gefährdung des Straßenverkehrs nicht begründen. Es handelt sich hier um einen ganz anderen Verbrechenstyp (Tat- und Tätertyp), der von jener Sicherungsmaßregel sinngemäß nicht erfaßt wird.

So suchte ich aus der Praxis durch die Theorie für die Praxis zu schaffen.

6. Lehramt. Universitäten

Warum sucht' ich den Weg so sehnsuchtsvoll,
Wenn ich ihn nicht den Brüdern zeigen soll?

Goethe (Zueignung)

Ist es nicht ein Rückschritt, wenn man im praktischen Leben bereits seinen Wirkungskreis gefunden hat, und wenn man dann in verhältnismäßig späten Jahren zurück in ein Lehramt geht, um während 6 bis 8 und mehr Wochenstunden sich mit Anfängern zu beschäftigen? Hierin besteht in der Tat ein Problem. Ich war bereits so weit gestiegen (was ich ohne Überheblichkeit sagen darf), meine Forschungsergebnisse vor meines Gleichen, vor Alters- und Gesinnungsgenossen vorzutragen und Referendare im Urteilen bei einem ansprechenden, gehobenen, persönlichen Verhältnis zu unterrichten. Jetzt soll ein Massenbetrieb vor unreifen, meist fremd bleibenden, in jedem Semester wechselnden „Hörern“ beginnen, denen man in möglichst primitiver Form das beizubringen hat, was sie selbst erst verarbeiten müssen, um ihren eigenen, dem Dozenten meist unbekannten Lebenszielen zu genügen.

Das unbeschreibliche Glück des Hochschullehrers besteht in dem Gewinnen empfänglicher Seelen und in der allezeit wachen, hohen Verantwortung ihnen ein Wertebringer in beruflicher und persönlicher Hinsicht auf lange Zeit zu sein. Wir erinnern uns: Student sein heißt mit dem schönen Goethewort: wer immer strebend sich bemüht – das ist der ideale Sinn des Studenten (gemeint ist nicht das wirkliche, sondern das transzendentale Subjekt, ähnlich wie Hegel als Leitziel aufstellt: Werde eine Person, und wie Goethe das höchste Glück in der Persönlichkeit erblickt). Auch der Dozent bleibt zeitlebens ein Student; dies müssen die Zuhörer empfinden und sich an diesem persönlichen Vorbild selbst orientieren können, was unmittelbarer und nachhaltiger wirkt als abstrakte Regeln. In dem Massenbetrieb der großen Hörsäle wird sich auch stets ein Kreis herausheben, der früher oder später eine persönliche Beziehung zu erfolgreichen Dozenten anstrebt.

So bildete auch ich mir allmählich einen idealen Sinn nicht nur des Dozenten, sondern gleichzeitig des Studenten, wie ich selbst war oder jedenfalls sein wollte und sollte – das transzendentale Subjekt, das transzendentale Gemeinschaftsverhältnis, den transzendentalen Unterrichtsbetrieb. Hätte ich das alles nicht in mir getragen, so hätte ich den Massenbetrieb nicht ertragen. In jedem Semester, jedem Frühling und jedem Herbst, sah ich in den heiligen Hallen neue jugendfrische, zukunftsfrohe Gestalten, ungewiß, welche Werte in ihnen keimten, die es zu heben und zu pflegen galt. Bald lernte ich einen Teil näher kennen, schätzen, lieben, ja bewundern; zu einigen Auserwählten bildete sich ein Verhältnis während mehrerer Semester heran, wie es uns an Platon „im heiligen Hain“ der Akademie und an Aristoteles in den „Laubengängen“

der Peripathetiker erinnerte. Der Beifall der Jugend erscheint uns Alten wie ein Windhauch von einem blühenden Rosenbeet, das wir selbst nicht mehr gewahren. Diese reinsten Freuden habe ich aus vollen Zügen zunehmend bis ins hohe Alter genossen. Wenn seit den Anfängen der griechischen Philosophie die Frage nach der Glückseligkeit auf den Lippen brannte – hier hört ihr die Antwort, wenigstens von mir.

Am 13. 8. 1946 hielt ich vor meiner mit dem 67. Lebensjahr in Aussicht genommenen Emeritierung die offizielle Abschiedsvorlesung im großen Hörsaal der psychiatrischen Klinik (mangels besserer, damals verfügbarer Säle) vor etwa 200 Hörern. Es war der Schluß meiner Vorlesung über Rechts- und Sozialphilosophie Teil I; und ich war innerlich bewegt, als ich den Ausblick in die ungewisse Zukunft für meine Wissenschaft und deren Betrieb, für das deutsche Vaterland und für uns alle gab. Da erhob sich am Schluß ein Student und richtete namens seiner Kommilitonen eine Ansprache, deren Manuskript ich bald darauf anonym zugesandt erhielt.

Sehr verehrter Herr Professor! Es möge mir vergönnt sein, mich für wenige Minuten zum Sprecher meiner Kommolitoninnen und Kommilitonen zu machen, die das Glück hatten, Ihre Hörer zu sein. Ich will Sie einen Blick tun lassen in die Herzen Ihrer jungen Herren, denen Sie so viel Liebe entgegengebracht haben und mit denen verbunden zu sein für Sie Lebensglück bedeutet. Wir haben Sie wohl verstanden. Sie waren zu uns wie ein Vater. Rührend besorgt um unser Fortkommen, gaben Sie uns nicht nur fachliches Wissen, sondern waren stets bemüht, mit beiden Händen aus dem Leben zu schöpfen und unseren in Krieg und Vorkriegszeit ausgehungerten Seelen viel mehr mitzugeben, als reine Jurisprudenz: Sie schenkten uns den wesentlichen Teil Ihres Lebens, gaben Erfahrung und Erkenntnis, wiesen Richtung und Lebensziel. Seien Sie versichert, daß wir den Hauch zarter Empfindung Ihres edel denkenden Herzens sehr wohl verspürt haben. In tiefer Ehrfurcht neigen wir uns daher nicht nur vor Ihrer überragenden g e i s t i g e n Persönlichkeit, die wir zu beurteilen uns gar nicht anmaßen dürfen, sondern vor Ihrer Verehrung heischenden m e n s c h l i c h e n Größe und Tiefe. Sie waren uns ein Mensch. Sie haben es verstanden, die Schalen des Mißtrauens und der inneren Abgeschlossenheit, mit denen die Ereignisse der letzten Jahre einen jungen Menschen zwangsläufig umgeben mußten, in der Wärme Ihrer Liebe zu uns schmelzen zu lassen wie Schnee vor der Sonne. Sie waren zu uns im edelsten Sinne des Wortes zärtlich wie ein Vater und haben damit für alle Zukunft gesiegt.

Wir danken Ihnen, daß Sie uns ein Weltbild entworfen haben, in das sich jedes Ereignis und jede Geistesbewegung einordnen läßt. Wir danken Ihnen aber vor allem, daß Sie uns Ihre eigene Lebensphilosophie vorgelebt haben. Deshalb gibt es für uns auch keinen Abschied von Ihnen. Denn was Sie in Ihren Büchern für dauernd geschaffen haben, sind Kulturwerte, die – noch im Leben stehend – bereits ein Stück Ewigkeit bedeuten. So sind Sie selbst zur Verkörperung Ihrer eigenen Forderung geworden: Sei ewig, indem du Werte schaffst! So haben Sie letztlich Teil an der Schaffung der absoluten Werte, an der Gestaltung des Göttlichen. W i e k a n n m a n d a v o n A b s c h i e d r e d e n ? ? Sie können sich gar nicht mehr verabschieden. S i e s i n d b l e i b e n d d a.

In der Einleitung zu der spanischen Übersetzung Ihres Buches „Rechts- und Sozialphilosophie“ fand ich von einem namhaften spanischen Wissenschaftler und Fachphilosophen einen Satz, der dem Sinne und meiner Erinnerung nach etwa so lautete: Die Reihe, die mit Spinoza beginnt und sich über Kant, Fichte, Schelling und Hegel zu Schopenhauer und Nietzsche fortsetzt, findet ihren summarischen Gipfelpunkt in Sauers Lebensphilosophie. W i r können es n i c h t verstehen, daß man einen solchen Mann aus dem Hörsaal gehen läßt, aber wenn es wirklich Wahrheit werden sollte, so begleiten Sie unsere innigsten und aufrichtigsten Wünsche. (An dieser Stelle überreichte eine Studentin einen Blumenstrauß.) ... Wir hoffen, daß unser Streben zur Gottheit, von welchem Zweig der Kultur der Einzelne auch immer zu ihr vorzudringen versuchen mag, bei dem biologischen Ende unseres Daseins den Satz rechtfertigen möge, den Sie uns in Abwandlung eines Apostelwortes einmal geschenkt haben: „Selig sind die Menschen, die in ihrer K u l t u r starben. Sie sollen ausruhen von ihrer Arbeitsmühsal, denn ihre Werke folgen ihnen nach". Das, und das allein, wäre der beste Dank und die schönste Ehrung, die wir Ihnen, sehr verehrter Herr Professor, zollen könnten dafür, daß wir das Glück hatten, Sie als unseren väterlichen Freund und Lehrer besitzen zu dürfen. – In diesem Sinne bleiben wir für alle Zukunft Ihre jungen Herren. Wir bitten Sie, auch für uns das zu bleiben, als was Sie sich im Anfang der Vorlesung selbst so schön bezeichnet haben: Unser Freund, unser Kamerad.

Die für mich selbstverständliche Folge war, daß ich im kommenden Semester nach meiner Emeritierung wieder eine „Antrittsvorlesung" über Rechts- und Sozialphilosophie hielt und in der Folgezeit (bis zum Sommer 1950) kleinere Vorlesungen und Übungen fortsetzte, soweit in der Fakultät ein Bedürfnis bestand. Das Lehramt war für mich niemals der Hauptberuf; stand ich darin, so glaube ich, es nie vernachlässigt und meine Sorge für das geistige und persönliche Wohl der Studenten stets betätigt zu haben. Aber Lehrer aus Passion war ich niemals; ungleich wichtiger war mir das Wirken in die Weite, das Forschen für das Leben und für die Nachwelt. Anfänger- und Examensarbeiten mit immer denselben Fehlern zu lesen, war für mich ein zu großer Zeitverlust, den ich mir nicht leisten mochte. Wäre ich aber in der juristischen Praxis geblieben, so mußte ich noch größere Zeiteinbußen befürchten, die auf Kosten der geliebten Philosophie gegangen wären. So kam es, daß ich mich schließlich doch für die Dozentur als Hauptlebensberuf verhältnismäßig spät entschied.

Ich habilitierte mich 1916 unter Graf zu Dohna in Königsberg und wäre gleich Kant dieser ausgezeichneten, überaus anregend wirkenden Lehrstätte treu geblieben, wenn ich nicht im Zuge der politischen Ereignisse 1935 nach Münster berufen worden wäre; der Gauleiter Erich Koch wünschte an der Ostuniversität („Kochschule") nur junge Parteigenossen. Aber auch dieses Wirken im äußersten Osten und im äußersten Westen begrüßte ich wegen der interessanten Gegensätze; auch fühlte ich mich in Münster wohl, abgesehen von der durch die Bombenbeschädigungen hervorgerufenen Unruhe und Unbehaglichkeit. Oft habe ich mich nach meinem stillen Heim in Königsbergs Vorstadt in der Nähe des Oberteichs an der Samlandbahn zurückgesehnt, als in die schönen Stadtbilder Münsters die Bomben niedergingen und auch meine Wohnung mit dem eleganten Musikzimmer, der neun mächtige Regale mit nahezu 5000 Bänden zählenden Bibliothek und dem friedlichen Arbeitszimmer trafen. Auch wegen des gesunden, für geistige Arbeit so günstigen Klimas wäre ich ganz besonders gern in Königsberg geblieben; und nach dem Osten hatte mich schon die Lage wie der Charakter meiner eigenen Heimat gewiesen. In Gegenwart des Grafen zu Dohna hatte ich einst im Lisztschen Seminar meinen Erstlingsvortrag über seine Hallesche Habilitationsschrift (1905) gehalten, worüber ich oben (Kap. 4) berichtete; nachdem ich in Halle promoviert hatte, wandte ich mich an ihn wegen der eigenen Habilitation, die sich immer und immer wieder hinausschob und endlich wegen des inzwischen ausgebrochenen ersten Weltkriegs bis zum Sommer 1916 hinzögerte. Die Probevorlesung hielt ich über die Prozeßvoraussetzungen im Strafprozeß, die Antrittsvorlesung am 1. 11. 1916 über die beiden Sachvoraussetzungen im Strafrecht, Unrecht und Schuld. Aus der ersteren Vorlesung entwickelten sich alsbald (schneller als ich anfangs annahm) meine Grundlagen des Prozeßrechts (1919), aus der letzteren meine Grundlagen des Strafrechts (1921); die Vorarbeiten reichten auf beiden Gebieten naturgemäß viel weiter als die beiden Habilitationsvorlesungen zurück. Die venia legendi betraf demgemäß nur Strafrecht und Strafprozeß; für diese damals allgemein geübte Beschränkung bin ich dankbar gewesen. Die venia für Zivilprozeß erhielt ich auf Wunsch der Fakultät erst nach Vorlegung einer neuen Arbeit auf diesem Gebiet (so entstanden die Grundlagen des Prozeßrechts 1919) und die venia für Rechtsphilosophie erst auf Grund von zahlreichen Literaturberichten in der ZStrW und von Abhandlungen in der ZRPh und im Logos (1919). Es sollte an diesem weisen akademischen Brauch festgehalten werden, daß eine Erweiterung der venia (ohne Rücksicht auf dringende Fakultätsbedürfnisse) erarbeitet werden muß; für jede Habilitation und jede Berufung lautet, nach meiner streng befolgten Fakultätspolitik in den Sitzungen trotz häufigem Widerspruch der Kollegen, die entscheidende Frage: Was liegt vor? Was ist veröffentlicht? Es steht im Interesse weder des Habilitanden noch der Wissenschaft, wenn man sich heutzutage wegen des Mangels an Nachwuchs und an Arbeitszeit, Arbeitsgelegenheit und Druckmöglichkeit mit geringeren Anforderungen begnügt oder gar die Frage dahin stellt: Was verspricht der Habilitand? Was liegt in seinem Schreibtisch? Was will und was kann er schreiben? Auf Vorschußlorbeern wird erfahrungsgemäß späterhin meist nichts mehr geleistet. Und erst auf Grund einer noch weiteren Arbeit (der Grundlagen des Strafrechts) erhielt ich die außerordentliche und alsbald (unter dem 2. 5. 1921) nach vierjähriger Dozentur die ordentliche Professur. Dem besseren und erfahrenen Studenten ist es, wie man immer wieder hört, keineswegs gleichgültig, was ein Professor wirklich geleistet hat; er erfährt es nicht nur aus dem Katalog der Bibliotheken, er empfindet es aus der Diktion seines Vortrags, aus der Haltung auf dem Katheder, aus der Bindung an das Manuskript. – Erst seit 1933 kam die Tendenz auf, sich in kleinen Aufsätzen in damals tonangebenden Blättern die Gunst und die Empfehlung maßgebender Instanzen zu erwerben, auf diesem Schleichweg in

Stellen ein- und aufzurücken und Berufungen zu erhalten. So leidet das Ansehen der Universitäten; und so sinkt das Niveau der Wissenschaft.

Wenige Jahre konnte ich in Königsberg mit Graf zu Dohna zusammenwirken; er ging nach Beginn seiner politischen Tätigkeit 1919 nach Heidelberg und später nach Bonn. Mit seinem Nachfolger, Tesar aus Wien, las ich alsdann die Hauptvorlesungen abwechselnd: in einem Jahr Strafrecht und Strafprozeß, im zweiten Zivilprozeß in zwei Teilen und Rechtsphilosophie. In Münster wurde ich im zweiten Jahr 1936/37 der einzige Fachvertreter nach dem Ausscheiden Drosts und blieb es mit kurzen Unterbrechungen (Horst Schröder, Martin Ritter, Landgerichtsdirektor Seiler) bis 1946, als Wegner vom Ministerium berufen wurde. Bis dahin mußte ich mich bescheiden: unter Verzicht auf die mir lieb gewordene Zivilprozeßvorlesung las ich als einziger in jedem Jahr Strafrecht[1]), Strafprozeß, Rechtsphilosophie und außerdem die Einführungsvorlesung (unter der damals vorgeschriebenen Bezeichnung: Deutsches Recht), eine Vorlesung vor einem sehr ausgedehnten, von Hörern aller Fakultäten besuchten Kreis, reizvoll, aber reich an Tücken: sie sollte keine bloße Übersicht über den gesamten Stoff bieten, was notwendigerweise zur Oberflächlichkeit geführt hätte. Ich faßte die Vorlesung so auf: im ersten Teil gab ich eine induktive Einführung in die Methodik des Rechtsdenkens an der Hand alltäglicher oder berühmter Rechtsfälle; der zweite Teil war eine philosophische Propädeutik (allgemeine Wissenschaftslehre); der dritte Teil erörterte ausgewählte, aktuelle Rechtsprobleme aus den Hauptgebieten des Rechts. In Anlage, Inhalt und Umfang der einzelnen Kapitel wechselte ich aber von Jahr zu Jahr ab, so daß es stets eine völlig neue Vorlesung wurde. Später suchte ich noch Völkerrecht einzubeziehen.

Die obligatorischen Übungen, eine schon zu Beginn angefochtene Schöpfung Stammlers, betrachtete ich als keine erfreuliche Beigabe. In Königsberg hielt ich in jedem Semester ein Praktikum ab: über Strafrecht und (als einziger und mit größerem Interesse) zivilprozessuale, das bürgerliche Recht mitumfassende Übungen. In Münster konnte ich nur noch das Praktikum für Strafrecht abhalten, und das mußte in jedem Semester geschehen.

Drei Gruppen von Studenten pflegte ich von Beginn an zu unterscheiden; sie beanspruchen grundverschiedene Behandlung. Die noch unklar suchenden, jungen Semester, die von der Schule mit dem Reife-

---

[1]) Gute Erfahrungen machte ich, wie für jüngere Dozenten bemerkt sei, mit folgender Einteilung. Ich las beide Teile des Strafrechts gleichzeitig, und zwar im ersten Vierteljahr den Allgemeinen Teil in vier, den Besonderen Teil in zwei Stunden, so daß die abstrakten Lehren gleichzeitig durch einfache Tatbestände (Tötung, Körperverletzung usw. etwa bis zum Diebstahl) lebensvoll gestaltet wurden. Im zweiten Vierteljahr umgekehrt den Allgemeinen Teil (in seinen schwereren Partien) nur in zwei, den Besonderen Teil (in seinen nunmehr breit auszuführenden Abschnitten über Vermögensdelikte) dagegen in vier Stunden. So ergänzten sich die beiden, so grundverschiedenen Teile auch pädagogisch wie sachlich.

zeugnis kommenden Studenten, die rein wie ein unbeschriebenes Blatt, im Überschwang der Jugend, getrieben von der Wißbegierde, die Welt vor sich offen und voller Wunder sehen. Es waren herrliche Augenblicke, ihnen in die offenen, reinen Augen zu sehen. Als Gegenstück die Examenssemester und Doktoranden, die ernstgewordenen, gestrafften Arbeitsamen, die in pflichtmäßigem Eifer einem ganz eng bestimmten Ziele zustreben, das in neueren Zeiten leider mehr durch Erwerb und Berufswahl, als durch innere Berufung vorgeschrieben ist. Und endlich in der Mitte die große Zahl der nicht mehr Unbefangenen, die schon die Anfangsgründe beherrschen und die an sich bereits erfahren haben, daß alles Wissen Stückwerk ist und bleiben wird, die schon aus Lebensberufen herkommen oder rein praktische Ziele auch ohne Hinblick auf ein Examen verfolgen, die sich überall umschauen und das Nützliche mitnehmen, wo es sich ihnen bietet, gleichgültig, ob die Wissenschaft oder die Repetitortechnik die Lehrmeisterin ist. Ein besonderer Typ dieser großen Mittelgruppe sind die von mir betitelten „Scheinstudenten", denen es nur darauf ankommt, einen Schein im Praktikum zu gewinnen. Dem Scheinstudenten stelle ich gegenüber den wahren, den „gotischen" Studenten im Sinne des oben zitierten Goethewortes: wer ewig strebend sich bemüht. Scheinstudenten und echte Studenten kommen aber in allen drei Gruppen vor. Seit dem ersten und noch mehr seit dem zweiten Weltkrieg trat leider ein Sinken des Niveaus ein, und zwar ein dreifaches: ein geistiges, ein berufsethisches und ein allgemein sittliches. Nur zum Teil kann man diesen allgemeinen Rückgang den jungen Leuten selbst zur Last legen; es ist die notwendige Folge des Mangels an Schulvorbildung, an wirtschaftlichem Wohlstand, an guter Kinderstube, an erforderlicher Reife (zu früher Abgang von der Schule), ferner eine Folge des Rückgangs und des seit 1934 durchgeführten Wegfalls der alten Studentenverbindungen mit dem Vorbild der Altherrenschaften. Hinzukommt der Wegfall des alten, urwüchsigen und im ganzen feinen Studentenhumors; da die jungen Menschen auf gute Laune ausgehen, echter Humor aber Geist voraussetzt, so schlich sich an seine Stelle vielfach ein derber Witz bis zur Gemeinheit und Brutalität ein, begünstigt durch den zunehmenden Mangel an Haltung und Manieren. Es kam leider nicht selten vor, daß ich aus meinen größeren Vorlesungen für jüngere Semester einen Studenten oder eine Studentin (sogar aus besserer Familie) mangels der in meinen Vorlesungen sonst üblichen Haltung, wie ich mich dabei auszudrücken pflegte, nach mehrmaliger vorheriger Ermahnung einfach aus dem Hörsaal herauswies. Was mich besonders wunderte, war dann aber, daß in solchem Fall höchst selten, seit 1933 niemals später eine persönliche oder briefliche Entschuldigung, auch kein Rechtfertigungsversuch erfolgte.

Der rasche Wandel der politischen, sozialen und allgemein kulturellen Verhältnisse ließ neue Studententypen entstehen, denen auch der Lehrbetrieb der Hochschulen Rechnung tragen mußte. Mit der Diktatur 1933 sollte nach dem Wunsch der neuen führenden Schicht der politische Student aufkommen, der einem Studentenführer untersteht und die Wissenschaft, wie alle bisherigen Werte, unter politischem Zeichen, d. h. unter der Parteibrille, sieht. Daß er sich nur auf einige wenige und verhältnismäßig kleine Kreise beschränkte, zeugt von dem gesunden Sinn der damaligen Jugend und ihrer Erzieher. Es war auch gar zu närrisch, daß die Unterrichtsminister die Studenten gegen ihre eigenen Hochschullehrer aufhetzten, ja gegen die Hochschulen überhaupt, deren Leiter doch jene Minister waren. Dann kam der Typ der Kriegsstudenten; sie waren willig dem Studium ergeben, vermochten es aber nur in der kurzen Zeit einiger Abendstunden, des Urlaubs oder gar nur aus der Ferne (Hochschulbriefe) zu betreiben. Auch dieser Typ war im Grunde ein Widerspruch in sich, da die wichtigsten Voraussetzungen, Ruhe, Stetigkeit und Lernmaterial, fehlten. Mit dem Zusammenbruch bildeten sich mehrere neue Erscheinungen, die ihrerseits ein Abbild der verworrenen Zeit waren. Es sind die ehemaligen Soldaten, die teils ihr Studium fortsetzten, teils erst begannen, teils mit ideal-beruflichen Zielen, teils aus Verlegenheit auf der Suche nach irgendeinem Unterkommen, darunter ehemalige Berufsoffiziere mit Majorsrang, dann wieder Emigranten und von den Nazi Verfolgte. Dazu kamen die zahlreichen Ostflüchtlinge, Vertriebene und Heimatlose. Viele mußten einem Broterwerb nachgehen, in Bunkern wohnen und arbeiten, aus den dürftigen Studentenbeihilfen sogar noch ihre Familie unterhalten: Eltern und Geschwister oder gar die eigene Frau und Kinder, eine traurige Erbschaft der Hitlerzeit, die das frühe Heiraten begünstigte und durch Arbeitsstelle und Wohnungszuteilung belohnte. Und in diesen bunten Kreis traten die jungen Menschenleben ein, die von der Schule kamen und die eigentlich zum Studium berufen waren.

Durch die Währungsreform 1948 wurden wieder manche schöne Hoffnungen zunichte gemacht: die Werkstudenten nahmen gewaltig zu; der doppelte Beruf ist ein erneuter Widerspruch in sich: entweder werden das Studium oder der Hauptberuf oder beide vernachlässigt. Die erst jetzt fühlbar hervortretenden Mängel der Schulbildung während der Hitlerzeit und des Krieges hätten zu erhöhter Intensität des Studiums aufrufen müssen. Neue Sorgen brachten die geschwächte Gesundheit, das Fehlen von Wohnraum (Fahrstudenten), die auf Zufall beruhenden Zulassungsbeschränkungen, die Unzulänglichkeit des Ausbildungsmaterials und der Lehrstätten, die Mängel der Ernährung, der Bekleidung und Heizung, die politische und wirtschaftliche Unsicherheit, vor allem auch die Unmöglichkeit, auf ein bestimmtes Lebensziel bei der allgemeinen Überfüllung der meisten Berufe hinzusteuern. So war es für die Mehrzahl der Studenten nicht mehr möglich, sich dem vielleicht aus reinem Idealismus erwählten Studium mit Vollkraft zu widmen, und es bildete sich immer mehr ein Typ des möglichst schnellen Durchgangs in einen leidlich sicheren Lebensberuf aus, den sich schon junge Semester zu sichern suchten. Möglichst baldiges und möglichst gutes Examen war das alleinige Nahziel; denn bei der großen Zahl der Bewerber genügte die Durchschnittsnote nicht. Das Hochschulwesen selbst schien im Niedergang begriffen zu sein. Gerade deswegen wurde es aber für einen Dozenten zur Pflicht, sich auf die eigentlichen Ziele und die idealsten Mittel erneut zu besinnen, die Errungenschaften früherer Zeiten gehobener Kultur zu retten und für künftige Zeiten wach zu halten.

Die Vorlesungen sind nach Berechtigung wie Gestaltung ein Problem geblieben; ein Beweis sind die unentwegten Reformvorschläge und Reformversuche, so besonders die Bestrebungen, die bisher im Mittelpunkt stehenden Hauptvorlesungen zu verkürzen, die Seminare zu vermehren, ein Studium generale über Allgemeinbildung, namentlich soziologischer und kultureller Natur, auf das erste Semester zu legen. Die Tendenzen sind zu billigen, lassen sich aber schon bei dem bisherigen Betrieb, vielleicht sogar wirksamer und einfacher erreichen. Man machte schon lange die Erfahrung, daß die Fülle von Vorlesungen, bis zu 8 Stunden täglich und mehr, den fleißigsten Studenten zum Nichtbesuch veranlassen und daß begabte Studenten ohnehin die häusliche Arbeit an der Hand guter Bücher dem zeitraubenden Vorlesungsbesuch vorziehen. Der bessere Student will nicht nur rezeptiv, sondern auch produktiv tätig werden, weswegen eben Seminare in kleinerem Kreis zu vermehren sind. Die mit dem Studium generale erstrebte Allgemeinbildung vermag ein geeigneter Dozent auch in der Privatvorlesung zu bieten, die gerade hierdurch der Gefahr der Langweile entgeht. Daher darf ich in aller Kürze berichten, wie ich die Vorlesungen betrieb, wobei ich vor allem auf Zeitersparung bedacht war, ohne auf Bücher verweisen zu müssen. Aber leider machte ich die Erfahrung, daß einige Dozenten sich zur Verminderung der Wochenstundenzahl nicht herbeiließen, um die angeblich gefährdete „Bedeutung ihres Fachs" nicht zu verringern. Dann stand ich vor der Frage, ob ich sie „unterbieten" dürfte, wenn ich denselben Gegenstand vortrug. Konnte ich alsdann doch zeigen, daß man dieses Gebiet schneller bewältigt (allerdings gegenüber dem Vorwurf der Oberflächlichkeit); vor allem konnte ich mit einer größeren Belegerzahl rechnen, da der Student Zeit und Geld erspart, so daß schließlich meine Einbuße am einzelnen Honorar im Ergebnis durch höhere Gesamteinnahme mindestens wettgemacht wird.

Beim Vortrag, der in allen Vorlesungen stets von Beginn meiner Dozententätigkeit an, völlig frei ohne Einsicht in das Manuskript geschah, behielt ich meine Hörer fest im Auge und erwartete, daß sie mich ebenfalls im Auge behielten; so konnte ich jede Unaufmerksamkeit, jedes Nichtfolgen sofort bemerken und vermochte andererseits mich ihrer Aufnahmefähigkeit anzupassen. Bei günstiger Gelegenheit schweifte ich gern durch naheliegende Parallelen zu anderen Kulturgebieten ab, um jede Eintönigkeit zu vermeiden, fand aber binnen wenigen Minuten den Weg zur großen Linie zurück. Fälle von kulturellem Interesse und sonstigem Reiz waren meist der Ausgang und wurden hier und da eingeflochten. Von der Brille, die ich nach Eintritt der Weitsichtigkeit im 55. Lebensjahr benutzen mußte, brauchte ich also nur an den verhältnismäßig seltenen Stellen Gebrauch zu machen, wo ich Gesetzesstellen oder fremde Ansichten vorlas oder mein Diktat gab. Ein vollständiges Diktat bot ich nur in den Strafrechts- und den beiden Prozeßrechtsvorlesungen durch einige Leitsätze in strenger Systematik, so daß das Nacharbeiten erleichtert war. Ich vermied es also, einzig und allein vorzutragen (wie es Stammler und Radbruch taten). In diesen Vorlesungen gelangte ich stets, ohne jegliche Ausnahme, bis zum Ende des Stoffes, der also jedesmal vollständig, sei es auch noch so summarisch, vorgetragen wurde. Die Bewältigung des gewaltigen Materials in kurz bemessener Frist erleichterte meine Gepflogenheit, in Doppelstunden ohne Pause zu lesen (meist von 10 bis 12 Uhr), was meine Hörer ebenso wenig ermüdete wie mich selbst, zumal ich meinen Vortrag durch das Diktieren öfters unterbrach und hierbei wiederum konversatorisch verfuhr; so überführte ich mich zugleich, ob ich richtig verstanden wurde. Ein gedankenloses Nachschreiben verhütete ich dadurch, daß ich vor meiner Formulierung oft fragte, wie die Hörer formulieren würden. Von Beginn an konversatorisch zu verfahren, was oft gewünscht wird, dürfte nur bei ganz einfachen und ungefähr schon bekannten oder leicht zu erratenden Stoffgebieten sowie nur bei Entscheidung ganz leichter Fälle an der Hand des Gesetzes durchführbar sein, hält aber selbst dann den Vorlesungsbetrieb stark auf und hat den weiteren Nachteil, immer nur ganz wenige und immer dieselben Hörer zu beschäftigen, während die Mehrzahl wiederum nur zuhört und obendrein Mangelhaftes hört, das sie alsdann umso mehr belachen, als nach ihrer Meinung Streber und Besserwisser tüchtig hereingefallen sind.

In den anderen, den paradox sogenannten kleinen oder Kulturvorlesungen, trage ich fast n u r vor, spreche aber besonders wichtige Stellen an der Hand von möglichst präzisen Leitsätzen, die ich vorlese, so langsam, daß sie nach Belieben mitgeschrieben werden können. Sonst überlasse ich das Mitschreiben, warne aber vor zu vielem Nachschreiben. Zufälig einmal gefundene Hefte zeigen, welcher Unsinn ohne Diktat mitgeschrieben wird. – Eine weitere Erleichterung zur Anlegung eines guten Kollegheftes, das allseitig stark begehrt wird, bietet mein Bestreben, sehr viel mit der Wandtafel zu arbeiten und große systematische Übersichten zu Beginn einer Stunde unter Vorwegnahme ihres wesentlichen Inhalts oder Bilder und Figuren zur Veranschaulichung des Verhältnisses mehrerer Begriffe zueinander anzuzeichnen. In den einführenden und philosophischen Vorlesungen vergeht keine Stunde ohne eine genau angezeichnete systematische Übersicht[2]). Eine Vorlesung über Soziologie und Kriminologie ist schon wegen

[2]) Solche Bilder enthält in größerer Zahl namentlich mein System der Rechts- und Sozialphilosophie (1949).

der vielen Zahlen und Kurven ohne Tafel überhaupt unmöglich. Als ich im Frühjahr 1933 einen kriminologischen Vortrag in Florenz hielt, hatte ich erst zu spät daran gedacht, vorher um einen Saal mit Wandtafel zu bitten. Man glaubte mir eine besondere Ehre zu erweisen, als ich in die große Aula des Instituts der Schönen Künste geleitet wurde; dort sah ich zwar keine Tafel, aber ich war von den herrlichen Statuen und Madonnen umgeben. Ich half mir sowie meinen Hörern dadurch, daß ich die Kurven und Wellenlinien mit der Hand in der Luft zu beschreiben suchte, und machte, um die Situation zu retten, den Scherz, daß ich an dieser hohen Kunststätte noch phantastischer gestikulieren müsse, als ein großer Dirigent. – Übrigens vermag der Humor über manche Schwierigkeit der allgemeinen Lage (ungeheizte, enge Räume!) und über langweilige Kapitel hinwegzuhelfen. Meine sog. Vorlesungsscherze erwachsen nur aus der jeweiligen Situation, wechseln daher ab und sind nie vorher zurechtgemacht. Sie sind weitaus am häufigsten in den beiden Prozeßrechtsvorlesungen, seltener im Strafrecht; sie sind höchst selten in den philosophischen Vorlesungen, wo feierlichster Ernst herrscht wie am Hochaltar bei einer Missa Solemnis, und sie werden peinlichst vermieden in kriminologischen Vorlesungen, weil die Hörer so naiv sind, wenn ihre Lachmuskeln erst einmal angeregt sind, auch ernste Darstellungen von Fällen laut zu belachen, die einen unsittlichen oder zweideutigen Charakter tragen.

Ein freier Vortrag hat den Doppelvorzug: stets frische Gedankenarbeit mit der Folge besserer Mitarbeit der Hörer und möglichster Ausschaltung der so gefürchteten Langeweile, ferner innere Beweglichkeit der Vorlesung unter Vermeidung von Starrheit und Wiederholung, stets eigene Neuarbeit und Neuformung des Vorlesungsstoffs in jedem Semester. Dies hatte weitere Folgen: die Vorlesung war in jedem neuen Semester eine völlig neue, auch wenn man von den gesetzlichen oder literarischen Neuheiten absieht; ein gut nachgeschriebenes Kollegheft hätte nie den Besuch einer späteren Vorlesung erspart, so daß die jeweiligen Hörer zum Besuch gezwungen waren, wenn sie meinen neuesten Standpunkt kennen lernen wollten. Ich vermied also die bei gedruckten Grundrissen und Leitsätzen drohende Gefahr, den Besuch der Vorlesung überflüssig zu machen und selbst an dem einmal druckfertig niedergelegten Stoff kleben zu bleiben. Ferner: ich langweilte mich nicht selbst, was sicher der Fall gewesen wäre, wenn ich in jedem Jahr dasselbe hätte sagen müssen, und vermied hiermit wiederum, andere zu langweilen, da sich eigene Langweile auf andere überträgt. Im Gegenteil: ich freue mich auf jede einzige Vorlesungsstunde, selbst wenn mich ein Kapitel weniger interessierte; denn ich schuf etwas Neues, indem ich mich mit mir selbst aus früherer Zeit auseinander setzte. Ob der neue Vortrag wirklich eine Verbesserung war, sei dahingestellt. Aber diese Art von Anregung unter Einbeziehung neuer Fälle führte wiederum zu neuen Ansichten und förderte daher – das ist mir die Hauptsache – meine Forschungsarbeit. So vermochte ich wiederholt, weniger v o r als n a c h einer Vorlesungsstunde, mitunter völlig neue Sätze auf einen Zettel niederzulegen, der zunächst in die betreffende Forschungsmappe für ein späteres neues Buch wanderte. Gleichwohl war nie eine Vorlesung in den Dienst der Forschung gestellt; umgekehrt formte ich die Ergebnisse eigener Forschung jedesmal neu zu Vorlesungszwecken, also zu leicht verständlichen Sätzen um. Man kann mir nicht vorwerfen (wie gegen Kohler u. a. eingewendet wurde), daß ich während der Vorlesung für eigene Arbeiten eine geheime Forschung betrieb, mich selbst durch eigenes Redenhören kontrollieren wollte oder auch nur für einen ganz kleinen Kreis besonders begabter Hörer vortrug, um schulbildend zu wirken, ein Ehrgeiz, den ich gern anderen überließ. Über die Köpfe meiner Hörer hinwegzureden, dazu waren sie mir zu schade und zu lieb. Meine Vorlesungen gehörten, was ich ohne Überheblichkeit glaube sagen zu dürfen, zu den besuchtesten, was ich daraus schließen kann, daß die Kollegen Kollisionen mit meinen Vorlesungszeiten vermieden, so daß ich aus diesem Grunde umso mehr Hörer gewann. Auch suchten mich in Königsberg zwei Oberlandesgerichtsräte, in Münster ein Landgerichtsdirektor auf, als sie Lehraufträge erhielten, und ließen sich von mir, wie ich es spaßeshalber nannte, Privatunterricht über Vorlesungen erteilen. Ich hatte keine Geschäftsgeheimnisse und teilte ihnen offen meine „Kniffe" mit.

U n i v e r s i t ä t s ü b u n g e n können nur unter mehreren Voraussetzungen erfolgreich sein, die vereint selten vorliegen, weswegen eben der erhoffte Erfolg meist ausbleibt und der gleichwohl erteilte „Schein" seinem Namen alle Ehre macht. Ihr Zweck ist eine erste Anleitung zum selbständigen juristischen Arbeiten auf wissenschaftlicher, in den Vorlesungen übermittelter Grundlage unter persönlichem Kontakt mit dem Dozenten, so daß dieser am Schüler und seiner Arbeit Kritik üben kann. Zu den Voraussetzungen gehören daher vor allem ein bereiter, guter Wille zu selbständigem Denken und Schaffen, die erforderliche Vorbildung und nicht zuletzt Zeit und Fähigkeit des Schülers, das nötige Arbeitsmaterial sowie ein enger begrenzter Kreis, dem sich der Lehrer näher widmen kann. Wann mögen diese günstigen Vorbedingungen einmal gegeben sein? Nicht selten, so in meinem Königsberger Strafrechts- und Zivilprozeß-Praktikum der Jahre 1925 bis 1932, war die Zahl der Teilnehmer 200 bis 300 und mehr; später wurde die Höchstzahl durch Ministerialerlaß auf 150 begrenzt und mußte bei einer höheren Zahl die Übung in demselben Semester mehrmals abgehalten werden. In diesem Gremium vereinigten sich alle, die sonst nie oder höchst selten in dem Hörsaal zu einer Vorlesung erschienen; ihnen kam es nur auf den Schein als Vorbedingung für Prüfungen, für Gebührenerlasse oder Unterstützungen irgendwelcher Art an. An der mündlichen Aussprache beteiligten sich nur wenige und stets die gleichen, redegewandten Studenten, denen gegenüber sich die anderen keine Blöße geben mochten. Und klein war offensichtlich auch die Zahl derer, die völlig selbständig die Arbeit anlegten, durchdachten und ausführten. Es wurde erwartet, daß sich der Student bei dieser Gelegenheit mit den Spitzen der wissenschaftlichen Literatur bekannt macht; demgemäß forderte ich die Benutzung mindestens zweier größerer Werke, eines der drei oder vier großen Strafgesetzkommentare und eines der größeren, rein wissenschaftlichen Lehr- oder Handbücher. Die Seminarexemplare waren dauernd belegt und wanderten von Hand zu Hand, bereits aufgeschlagen unter Kennzeichnung der wichtigen Stellen, die ohne Mühe zu entlehnen waren. Seit dem zweiten Weltkrieg trat ein derartiger Büchermangel ein, daß selbst die Gesetzestexte nur mit großer Mühe zu beschaffen waren. Kaum ein Semester verging, in dem ich nicht einen Täuschungsversuch bei wörtlicher seitenlanger Übereinstimmung von Haus- wie Aufsichtsarbeiten oder von Arbeitsteilen feststellte und alsdann nach drücklichst verfolgte. Beim Examen drang ich stets auf unnachsichtliche Ahndung jedes Täuschungsmanövers und fand darin auch stets die Zustimmung des Vorsitzenden, obwohl manche Prüfer die Feststellungsschwierigkeiten, den Zeitverlust und die Anprangerung der Studenten scheuten.

Über die beste Art des Prüfungswesens ist bis zuletzt viel gestritten, wobei man auf das Unbefriedigende und Ungerechte unserer Prüfungen hinwies, die angeblich weitgehend auf Zufall beruhen: Art der Fragen, Person der Prüfer wie der Prüflinge; hinzukommt die Examenspsychose bei der mündlichen Prüfung. Von englischer und amerikanischer Seite werden die Tests als die besten psychologischen Eignungsprüfungen empfohlen; es werden dem Prüfling z. B. genau formulierte Fragen oder Tatbestände vorgelegt, die einen unrichtigen, unwahrhaften, widerspruchsvollen, unsittlichen oder unrechtmäßigen Inhalt haben, den der Prüfling zu behandeln, aufzuklären und zu verbessern hat. Ich glaube, mit dem bestehenden Prüfungswesen im ganzen eine günstige Erfahrung gemacht zu haben; es kommt wie bei den Gesetzen und den Instruktionen darauf an, wie sie angewendet werden, und so darf ich auch hier über meine Erfahrungen als Prüfer (seit 1921 bis zur Emeritierung 1946, in der Doktorprüfung darüber hinaus) einige Mitteilungen zur Anregung geben.

Einmal sollte die Kritik scharf, die Zensur aber gerecht-wohlwollend sein, weil die Arbeit von einem jungen Anfänger unter dem Druck der Examensnöte geleistet wurde, während der Zensor in der Vorstellungswelt seiner wissenschaftlichen Werturteile lebt und wirkt. Sodann ist aus den oben schon für das Praktikum angeführten Gründen der schriftlichen Arbeit, selbst der Klausur, keine zu große Bedeutung beizumessen. Die Gesamtnote beruht wesentlich auf dem Eindruck, den die Kommission bei der mündlichen Prüfung von dem Kandidaten erhält, wobei den Einzelnoten für die schriftlichen Arbeiten nur zusätzliche, ergänzende, ausfüllende, wenn auch mitunter korrektive Bedeutung zukommen sollte. Das Mündliche darf nicht in einzelne Fächer oder gar einzelne Antworten zergliedert werden, wie manche Prüfer für jede Antwort, womöglich nur jede mangelhafte Antwort eine Note auf ihrem Prüfungsblatt vermerken, um alsdann eine Menge von Ziffern gegeneinander abzuwägen. Auch im Examen ist, wie im Strafverfahren, die Gesamtpersönlichkeit als solche zu beurteilen, nicht wie etwa im medizinischen Examen sämtliche Einzelleistungen von noch dazu verschiedener Bedeutung für das Ganze. Auch über den Maßstab der Bewertung besteht keineswegs Übereinstimmung, selbst nicht unter bewährten Prüfern. Für nicht entscheidend halte ich die wiederholt gehörte Frage, wie sich der Prüfling im Richteramt, etwa als Schöffenrichter, ausnehmen würde. Die Referendarprüfung soll über den erfolgreichen Abschluß des Studiums, nicht über die Aufnahme in den Justizdienst und die Eignung für ihn entscheiden; man mag einen mit Erfolg geprüften Kandidaten später für den Richterberuf ablehnen, während er für die Verwaltung als tauglich erscheint. Maßgebend ist vielmehr nur die generelle Eignung: seine Urteilsfähigkeit, seine Gewissenhaftigkeit, seine Auffassungsgabe, sein Wissen als Gesamtheit, wobei nicht auf die Präsenz und das Gedächtnis, sondern auf die Verarbeitung, den Überblick und die Zusammenhänge Gewicht gelegt werden sollte. Der Prüfling soll sich keinen Ballast einzelner Kenntnisse eintrichtern; er soll aus dem Wissen Werte für sich selbst und für seine Zukunft gewonnen haben. Und über diese Werte soll er nunmehr Rechenschaft ablegen; das ist der Hauptsinn eines jeden Examens. Er soll den Nachweis führen, daß seine Gesamtpersönlichkeit um Werte bereichert ist – Werte, die zugleich dem Kulturganzen dienen.

Darf und muß ein Prüfling wegen schwerer Mängel in der allgemeinen Bildung das fachwissenschaftliche Examen „nicht bestehen"? In der juristischen Doktorprüfung bildete ich bei der beliebten Frage, ob der Untergebene rechtswidrig handelt, wenn er gegen den Befehl des Vorgesetzten, aber gemäß einem höheren Gebot handelt, das ebenfalls beliebte Beispiel aus H. v. Kleists „Prinz von Homburg", der entgegen dem Befehl des Kurfürsten handelt und nur hierdurch sein Vaterland rettet. Da stellte sich heraus, daß der Prüfling zwar mit der strafrechtlichen Problematik leidlich fertig wurde, aber von Kleist noch nichts gehört hatte. Bekannt ist die mangelnde Ausbildung auf der höheren Schule während der Kriegs- und Nazizeit. Aber ist es nicht eine Unmöglichkeit, jemandem den Doktortitel zuzuerkennen, der sich im späteren gesellschaftlichen Leben die schlimmsten Blößen gibt? Ich brachte die Frage in verschiedenen Fakultäten und bei Oberlandesgerichten zur Sprache; die Meinungen waren außerordentlich geteilt. Zu Gunsten jenes Prüflings wurde geltend gemacht, daß ein Amtsrichter oder Anwalt oder Arzt in einem Landstädtchen immerhin erträglich ist, wenn er in der deutschen Literatur schwere Unkenntnis zeigt. Formaljuristen verwiesen auf die Prüfungsordnung, in der das Allgemeinwissen nicht als Prüfungsgegenstand genannt sei. Meine eigene Fakultät entschied sich nach langem Hin und Her für Nichtbestehen der Doktorprüfung (Dr. jur. wie Dr. rer. pol.), aber für Bestehen der Staatsprüfungen gemäß der Prüfungsordnung.

Prüfen ist schwerer als geprüft werden. Erfahrene Vorsitzende prüfen zu hören, ist ein hoher Genuß; so die Senatspräsidenten Coing am Kammergericht, Pernice in Königsberg (später in Stettin), Scherling in Hamm und vor allem die Vorsitzenden in der Großen Staatsprüfung in Berlin. Der Prüfer sollte nicht gleich einem Richter Fragen stellen und hiernach eine Pause eintreten lassen, in der er die Antwort wie von einem Zeugen erwartet; zu diesen Fragen, womöglich einem Abfragen nach einem vorher ausgearbeiteten Fragebogen, neigen jüngere Praktiker und auch manche jüngere Gelehrte. Gut zu prüfen erfordert die hohe Kunst des Mitgehens. Der Prüfer muß verstehen, sich jeder, auch der unerwarteten Antwort anzupassen, von der jeweiligen Einstellung des Prüflings aus den Gedankengang in seinem Sinne weiterzuführen. Der Prüfer muß auf alle Antworten gefaßt sein und bei großer Geduld aus dem Prüfling doch die richtige Antwort herausholen. Nie darf er selbst, am Schluß unwillig geworden, die richtige Antwort geben. Reines Präsenzwissen und Zufallstreffer dürfen niemals entscheiden. Weiß der Kandidat auf dem zuerst angeschnittenen Gebiet zu Anfang nichts und ist er eingeschüchtert und verlegen, so muß der Prüfer sich sofort anders einstellen und mit einem allgemein geläufigeren Kapitel beginnen, um ihm zunächst Mut zuzusprechen. Der Prüfer selbst hat also ein gewaltiges Maß an Wissen und innerer Beweglichkeit zu prästieren; er muß hoch über der Materie stehen. Daher nützt keine Vorbereitung. In jeder Antwort muß man zunächst ein Körnlein Richtiges aufspüren, aber man muß energisch darauf halten, daß auch der Kandidat mitgeht, daß er den Gedankengang versteht und daß er schließlich bei gutem Folgen die passende Lösung findet. Versteht er das nicht, so ist er in der Tat ungünstig zu beurteilen. Selten lasse ich einen Prüfling allein wegen des Mündlichen durchfallen; wenn das aber eintritt, weiß ich bestimmt, daß er der schuldige Teil ist, wie mir einmal übereinstimmend von dem Vorsitzenden und den zuhörenden Studenten bestätigt wurde. Solche Selbstkontrolle ist sehr notwendig.

Trotz der Kürze der Zeit hielt ich darauf, daß im schriftlichen und mündlichen Examen zusammengenommen – bei aller Bewegungsfreiheit – die wichtigsten Kapitel (auch rechtsphilosophische) einmal angeschnitten wurden; das erreichte ich durch Berührung gewisser in der Mitte liegender, nach allen Seiten ausstrahlender Probleme. Um möglichst viel in kurzer Zeit zu bewältigen, führte ich die im Termin gleichzeitige Prüfung mehrerer Kandidaten ein, wie ich glaube, als erster: ein Prüfling erhält zur Erklärung und Auslegung eine schwierige Gesetzesbestimmung, z. B. über die Zulässigkeit der Revision (übrigens eine beliebte Art der Prüfung von mir, eine schwierige, aber wichtige, meist nicht gründlich gearbeitete Materie, die nicht im Gedächtnis eines Anfängers haften bleibt, zu behandeln!); der zweite bekommt gleichzeitig das Thema:

Gründe für und gegen die Willensfreiheit (hier ist vorheriges, langsames Durchdenken erforderlich); und während diese beiden über ihre Aufgabe nachdenken, bespreche ich mit den anderen einen Fall, nach dessen Erledigung die beiden ersten ihre inzwischen überlegten Antworten kurz und präzis vortragen können. So wird Zeit gewonnen. – Bei Verkündung des Ergebnisses der Prüfung legten wir größtes Gewicht darauf, daß unsere Noten, insbesondere die der nichtbestandenen Examina, von den Prüflingen verstanden und nach Möglichkeit gebilligt wurden, um das Gefühl der Ungerechtigkeit von vornherein auszuschalten. Der Präsident wählte gern die Fassung: „Sie werden sich selbst sagen, daß ein Versagen auf dem Gebiet der Prozeßvoraussetzungen für die Praxis, in die Sie eintreten wollen, untragbar ist usw."

Gedenken will ich der netten gemeinsamen Mittagstische während oder nach Schluß der Prüfung mit den Mitgliedern des Oberlandesgerichts; hier bot sich rechte Gelegenheit, über Prüfungsfragen und zusammenhängende, gemeinsame Wünsche und Sorgen zu diskutieren. Es bildete sich allmählich eine wertvolle Arbeits- und Interessengemeinschaft über die ursprünglichen Aufgaben weit hinaus; wir unterstützten einander auch in allgemein beruflichen, rein wissenschaftlichen, mitunter sogar rein menschlichen Fragen. Die persönlichen Beziehungen aus der Königsberger Zeit pflegten wir noch um 1957. –

Die Seminarübungen lassen der Ausgestaltung durch den Professor den weitesten Spielraum; in der Regel bilden sie den Übergang von der Lehre zur Forschung. Sie wollen einen engeren Schülerkreis begründen und wissenschaftliche Arbeiten anregen, die den Anfang und Grundstock für weiteren Ausbau, also vor allem für Dissertationen, bilden. Seit 1921 kündigte ich sie für jedes Semester an, und zwar meist ohne nähere Bezeichnung des Gegenstandes, um mich den jeweils vorherrschenden Interessen der Besucher möglichst weit anpassen zu können. Niemals habe ich die Teilnehmer für mich arbeiten, Auszüge machen oder Literatur sammeln lassen. Öfter kamen sie mit eigenem Interessenkreis, wie ich es jedesmal neu von Semester zu Semester erwartete. Im ganzen konnten und sollten die Seminarübungen nur zu wissenschaftlichen Arbeiten der Teilnehmer anregen; nur selten kam es vor, daß die dort geleistete Arbeit irgendwelchen Gewinn für meine eigene Forschung brachte, sei es im Inhalt oder in der Formulierung. Aber die gemeinsame Aussprache rückte mir gewisse Ansichten der jungen Generation näher, die ihrerseits mich zu eigenem Nachdenken anregten. Stets war ich bestrebt, das Niveau möglichst hoch zu schrauben; leider mußte ich feststellen, daß es von Jahr zu Jahr sank, obwohl ich mit allen nur erdenklichen Mitteln entgegenzuwirken suchte. Auch dies ist ein Zeichen der Zeiten.

Die Zulassung eines Vortrages machte ich oft (nicht immer) von der vorherigen Einreichung einiger knapper Leitsätze über den Inhalt des Vortrages abhängig, unter denen ich gern eine engere Auswahl traf, um die Diskussion auf wenige Gesichtspunkte zu konzentrieren und hiermit wiederum zu vertiefen. Diese Aufstellung von Leitsätzen schien besonders gefürchtet zu sein; viele ließen sich jetzt schon von dem Vortrag abschrecken. Sie sahen es lieber, einfach aus Büchern einen Vortrag zusammenzuschreiben, den sie vorlesen konnten. Allgemein hielt ich darauf, daß der Vortrag möglichst frei gehalten wurde; der Erfolg war oft negativ: entweder im Inhalt brauchbar, aber in der Form unerträglich, oder aber – das schlimmere Übel – inhaltlich mangelhaft und nur gewandt im Vortrag (wie ja die Studenten in neuerer Zeit, aus ihrer politischen Tätigkeit oder dem Werkberuf her, sich eine ganz ansehnliche Redegewandtheit angewöhnten).

Die angeregten Dissertationen gehören nur zum Teil der Lehre, mehr der Forschung (Kap. 7) an. Ich überließ den Doktoranden zunächst die Wahl des Gebietes, gab alsdann einige Themen wiederum zur Auswahl, sodann einige Winke für die Anlegung der Arbeit, wobei ich scharf den Unterschied zwischen Forschung und Darstellung betonte und in dieser Hinsicht strenge Forderungen aufstellte, um einen möglichst hohen Stand zu erzielen; die Lösung und die sachlichen Forschungsmittel überließ ich wieder dem Doktoranden, der ja ein selbständiger Forscher sein oder vielmehr werden soll. Die strengen Anweisungen[3]) waren daher nicht inhaltlicher, sondern formaler und methodischer Natur. Jedem einzelnen suchte ich persönlich in seiner Vorstellungwelt das Ideal und die wunderbaren Reize selbständiger Forschungsarbeit zum Bewußtsein zu bringen und vor allem ihn für seine Aufgabe zu begeistern. Als Ziel pflegte ich etwa zu bezeichnen, er müsse mich in die Lage versetzen, der Fakultät mit meinem wissenschaftlichen Gewissen in meinem Votum zu bezeugen, daß die vorgelegte Arbeit unsere wissenschaftliche Erkenntnis mindestens in einer, sei es auch noch so untergeordnet erscheinenden Frage, nämlich (folgt aus dem Thema) wesentlich gefördert habe. Die „Forschung" muß den entscheidenden Grundgedanken, den springenden Punkt herausstellen und um diesen Kern breit und umfassend „herumarbeiten", auch Nebensächlichkeiten prüfen und vor allem in die Tiefe bohren; die „Darstellung" hat das Wesentliche und Wesentlichste herauszuarbeiten, das Beiwerk wegzulassen, den Stoff präzis zu fassen und systematisch nach dem Gesichtspunkt von Über- und Unterordnung zu formen. In der Kritik und Selbstkritik kann man gar nicht streng genug sein, in der Zensierung wohlwollend und verständnisvoll-einfühlend, namentlich wenn die Ansichten der Dissertationen von den eigenen des Zensors abweichen; Rechthaberei ist auf beiden Seiten zu vermeiden. Die mündliche Prüfung sei ein auf wissenschaftlicher[4]) Grundlage gehobenes Kolloquium. Nach bestandener Prüfung pflege ich mit Handschlag zu gratulieren und zu sagen: Bleiben

[3]) Nur für kriminologische Arbeiten gab ich genauere Anleitungen (später abgedruckt in meiner Kriminologie 1950, S. 502).

[4]) Dies ist der Unterschied von der Staatsprüfung; im übrigen gelten die oben für die letztere entwickelten Gedanken auch hier in entsprechender Weise.

Sie der Wissenschaft und sich selbst treu. Diese feierliche Stimmung ist ein kleiner, aber vertiefter, auf das Wesentliche beschränkter Ersatz für die einstige öffentliche Disputation. Dabei erinnere ich an das feierliche Gelübde, das Anselm Feuerbach bei der Promotion in seiner öffentlichen Rede in heißer Inbrunst ablegte, daß er sein ganzes Leben der Gerechtigkeit weihe und sich einzig und allein von ihr in seinem Handeln und Denken leiten lassen wolle.

7. Wissenschaftspflege, Kongresse, Zeitschriften. — Beziehungen und Bekanntschaften

Lieber Freund, geht dir's doch wie mir. Im einzelnen sentierst du kräftig und herrlich — das Ganze geht in euren Kopf so wenig wie in meinen.

Goethe 1774 (an Pfenninger)

Auch die Wissenschaft besitzt, gleich dem Staat, drei sog. Gewalten. Am reinsten äußert sie sich in der Forschung, die beim Staat etwa der Gesetzgebung entspricht. Ihre reinste Auswertung findet sie in der Lehre, vergleichbar beim Staat etwa der Rechtsprechung. Die dritte Äußerung ist auf äußere Durchführung, auf Verwaltung, auf Pflege und Organisation gerichtet; sie soll zugleich den Betrieb der anderen Äußerungen ermöglichen und sicherstellen. Diese drei Erscheinungsformen der Wissenschaft zeigen manche, kaum beachtete Verschiedenheiten in dem Maß der Freiheit des Einzelnen und der Mitwirkung anderer. Unbeschränkt frei ist der Wissenschaftler nur in der Forschung; hier untersteht er nur den obersten Gesetzen der Wissenschaft selbst und seinem Gewissen; andere mögen ihn begleiten und unterstützen, aber nur der Forscher selbst schafft neue Erkenntnisse. In der Lehre ist weitgehend Arbeitsteilung geboten, und doch wieder Zusammenlegung, insofern der Einzelne in der Lehre Fächer vertreten kann, die nicht seiner Forschung entsprechen; er mag sogar Ansichten lehren, die nicht mehr die seinen sind, da er zunächst die Schüler auf Prüfung und Beruf vorzubereiten hat, wobei er allerdings nichts gegen sein Gewissen vortragen darf. So unbedingt eine Freiheit der Wissenschaft in der Forschung (und deren Mitteilung) zu verlangen ist, eine Lehrfreiheit besteht nicht unbedingt; Kant trug noch das Leibniz-Wolff'sche System vor, als er es innerlich längst überwunden hatte. Die Wissenschaftspflege endlich vollzieht sich weitgehend mit anderen zusammen und in Gemeinschaften. Hier sind, wie in allen Gemeinschaften, Begrenzungen und Konzessionen geboten, auch Anweisungen und Richtlinien möglich. Es wäre verfehlt, wollte sich der Forscher hiergegen im Hinblick auf sein Forschergewissen verwahren; aber es ist verständlich, daß ein auf neue Wege geratener Forscher die gemeinsame Arbeit auf Kongressen, in Akademien und Arbeitskommissionen meidet, um sich nicht beirren zu lassen, und zuerst einmal das sich selbst gesteckte, nur ihm selbst vorschwebende Forschungsgebiet zu erreichen versucht.

Auf der anderen Seite ist zu verstehen und stets zu beachten (was die Kritiker meist versäumen), daß ein Forscher in Sammelwerken und Zeitschriften, auch in einfacheren Lehrbüchern nicht immer seine eigene Ansicht in den Vordergrund rückt, sondern sich den jeweiligen Zielen des gewählten Organs und den Interessen des begrenzten Leserkreises anpaßt. So habe ich mich zum Kant-Jubiläum 1924 auf die damals in Fülle eintreffenden Ersuchen nicht weniger als fünf Mal in wissenschaftlichen Sammelwerken und Zeitschriften geäußert, von der besseren Tagespresse ganz zu schweigen; und ich habe dabei Kants Bedeutung für die Gegenwart und selbst meine eigene Auffassung recht verschieden formuliert. Man kann aber begreifen, daß ein älterer Forscher, der mit seiner Arbeitszeit haushalten muß, sich nicht mehr gern in Zeitschriften, Akademien und Kongressen äußert. In früheren Jahren hielt ich es für meine Pflicht, an allen, für meine Fächer in Betracht kommenden wissenschaftlichen Organen sowie auf Tagungen das Wort zu ergreifen, und zwar um mich an der Gemeinschaftsarbeit i. S. der betreffenden Leser- oder Zuhörerkreise zu beteiligen und ihre berechtigten Ziele zu fördern, nicht um (wie es oft geschieht) die Gelegenheit zu benutzen, die eigene Arbeit auf einfache Art an Stelle eines ausgearbeiteten und womöglich weniger gelesenen Zeitschriftenaufsatzes vorzubringen oder gar um mich für Beförderungszwecke in schmeichelnde Erinnerung zu bringen. Wenn ich jetzt zurückblicke, so ist es ein vielleicht zu großes Maß an Zeitschriftenaufsätzen, die früher aus meiner Feder flossen; in den angesehensten Zeitschriften wurde ich als ständiger Mitarbeiter nicht nur auf dem Titelblatt genannt, sondern auch wirklich tätig. Jetzt bedauere ich, die aufgewendete Zeit nicht besser auf dringende Forscheraufgaben konzentriert zu haben, wie ich es jetzt meinen Doktoranden und Habilitanden so warm empfehle.

I. Der äußere Betrieb der Wissenschaftspflege vollzieht sich in Deutschland an den Universitäten, die, wie zu hoffen ist, in dem bewährten Stand ihrer bisherigen Entwicklung allen Modernisierungsversuchen zum Trotz erhalten bleiben und nicht zur „Fachschule“ erniedrigt werden. Die Verbindung von Forschung und Lehre in einer Person hat sich vor allem aus zwei Gründen bewährt. Der Forscher kontrolliert sich am besten durch das Bestreben, die Forscherergebnisse in knappen Lehrsätzen verständlich vorzutragen und sich selbst als unvoreingenommener Schüler zu fühlen. Anderseits wird die Lehre umso lebendiger und ursprünglicher vorgetragen, je mehr die Schüler die unmittelbare Mitarbeit und zwar gerade als Ringen um die Ergebnisse des Forschers empfinden; insofern fühlen sie sich selbst als Forscher. So findet von beiden Seiten eine Einfühlung statt und entsteht erst eine wahre Gemeinschaft, wie sie die Wissenschaftspflege nur begrüßen und fördern sollte. Das alles sind tiefliegende innere Zusammenhänge, die systematisch noch längst nicht durchschaut sind, die sich aber, wie allgemein bekannt ist, geschichtlich-organisch entwickelt haben und in die man nicht von außen mit rauher Hand eingreifen sollte. Vor allem ist an der Universitas, der Vereinigung aller auf Erkenntnis gerichteten Wissenschaften an einer Lehrstätte, festzuhalten; die Dozenten wie im bescheideneren Maße die Studenten erhalten eine ungefähre Vorstellung von dem Gesamtsystem der Wissenschaften, ihren gegenseitigen Beziehungen, daher auch von dem spezifischen Wesen ihrer eigenen Wissenschaft und der Möglichkeit ihrer Beeinflussung und Befruchtung durch Nachbargebiete, die anderseits auch wiederum nicht über ihre Grenzen hinauswirken dürfen (wie z. B. die Biologie ebenso wenig wie die Politik sich Übergriffe in die Ethik und in die Rechtswissenschaft erlauben dürfen). Mögen wir, möge die einst hochstehende deutsche Kultur bewahrt bleiben vor der öden, auf platte Nützlichkeit gestützten Fachschule mit ihrem kasernenhaften Drill auf berufstechnische Routine! Möge auch die lebendige, freie Forschung behütet bleiben vor dem Versuch, sie in Arbeitsgemeinschaften einer vermeintlichen Akademie einzugliedern und ihr bestimmte Forschungsaufgaben, angeblich aktueller Natur, vorzuschreiben oder ihr gar schon bestimmte Ergebnisse als erwünscht zu bezeichnen! Der lebendige Strom der Wissenschaft würde versiegen, die Forschung erstarren. Ein Forscher, der sich auf solches Ansinnen auch nur äußerlich einlassen würde, wäre kein Forscher mehr; er könnte ein Fälscher werden. Möglich und wünschenswert ist dagegen die Abgrenzung und Zuweisung bestimmter Einzelbezirke, innerhalb deren sich der Forscher alsdann frei betätigen kann, schon damit gleiche Doppelarbeit vermieden und Arbeitskraft eingespart wird. Aber selbst dann ist möglich und zulässig Überschreiten der vorgeschriebenen Grenzen.

So sind für meine juristischen Arbeiten lebensnotwendig geworden: vor allem die Philosophie, sodann die Soziologie, durch sie zuletzt die Tatsachenforschung. Und so wurde ich einst mit innerer Folgerichtigkeit auf den Zivilprozeß gewiesen und später mit mächtigem Zwang auf das Völkerrecht geführt. Wer hätte mich an meinen Forscherarbeiten hindern sollen! Und wer dürfte mich auf meiner Forscherbahn stören und aufhalten! Seit 1933 scheint das Bestreben aufgekommen zu sein, gewisse, der Partei und später irgendeiner Clique, Vereinigung, Forschungsgemeinschaft angehörende Dozenten als ausschließlich zuständig für die Forscherbetätigung auf gewissen Gebieten aufzustellen, die zum Lehrfach auch anderer Dozenten gehören.

Aber darüber hinaus machte sich jene bekannte und beklagte „Protektions-“ oder besser „Cliquen-Wirtschaft“ bemerkbar, die zunächst (!) nur als Auswüchse der in Universitätskreisen unvermeidbaren sachlichen, aber darüber hinaus meist vermeidbaren persönlichen Spannungen zu erklären sind. Ihr Ziel ist äußerlich die Pflege bestimmter wissenschaftlicher Gebiete und des gesellschaftlichen Verkehrs, latent die

Bekämpfung und Ausschaltung wirklicher oder vermeintlicher Konkurrenz, mit erlaubten oder fragwürdigen Mitteln. Die Motive sind zunächst rein wissenschaftlicher und beruflicher Art; daneben stehen in verschiedener Stärke ökonomische oder psychologische Interessen: wirtschaftliche Sicherung der Familie, Ehrgeiz und Mißgunst. Ähnliche Auswüchse des an sich gesunden, zu größerer Vollkommenheit anspornenden Wettbewerbs sind natürlich auch in anderen Berufskreisen anzutreffen, bei Künstlern, Kaufleuten und freien Berufen; aber sie passen gar zu wenig zu den wissenschaftlichen Idealen, erschweren deren wahrhafte Betätigung und wirken auf Außenstehende nicht gerade zugunsten der Universität, da sie nicht verborgen bleiben. Beamte, die dort in den heiligen Hallen der Wissenschaft einst ihre Ausbildung erfuhren, gewannen nicht immer den Eindruck einer wahren, objektiven Universität. Schon während meiner Berliner Studienzeit klärten Repetitoren auf, wen man zitieren dürfe und wen nicht, wen man loben und wen man angreifen müsse, wer hoch im Kurs stehe und wer tot zu schweigen sei. Ein offenes Geheimnis war, daß Kohler, der bedeutendste, und Liszt, der erfolgreichste Jurist in der Fakultät einen schweren Stand hatten und daher bekämpft werden müßten. Um einige Schulhäupter, Institutsleiter, Zeitschriftenherausgeber schwirrt es, wie ein Heer von Nachtfaltern um das Licht. Wie aber, wenn das Licht erlischt oder andere Lichter auftauchen?

Die Cliquen-Wirtschaft äußert sich in jenen „Kuhhandelsgeschäften", wie sie gemäß dem „Do-ut-des-Prinzip" vor und nach Sitzungen, auf Kongressen und Abendgesellschaften oder in lebhafter Korrespondenz abgeschlossen werden; geselliger Verkehr und Briefschreiben sind bequemer als Buchproduktion, führen leichter und sogar sicherer zum Ziel. Denn unbequeme Bücher wie deren Autoren werden einfach „geschnitten"; die Kleinen, die sich mit einem solchen Autor einlassen, werden ebenfalls geschnitten. So erklärt es sich, daß so manche aus Furcht vor dem Machthaber gegen ihre Überzeugung gesellschaftlich verkehren und bei Beratungen gegen ihre Überzeugung stimmen, daß sie aber hinter dem Rücken des Machthabers dem zu schneidenden Autor ihre Freundschaft und Hochachtung versichern. Das weiß jeder, der die Cliquen-Wirtschaft kennt; aber nicht jeder hat den Mut, sie bei rechtem Namen zu nennen. Und so erklären sich die in den Cliquen eingebürgerten Grundsätze bei Empfehlungen, Berufungen usw., wie ich sie mit Gesinnungsgenossen im Laufe von Jahrzehnten reichlich kennen gelernt habe und etwa so formulieren kann (um sie desto bewußter ablehnen und offen bekämpfen zu können): a) Auszuschalten ist das Leistungsprinzip; an seine Stelle tritt das Machtprinzip der Clique. b) Befolgt wird es von den Kleinen und Strebern jedenfalls mit Worten und äußerlich durch Taten; in manchen Fällen wird es innerlich abgelehnt. c) Es entscheidet nicht, was jemand geleistet hat, sondern was er leisten zu wollen vorgibt; nicht die Bücher, die er geschrieben hat, sondern die er plant, die er aber nie schreibt (aus Unvermögen oder Furcht vor der

Clique). d) Als Wissenschaftler vom Fach gilt, wer gar nichts geschrieben hat, weil er sich dann keine Blößen gibt, keine Angriffspunkte bietet, anderseits niemanden stört, niemanden übertrifft (daher im Ernst: nicht zu früh mit wichtigen Werken hervortreten! sie aufsparen bis ins hohe Alter!) e) Wenn er aber in diesem Fach nur einiges geschrieben hat, in einem anderen Fach jedoch mehr, dann heißt es (je nach dem Machtspruch), er habe das erste, sein eigenes Fach vernachlässigt. f) Anderseits gilt der Spezialist, der nichts weiter in der Welt als sein eigenes Fach fördert, als Banause, als Einsiedler. g) Die dritte Möglichkeit ist, daß er überhaupt nichts schreibt, sondern gesellschaftlich verkehrt oder sich zurückzieht; dann kann es heißen: er ist ein reizender Mensch, oder er ist ein Sonderling, jedenfalls aber ist er unfruchtbar. Und nunmehr wird er zum Nachtfalter und umschwärmt das künstliche Licht. – So sieht die Personalpolitik aus, durch die man bequem und sicher vorwärtskommen und in gute Stellen gelangen kann; man sucht sich einen der genannten Grundsätze aus oder mehrere. Und es gibt noch weitere Schleichwege, wie Anschwärzung von Konkurrenten durch üble Kritik bis zur Verleumdung (deren Schwere und hochgradige Strafwürdigkeit bekanntlich selbst von Kriminalisten verkannt wird). Es widerstrebt, das schwüle Thema noch weiter zu behandeln; das Atmen in dieser Luft ist gewiß nicht leicht, und die Folgen wird man spüren: vorzeitige Erschlaffung und Erstarrung, bittere Enttäuschung, Blick ins Leere, ins Nichts. Flucht in andere „Werte“ oder Scheinwerte.

Außer der Buchproduktion drang im Laufe der Zeiten immer mehr ein zweiter Maßstab vor, je stärker sich die Universitäten den reinen Lehranstalten näherten: das Lehrtalent. Der Erfolg bei den Studenten ist zweifellos mit in die Waagschale zur Bewertung des Dozenten zu werfen. Erfahrungsgemäß ist die Feststellung des Grades sehr schwierig und in gerechter Weise kaum möglich. Besuch der Vorlesungen? Erfolg bei Prüfungen? bei Doktoranden? Die Hörer sprechen in verschiedener Weise je nach ihren Interessen und Fähigkeiten an; sollten sie etwa die Entscheidung abgeben, wo sie bei eigenen Nöten umso mehr nur nach einem schnellen und guten Abschluß drängen?

Aus allen diesen Schwierigkeiten wird natürlich eine weise Ausübung der Selbstverwaltung, auf deren Besitz die Universitäten so viel halten, einen tragbaren Ausweg suchen und eine befriedigende Lösung des streitigen Einzelfalls meist finden. Gerade eine solche Entscheidung versuchen nun aber die Cliquen in ihrem Sinne zu beeinflussen. Viel hängt in solchen Fällen, wie in jeder Verwaltung, das Endergebnis von der Persönlichkeit des geschäftsführenden Beamten ab, von seinem Rechtlichkeitssinn und Ausgleichsvermögen, seiner Fähigkeit, allen Streitteilen das Gerechte und für sie Heilsame im Einzelfall vor Augen zu führen und sich überhaupt mit ihnen schon außerhalb der Sitzungen gut zu stehen. Hierbei zeigt sich aber wieder die Notwendigkeit des gesellschaftlichen Verkehrs mit der Gefahr, von einer der Cliquen eingewickelt zu werden. Bekannt ist die hohe Bedeutung der „Imponderabilien" im Universitätsleben, die, wie gescherzt wird, sogar noch größer als bei der Strafzumessung sind. Im Lauf der Jahrzehnte konnte ich beobachten, wie wichtig für den Inhalt eines Fakultätsbeschlusses es ist, an welcher Stelle der Tagesordnung er steht, und ich suchte während meiner Dekanatszeiten dementsprechend, so gut wie es ging, die Reihenfolge aufzustellen: die Mitglieder dürfen bei dem heiklen Punkt nicht schon abgekämpft, gereizt, ermüdet sein. Selbstverständlich können die Tageszeit, der Tagungsort, das ganze Milieu zur Hebung der Stimmung beitragen, so daß ein jeder geneigt ist, von seinen Wünschen Abstriche zu machen. Mitunter suchte der Dekan eine Stimmung in seinem Sinne zu erzeugen, indem er die Fakultätssitzung in seiner Privatwohnung anberaumte, wobei man eine Bewirtung erwarten, ja befürchten mußte. Da wurde nicht mit Unrecht auf die Vorschrift des Gerichtsverfassungsgesetzes hingewiesen, daß Sitzungen an Gerichtsstelle, also am Amtssitz stattzufinden haben; auch für die Fakultätssitzung ist eine Atmosphäre unbedingter Sachlichkeit zu schaffen, abgesehen davon, daß bei der Verhandlung die sofortige Einsicht von Akten und Büchern notwendig werden kann. Gerade bei Spannungen, wie sie die Cliquen nach sich ziehen, ist umso strenger auf Beobachtung der Formalitäten zu halten, die das Gefühl von Rechtssicherheit erzeugen.

Die Buchproduktion, jene Grundlage des Maßstabes für die Tüchtigkeit eines Gelehrten, wurde erheblich durch die wirtschaftliche Not zurückgedrängt. In der glücklichen Vorkriegszeit konnte er schreiben, was er wollte, und fand Verlag wie Abnehmer, womit die Möglichkeit öffentlicher Kritik eröffnet wird. Später hörte zunächst der Druckzwang für Dissertationen auf; dann durften die Leitsätze in Zeitschriften nach Ermessen des Herausgebers aufgenommen werden: und schon sind gewisse Institute zum Austauschverkehr ungedruckter Forschungsschriften geschritten. Eine starke Beschränkung der Freiheit der Wissenschaft liegt in ihrer Lenkung im Sinne einer bestimmten Richtung, wie in Sowjetrußland und während des Nationalsozialismus in Deutschland: es werden, evtl. mit Unterstützung durch den Staat oder durch Förderungsgesellschaften, nur solche Schriften und nur so viele Exemplare gedruckt, wie schätzungsweise abgesetzt werden; die Interessenten dieses Gebietes sind genötigt, nur die so hergestellten Bücher abzunehmen, während andere Forscher mit anderen Ergebnissen kein Gehör finden. Die Förderungsgesellschaften stützen sich auf Gutachten der für dieses Gebiet ein für allemal bestellten Sachverständigen, die naturgemäß einer bestimmten Richtung angehören. In allen derartigen Fällen gedeiht und wuchert die Cliquenwirtschaft; sie zieht immer weitere Kreise. Da gibt es nur den einzigen Weg: unermüdliche, streng sachliche Weiterarbeit; nur keine Einschüchterung, denn sonst hätten jene Intriganten ihr Ziel erreicht.

Von hier aus erklären sich zwei Buchverbote, die mir einst schlaflose Nächte bereiteten und meine Verleger erheblich schädigten. Wenn ich auch als Philosoph gelassen darüber lächle, so muß ich doch der Wahrheit gemäß mit innerem Widerwillen berichten, was symptomatisch für Auswüchse der Fakultäten war und leider noch ist. Im Sommer 1936 veröffentlichte ich meine seit vielen Jahren vorbereitete „Rechts- und Staatsphilosophie" (500 Seiten bei Enke-Stuttgart) und bald darauf die auf Grund öffentlicher Vorträge verfaßte kleine Schrift: „Lebendes Recht und lebende Wissenschaft" (47 Seiten in der Schriftenreihe: Recht und Staat H. 119, bei Mohr-Tübingen). Nach wenigen Monaten erhielt ich durch die beiden Verlage die Mitteilung, daß beide Werke durch eine Parteidienststelle „beschlagnahmt" seien und der vorhandene Restbestand einzustampfen sei. Ich erreichte den Aufschub der Einstampfung gegen eine Verpflichtung der Verlage, kein Exemplar herausgehen zu lassen. Vergeblich bemühten sich der Universitätsrektor und das Unterrichtsministerium, die Verleger und ich (nach schriftlicher und persönlicher Vorstellung bei mehreren Parteidienststellen) um die Freigabe der Bücher oder wenigstens um Mitteilung der Gründe. In einer persönlichen Unterredung erhielt ich durch einen Hauptstellendienstleiter im Braunen Haus in München die überzeugende Auskunft in durchaus vertrauenerweckender Weise, daß die Partei keinerlei Interesse an meinen (rein wissenschaftlichen) Büchern besitze, daß die Beanstandungen aber von meiner eigenen Fakultät ausgingen, deren Gutachten für die Partei verbindlich seien. Die Fakultät in Münster konnte nicht in Frage kommen, wie mir der Dekan versicherte. Hinter dem Verbot konnten nur andere mißgünstige Fachkollegen stehen, die sich der Parteistelle bedienten, um mich wissenschaftlich mundtot zu machen. Weil sie mich auf offene, ehrliche Weise wissenschaftlich nicht bekämpfen, Gleichwertiges nicht an die Stelle setzen konnten, benutzten sie den Weg durch die Geheime Staatspolizei. Alle meine Gegengründe genügten nicht, um das einmal erlassene Verbot zurückzunehmen. „Ein echter Nazi nimmt nichts zurück"; er irrt sich nie.

In den zahlreichen Eingaben hatten die genannten Behörden und ich selbst auf die überaus nachteiligen Folgen der Verbote hingewiesen; da ich zahlreiche Fachvertreter in fast allen Auslandsstaaten um Mitarbeit, insbesondere Zusammenstellung der ausländischen rechtsphilosophischen Literatur ersucht hatte, mußte das Verbot auch im Ausland ungünstig wirken. Und da ich im Lehr- und Prüfungsamt verblieb, mußten die Studenten sich wundern, daß zwei zugleich für sie bestimmte Bücher ihres Dozenten und Examinators verboten waren.

Unter den bisherigen Vorstellungen eines Beamten, Lehrers und Forschers über Pflicht und Ehre hätte ich nunmehr meine Ämter zur Verfügung stellen oder meinen Rücktritt nachsuchen sollen; nach pflichtmäßiger Abwägung der dafür und dawider sprechenden Gründe entschied ich mich zum Verbleiben, zum Ausharren. Meinen wissenschaftlichen Gegnern wollte ich nicht den Gefallen tun, zu weichen. Ich selbst war mir nicht bewußt, in meinen Werken irgendetwas geschrieben oder in meinen Vorträgen irgendetwas gesagt zu haben, was als ungünstig für das Deutsche Reich und Vaterland, wie ich es sah, ausgelegt werden könnte; ich wollte daher meine Tätigkeit und zwar im Interesse meines Vaterlandes so lange wie möglich ausüben, in der Erwartung, daß das wahrhaft Vaterlandsfeindliche früher oder später verstummen würde. Ich glaube rückschauend, daß mein damaliger Entschluß der richtige war; aber es ging nicht ohne heftige innere Kämpfe und äußere Widerwärtigkeiten ab. Ich las als der einzige Fachvertreter in Münster wie bisher in jedem Jahr Rechts- und Staatsphilosophie und hielt in jedem Semester entsprechende Seminarübungen wie bisher ab. Es gereicht meinen Zuhörern und den Studenten, denen das Verbot natürlich nicht unbekannt bleiben konnte, zur Ehre, mir die Treue bewahrt zu haben; sie haben sogar meine Vorlesungen umso lieber besucht und meine Werke umso eifriger gelesen. Sollten sie sich doch selbst ein eigenes selbständiges Urteil in meinem Kreise erwerben und vor Einseitigkeit und Erstarrung bewahrt bleiben. Aber es verstand sich nunmehr von selbst, daß ich rechtsphilosophische Themen für Seminarvorträge und für Dissertationen nicht mehr geben konnte, da ich es nicht wagen durfte, ihre Arbeiten der Gefahr gleicher Verbote auszusetzen. Die in jeglicher Hinsicht (auch pädagogisch und wirtschaftlich) unverständlichen Verbote haben zwar meine eigene Forschung in keiner Weise berührt, sie haben meine wissenschaftliche Schaffenskraft im Gegenteil gesteigert, so daß ich nach 4 Jahren einen teilweisen Ersatz in der Juristischen Methodenlehre (1940, wiederum bei Enke-Stuttgart, 642 Seiten[1])) vorlegen konnte. Gleichwohl war meine Lehrtätigkeit gegenüber meinen Schülern und Anhängern stark beeinträchtigt. Auch gewisse Dozenten, die bisher zu mir hielten, wagten jetzt kaum noch, sich mit meinen Arbeiten in sachlicher Weise auseinanderzusetzen, da sie in dem eigenartigen Glauben befangen zu sein schienen, durch ihr Bekenntnis zu mir ihrem eigenen Vorwärtskommen Hindernisse zu bereiten; sie haben meine neueren Schriften nicht gelesen und konnten sie wegen des Verbots nicht lesen. Diese Beeinträchtigung ihrer eigenen Arbeiten war die unvorhergesehene Nebenfolge jener Verbote; der reine Fluß der wissenschaftlichen Forschung wurde gestört, eingeengt und getrübt. Oder sie haben frühere Werke gelesen und ihren Inhalt verwertet, aber mich als Urheber verschwiegen, die Quelle verschüttet, sich als Schöpfer vorgetäuscht. Das habe ich an mir und anderen oft erlebt; eine Fälschung der Wissenschaft.

Auf meiner Seite hatte ich große Mitkämpfer von einst; aber sie verhielten sich im Einzelfall anders als ich, so daß ich auch in dieser schweren Frage, bei der es sich von meinem Standpunkt aus um Sein und Nichtsein

---

1) Dieser Titel wurde vom Rezensenten (Hans J. Wolff in den Blättern für Deutsche Philosophie 16 H. 1/2) nicht mit Unrecht als zu weit und zu eng beanstandet; er erklärt sich zum Teil aus der damaligen Zwangslage: ich wollte Ähnliches, wie das Verbotene, geben, mußte aber einen politisch neutralen und einen ganz anderen Namen wählen, um der Gefahr eines nochmaligen Verbots zu entgehen, das ich schon meinem tapferen Verlag nicht zum zweiten Mal zumuten durfte.

der Wissenschaft handelte, meinen eigenen Weg gehen mußte. Als Kants Altersschrift über die natürlichen Grenzen der Religion (1794) verboten wurde, suchte er diese beschämende Tatsache seinen Freunden zu verbergen, während ich den Kollegen und Studenten das Verbot nicht verschwieg, später mich sogar mit ihm brüstete. Bei Kant fand man später einen Zettel vor mit den Worten: „Seine Überzeugung zu verleugnen, ist niederträchtig und gemein, aber ein preußischer Staatsdiener kann auch schweigen"; mißmutig geworden, stellte er seine Privatvorlesungen ein. Mich dagegen hat das Verbot nur noch weiter gestärkt; ich stand in jedem Semester auf dem Katheder und trug meine staatlich und polizeilich verbotene Rechts- und Staatsphilosophie vor, die sich die gleichen Schüler nicht in der nächsten Buchhandlung kaufen durften und die ich meinen wissenschaftlichen Freunden im In- und Ausland auf eine mir gemachte Widmung nicht als Gegengabe dedizieren durfte. Meine Werke haben das „tausendjährige Reich" überdauert. –

Das Berufungs- und Habilitationswesen hat sich in seiner früheren Ausgestaltung trotz allen Gefahren und Auswüchsen im ganzen bewährt und kann nach meinen Erfahrungen jedenfalls bei verständiger und gerechter Behandlung zum Segen für Wissenschaft und Unterricht durchgeführt werden. An mir ist im Lauf der Jahrzehnte eine große Reihe solcher Fälle vorübergegangen; wir haben uns gegen jede Aufdrängung von oben oder von außen, wie sie nicht erst seit 1933 öfters an uns herantrat, nachdrücklich zur Wehr gesetzt. Aber auch mit den von der staatlichen Unterrichtsverwaltung uns ohne vorherige Bekanntschaft zugesandten Lehrbeauftragten haben wir meist günstige Erfahrung gemacht; der Fakultät muß alsdann einige Zeit Beobachtungs- und Bedenkzeit eingeräumt bleiben. Nur die Fakultät kann über die gerade in ihren Kreisen vorhandenen Bedürfnisse befinden und hat darüber in der Sitzung, sei es auch nach Vorbereitung durch den Dekan und durch die näher Beteiligten, in objektiv sachlicher Weise zu entscheiden. Ich habe nicht nur über meine eigenen Fächer einen oft ausgedehnten Briefwechsel geführt, dessen wesentlicher Inhalt nach vorheriger Besprechung in kleineren Kreisen alsdann in der Sitzung erörtert wurde; wir haben das Dafür und Dawider bei den einzelnen Vorschlägen reiflich überlegt. Ein gehöriges Maß an Personalkenntnissen vermochte ich mir im Lauf der Zeiten anzueignen; und ich erhielt meinerseits von auswärtigen Dekanen und Kollegen namentlich bis 1933, sogar nachher und noch nach 1950 weit nach meiner Emeritierung auch über die meinen eigenen Fächern ferner liegenden Gebiete, nicht wenige und immer recht genau spezialisierte Fragen, die ich selbst nach sehr eingehender Umschau und gerecht abwägender Prüfung, als ginge es um einen Zivilprozeß, unter Einfühlung in die fremden Fakultätsinteressen zu beantworten suchte. Auch dem Personalreferenten des Ministeriums habe ich manches schriftliche Gutachten so gewissenhaft wie möglich erstattet; einige Male gab ich diese Auskünfte über die Bedeutung von

Schriften anderer auch in solchen Fällen, wo ich persönlich selbst interessiert war und nach diskreter Mitteilung von dritter Seite merkwürdigerweise selbst auf die Liste gekommen war. In allen solchen Fällen fühlte ich mich als Verwaltungsbeamter, als Beauftragter der Unterrichtsverwaltung oder als Richter über den Parteien, und ich hatte niemals Grund, mich als befangen abzulehnen. Aber ich konnte mitunter als Kriminalist beobachten, daß sich unlautere Motive einschlichen, Protektionswirtschaft, das do-ut-des-Prinzip, Güteraustausch, Hoffnung eigener Berufung aus Dank, Rücksichten auf die Fakultätsdamen und auf gesellschaftlichen Verkehr, begehrte Universitätsstädte oder Ruhesitze, bequeme und nicht sehr produktive Kollegen, Befreiung von tüchtigen und daher gefährlichen Fakultätsmitgliedern, überhaupt Fernhaltung aller Konkurrenz. Zu den sachlichen, berechtigten Gründen rechne ich dagegen: Fernhaltung jeglicher Störung des Fakultätsfriedens, also Fernhaltung nicht anpassungsfähiger, nicht in andere Lagen einfühlsamer Fakultätsmitglieder, Fernhaltung ausgesprochener Strebernaturen, die nur auf Vermehrung ihrer Berufungen ausgehen (ohne die angebotene Stelle anzunehmen oder einige Zeit behalten zu wollen), nur um sich auf diese Weise bekannt und berühmt zu machen, Fernhaltung aller geldlichen Interessenten, die darauf ausgehen, möglichst viele Vorlesungen an sich zu reißen oder die ihr Hauptziel in möglichster Beliebtheit bei den Studenten erblicken, aber auch solcher, die sich zu wenig um die Studenten bekümmern und nur ihrer Gelehrsamkeit ohne Rücksicht auf das Lehramt widmen, die keine allgemeineren und kulturellen Interessen besitzen, die welt- und lebensungewandt auftreten, die nicht über korrekte Formen verfügen, so daß sie sogar bei den Studenten Anstoß erregen. Das politische, religiöse und weltanschauliche Glaubensbekenntnis hat auch vor 1933 und nach 1945 eine bedeutende Rolle gespielt und ist ein von der Persönlichkeit untrennbares Element; es kann entscheidend für die Ablehnung, sollte aber nicht bestimmend für die Empfehlung werden. Zu bedauern ist, daß alle guten Vorbereitungen und selbst Entscheidungen durch spätere Tatsachen überholt und gegenstandslos werden, wie wir es vielfach erleben mußten. So wurde Horst Schröder, unser eigener hoffnungsvoller Habilitand (1939), der neben mir in Münster Straf- und Prozeßrecht lesen sollte, alsbald mit einem Lehrauftrag nach Graz in eine vakante Stelle verschickt. Und so wurde Joh. Martin Ritter, der an seine Stelle mit einem Lehrauftrag aus Marburg kam und dann als a. o. Professor berufen wurde, zur Wehrmacht eingezogen und uns allen wie der Wissenschaft durch seinen Heldentod nach kurzer Amtszeit (Juli 1942) entrissen.

Die Extraordinariate waren wiederholt Gegenstand meiner Reformbestrebungen, die schließlich anerkannt wurden und zum Teil sogar Erfolg hatten. Eine geringere Wertung lassen nämlich zwar Personen, nicht aber Fachgebiete zu, etwa gar wegen ihrer geringen Bedeutung für Forschung oder Studium oder wegen ihres geringen Umfangs. Daher wandte ich mich im Senat und in den Fakultäten energisch gegen die häufig anzutreffende Übung (ja vielfach geltende Vorschrift), von der Besetzung mit einem Ordinarius auszuschließen die orientalischen oder slawischen Sprachen gegenüber den romanischen, die alte Geschichte gegenüber Mittelalter und Neuzeit, die Musikwissenschaft gegenüber der Geschichte der bildenden Kunst, die Ohrenheilkunde gegenüber der Augenheilkunde, die Psychologie und Pädagogik gegenüber der Philosophie. Wohl aber halte ich es für zulässig, für notwendig und für gerecht, daß ein Dozent ein Extraordinariat erhält und behält (evtl. zeitlebens), wenn seine Forscher- und Lehrbefähigung zwar auf einem Teilgebiet voll ausreicht (sonst dürfte er überhaupt nicht Professor werden), auf anderen aber versagt, die mit jenem regelmäßig zu einem Lehrfach mit selbständigem Lehrstuhl (etatsmäßig) verbunden zu werden pflegen, wie Völkerrecht bald mit Staats-, bald mit Strafrecht und Rechtsphilosophie. Ich halte es für durchaus richtig, wenn ein bestimmter a. o. Professor für Geschichte der Neuzeit nie in ein Ordinariat einrückt, wenn seine sämtlichen Forscherarbeiten nur einen kleinen Ausschnitt, und zwar immer nur den gleichen, betreffen.

Von einem ordentlichen Professor erwartet man, daß er die Universitas literarum prästiert. Bei jedem Berufungsvorschlag legte ich hierauf Gewicht und widersprach solchen Anwärtern, die mir nicht genügend Garantie boten. Sach- wie Prozeßvoraussetzung für einen „Volljuristen“, wenn ich so sagen darf, ist mir die Einlassung der Spezialforschungen in größere kulturelle Zusammenhänge, insbesondere in Philosophie oder Geschichte; sonst bleibt übrig nur ein „Paragraphenroutinier“. Ein anerkannter Praktiker mit gutem Lehrtalent für bürgerliches, Handels-, Verwaltungs- oder Völkerrecht, aber ohne Sinn für Rechtsgeschichte oder Rechtsphilosophie, mag einmal Lektor oder Lehrbeauftragter werden, ist nicht einmal reif für eine Dozentur, geschweige für irgend eine Professur, wird übrigens auch keine Stelle an Obergerichten oder als Präsident erhalten. Auch ein guter Lehrer für fremde Sprachen ohne Sinn für historische und philosophische Zusammenhänge paßt höchstens zum Lektor.

Die Gefahr, die Universitäten in „Fachschulen“ aufzulösen, habe ich seit jedem politischen Umsturz, zuerst 1919, dann 1933 und noch einmal 1945, als bedrohlich und immer bedrohlicher werdend erkannt und mit allen Mitteln zu bekämpfen versucht. Ungünstig ist bereits, daß die medizinischen Fakultäten und die naturwissenschaftlichen Institute ein Sonderdasein führen; sie nehmen an dem Segen der „Pausenbekanntschaften“ nicht teil, man sieht ihre Vertreter nicht und kennt kaum ihre Namen. Die Gefahr des Auseinanderfallens der Universitas vergrößert sich in großen Städten und bei weiten Entfernungen. Insofern kann man jenen Wunsch nach „Universitätsstädten“ (quartier latin) verstehen und billigen, wenn auch die gesellschaftliche Abkapselung innerhalb einer größeren Stadt kulturelle, soziale und pädagogische Gefahren für die Studenten in sich birgt. –

Leider konnte ich recht häufig beobachten, daß Habilitanden und vor Berufungen stehende Dozenten ihr Versprechen, auf einem bestimmten Gebiet oder nach einer bestimmten Richtung später zu arbeiten, nach Erreichung ihres Ziels nicht hielten; ich will hoffen, daß sie nicht aus Geschäftstüchtigkeit leere Versprechungen abgaben, sondern aus sachlichen Gründen ihre wohlbegründet erscheinenden Pläne umwarfen, so daß ihr Berufsethos in meinen Augen keine Einbuße zu erleiden brauchte. Allerdings glaubte ich später eine gewisse Scheu mir gegenüber zu beobachten. Liebedienerei und Umschmeicheln aus personalpolitischen Gründen waren mir von je her verhaßt. Die Folge meiner bösen Erfahrungen war, daß ich schließlich kein Versprechen des „aufstrebenden Nachwuchses" mehr als ernst ansehen konnte. Bei Berufungen befolgte ich künftig, was mich wieder in Konflikte mit Kollegen brachte, aufs strengste den Maßstab: was liegt tatsächlich (im Druck) vor? nicht etwa: was kann oder gar was will der Herr schaffen? Der „gute Wille" hilft nicht bei Sterilität.

Es ist ein Zufall, wer in den Blickkreis eines Lebenslaufs eintritt und länger verweilt; aber ich bin dankbar, daß so viele „Werteträger" und „Wertebringer", um beliebte Wendungen aus meiner philosophischen Lehre auch an dieser wichtigen Stelle zu „verwerten", vor mein geistiges Auge traten, stehen blieben, mir die Hand reichten und in Treue zu mir hielten, und zwar auch nach 1933, als plötzlich aus heiterem Himmel die Bomben niedergingen in Gestalt von Bücherverboten, Auflösung von Gemeinschaften, Vernichtung kultureller Werte, Entziehung althergebrachter Rechte, gesellschaftlichen Taktlosigkeiten. Jene näheren und intimeren Wertbeziehungen entstanden, wie ich oft sagte, nur zufällig mit Kollegen aus anderen Fakultäten im Dozentenzimmer in gleichen Pausen, auf gemeinsamen Nachhausewegen oder abendlichen Gängen, im Anschluß an Konzerte oder zunächst nur an geschäftliche Telefongespräche, bei Mahlzeiten in Gaststätten oder Klubs, in den Lesesälen oder im Büchermagazin: so zuletzt in Münster mit dem evangelischen Theologen Johannes Herrmann, dem katholischen Theologen Schmaus, dem Philosophen und Leibnizforscher Kabitz, einem Schwiegersohn meines einstigen Berliner Lehrers Friedrich Paulsen, des Verfassers der viel aufgelegten, populär gehaltenen Ethik, sowie dem ganz anders gearteten Philosophen, einstigen Religionsphilosophen Heinrich Scholz, der später zur mathematischen Grundlagenforschung überging unter dem Späteinfluß seines (wie meines) Lehrers, des Neukantianers Hermann Cohen. Nahe Berührung hatte ich auch mit den Historikern Wätjen, Eitel und Hans Erich Stier; die beiden ersten prüften im Referendarexamen in Hamm das von den Nazi eingeführte Fach der allgemeinen Bildung, während Stier, ein bedeutender Althistoriker (Schüler Ed. Meyers), später Mitglied des Landtags (CDU) wurde, dem ich, sein langjähriger Nachbar, in erfreulich offenen Aussprachen echte Freude in der politischen Betätigung zwar wünschte, aber nicht prophezeite.

Der Politik hatten sich unter meinen engeren Fachkollegen gerade zwei einstige Königsberger Professoren gewidmet, zu denen ich als der Jüngere in ein engeres berufliches und wissenschaftliches Verhältnis treten sollte, während ich politisch neutral blieb. Graf zu Dohna (Sohn eines Generals in Potsdam und einer griechischen Prinzessin) wurde 1919/20 nationalliberaler Abgeordneter (deutsche Volkspartei); wenig jünger wurde Radbruch (aus Lübecker Kaufmannskreisen stammend) sozialdemokratischer Abgeordneter und war in den Kabinetten Wirth und Stresemann kurze Zeit Reichsjustizminister (1921/3). Beide erfuhren ungefähr die gleiche Ausbildung, gingen wie ich strafrechtlich interessiert aus dem Lisztschen Seminar hervor, gewannen aber ebenso wie ich alsbald ein überwiegendes Interesse für Rechtsphilosophie. Beide wurden wiederum wie ich zunächst Neukantianer, als solche bestärkt durch die Königsberger Atmosphäre. Dohnas Rechtsphilosophie ruht auf Stammlerscher Grundlage; Radbruch stützte sich auf die Heidelberger Schule, besonders auf Lask. Beide verzichteten aber auf systematischen Ausbau, sondern zogen geistvoll geschriebene Abhandlungen in fortlaufender, spannender Entwicklung der Gedanken vor. Beide waren, in gewissem Sinne Künstlernaturen, in der schönen Literatur hoch gebildet und verfügten über eine schöngeistig glänzende Diktion in Schrift wie Vortrag. Noch wenige Jahre vor Radbruchs Tod (1949) erzählten in Heidelberg die Studenten, seine Vorlesungen böten einen wahren Kunstgenuß; auch als Abgeordneter, Minister und Diskussionsredner in der IKV (worüber noch unten zu III zu sprechen ist) fesselte er ungemein. Dohna wie Radbruch widmeten sich später immer mehr den juristischen Einzelwissenschaften; es gelang mir aber nicht, sie für die Soziologie zu gewinnen, obwohl sie ihr schon im Lisztschen Seminar nahe gestanden haben sollten. Die Beschäftigung mit den Rechtstatsachen bot sich für sie in Politik und Reform, in letzterer meist im Lisztschen Sinne. Radbruch stellte während seiner Amtszeit den Entwurf (1922, veröffentlicht erst 1952) auf, aus dem die Reichsratsvorlage 1925 (damals genannt Entwurf Bumke) hervorging. Das Ministerium rühmte seine Toleranz; dieser sympathischen Haltung entsprach jedoch in Radbruchs Rechtsphilosophie jener (m. E. unerträgliche) Relativismus, der mehrere Weltanschauungen nebeneinander gelten ließ und weder den Tatsachen genügte (was sich 1933 in furchtbarer Deutlichkeit zeigte) noch mit der Wissenschaftsidee vereinbar ist. Hierüber habe ich mit ihm wie mit Dohna oft genug diskutiert[2]). Aus diesen Gegensätzen zu meinen beiden ausgezeichneten Vorgängern bildete sich zum nicht geringsten Teil seit meinen frühesten Königsberger Tagen allmählich die eigene systematische Auffassung heran.

[2]) Über Radbruch näher mein Syst.RSPh. 1949 S. 467. Über Graf Dohna schon oben Kap. 4 und 6 (S. 65, 69, 107). Beide vermochte ich nicht als (systematische) Rechtsphilosophen anzuerkennen, gemessen an ihrem Vorgänger und einstigen Lehrmeister Stammler.

In Königsberg standen, worüber ich schon sprach, Philosophie und Musik auch in unseren Fakultätskreisen in hoher Blüte. Der Romanist und Rechtsphilosoph Alfred Manigk, späterer Nachfolger von Enneccerus in Marburg, war ein ausgezeichneter Violinist, der oft auch in den öffentlichen Symphoniekonzerten, wo Verstärkung geboten war, dankenswert einsprang und in seinem Hause regelmäßige Kammermusikabende veranstaltete, übrigens verwandt mit Prof. Heinrich Reimann, dem Organisten an der Kaiser-Wilhelm-Gedächtniskirche zu Berlin, dem langjährigen Freunde meines Vaters. Reger geistiger Verkehr bestand in den gastlichen Häusern des Grafen zu Dohna, des Deutschrechtlers J. v. Gierke, des Vorkämpfers der mir nahestehenden Interessenjurisprudenz Müller-Erzbach[3]) (den ich später in München mehrmals besuchte), der Völker- und Staatsrechtler Herbert Kraus[4]) und Ernst v. Hippel[5]), eines Sohnes Robert v. Hippels, der mir einst, als meine wissenschaftliche Laufbahn begann, in seinem Göttinger Landhaus die Geheimnisse seines umfangreichen Manuskriptenschrankes zeigte und später seine gesamten Lehrgebiete mit beinahe monographischer Genauigkeit systematisch bearbeitete. Einen langjährigen gemeinsamen Mittagstisch hatte ich in dem Klub Königshalle mit den beiden ebenfalls neu-idealistisch eingestellten Rechtsphilosophen Tesar aus Wien und Walter Schönfeld aus Breslau (später in Tübingen). In seltsamer Umkehrung betrieb Schönfeld (ein Stutzschüler) die Rechtsgeschichte philosophisch, Tesar (ein Anhänger Stammlers und z. T. Kelsens) die Rechtsphilosophie historisch. Einbezogen in unsere philosophischen Gespräche wurde auch der feinsinnige Kirchenhistoriker Erich Seeberg (später in Berlin), ein Sohn des Theologen Reinhold Seeberg, des bedeutenden Systematikers. Den Lehrstuhl Kants hatte seltsamerweise ein Experimentalpsychologe inne: Narziß Ach, nicht nur ein wunderbarer Name, der in der Fakultät Anlaß zu geistreichem Scherz bot, sondern auch ein wunderbarer Forscher, der die so stark umstrittene Willensfreiheit, Kants „Postulat", experimentell zu begründen suchte (übrigens versuchte ich ein Gleiches soziologisch, was vielleicht einen strengen Kantianer nicht minder entrüsten mag). Fördernd für mich war auch der Verkehr mit den untereinander höchst verschiedenen beiden Philosophiehistorikern (beide Windelband-Herausgeber) Goedeckemeyer und Heimsoeth, ersterer mehr an Aristoteles und Kant, letzterer mehr an Fichte und Hegel und vor allem schon onto-

[3]) Besprechung von mir Nr. 104 der chronolog. Bibliographie im Anhang.

[4]) Herbert Kraus wirkte mit bei dem feierlichen Akt der Unterzeichnung des Versailler Friedensvertrages 1919. Seine das politische Zeitbild und die deutsche Lage widerspiegelnden Tagebuchaufzeichnungen in geschmackvoller Broschürenform übersandte der stets praktisch gebliebene Rechtslehrer und treffliche Organisator nach mehr als einem Menschenalter den Mitarbeitern an der Festschrift zu seinem 70. Geburtstag Anfang 1954. Wissenschaftlich war er, gleich mir, von Liszt angeregt und interessiert. Obwohl beide grundverschiedene Naturen, waren wir seit unserer ersten Königsberger Zeit (um 1920) in Freundschaft verbunden. Vgl. m. Beitrag zu seiner Festschrift 1954 (Nr. 116 der chronolog. Bibliographie.

[5]) Über seine Geschichte der Staatsphilosophie (Bd. 1) äußerten sich meine Werttheoretischen Studien (Nr. 129 der chronolog. Bibliographie).

logisch orientiert. Römisches Recht unter Bevorzugung der Mediävistik vertrat der Seckel-Schüler Erich Genzmer, ein Bruder des mir aus dem Lisztschen Seminar bekannten, späteren Ministerialrats, Staatsrechtslehrers und vor allem bedeutenden Edda-Übersetzers Felix Genzmer (oben Kap. 4), dessen Sohn Harald als erfolgreicher Komponist im Hindemith-Stil hervortrat. Die beiden Nationalökonomen Otto Gerlach und Albert Hesse waren durch Kant und Stammler beeinflußt. Der ungemein rührige und vielseitige Musikhistoriker Müller-Blattau ließ in einem Winter durch das Kollegium Musicum sämtliche Streichquartette Beethovens aufführen und interpretierte sie in Gruppen geistvoll mit aufschlußreichen Parallelen; den musikalischen Teil meiner damals erschienenen Philosophie der Zukunft rezensierte er in der Allgemeinen Musikzeitung. Auf seine Anregung kam sein Lehrer Hans Pfitzner einmal nach Königsberg, um seinen „Palestrina" zu dirigieren, jenes seit dem „Parsifal" bis jetzt wohl bedeutendste Musikdrama.

So stellte Königsberg in der Tat ein eigenes Kulturzentrum des deutschen Ostens dar. Demgegenüber erschien das in Münster vorgefundene Bild meiner Fakultät für mich als nüchtern - positivistisch - spezialistisch; es war nur ein allerdings bedeutender Abschnitt aus einer ungleich umfassenderen, reicheren Kultur des dichtbevölkerten rheinisch-westfälischen Gebietes. Was der Gelehrte und der Student in Münster nicht vorfanden, das boten die leicht erreichbaren nahen Großstädte, die in ihrer Gesamtheit einer Weltstadt, wie Berlin, nicht nachstanden. Besonders galt der Vorrang Münsters von den Wirtschaftswissenschaften, deren Vertreter, wie in Studentenkreisen gerühmt wurde, derart verschieden in ihren Interessen und Ansichten waren, daß die beste Vergleichs-, Kritik- und Bildungsmöglichkeit geboten wurde. Ich bekenne dankbar, daß ohne Berührung mit den volkswirtschaftlichen Kollegen, die übrigens innerhalb der Fakultät schnell wechselten, manche Teile meiner soziologischen und kriminologischen Arbeiten in dieser Gestalt nicht entstanden wären. Einst zu meiner Studienzeit gehörte die neu aufgeblühte „Nationalökonomie" noch zur Philosophischen Fakultät, in einigen größeren und neueren Universitäten bildete sie eine eigene Fakultät für sich. Wir Juristen begrüßten es, daß die jetzige „Volks- und Betriebswirtschaft" zu uns kam und gewährten im Interesse gegenseitiger Berührung und zur Vorbeugung einer formalistischen Rechtspflege gern „gastliche Aufnahme". Als im Jahr 1951 einmal in den damals am Aasee untergebrachten Räumen des Instituts für Volkswirtschaft aushilfsweise eine Fakultätssitzung stattfand, worauf ein Imbiß gereicht wurde, stattete ich in einer launigen Tischrede als Senior der Juristen den „Volks-, Betriebs- und Gastwirten" unseren Dank für die „Bereicherung um ideelle wie materielle Werte" ab. – Aber ich darf auch dankbar sagen, daß die engere Rechtsfakultät für meine Arbeiten im Straf-, Prozeß- und Völkerrecht einen aufgeschlossenen und kritischen Blick besaß und für meine Bestrebungen in der umstrittenen Rechtsphilosophie sowie für die Tatsachenforschung volles Verständnis zeigte und sie fördernd beeinflußte. Mit dem Zivil- und Handelsrechtler Hans Schumann, einem Schüler des Germanisten Heymann in Berlin, Sohn des Direktors der Berliner Singakademie, Komponisten und Bachforschers Georg Schumann (Berliner Ehrendoktors), mit dem schon mein Vater befreundet war, verbanden mich enge juristisch-praktische sowie musikalische Interessen. Rudolf His war erste Autorität für mittelalterliches Strafrecht, Bühler für Steuerrecht, Hugelmann für Nationalitätenrecht; den liebenswürdigen Österreicher und glühenden Patrioten traf das Schicksal, im zweiten Weltkrieg seine drei prächtigen Söhne zu verlieren. Ferner wurden bei uns in erster Linie bedeutend gepflegt römisches Recht von Erman, Krückmann und Kaser, öffentliches Recht von Hans J. Wolff, Frdr. Klein und Scupin, Völkerrecht auch von Wegner. Von meinen engeren Fachkollegen war Drost (später Frankfurt) auch rechtsphilosophisch gerichtet, Wegner vorwiegend rechtshistorisch, Rosenfeld prozeßrechtlich, Karl Peters prozeßrechtlich und kriminologisch. Westermann, Rektor 1953/4, ist als ausgezeichneter Lehrer hochgeschätzt, wovon sein nach eigener didaktischer Methode angelegtes Sachenrecht Zeugnis ablegt. Mit Wegner bin ich seit seiner Assistentenzeit im Lisztschen Institut persönlich verbunden, ebenso mit Peters, den ich auf einer Tagung der IKV kennen lernte und dessen Strafzumessungslehre mir Veranlassung gab, ihn (damals Staatsanwalt in Köln) in der Dozentenlaufbahn weiter zu empfehlen. Er schrieb ein vortreffliches Lehrbuch des Strafprozesses, das die Tatsachenforschung verwertet, und gründete ein Institut für Strafprozeß und Strafvollzug.

In unserer Fakultät bestand von je her ein ausgezeichnetes harmonisches Verhältnis, was die Verwaltungs- und Lehrtätigkeit, aber auch die eigene Forschung, ja die persönliche Lebensführung außerordentlich erleichtert und gehoben hat – wofür ich allen meinen Kollegen zu großem Dank verpflichtet bin; die unvermeidlichen sachlichen Gegensätze in den Anschauungen wurden nie zu persönlichen. Wegen des hier herrschenden, traditionellen und allgemein bekannten versöhnlichen Geistes war die Anziehungskraft Münsters von je her besonders stark. Als Gegenstück wurde, was als Zeitbild registriert sei, bald nach dem ersten Weltkrieg glaubwürdig berichtet, daß in einer anderen Rechtsfakultät einige Mitglieder ihrer Ansicht dadurch Nachdruck verliehen, daß sie mit den Fäusten auf die Tischplatte schlugen; als mir dieser Vorgang erzählt wurde, fügte ich hinzu: also nicht auf einander: ein gutes Beispiel für aberratio ictus; einst schlug man in gewissen Parlamenten und Parteiversammlungen mit Stühlen und Stuhlbeinen; die Kultur hebt sich doch allmählich. – Auch unsere Rechtsfakultät veränderte sich in ihrer Zusammensetzung schnell. Leider nur auf kurze Zeit kamen auf der Flucht aus dem Osten nach Münster zwei mir noch aus Königsberg bekannte Zivilrechtler: Schmidt-Rimpler und Ludwig Schnorr von Carolsfeld. Mit letzterem verband mich seit seiner Münchener Assistententätigkeit ein besonderes prozeßrechtliches Interesse; ursprünglich Romanist ging er später zum Arbeits- und zum internationalen Recht über – ein Enkel des Straf- und Internationalrechtlers Ludwig v. Bar in Göttingen.

Seit 1947 erfreute sich meine Fakultät wieder einer ganzen Reihe von Habilitationen. Meines eigenen Habilitanden Horst Schröder hatte ich schon oben (S. 109) gedacht; ich hatte ihn 1935 in meinem Strafrechtspraktikum „entdeckt", als ich unter seine Hausarbeit schrieb: „Die beste unter ... eingereichten Hausarbeiten, bitte um Vorstellung". 1953/4 war er Rektor in Kiel. Nach Schönkes Tod wurde er Herausgeber seines Kommentars zum StGB und seines Lehrbuchs des ZPR. – Einen sehr verheißungsvollen Doktoranden v. 1928 hatte ich nicht für die akademische Laufbahn zu gewinnen vermocht, Harry von Rosen-van Hoevel. Aber ich freute mich sehr über seine anhängliche Dankbarkeit, als er 1956 (Oberbundesanwalt am Bundesoberverwaltungsgericht in Berlin geworden) mich auf der Durchreise von Bonn nach Berlin besuchte, wobei ich ihm als Vorbild den Oberreichsanwalt Ebermayer empfahl, der seine praktischen Erfahrungen als Dozent wie als Kommentator übermittelte. – Eine reiche, aber folgerichtige Wandlung vollzog K. A. Bettermann, der sich bei uns für Zivilrecht und Prozeß habilitierte und 1956 eine ordentliche Professur für Staats- und Verwaltungsrecht in Berlin erhielt; sein praktischer Durchgang war Richter am Bundesverwaltungsgericht, als Forscher baute er zunächst das Wohnungsrecht als öffentliches Recht aus und sucht er die allgemeine Prozeßrechtslehre auf das Verfahren der Verfassungsgerichtsbarkeit und der Verwaltungsgerichtsbarkeit auszudehnen. – Nach kurzer Bewährung erlangten ein Ordinariat unsere Habilitanden Dietrich Oehler für Strafrecht in Berlin, Helmut Ridder für öffentliches Recht in Frankfurt, beide u. a. ausgezeichnet durch historische bzw. vergleichende Studien.

Ein ideales Lehrer-Schüler-Verhältnis wäre, daß der Lehrer ein Schüler-Ideal heranbildet und daß hieran der Schüler wie der Lehrer sich veredeln. An einer jungen, aufstrebenden Gelehrtenseele muß der Lehrer selbst zu immer höheren Aufgaben entfacht werden, um dem jungen Menschen immer höhere Werte bieten zu können, um ihm selbst ein reineres Vorbild zu werden. Er muß ihm ein väterlicher Freund werden, der ihm und dem er alles anvertrauen kann. Mit solchen Gedanken trat ich einst an Habilitanden, Doktoranden, ja selbst Seminarbesucher heran. Aber die Wirklichkeit enttäuschte mich fast immer, von wenigen Ausnahmen abgesehen (selbst noch nach 1950, wie ich dankbar anerkenne). Denn es scheint an den primitivsten Voraussetzungen zu fehlen, weniger ethischer als logischer Natur. Der jungen Generation, die meist realpolitisch-opportunistisch ad hoc denkt, scheint das echte Ringen um Erkenntnisse und Werte zu fehlen. So sehe ich schwere Gefahren und Sorgen für meine Wissenschaft auf allen Seiten. Wenn ich mir ein längeres Leben wünsche, so ist es nicht meinetwegen, sondern weil ich erleben möchte, was aus dem Nachwuchs geworden ist, auf den wir einst unsere Hoffnungen setzten.

Die Fakultät in Münster galt (um 1950) als die größte deutsche Juristenfakultät, was die Zahl der Lehrkräfte anbetrifft (die Universität stand nach der Hörerzahl an 4. Stelle, nach München, Bonn und Köln). Die Rechtsfakultät wurde und wird noch immer durch Habilitationen, durch Lehraufträge und selbst durch neue Professuren vergrößert. Dem Studenten wird derart viel geboten, daß sie nur einen kleinen Teil mit einigem Gewinn aufnehmen können. Aber jeder Größe drohen Gefahren. Hier liegen sie bei der Zersplitterung und Oberflächlichkeit; überall kann man nicht in die Tiefe gehen.

Der Zufall führte mir nicht nur wertvolle Kollegen, sondern auch wertvolle Schüler, Studenten wie Assistenten zur wirklichen Bereicherung meines Lebens zu. Ein harmloser Scherz in der Vorlesung, ein flüchtiges Wort in der Straßenbahn, ein Händedruck im Konzert oder Theater waren mitunter der ungeahnte äußere Anstoß zu engeren Beziehungen, die eine spätere berufliche Förderung durch Empfehlungsschreiben nach sich zogen. Oft traf ich mit Studenten zufällig am Ostseestrand, in Cranz und Rauschen, im Wald oder auf der einsamen Kurischen Nehrung zusammen, um nach einigen nebensächlichen Worten bald in anregende und erhebende Gespräche im Angesicht der großen, reinen Natur zu gelangen – im Land Kants: der gestirnte Himmel über mir ... Während meiner langjährigen Tätigkeit für die „Studienstiftung des Deutschen Volkes" wurde ich auf besonders wertvolle, innerer Fürsorge bedürftige und würdige Studenten aufmerksam. Zu bedauern ist, daß die meisten Assistenten höchst selten zur Dozentenlaufbahn zu bewegen waren, auch wenn sie sich vortrefflich dazu geeignet hätten. Die Gründe lagen nicht bei ihnen, nicht beim Professor oder bei der Fakultät. Andere Berufe boten dem wahrhaft Tüchtigen mehr und waren verlockender. Die Stellung der Universitäten und die Behandlung der Hochschullehrer hatte sich seit 1919 und besonders seit 1933, dann noch einmal nach 1945 seit dem Währungsverfall bedeutend verschlechtert, entsprechend die Aussicht auf Vorwärtskommen und das Interesse an reiner Forschung und sog. freier Lehre. – Aus meinem Schülerkreis gingen Persönlichkeiten hervor, die später in hohe Stellung gelangten und die Verbindung mit ihrem alten Lehrmeister aufrecht erhielten. Einige bekannt gewordene Namen seien aufgeführt: Professor für öffentliches Recht Alfred Voigt in Erlangen, Dozent für Steuerrecht Mattern, Ministerialrat in Bonn, Landgerichtsdirektor Stolzenburg im Reichsjustizministerium als Mitarbeiter an der Strafrechtsreform und Verfasser mehrerer Abhandlungen über Strafvollzug, Regierungsdirektor Helmut Schierholt im (einstigen) Zentraljustizamt für die Britische Zone und Mitglied der Spruchgerichte, Bundesrichter Wolfgang Gelhaar in Karlsruhe, Ministerialrat Lothar Turowski im Wirtschaftsministerium in Bonn, Verfasser mehrerer Abhandlungen über Devisen- und Steuerstrafrecht, mir später in Treue freundschaftlich verbunden. An einem Amtsgericht bei Berlin war mir zur Ausbildung als Referendar (um 1910) überwiesen der spätere Staatssekretär der Reichskanzlei (im Kabinett Brüning) Hermann Pünder, den ich nach Jahrzehnten als Regierungspräsidenten in Münster wieder begrüßen konnte; 1946 erhielt er als Oberbürgermeister von Köln, sodann als Oberdirektor für wirtschaftliche Angelegenheiten der Westzonen und als Bundestagsabgeordneter verantwortungsvollste Ämter in schwierigsten Verhältnissen. Ich besinne mich, daß ich ihm beim Ausstellen des Zeugnisses in der Referendarstation eine bedeutende Zukunft voraussagte. Später tauschten wir Gedichtssammlungen mit Dedikation aus; er zeigte mir in Münster meine Gabe, die er gerettet hatte.

Gedenken muß ich unter den Ausländern, die oft genug zu meinem Bedauern ebenso schnell kamen wie gingen (darunter viele wertvolle Polen und Letten, Italiener und Griechen, Japaner und Chinesen), besonders dreier aufstrebender Gelehrter, zu denen sich ein engeres Verhältnis heranbildete: Otto Brusiin, Dozent in Helsinki; Ilmar Tammelo aus Reval in Estland, Dozent in Heidelberg und später in Australien; Draguljob V. Dimitrijevič, Dozent in Sarajevo in Jugoslavien, der noch bei mir Rechtsphilosophie und Strafrecht gehört hatte. Die Ausländer, die zu uns nach Deutschland kommen, sind fast immer überdurchschnittlich begabt und leistungsfähig, da sie sonst nicht von ihrem Heimatstaat empfohlen und unterstützt würden; aber ich hätte nie erwartet, daß sich zwischen ihnen und mir dank ihrer Aufgeschlossenheit und ihrer zutraulichen Wesensart ein so intimes Verhältnis entwickeln würde. Nicht nur die meist betonte, menschen- und völkerverbindende Kraft der Wissenschaft wirkt hierbei mit; stärker ist bei aller nationaler Verschiedenheit mancher Anschauungen und Bräuche die kulturell-sozialethische Verwandtschaft der Seelen.

Die geschilderten „Zufallstreffen", wie sie in Universitätskreisen, innerhalb der universitas literarum, so ergiebig sind, boten zugleich willkommene Bekanntschaft mit fremden Wissenschaften und dem ihnen eigentümlichen Betrieb und beleuchteten die eigene Wissenschaft mit neuem Glanz im weiträumigen Gesamtsystem der Wissenschaften. Ein Gleiches wurde in höherem Maße über die eigene Universität hinaus erzielt durch den sich von Jahr zu Jahr immer weiter ausdehnenden Austausch von Schriften mit Kollegen über gemeinsame Interessengebiete; ihnen schlossen sich später Schriften nur persönlich bekannter Kollegen über bisher fremde, nunmehr näher zu rückende Probleme an, in die es sich einzufühlen galt. Diese Ausdehnung des Austauschverkehrs, zu der auch meine Schriftleitung des rechtsphilosophischen Archivs nicht unerheblich beitrug, bedeutete eine ansehnliche, beständig zunehmende Bereicherung meiner Belesenheit, meines Überblicks über die Universitas, meiner privaten Bibliothek (die allerdings 1944 zum Teil vernichtet wurde), meines persönlichen Briefwechsels und allgemein der persönlichen Beziehungen, die sich in gelegentlichen Kartengrüßen, Briefen und Besuchen während einer Ferienreise äußerten. So knüpften sich hier und da wiederum nähere persönliche Bande. Den äußeren Anlaß hatten oft nur Buchbesprechungen gegeben; hier liegt der erste Grund meiner später (wohl übertrieben) angestaunten Belesenheit, aber auch der Grund für Wohlwollen sowohl wie für (sich mit den Jahren steigernde) Mißstimmung, obwohl alle Besprechungen aus meiner Feder sachlich gehalten und wohlgemeint zur Förderung (des Autors wie der Wissenschaft) gedacht waren. Meine jahrzehntelang ausgeübte Rezensionstätigkeit für zwei große Zeitschriften und andere Blätter[6]) habe ich später wegen des enormen Verlustes an Zeit und Arbeitskraft sowie wegen des unvorhersehbaren Verstimmtseins von Lesern oftmals bereut; aber die soeben genannten Lichtseiten überwogen auch hier. Dadurch, daß mir während eines halben Menschenalters die gesamte sog. rechtsphilosophische Literatur zugesandt wurde – und was alles wurde von den Verlegern nicht als Rechtsphilosophie angesehen! in jeder Woche jahraus jahrein gingen dicke Bücherpakete bei mir ein –, war ich gezwungen, gerechte Auslese zu halten und manche Bücher und Gebiete näher zu betrachten, die ich sonst nie beachtet hätte. Auch hierbei habe ich namentlich im Kreise der freien Berufe, der Rechtsanwälte, Ärzte, Schriftsteller, manche wertvolle und zum mindesten eigenartige Bekanntschaft gemacht, die ich nicht missen möchte. –

II. Über die m. E. viel verkannte Aufgabe der Buchbesprechung und die Grenzen berechtigter Kritik habe ich mich in einer besonderen Abhandlung geäußert (ArchRWPh. Bd. 23/4); ich kann nur eine immanente Kritik billigen, die sich auf das vom Autor sich selbst gesetzte Ziel einstellt, wenn man ihm überhaupt gerecht werden und nicht sein Werk aus unsachlichen, sei es persönlichen oder politischen Motiven erledigen will. Ich darf hier ein sicher nur wenig bekanntes und noch weniger geübtes Verfahren mitteilen, das zur Förderung anständiger, sachlicher Kritik beiträgt und zugleich gute persönliche Beziehungen schafft (zum Teil aber solche voraussetzt). In den Besprechungen liest man sehr häufig gegen Schluß: es seien noch weitere, gewichtige Bedenken gegen das Buch zu erheben, aber leider könne hierauf in dieser Zeitschrift aus Raumnot oder sonstigen Gründen nicht eingegangen werden. In solchem Fall schreibe ich, wenn der Rezensent oder die Zeitschrift an sich mir überhaupt beachtlich erscheinen, an den Rezensenten persönlich mit dem Ersuchen, mir seine „sonstigen" Bedenken gegen mein Buch brieflich mitzuteilen oder sich an anderer Stelle über seinen summarischen Vorwurf substantiiert zu äußern. In einigen Fällen schwieg er, womit er wie sein Vorwurf für mich erledigt sind; alsdann komme ich selbst, wenn der Fall bedeutend liegt, auf dieses unsachliche Verhalten bei einer für ihn beachtlichen Gelegenheit zurück. Mitunter erhalte ich später einen Sonderdruck aus einer anderen Zeitschrift mit weiteren Einwänden oder auch (etwas häufiger) einen Brief, der mich meist befriedigt und den Anlaß zu persönlichen Beziehungen bilden kann.

[6]) Vgl. die Zusammenstellung unten Kap. 9, Systematisches Schriftenverzeichnis zu II.

Eine noch andere Lösung begrüße ich ungemein; sie wird auch von mir bei günstiger Gelegenheit beobachtet. Auf eine hochstehende, aber gedrängte Besprechung meiner Juristischen Methodenlehre durch Prof. Hans J. Wolff (Prag) erhielt ich auf das obige Ersuchen die Antwort, wegen dringender, zeitraubender anderer Arbeiten erbiete er sich, mir sein Rezensionsexemplar mit Randnotizen und Fragezeichen zur Einsicht zu übersenden mit der Bitte, ihm die so offenen, ja nicht für mich bestimmten Bemerkungen nicht zu verübeln. Ich nahm sein Angebot an und dankte ihm für das Vertrauen; später dankte ich ihm für seine für mich sehr wertvolle Belehrung im Interesse der Neuauflage, konnte ihn aber auch über manche Mißverständnisse aufklären. Durch diese Loyalität haben wir beide gewonnen, auch unsere Beziehungen wurden enger: er kam 1946 als Staatsrechtler nach Münster. Gewonnen hat aber auch die anständige, sachliche Kritik. –

III. Auch über den eigentlichen Universitätsbetrieb hinaus kann sich die Lehre einer weder erstrebten noch vorausgesehenen Wirksamkeit erfreuen. Die Kongresse dienen der Forschung und zugleich der Lehre. Ich besuchte die Tagungen der zahlreichen Vereinigungen, denen ich bis 1933 angehörte, möglichst regelmäßig, und ich kann auch meinen jüngeren Kollegen den Besuch solcher Tagungen warm empfehlen, wenn auch der wissenschaftliche Ertrag namentlich der stark besuchten Vereinigungen, zuweilen Parlamenten gleichend, oft verhältnismäßig gering ist. Bietet doch die sorgfältige Lektüre eines guten Zeitschriftenaufsatzes mehr als ein (meist abgelesener) Vortrag. Die Tagungen, die meist zu einer Zeit und an einem Ort stattfanden, die eine Verbindung mit schönen Reisen erlaubten, gewähren nicht nur ein ungefähres Bild von den gegenwärtigen Forschungsinteressen der Beteiligten, sondern auch die Möglichkeit persönlicher Bekanntschaften, Aussprachen und Anregungen während gemeinsamer Essen und Ausflüge. Sachlichen Gewinn zog ich meist aus solchen Tagungen, die nicht mein engeres Arbeitsgebiet betrafen; reicher war der persönliche Ertrag, wenn auch mitunter die bisher latente Spannung zu unerfreulichem Ausdruck im Beisein anderer kam. Sehr wertvoll war die Bekanntschaft mit hervorragenden Praktikern, worüber ich schon oben in Kap. 5 zu III sprach, aber auch mit jüngeren aufstrebenden Kollegen, denen man auf Wunsch gern einen Wink gab; für diesen wurde mitunter erst nach Jahren ein Dank durch die Tat erstattet, der alsdann meist neuen Antrieb einbrachte. Die strafrechtlichen Kollegen lernte ich fast sämtlich kennen; es gab nur wenige, die sich nie sehen ließen. Leider beschränkte sich der regelmäßige Besuch der deutschen Tagungen auf die kurze (einigermaßen normale) Zeit von 1924 bis 1933, in der ich überdies durch Dekanat und Verwaltungsgeschäfte stark beansprucht war. – Nur hin und wieder nahm ich an den großen Sitzungen des Deutschen Juristentags teil, obwohl ich ständiges Mitglied war und noch bin; ich besinne mich noch auf den mächtigen Eindruck, den auf die zahlreichen Teilnehmer die würdigen Ansprachen vorbildlicher Präsidenten wie Otto v. Gierke und Kahl hinterließen. Auf dem Kölner Juristentag 1926 ragte hervor eine Rede des damaligen Oberbürgermeisters Adenauer, des späteren Bundeskanzlers.

Als besonders genußreich sind mir noch frisch in der Erinnerung die Tagungen der Internationalen Kriminalistischen Vereinigung in Innsbruck (1925), Bonn (1926), Karlsruhe (1927), Essen (1931), Frankfurt a. M. (1932), während ich Breslau (1929) leider nicht besuchen konnte, weil ich als Prodekan an der Jubiläumsfeier des Reichsgerichts teilzunehmen hatte. Die von mir besuchten Sitzungen fanden unter dem würdigen Vorsitz des Oberreichsanwalts und Leipziger Honorarprofessors Ebermayer statt, der nach seiner Pensionierung (1926) noch weiter Strafprozeß las und jene Tagungen durch sein reiches Erfahrungswissen bereicherte. Welche Fülle schwierigster Prozesse mit wichtigsten wissenschaftlichen und politischen Fragen ist doch durch seine Hand gegangen! Da ist es begreiflich, daß er auf der Höhe seiner Altersweisheit und bei gewissen Altersbeschwerden ein großes Opfer bringe (wie er mir nach einem gemeinsamen Essen vertraute), auf Bitten der Leipziger Fakultät vor Anfängern zu lesen, die besser für den Repititor passen; auf den Kongressen fühle er sich aber in seinem Element. Mit Jugendfrische und feinem Humor leitete er die Debatten, in denen damals noch in Schärfe die Schulengegensätze Liszt–Binding auf einander prallten, die er, selbst ein überzeugter Vertreter der Klassik, objektiv zu würdigen und auf das rechte Maß zurückzuführen verstand. Bei allen Tagungen ging es damals in erster Linie um die Strafrechtsreform, dann um die Lisztschen (auch noch nach dem 2. Weltkrieg) zum großen Teil umstrittenen Reformideen sowie um aktuelle Gerichtsentscheidungen (übergesetzlicher Notstand) und wohl stets klärungsbedürftige Wissenschaftsprobleme (materielle Rechtswidrigkeit, anerkannt von den damaligen Entwürfen v. 25 und 27). Bedeutende Richter und Rechtsanwälte trugen ihre Ansichten in zuweilen glänzender Diktion vor, wenn der Gelehrte wohl auch die unsichere Grundlage verspüren mag, weswegen eben die erhoffte Einigung ausbleibt. Die Tagungen standen aber auf achtbarer kultureller Höhe; wie es der Zufall der Platzverteilung beim Essen wollte, kam ich mit den Tischnachbarn in interessante Gespräche. Viele Juristen erschienen mit ihren Damen, die an den gesellschaftlichen Veranstaltungen, damals noch von hohem Lebensstandard zeugend, teilnehmen wollten. Einmal kam auch der Sohn Erich Ebermayer, noch nicht 30jährig schon ein Dichter von Dramen und Romanen (Kaspar Hauser). Auch Bindings Sohn Rudolf wurde Dichter; beide Väter waren durch diese Berufswahl der Söhne nicht beglückt, die sie lieber als Juristen gesehen hätten. Niethammers hoffnungsvoller Sohn, der auf eine Leipziger Dozentur hinarbeitete, wurde ein Opfer des Krieges.

Die kulturelle Höhe und Vielseitigkeit einer damaligen Tagung der IKV möge das Essener Programm zeigen: die Sitzungen fanden im Handelshof statt, wo auch gegessen wurde; wir wohnten in dem luxuriösen Kaiserhof;

Besichtigung der Kruppschen gewaltigen Anlagen, wo auch ein Imbiß geboten wurde; im Opernhaus Aufführung der damals wohl für die meisten unbekannten Oper von R. Strauß „Ariadne auf Naxos" (ich saß in einer Loge neben dem mir an dieser Stätte erst persönlich bekannt gewordenen, späteren Fakultätskollegen Drost). Auf der folgenden Frankfurter Tagung von 1932 wurde lebhaft, trotz Kohlrauschs bewährter Leitung, unter bereits parteipolitischen Gesichtspunkten über die Indikationen der ärztlichen Abtreibung diskutiert; der Wiener und baldige Berliner Ordinarius Graf Gleispach meldete ein „autoritäres Strafrecht" an, wie es alsbald von den Vertretern der „Neuen Kieler Schule", Dahm und Schaffstein, immerhin mit wissenschaftlichem Gepräge vorgelegt wurde. Und manche Weitsichtige dachten besorgt an die Zukunft.

Einen völlig anderen Charakter trug die Deutsche Strafrechtliche Gesellschaft (oben S. 70), in der die strengeren Vertreter der Klassik, vor allem Schüler und Anhänger Bindings, sich in der geweihten Stätte Bamberg (in Erinnerung an die Bambergensis von 1507) in kleinem Kreis zu reinen Arbeitssitzungen zusammenfanden, ohne auf einen größeren Anhang bei Praktikern Gewicht zu legen. Man traf dort Gelehrte wie Oetker, Rich. Schmidt, Lobe, Allfeld, Finger, Beling, Nagler, Schoetensack, Mezger, Kern, Bohne, v. Weber, H. Mayer (Organ: Der Gerichtssaal). Ihren Arbeiten schrieb man die Milderung gewisser moderner Übertreibungen der Reichsratsvorlage (1925) durch die gemäßigtere Reichstagsvorlage (1927) zu, worüber man streiten kann. Aber bei dieser weniger in die Öffentlichkeit tretenden Vereinigung lag wohl die größere wissenschaftliche Leistungsfähigkeit gegenüber der politisch aktiven IKV. Die Mitglieder waren fast alle die Schöpfer bedeutender Monographien oder Lehrwerke. In ein engeres wissenschaftliches wie persönliches Verhältnis durfte ich schon früh zu G. Bohne (Leipzig, Köln) treten, der in wohl allen Fakultäten zu Hause war.

Es war in der Tat ein großer „Umbruch", als diese beiden erfolgreichen wissenschaftlichen Vereinigungen, die sich zum Gewinn für Wissenschaft, Gesetzgebung und Anwendung ergänzten, aus „totalitären" Gründen 1933 aufgelöst wurden. Und es war ein grotesker „Aufbruch" zu einer neuen, sie angeblich vereinigenden Strafrechtlichen Gesellschaft in der „Akademie für Deutsches Recht" unter dem Vorsitz des Reichsleiters Hans Frank, der selbst 1946, also wenig mehr als zehn Jahre später, gemäß dem Urteil des Internationalen Militärtribunals gehängt wurde. Immerhin gelang es, neben den offiziellen Tagungen dieser Gesellschaft noch zwanglose „Treffen der Strafrechtslehrer" zu ermöglichen. Auch diese Tagungen, in denen sich das lebende Strafrecht weiter entwickelte, konnte ich besuchen, sei es auch nur als bescheidener Zuhörer, da ich nicht Mitglied der Partei, sondern nur Mitglied des Rechtswahrerbundes geworden war[7]). Um

---

[7]) Wie spannungsreich das Verhältnis zu Fachkollegen sein konnte, zeigt folgender Vorfall, den ich gern vergessen möchte, aber nicht kann. Nach Abschluß

die Fortführung der Tagungen haben sich die beiden Münchener Strafrechtler Exner und Mezger recht verdient gemacht; beide ergänzten sich trefflich, wie einst ihre beiden Amtsvorgänger, Frank und Beling (oben), wenn auch in anderer Weise: Mezger war mehr der Dogmatik und dem System, Exner mehr der Rechtsanwendung und Tatsachenforschung zugewandt, vielleicht als der folgerichtigste Durchführer Lisztscher Ideen, dessen vorzeitiger Tod namentlich für die Tatsachenforschung als sehr schmerzlich beklagt wurde: weniger produktiv als klug beobachtend und organisatorisch anregend, im Vortrag stets fesselnd, im Verkehr von gewinnender Liebenswürdigkeit. – Auch einen anderen regelmäßigen Besucher und tatkräftigen, stets einsatzbereiten Förderer der Tagungen, Adolf Schönke, haben Wissenschaft und Praxis weit vor seiner Zeit mit nur 45 Jahren (1953) verloren[8]; hervorgegangen aus dem praktischen Dienst im Reichsjustizministerium, wo er namentlich unter dem damaligen Leiter der Strafrechtsreform, Ministerialdirektor Ernst Schäfer, sich ein umfassendes, später in seinem Kommentar (vgl. oben) ausgewertetes Wissen erwarb, verfügte er über eine fabelhafte Arbeitskraft, die ihn befähigte, neben dem Zivilprozeß (Neubearbeitung des die gesamte Ziviljustiz beherrschenden Steinschen Kommentars) auch das Auslandsstrafrecht und die Tatsachenforschung in dem von ihm in Freiburg begründeten Institut zu pflegen und hiermit nach dem 2. Weltkrieg wieder normale Auslandsbeziehungen anzubahnen. Schönkes Kommentar konnte hiermit zu dem ersten und bis jetzt einzigen werden, der auch das ausländische Strafrecht und die moderne kriminalsoziologische Forschung nebst der ohne sie nicht möglichen Strafzumessung fortlaufend berücksichtigt. Und aus demselben Institut konnte die wichtige Untersuchung über die Nachkriegskriminalität von dem damaligen Freiburger Generalstaatsanwalt und Rechtshistoriker Bader (1949) sowie eine große Reihe kriminologischer Schülerarbeiten über die einzelnen Deliktstatbestände hervorgehen. –

Auf jenen Tagungen lernte ich in ihrer glücklichen wissenschaftlichen Jugend wohl die meisten späteren Mitstreiter zu einer Zeit (etwa 1925 bis 1932) kennen, als bei mir die Sonne schon die Mittagshöhe erreicht hatte. Unter den vielen Strafrechtlern, die zugleich bald rechtsphilosophisch, bald soziologisch oder kriminalpolitisch oder historisch interessiert waren und

---

der Tagung in Eisenach sagte mir zum Abschied auf dem Bahnsteig ein um nahezu 30 Jahre jüngerer Kollege, der in der Partei führend war: ich hätte jetzt „genug geschrieben", ich brauche nun nichts mehr zu schreiben. Ich konnte, als der Zug schon einfuhr, nur noch erwidern: das sei ebenso, wie wenn Goethe mit dem dritten Band aufhören solle, da es genug war. Das war zu einer Zeit, als noch nicht meine Juristische Methodenlehre erschienen war und ich im Kopf manche neuen Werke trug. Im Speisewagen bei Bebra ging ich an diesem Kollegen und einem anderen, ihm befreundeten Strafrechtler vorbei mit den Worten, sie mögen sich ihren Apfelwein gut bekommen lassen. Sollte hier etwa die Quelle des um diese Zeit gegen mich ergangenen Buchverbotes gelegen haben?

[8]) F. v. Hippel (in Zeitschr. für Zivilprozeß 66 H. 5, 6) widmet seinem Fakultätskollegen einen durch Inhaltsreichtum, kritische Würdigung und pietätvolle Einfühlung in eine durchaus andersartige Forscherpersönlichkeit ausgezeichneten Nachruf.

mit denen ich in Briefwechsel oder Schriftenaustausch stand, seien hier nur einige genannt. Erik Wolf, der sich einige Zeit nach mir ebenfalls unter Graf Dohna habilitiert hatte, wandte sich nach mehreren wichtigen strafrechtlichen Arbeiten (Strafrechtliche Schuldlehre, Verwaltungsdelikte, Tätertyp, Strafvollzug) später immer mehr dem Kirchenrecht und der Rechtsphilosophie zu, die er neuartig biographisch-historisch betrieb (Das Recht bei Hölderlin, Stifter und anderen Dichtern, vor allem: Große Rechtsdenker der deutschen Geistesgeschichte 1939 u. ö.), während er später mit dem Griechischen Rechtsdenken (I 1949) noch weiter ausholte; er selbst war ein vorwiegend kulturgeschichtlich gerichteter, geistreich kombinierender und künstlerisch formulierender Denker, ähnlich seinem großen Vorfahren Jacob Burckhardt, über den man einst die Befürchtung hegte, seine weit ausholende geschichtliche Deutung des Mythus würde selbst zum Mythus werden. – Immer näher trat mir im Lauf der Jahre Karl Engisch, Sohn eines Rechtsanwalts in Gießen, Schüler des Kriminologen Mittermaier, Verfasser der bis jetzt umfassendsten modernen Untersuchung über Vorsatz und Fahrlässigkeit (1930), von der aus man ihm eine bedeutende Zukunft prophezeien konnte. Gewichtige rechtsphilosophische Arbeiten erschienen in den Heidelberger Akademie-Abhandlungen, zuletzt die umfassende Forschung zur Konkretisierung in Recht und Rechtswissenschaft (1953), die durchaus meiner alten Grundauffassung (von mir prozeßrechtlich sowie im Anschluß an Leibniz und Fichte konzipiert) entspricht. Bei einer Strafrechtlichen Tagung während der Nazizeit in München trafen wir beide uns zufällig in der Kunstausstellung, wohin wir aus einem unerträglichen Nazi-Vortrag geflüchtet waren, und unterhielten uns über moderne Malerei, moderne Musik und moderne Rechtsphilosophie, sicher mit mehr innerem Gewinn als in der Nazi-Umgebung. – Sehr nahe in der Grundauffassung trat mir auch der Strafrechtler Thomas Würtenberger, der zu den wenigen gehört, die gleichzeitig rechtsphilosophisch und soziologisch-historisch arbeiten. – Rechtsphilosophisch interessiert sind auch die aus dem Berliner Kriminalistischen Institut hervorgegangenen, späteren Inhaber des Königsberger Lehrstuhls Gallas und Bockelmann; letzterer entwickelt aus einer hochwertigen Dichtung (Stifters "Witiko") in beachtlicher Methodik gewisse rechtsphilosophische Erkenntnisse. – Auf Tagungen jener früheren Zeiten lernte ich auch kennen den rechtsphilosophisch wie prozeßrechtlich schaffenden Schüler Gf. Dohnas Erich Schwinge, der nach dem 2. Weltkrieg als Strafverteidiger für Deutsche im Ausland eine umfang- und segensreiche Tätigkeit entfaltete, sowie den damaligen Münsterischen Dozenten und späteren Göttinger Professor Karl Siegert, der sich als Schüler Rosenfelds besonders prozeßrechtlich und später internationalrechtlich betätigte, die Kriminologen v. Weber und v. Hentig (später Bonn) und Sieverts (Hamburg), den mit Radbruch eng befreundeten Rechtsphilosophen Kantorowicz, die bedeutenden Praktiker Stock (Reichskriegsgerichtsrat, später Professor in Marburg und Würzburg), Rich. Busch (Bonn, später Bundesrichter), den früheren Mitarbeiter Kohlrauschs und späteren alleinigen Herausgeber des berühmten, durch ihn wesentlich erweiterten und vertieften Kurzkommentars R. Lange, den rechtsphilosophisch interessierten Strafrechtler Gottfr. Boldt, Schüler Gf. Dohnas, mein unmittelbarer Nachfolger in Königsberg[9]). Ihrer aller wissenschaftlichen Lebenslauf verfolgte ich in beständiger Auseinandersetzung mit dem meinen.

Die strafrechtlichen Tagungen fanden während der Diktatur statt in Leipzig, Eisenach, Würzburg, Weimar, mehrmals in München. Ein Modethema war damals der Tätertyp, ähnlich wie nach 1947 der finale Handlungsbegriff, was als kriminalistisches Zeitbild registriert sei. Die letzte, in Weimar unter dem Vorsitz von Graf Gleispach stattfindende Tagung, auf der ich meinen Habilitanden Horst Schröder (vgl. oben) einführen konnte, stand schon im Zeichen der Bombenangriffe, unter denen wir in Münster mehr zu leiden hatten, als das friedliche Weimar. Dort soll ich, wie mir später erzählt wurde, einen Redner tödlich beleidigt haben, dessen Vortragsweise als „einschläfernd" bei den Studenten gefürchtet war: Als er erfreut begrüßte, daß ich sogar aus dem gefährdeten Münster zu seinem Vortrag gekommen sei, soll ich in meinem Dankeswort gesagt haben, ich wolle hier endlich einmal ungestört schlafen. Weimar war die Ruhe vor dem Sturm. Zu bedauern war, daß die IKV, jene Lisztsche Gründung, nicht wieder aufleben konnte und wir Deutsche auf Anschluß angewiesen waren. Die Auswirkung zeigte sich u. a. darin, daß auf dem Internationalen Strafrechtskongreß in Rom 1953 als Kongreßsprachen nur Französisch, Englisch und Italienisch zugelassen waren; so boten die Deutschen ihre Gutachten in französischer Sprache. Eine Ablehnung, die ich anfangs erwog, hätte der deutschen Sache noch mehr geschadet, da mein Gutachten eben ausgefallen wäre.

Einen überaus bezeichnenden Gegensatz zu den strafrechtlichen Vereinigungen, in denen der spannungsreiche, wohl nie auszuschaltende Gegensatz zwischen einstiger Klassik und einstiger Moderne latent weiterlebt, bildete die friedliche, niemals „streitbefangene" Vereinigung deutscher Zivilprozeßrechtslehrer. Diese Gründung wollte unserer meist nur für die Praxis anerkannten Disziplin die ihr gebührende wissenschaftliche Bedeutung in Lehre und Forschung (auch nach der Glanzzeit unter Hellwig) sichern. Wir sprachen wiederholt aus, daß für den jungen Juristen keine andere Disziplin so vortrefflich wie der Zivilprozeß für die charakterliche Schulung geeignet ist, wenn man sich die gerechte, unbestechliche, über den Parteien stehende Abwägung der gegensätzlichen Interessen ohne Rücksicht auf die Person und auf etwaige

---

[9]) Ihn traf die Tragik, erst Ende 1955 aus russischer Kriegsgefangenschaft heimzukehren und nach nur einem Semester eifrigster Tätigkeit im alten Beruf (Erlangen) im Sommer 1957 in Wyk auf Föhr, wo er mit seiner Familie zur Erholung weilte, den Folgen einer Blinddarmentzündung zu erliegen. Dunkel ist der Sinn des Schicksals.

unsachliche Motive vergegenwärtigt. Mir ist noch in frischer Erinnerung, als dieser wichtige, selten gewürdigte Gesichtspunkt auf einer unserer ersten Zusammenkünfte in München unter der Leitung von Wilhelm Kisch von allen Seiten in den verschiedensten, für jeden wiederum bezeichnenden Varianten betont wurde. Die Tagungen waren für mich schon deswegen sehr wertvoll, weil ich hier meine zivilrechtlichen Kollegen näher kennenlernen durfte; wir machten die noch jetzt interessante Feststellung, daß der Zivilprozeß damals ungefähr je zur Hälfte von Zivilrechtlern und von Kriminalisten in der Lehre vertreten wurde. Ich glaubte damals die Tendenz der Annäherung beider Prozeßrechte zu erkennen; eine zunehmende (in jeder Reform zu beobachtende) Zivilprozessualisierung des Strafprozesses, wie umgekehrt die (von mir besonders befürwortete) Strafprozessualisierung des Zivilprozesses, z. B. Ausdehnung des Offizialprinzips und der Wahrheitsermittlung. Es ist kaum zu verstehen, daß auch diese gänzlich unpolitische, nur auf objektiv berufliche Interessen gerichtete kleine Vereinigung 1933 aufgelöst werden mußte. Und es war mir eine besondere Genugtuung, daß sie nach dem zweiten Weltkrieg als eine der ersten juristischen Gesellschaften zu neuem Leben erblühte. So war es beinahe eine Selbstverständlichkeit, daß ich meine 1951 veröffentlichte Allgemeine Prozeßrechtslehre ihren Mitgliedern sowie denen der italienischen Schwestergesellschaft in Bologna (deren korrespondierendes Mitglied ich bin) widmen durfte.

In eine diametral andere Sphäre führte mich die Deutsche Gesellschaft für Völkerrecht, die die interessantesten Persönlichkeiten zu ihren Mitgliedern zählte; sie hielt auch in Königsberg einmal ihre Tagung ab. Ihr habe ich zum Teil zu verdanken, daß meine große Neigung zu völkerrechtlichen Problemen und diplomatischen Gedankengängen erhalten blieb und neu belebt wurde. Ich lernte so hervorragende Männer kennen wie Walter Simons, den einstigen nächsten Mitarbeiter des Grafen Brockdorff-Rantzau, den späteren Reichsaußenminister (1920/1), Reichsgerichtspräsidenten (1922 bis 1929) und Verweser des Reichspräsidenten bis zu Hindenburgs Amtsantritt. Auch zu meinen völkerrechtlichen Fakultätskollegen Herbert Kraus in Königsberg, Ottmar Bühler und Heinrich Drost in Münster, Arthur Wegner in Breslau, seit 1946 in Münster, gewann ich nähere Fühlung.

Als Soziologe und Rechtsphilosoph hielt ich mich für verpflichtet, auch Mitglied der Gesellschaft für Soziologie zu werden, die allerdings diese Wissenschaft nur in eng begrenzter Weise pflegte; der verdiente Präsident war Ferdinand Tönnies, dessen Schwiegersohn, der Soziologe Heberle, unser Fakultätsassistent in Königsberg, seine Gedanken nicht ohne weiteres übernahm, sondern sie material auszubauen und in kritischer Weise weiterzuführen suchte. Von Anfang an nahm ich Stellung gegen die logisch-formale Auffassung der Soziologie als Beziehungslehre, wie sie von L. von Wiese, dem Herausgeber der Kölner Vierteljahrshefte für Soziologie, ausgebaut wurde. In einer persönlichen Aussprache mit ihm 1926 in den Räumen seines Seminars anläßlich der Kölner Tagung des Deutschen Juristentages wendete ich gegen diese formale Auffassung ein, es fehle die spezifische Differenz, da Beziehungslehre auch das Obligationenrecht, ja sogar die Logik sei. Zu meiner Genugtuung lenkte von Wiese später in sozialethische Bahnen ein. Gegen die Auswüchse der rein formalen Beziehungslehre wandte sich Hans Freyer, der erst als Emeritus von der Fakultät in Münster gewonnen wurde; in seinen ausgedehnten geschichtsphilosophisch-soziologischen Werken bot er viel Anregung für eine materialkulturphilosophische Forschung.

Ein reiches Betätigungsfeld, manchen inneren Gewinn für meine Werke und einen lebendigen Überblick über die vielverschlungenen Strömungen boten mir die beiden bedeutenden philosophischen Vereinigungen, die (seit 1904) von Vaihinger, dann von Bauch, Frischeisen-Köhler, Messer und Liebert geleitete Kant-Gesellschaft, die mit ihren damals 4000, über alle Länder der Welt verbreiteten Mitgliedern zu den größten wissenschaftlichen Vereinigungen überhaupt zählte, und die engere, seit 1917 von Bruno Bauch, in der Nazizeit von Heinz Heimsoeth u. a. betreute Deutsche Philosophische Gesellschaft, die vor allem die Grundgedanken des deutschen Idealismus zu erforschen und weiterzuführen suchte. In der ersteren war ich (seit 1919) Vorstandsmitglied der Königsberger Ortsgruppe, habe manchen Vortrag (seit 1917) gehalten und in mancher Debatte das Wort ergriffen, hatte manchen Jünger zu beraten und manche Eingänge zu beurteilen. Die letztere begleitete ich von ihrer Entstehung an durch alle Phasen ihrer spannungsreichen Entwicklung, bis mein einstiger Königsberger Kollege Heimsoeth die alleinige Schriftleitung des Organs, der Blätter für Deutsche Philosophie, übernahm. Beide Vereinigungen stehen zueinander in einem ähnlichen Spannungs-, um nicht zu sagen Konkurrenzverhältnis, wie es mir in meinen beiden strafrechtlichen Vereinigungen schon einmal begegnete: in der einen, älteren, größeren, anregenderen, aber nicht in allem gutzuheißenden Vereinigung herrschte eine internationale und stärker liberale Einstellung vor, während die andere mehr das nationale Ideengut pflegte. In diesen vier Gesellschaften mit ihren doppelten Parallelen und Gegensätzen mich zu bewegen, die Meinungsverschiedenheiten zu beobachten und nach meiner Art überlegen-lächelnd über den Parteien zu stehen, war mir aufs höchste willkommen, ebenso genußreich wie belehrend. In abgeklärter Ruhe, wie ein Richter im Schwurgerichtssaal, schwebte ich über den Gegensätzen, während ich zusah, wie sich die Leute, die sich in ihren engen Gesichtskreis verrannt hatten, die Köpfe blutig schlugen. Meinen Spaß hatte ich daran, zu vergleichen, wie verschieden sich die Juristen und die Philosophen in ihrem Kampf benehmen; die Juristen streiten sich weit disziplinierter, gewiegt und routiniert, während die Philosophen, vielleicht dem Künstler näherstehend, erregter und leidenschaftlicher um ihre höchsten Güter ringen, die auch wirklich „die" höchsten Güter sind, wobei die kleinen Leute freilich so taten, als ginge es um Sein oder Nichtsein. In den beiden Lagern der Juristen mußte ich mehr auf der Hut sein; sie waren gewandt und hinterhältig. Zu den Philosophen ging ich weit lieber; die waren im Gegensatz zu jenen so offen und aufrichtig mitunter wie die Kinder, zuweilen etwas lebensungewandt und weltfremd, isoliert und einseitig, obwohl sie Leben und Welt zu beherrschen glauben. – Außerdem gehörte ich seit Jahrzehnten einer dritten philosophischen Gesellschaft an, dem liebeswürdigen, populär eingestellten Euckenbund mit dem Sitz in Jena. Interessant ist die Feststellung, daß diese inhaltlich wie individuell so genau spezialisierte Vereinigung auch nach 1933 ihren Bestand aufrecht erhalten konnte, während andere, durchaus objektiv eingestellte Gesellschaften entweder aufgelöst wurden oder, wie die Kant-Gesellschaft, so stark zurückgingen, daß sie um ihr Bestehen ringen mußten. Ob der Euckenbund und sein Organ etwa deswegen so gut gedeihen, weil sie zu harmlos und unschädlich anmuten? Wer wird denn heutzutage noch Bücher von Rudolf Eucken lesen? Neue Erwartungen setzte man nach dem Zusammenbruch des zweiten Weltkrieges (der in einem wahren „Land der Philosophie" nicht in dieser Art kommen durfte) auf die 1950 gegründete „Allgemeine Gesellschaft für Philosophie", die in der neuen und doch ganz alten Form des „Symposions" ihre Tagungen durchführen wollte.

Mit meiner eigenen T a t s a c h e n f o r s c h u n g (um 1929) trat ich der Kriminalbiologischen Gesellschaft bei (seit 1927 Sitz in Graz, im Vorstand Lenz und Seelig; später in München unter Neureiter, Mezger, Exner, Sieverts u. a., erneuert 1953) und besuchte nach Möglichkeit auch die Tagungen; besonders begrüßenswert ist das Zusammenwirken von Juristen und Medizinern, wenn auch beide Kreise ihre eigenen Probleme haben und die gemeinsamen verschieden sehen. Auch dieser Gegensatz war für mich höchst anregend. Im Juni 1935 hielt ich einen Vortrag in der Leipziger Juristisch-medizinischen Gesellschaft über Anlage und Umwelt der Kriminalität unter Vorsitz des Oberreichsanwalts Werner; der Mediziner Prof. Gruhle sprach über dasselbe Thema, und es gab eine interessante Diskussion. Mit meinem münsterischen Kollegen Többen, Anstaltsarzt im Zuchthaus, hatte ich hierüber manche interessante, bestätigende Aussprache. Wir traten uns im Laufe der Jahre sachlich wie persönlich immer näher und tauschten in Offenheit die wichtigsten Dinge aus, Freuden (in Rom 1938) wie Sorgen (Nazi- und Besatzungszeit!). Auch hier gab es, wie in den beiden obigen Gebieten, eine (mithin dritte) internationale Parallele: die „Internationale Gesellschaft für Kriminologie", zu deren erster Tagung in Rom (1938) zahlreiche Gutachten aus vielen Ländern, darunter auch von Többen und mir, erstattet wurden.

Zum vierten Mal treffen wir den Gegensatz auf dem Gebiet der R e c h t s p h i l o s o p h i e. Die von Stammler u. a. (1911) gegründete Zeitschrift für Rechtsphilosophie, die übrigens nur drei Jahrgänge erlebte, umfaßt einen engeren, speziell deutschen Kreis, für deren zweiten Jahrgang ich eine rechtsphilosophische, meine erste größere, für mich folgenschwere

Arbeit auf diesem Gebiet, geliefert habe: Über die Möglichkeit eines Juristischen Grundgesetzes (1919). Mehr international gerichtet sind die älteren beiden Kohlerschen Gründungen: das Archiv für Rechts- und Wirtschaftsphilosophie und die Internationale Vereinigung für Rechts- und Wirtschaftsphilosophie. Seit 1933 lautet der Name auf meine Veranlassung beidemal: Rechts- und Sozialphilosophie (entsprechend meinem Lehrbuch 1929). Zum Vorsitzenden und Schriftleiter wurde ich 1925 nach dem Tode meines Königsberger Kollegen Peter Klein, der noch persönliche Beziehungen zu Kohler auf internationalrechtlichem Arbeitsgebiet besaß, auf Ersuchen der damaligen Mitherausgeber, F. v. Wieser und L. Wenger, sowie des Verlags bestellt und suchte dem entsagungsvollen und undankbaren Amt während der nächsten zehn Jahre einigermaßen zu genügen, bis ich 1934 im Zuge der politischen Ereignisse unter unwürdigen Umständen[10]) entlassen wurde.

Während meiner Amtszeit als Vorsitzender und Schriftleiter habe ich meine Pflichten nach streng wissenschaftlichen Gesichtspunkten ohne politische oder persönliche Motive erfüllt. Von der Schwierigkeit, ein Heft zustande zu bringen, macht sich ein Unbeteiligter kaum eine Vorstellung. Die zahlreichen, angebotenen Beiträge entsprachen meist nicht den von mir gewünschten Anforderungen, und angesehene Autoren, an die ich persönliche Bittgesuche schrieb, bequemten sich ungern, zumal da der Verlag das von ihnen geforderte Honorar nicht zahlen konnte, oder sie hielten ihre Zusage nicht pünktlich oder überhaupt nicht ein, während der Verlag auf Abschluß des Heftes drang. Angesehene Autoren leisteten es sich, Besprechungsexemplare zu fordern und zu behalten, die zugesagte Besprechung aber nie zu liefern, so daß ich mit ihnen sowie mit dem fremden Verlag und dessen Autor in schwere Konflikte geriet und obendrein meine Arbeitszeit verlor; ich führte eine schwarze Liste. Mit meinen Mitherausgebern, nach dem Tode v. Wiesers nur Wenger und Götz Briefs, dem Freiburger Volkswirtschaftler, hielten wir auf möglichste Abwechslung und Vielseitigkeit, schon um einen größeren Kreis von Abonnenten zu erzielen und somit den Weitergang der Zeitschrift in schwieriger Zeit zu ermöglichen; wir konnten ohne staatlichen Zuschuß, den wir trotz mehrmaligem Ersuchen nicht erhielten, es uns nicht leisten, in einem Heft nur ganz wenige ganz große Abhandlungen zu bringen. Auch auf möglichst zahlreiche und umfassende Literaturberichte aus Nebengebieten mußten wir hinwirken. So gelang es uns schließlich, einen größeren Kreis zu gewinnen und ihn für die Rechtsphilosophie, in weitestem Sinne verstanden, zu interessieren. In jedem Jahr konnten wir vier starke Einzelhefte erscheinen lassen, deren Zusammenstellung nach einem bestimmten Plan erfolgte: ich ging von der allgemeinen Philosophie aus und verzweigte das Heft über die allgemeine Rechts- und Staatslehre immer mehr in die Einzelgebiete

[10]) Die Einzelheiten darzustellen, wäre zu umständlich und zu unerfreulich. Auch müßten wohl solche belastet werden, die jetzt noch um ihre Existenz ringen oder sich zum Teil schon wieder in die alte Stellung hineingeschwungen haben.

bis zu den einzelnen Gesetzgebungs- und Wirtschaftsfragen. Besonderen Bedacht nahmen wir auf Heranziehung der Auslandsliteratur, so daß wir auch einen beträchtlichen Teil Rechtsvergleichung betrieben und hiermit zugleich der Auslandspolitik in Fragen der Wissenschaft und des Rechts den Boden ebneten. Das selbstlose Opfer an Arbeitskraft, Zeit und Geld wurde in den zehn Jahren belohnt durch ein Wirken für die Rechtsphilosophie, in bescheidenem Maße auch für die Rechtswissenschaft und für die Philosophie überhaupt, tief hinein in weiteste Kreise der Wissenschaften, der Länder und der Berufe; der deutsche Name drang wohl in alle Universitäten und wissenschaftliche Bibliotheken der Welt, wie meine umfangreiche Kartothek zeigte, die ich selbstlos auch durch andere Gelehrte und Schriftleiter benutzen ließ. Der rührige, schon von Kohler für die Rechtsphilosophie gewonnene Verleger Dr. Walther Rothschild, 1934 unwürdig ins Ausland gejagt, entfaltete eine planvoll angelegte, nach dem Urteil anderer großer Verleger geradezu mustergültige Werbetätigkeit, der ich vom wissenschaftlichen Standpunkt aus wiederholt Einhalt gebieten mußte; doch er fühlte sich, wie er stets erwiderte, als „Pionier der Rechtsphilosophie" und konnte ohne Werbung nicht weiträumig genug wirken, um das Organ durchzusetzen.

Wir konnten es auch erreichen, in wirtschaftlich schwieriger Zeit eine dreitägige wissenschaftliche Tagung (Spätherbst 1926) in Berlin abzuhalten. Die Vorträge fanden in den würdigen Sälen des verkehrstechnisch leicht erreichbaren Oberverwaltungsgerichts am Bahnhof Zoo statt und wurden in den nächsten Archivheften (Bd. 20 1926/27 ff.) veröffentlicht. Für viele Anwesende war es eine Freude, bei dieser Gelegenheit namhafte Gelehrte und ihre neueste Spezialforschung kennen zu lernen; und noch jetzt dürfte interessieren, welche Namen und ihre Gebiete damals eine Rolle spielten, was nicht nur für das Zeitbild erheblich ist: A. Vierkandt-Berlin (Soziologie), Julius Binder-Göttingen (Rechtsphilosophie), Leonhard Adam-Berlin (Ethnologie), G. Wilke-London (später Ministerialrat im Reichsjustizministerium, römisches Recht im britischen Weltreich), Karl Wolff-Innsbruck (allgemeine Rechtslehre, später Wien), Egon Weiß-Prag (Platonismus), R. Wilbrandt-Tübingen (Wirtschaftstheorie), Wölbling-Berlin (Arbeitsrecht). Dagegen waren Th. Niemeyer-Kiel (Völkerrecht) und Franz Dahl-Kopenhagen (Rechtsphilosophie) leider verhindert, die zugesagten Vorträge zu halten. In der Diskussion sprachen u. a. Messer (Gießen), Recasens (Madrid), G. Lasson (Berlin), Horneffer (Gießen), Dyroff (München). Auf der Tagung hielten Begrüßungsansprachen Reichsjustizminister Dr. Bell, Kammergerichtspräsident Dr. Tigges, Bürgermeister Dr. Scholz-Berlin, Oberverwaltungsgerichtspräsident Dr. Drews (Hausherr), ferner als Leiter der Hochschulabteilung des Kultusministeriums Ministerialdirektor Professor Werner Richter (nach dem 2. Weltkrieg Ordinarius für Germanistik und Philosophie in Bonn), als Rektor der Universität der Staatsrechtler Prof. Triepel, als Dekan der Berliner Juristischen Fakultät der Romanist Prof.

Kipp (Bearbeiter von Windscheids Pandekten), als Vorsitzender des Berliner Anwaltsvereins Rechtsanwalt Ernst Wolff (nach dem 2. Weltkrieg Präsident des Oberlandesgerichts in Köln und Honorarprofessor), als Vorsitzender der Kantgesellschaft Prof. Liebert. Es war eine Freude, mit einer so großen Reihe führender Persönlichkeiten einige (leider nur kurze) Worte über die Bedeutung der Rechtsphilosophie im kulturellen Leben wechseln und ihre Meinung vernehmen zu können. Ich hörte öfter, der Gründer der Vereinigung Josef Kohler habe zwar für die Rechtsphilosophie kaum nennenswerte exaktwissenschaftliche Arbeit geliefert, aber für alles Wesentliche und Fördernde ein überaus feines Fingerspitzengefühl besessen und durch seine Anregungen und Gründungen unschätzbare Dienste für Rechtswissenschaft und Praxis geleistet. In einer launigen Tischrede erzählte Prof. Triepel, wie nach dem 1. Weltkrieg die Soldatenräte die Figuren von den Denkmälern um die Berliner Universität beseitigt hätten; nur Hegels mächtige Bronzebüste ließen sie stehen, denn dieser „Kopf" war ihnen zu „schwer". Um den Teilnehmern Abwechslung zu bieten, führten den Vorsitz am zweiten Kongreßtag der Münchener Rechtshistoriker Prof. Leopold Wenger, am dritten Tag Prof. Götz Briefs von der Berliner Technischen Hochschule als Vertreter der Sozialpolitik. Die Organisation lag bei Landgerichtsdirektor Arthur Kohler und Verlagsbuchhändler Rothschild mit einem größeren Stab, auch einem „Damenausschuß" unter Frau Oberbürgermeister Boeß. Mir war als Assistent ein reizend liebenswürdiger und gewandter Referendar zugeteilt, der mir während der ganzen Kongreßzeit von morgens bis abends buchstäblich nicht von den Fersen ging und mich geschickt bei den Versammlungen auf die richtige Stelle zu dirigieren wußte; er kannte alle Berliner, stellte mich überall vor, wo es nötig war, verstand einfühlend mir jede Frage zu beantworten, jeden Wunsch zu erfüllen. Und er wurde von manchen Teilnehmern als mein Sohn angesehen, nach dessen Ergehen man sich noch nach Jahren brieflich erkundigte, so daß mir von befreundeter, eingeweihter Seite allen Ernstes nahe gelegt wurde, den Jüngling zu adoptieren. Wir beide waren aber durch den „Gesellschaftlichen Teil des Kongresses" (der von rd. 1000 Teilnehmern besucht wurde) nicht wenig angestrengt. Geboten wurde den Teilnehmern und ihren Damen: eine Führung durch das Museum für Völkerkunde (durch den Ethnologen und Herausgeber der Kohlerschen Zeitschr. f. Vergleichende Rechtswissenschaft Dr. Adam), eine Besichtigung der Staatlichen Porzellanmanufaktur und des Flughafens Tempelhof, eine Führung durch die Preußische Staatsbibliothek mit Besichtigung einer Ausstellung von Autographen berühmter Rechtsphilosophen (Sammlung Darmstädter) und der Lautabteilung (Prof. Doegen), ein Essen im engeren Kreis bei Oberbürgermeister Dr. Boeß, ein Tee im Hotel Esplanade mit Vorführungen von Herren und Damen der Berliner Gesellschaft in Kostümen der Zeit (gestellt von A. Wertheim – die launenhaften Moden als Antipoden der ewigen Werte! – zum Abschluß und zur Erholung), ein Ausflug nach Potsdam mit Besichtigung des Schlosses Sanssouci und anschließendem, von der Stadt Potsdam gebotenem Essen. Als Festoper, die uns unter Bruno Walters Stabführung mit Preisermäßigung zugesagt wurde, hatten wir um C. M. v. Webers bedeutendes, höchst selten gehörtes, als nicht lebensfähig geltendes Werk „Euryanthe" gebeten, das trotz des undankbaren Textes und der Fülle von Chören bereits auf Wagners „neuhegelianischen" Stil, jedenfalls in die Zukunft weist und eine von der Kritik gerühmte, neue Deutung in der Städtischen Oper in Charlottenburg erlebte; bezeichnenderweise zeigten die süddeutschen und österreichischen Gäste erhöhtes Interesse. In meiner Begrüßungsansprache fand ich Gelegenheit, auf Bedeutung und Verdienste Kohlers hinzuweisen, während in meiner Eröffnungsrede die Aufgaben der rechtsphilosophischen Forschung etwa dahin umrissen wurden: das Wesen des Rechts und der Gerechtigkeit (nebst Gemeinwohl) immer von neuem, immer tiefer und umfassender zu ergründen und zur unmittelbaren Anwendung auf die Lebenserscheinungen auch ohne Gesetzesvorschrift bereitzustellen, während die Gesetze und Arbeitswege im einzelnen sehr verschieden sein mögen. So hatte sich in der Tat ein weites, reiches, unermeßliches Schaffensgebiet für folgende Jahrzehnte eröffnet; und es konnte wohl keiner aus unserem Kreise, der auch nur ähnlich dachte, die Gründe verstehen, daß wir in voller und gesunder Schaffenskraft unsere schöne und für das Wohl des Vaterlandes wie der anderen Völker bestimmte Tätigkeit im Zuge der politischen Ereignisse von 1933 plötzlich abbrechen mußten. – Daß ich einer jeden ernsthaften Richtung in ihrem ehrlichen Streben nach Recht und Gerechtigkeit, nach Wahrheit und Erkenntnis zu genügen suchte, zeigt auch meine Wahl zum ordentlichen Mitglied des Institut International de Philosophie de Droit et de Sociologie Juridique in Paris 1933/34; auf einer Tagung dieser später über alle Länder verbreiteten Vereinigung hielt ich im Herbst 1935 in der Sorbonne einen Vortrag über Le droit vivant, der in dem Annuaire d l'Institut Band 2 veröffentlicht wurde. Der deutsche Text wurde von den Nazi 1936 verboten (auf Betreiben meiner „empfindsamen" Fakultätskollegen!).

So verlief meine Tätigkeit, die auf Nutzbarmachung meiner Forschungsarbeit für die Praxis wie für weitere Kreise gerichtet war, mannigfach und wellenförmig über Höhen und Tiefen. Was für mich selbst ein gotisches Wertestreben in reiner Harmonie und Folgerichtigkeit war, das erschien nach außen bald als Mitgehen und Kritisieren, bald als Neuschaffen und Ausbauen, bald als Widerstreben und Ringen. In den schweren Zeiten um und alsbald nach 1933, als ich noch die Schriftleitung des Archivs frei ausüben konnte, traten an mich offen oder versteckt Wünsche und Forderungen heran, bestimmte Ansichten zu vertreten oder zu bekämpfen. In Übereinstimmung mit den Mitherausgebern suchte ich, wie wir formulierten, bis an die Grenze des Erträglichen und Vertretbaren zu gehen und selbst dann noch mildernd und ausgleichend zu wirken, im übrigen aber einfach zu schweigen; unser Bestreben war, das Archiv so lange wie nur irgendmöglich aufrecht zu erhalten, was wir zuerst durch weises Nachgeben zu erreichen hofften. So erklärt es sich, daß zuletzt auch Dinge hineinkamen, die wir unter politisch normalen Fällen nicht angerührt hätten. Nie kann gegen mich aber der Vorwurf erhoben werden, daß ich mein Schriftleiteramt zu Gunsten oder Ungunsten jemandes ausgeübt oder unlauteren Wünschen Ohr und Raum geliehen hätte. Nie bin ich selbstherrlich oder gar eigensüchtig aufgetreten; namentlich zur Zeit, als ich den Kongreß vorzubereiten und zu leiten hatte, lag mir alles fern, die eigene Auffassung durchzusetzen oder gegnerische zurückzudrängen oder nach beliebter Methode totzuschweigen, was damals sehr wohl ohne viel Aufhebens möglich gewesen wäre[11]. Wo ich die eigene Auffassung vortrug, geschah es nur aus notwendig sachlichen Gründen. Wenn das Soziologische Gesetz aufgestellt wurde: „Wer die Macht hat, wird sie immer einmal mißbrauchen" (J. Burckhardt), so hat sich dieses sicher sehr häufig zutreffende Gesetz in meinem Leben und Wirken niemals bestätigt.

IV. Manche wertvolle Bekanntschaft und wissenschaftliche Anregung boten die O r t s g r u p p e n , die zugleich auf Pflege des persönlichen Verkehrs und Gedankenaustausches ausgingen. Von der Kantgesellschaft, in der ich Mitvorsitzender der Ortsgruppe war, wurde oben gesprochen. In Königsberg war ich stellvertretender Vorsitzender der Juristischen Gesellschaft, die sich auf die Oberlandesgerichtsbezirke Königsberg und Marienwerder erstreckte. Zu einem Vorstandsmitglied, dem politisch wiederholt hervorgetretenen und philosophisch stark interessierten Rechtsanwalt Ausländer trat ich in nähere persönliche Beziehung. Ferner gehörte ich der Königlich Deutschen Gesellschaft und dem Goethebund an; in Münster dem Historischen Verein, nach dem zweiten Weltkrieg auch der Gesellschaft für Rechtsvergleichung (Tübingen, Vorsitz: Prof. Doelle). In Königsberg war ich Mitglied des Vereins für neue Tonkunst, in dem ich einmal die persönliche Bekanntschaft mit Hindemith machen konnte. Einem Ersuchen des Dirigenten Ninke, den Vorsitz der Musikgesellschaft zu übernehmen, vermochte ich nicht zu entsprechen, weil ich bei sachgemäßer Erfüllung der hiermit verbundenen gesellschaftlichen Verpflichtungen eine zu starke Zersplitterung meiner Arbeitskräfte befüchten mußte – schweren Herzens!

---

11) In welche Schwierigkeiten man getrieben werden kann, zeigt ein Blick hinter die Kulissen. Bald nach Übernahme der Schriftleitung des Archivs RSPH erhielt der Verlag (also nicht ich als Schriftleiter, was man wohl nicht wagte) von dem Vorstand der angesehenen Vereinigung deutscher Staatsrechtslehrer das Ersuchen, Beiträge eines gewissen Autors nicht aufzunehmen und seine Schriften nicht anzuzeigen oder gar besprechen zu lassen. Der Verleger war nur zum Teil erfreut über die Offenheit und das Vertrauen; er fürchtete mit Recht, daß wir bei Nichtbefolgung des Ersuchens Schwierigkeiten mit jenem Vorstand und den ganzen Staatsrechtlern bekommen werden, sie als Abonnenten verlieren usw. Ich behielt mir die Prüfung von Fall zu Fall vor und nahm in der Tat einige Male Beiträge des mißliebigen Autors und Rezensionen über ihn auf, weil sie durchaus sachgemäß und fördernd waren; sonst könnte die Wissenschaft im Sinne einiger Machthaber gelenkt werden. Solche Terrorisierung ist nicht selten. Man erlebt sie heute bei (äußerlich angesehenen) Zeitschriften und Sammelwerken, deren Herausgeber nichts gegen den Willen einer Clique unternehmen dürfen.

Die Arbeitsweise und vor allem die Ergebnisse der deutschen Wissenschaft sollten nach Möglichkeit auch weiteren Kreisen bekanntgemacht werden; eine gewisse Art von Außenpolitik der Wissenschaft liegt zwar ihrem Wesen fern, ist aber ein nicht zu unterschätzender Faktor der Kulturpolitik sowie der (staatlichen) Außenpolitik. Nach jenen zeitraubenden Sonderveranstaltungen, die einem Universitätslehrer wie einem Forscher im Grunde fern liegen, habe ich mich niemals gedrängt; aber ich unterzog mich gern dieser Aufgabe, wo eine Ablehnung verletzt haben könnte. So hielt ich Vorträge für Mittelbeamte, für Strafanstaltsbeamte, für Lehrer, ja sogar auf Wunsch der Regierung mehrmals für Turnlehrer; ferner für Juristen auch in kleineren Städten, z. B. um einige Fälle zu nennen, in Schneidemühl, Ahlen, Arnsberg, Siegen, auf dringenden Wunsch auch in Schulungslagern junger Rechtswahrer. Böse Erfahrungen machte ich nur mit einem Vortrag vor jungen Rechtswahrern und Referendaren im Landgericht in Münster 1935, wo mich am Schluß der Vorsitzende, ein großmäuliger Referendar mit einer hohen Parteinadel, statt seinen Dank abzustatten, wegen meiner veralteten, offenbar nicht genügend parteimäßige Schlagworte verwendenden Ausführungen ganz regelrecht zur Rede stellte, worauf ich einfach den Saal verließ und mich beim Landgerichtspräsidenten melden ließ; es sei hier gebucht als ein Zeichen der Zeit. Minima non curat autor. – Umso lieber hielt ich leicht verständliche Vorträge auf studentischen Verbindungshäusern, früher in größerer Zahl, auch auf den später sog. Kameradschaftshäusern, noch seit 1940 vereinzelt auf besonderen Wunsch.

In das Jahr 1924 fielen zwei Jahrhundertfeiern zur Ehrung großer Deutscher; ihre Verbindung gab den Anlaß, den von Gelehrten aller Länder der Welt reich besuchten 5. Internationalen Philosophenkongreß gerade in der Universität Neapel stattfinden zu lassen. Es war die 700-Jahrfeier der Gründung der Universität Neapel durch den Stauferkaiser Friedrich II., und es war die 200-Jahrfeier des Geburtstags Kants: also eine doppelte Ehrung der Deutschen. Die aus fünf deutschen Professoren bestehende Kommission, der ich als Vertreter der Rechtsphilosophie an der Universität Kants angehören durfte, wurde ihrerseits durch einen Empfang beim König geehrt. Auch wir erwiesen aber eine ganz besondere, höchst eigenartige Huldigung. Der Führer unserer Kommission, der Berliner Geograph Albert Penck, legte in der Kirche, an der einst 1268 der durch Karl von Anjou besiegte, darauf hingerichtete letzte Hohenstaufe bestattet wurde, Santa Maria del Carmine, einen Lorbeerkranz nieder, auf dessen Schleife die Worte standen: Konradin von Schwaben, dem Enkel des Gründers der Universität Neapel, die deutschen Delegierten am 6. Mai 1924 (folgen die fünf Namen, darunter der des Leipziger Philosophen Hans Driesch). Diese Kranzniederlegung an dem schönen Thorwaldsendenkmal Konradins empfand ich damals als einen der erhebendsten Augenblicke meines Lebens, besonders im Hinblick darauf, daß Deutschland einige Jahre vorher den Weltkrieg verloren hatte und daß von französischer Seite zu jener Zeit die Aufnahme der Deutschen in den Kreis der Kulturnationen abgelehnt wurde. Daraufhin hatten die deutschen Gelehrten sich demonstrativ von allen internationalen Tagungen ferngehalten, und ursprünglich sollte auch dieser Internationale Philosophenkongreß von deutscher Seite gemieden werden. Auf besondere Einladung unter Verweisung auf die genannte doppelte Ehrung in den Räumen Neapels wurde auf Wunsch des Berliner Außen- und Unterrichtsministeriums diese Kommission entsandt. (Mein Kongreßvortrag berührte natürlich die internationale Gesinnung, Bedeutung und Anerkennung Kants.) Ich stellte fest, daß die Schleife sich noch bei meinem letzten Besuch Italiens im Jahre 1938 an Konradins Grabe befand: die Blätter waren welk, die Schrift vergilbt, die Gedanken unverwelkt. Wie ist es jetzt?

Ich erhielt später noch wiederholt Einladungen zu Vorträgen im Ausland. So nach England und Nordamerika, nach Bukarest und Sofia. Nach 1933 wurde es von deutscher parteipolitischer Seite unmöglich gemacht, die beabsichtigten Vorträge zu halten, die ich gern in demselben Geiste gehalten hätte, wie bisher.

Wertvollen inneren Gewinn wissenschaftlicher und persönlicher Art brachten mir nur noch folgende Auslandsvorträge über rechtsphilosophische Themen: 1933 in Florenz und 1935 in Budapest sowie ein Vortrag Oktober 1935 in Paris auf einer Tagung der Internationalen Gesellschaft für Rechtsphilosophie und Rechtssoziologie (vgl. oben). Einladungen erhielt ich zu Vorträgen in derselben Gesellschaft 1936 in Rom, auf dem Descartes-Kongreß in Paris sowie in den nordischen Hauptstädten Kopenhagen, Oslo, Stockholm und Helsinki. Die inzwischen hierfür erforderlich gewordene Genehmigung durch eine Parteistelle konnte von dieser nicht erteilt werden, weil ich ihr nicht eine schriftliche Ausarbeitung vorlegte. Die Reiseroute nach den nordischen Staaten, die Reisetage und die Dampfer waren bereits bestimmt, und die Vorträge, für ein jedes Land verschieden, waren immerhin skizziert, um in dortigen Zeitschriften veröffentlicht zu werden. Die Vorträge pflege ich frei unter Anpassung an die Hörer zu halten. Rings um die deutsche Kultur stand gefährliches Wetterleuchten. Ich nahm im Stillen Abschied von den schönen Vortragsreisen, wußte aber nicht, ob es schon ein Abschied für das Leben sein sollte.

V. Reisebekanntschaften sind oft nur flüchtige Augenblicksereignisse, denen man sich unbekümmert hingibt, weil man nicht zu befürchten braucht, durch sie später gebunden oder verpflichtet zu werden. Prachtvoll ist es, wenn man auf Studien- oder Erholungsreisen, unbeschwert durch berufliche Pflichten und durch häusliche Alltagssorgen, sich einem bestimmten Menschen hingeben und sich mit ihm intim aussprechen kann; das ungezwungene Leben auf Reisen, in den Hotels, unter neuen äußeren Eindrücken, in der Umgebung schöner Architektur oder der großen, erhabenen Natur begünstigt eine reine, gesteigerte persönliche Berührung.

So lernte ich einst Gelehrte mit gutem Namen kennen und schätzen. Genannt seien hier in bunter Reihenfolge einige Herren, deren nähere Bekanntschaft ich unterwegs machen durfte: Del Vecchio und Di Carlo in Neapel 1924, Baron Cicala in Florenz im Mai 1933; Le Fur in Paris im Oktober 1935, J, Moór in Budapest im Juni 1935; Präsident Novelli (Rom), Präsident Schollen (OLG Düsseldorf) auf dem Monte Pincio, Maklezov (Laibach), Battaglini (Rom), Ernst Kretschmer (Marburg, Tübingen), Verwaeck (Brüssel), Gemelli (Mailand) in Rom 1937; Lenz und Seelig (Graz) in Innsbruck 1925; Ernst Jaeger (Leipzig), R. Honig (Göttingen), Karl Blomeyer (Jena, München) in Hotels in Baden-Baden; Richard Schmidt (Leipzig) in Bayreuth in Pausen des Nibelungenringes 1933; Ulrich Stock (Leipzig, Marburg, Würzburg) am blauen Mittelmeer in Nervi im März 1935 – die drei Letzgenannten unter Erneuerung und Vertiefung bereits gemachter früherer Bekanntschaft.

Näher berichten muß ich über folgende Episode, die nicht des Humors entbehrt. In Rapallo lernte ich im März 1929 im Frühstückszimmer des Hotels Villa Elisabetta ein älteres Ehepaar kennen, das gerade seine Postsachen geöffnet hatte und bei der Durchsicht einer Schrift in einen heftigen Streit über die Willensfreiheit ausbrach. In dem Hotel verkehrten sonst nur Italiener; ich saß am Nebentisch und machte mir an Hand des Reisehandbuchs einen Plan für den beginnenden herrlichen Frühlingstag. Die Frau verfocht energisch ein von ihr vertretenes Kausalitätsdogma, während der Mann gelassen sich auf indeterministische Grundlage stellte, was die Frau in starker Erregung als rückständig bezeichnete. Der Streit der beiden Ehegatten über die Willensfreiheit hätte sich verschärft, wenn ich nicht der Signorina laut in deutscher Sprache zugerufen hätte „Sind Postsachen für Professor Sauer aus Königsberg da?“ Diese Prozeßintervention wurde von dem Ehepaar als persönliche Vorstellung aufgefaßt; sie stellten sich mir vor als Prof. Wentscher aus Bonn und seine Gattin Else. Jetzt stand die Frau, die Verfasserin einer preisgekrönten Schrift über die Kausalität, gegen zwei Indeterministen. Er lehrte früher in Königsberg und gilt als würdiger Nachfolger seines Lehrers Lotze (Göttingen). Es waren prächtige, reizende Menschen, mit denen ich noch viele schöne Tage inmitten jener großartigen Natur verleben durfte, die auch Nietzsche so sehr liebte. Und wir blieben lange Zeit in Briefwechsel und Schriftenaustausch.

Den ausländischen Kollegen habe ich in meinen Schriften ein Denkmal gesetzt; vielmehr: s i e haben es sich gesetzt. An meiner Rechts- und Staatsphilosophie von 1936 haben nicht weniger als 28 Gelehrte mitgearbeitet; ihrer wertvollen Unterstützung habe ich im Vorwort dankbar gedacht. Mit dem etwa gleichaltrigen, mir befreundeten Giorgio D e l V e c c h i o , der in Berlin einst dieselben rechtsphilosophischen Vorlesungen wie ich besucht hatte, war ich später dreimal zusammen: 1924 in Neapel, 1935 in Paris und 1937 in Rom in seiner schönen Wohnung mit einer riesigen Privatbibliothek; er war Leiter der Rivista internationale di filosofia del diritto, zu der ich wiederholt Beiträge geliefert hatte. Näher getreten war mir in Paris der elegante Rumäne Mircea Djuvara, zeitweilig Justizminister, Leiter der Zeitschrift Dreptul, für die er Teile aus meiner Rechts- und Staatsphilosophie ins Rumänische übersetzen ließ; ferner der Serbe Tasitsch, der Engländer Goodhart (Oxford), der Pole Peretiatkowicz und der Bulgare Ganeff. Engsten wissenschaftlichen Konnex unterhielt ich mit Prof. Wladislaus Wolter in Krakau, der sich für meinen materialen Unrechtsbegriff und mein Juristisches Grundgesetz warm eingesetzt hatte. Das alles ist Theorie und sollte unserem Plan gemäß Praxis werden, die sich auch im internationalen Leben bewähren sollte. Was mag ihr Schicksal geworden sein? und was mögen meine Freunde und Mitstreiter für das Recht später nach 1935 von den Deutschen, was von mir gedacht haben? Mitunter steigt mir im Gedenken an sie und ihre Anschauungen, die sie mir schriftlich und mündlich vortrugen, die Schamröte auf.

8. Deutscher Zusammenbruch und Aufbauwille

Der Übel größtes aber ist die Schuld.
Schiller, Braut von Messina, Schluß

Das Urteil der Weltgeschichte, die das Weltgericht ist, liegt vor: das deutsche Volk hat zwei Weltkriege verloren. In den ersten ging es mit gesunden Kräften und von anderen Völkern geachtet hinein. Zu Beginn des zweiten war es gesundheitlich und wirtschaftlich zermürbt, politisch und kulturell irregeführt, moralisch bereits gerichtet. Und deswegen mußte es ihn mit weltgeschichtlicher Notwendigkeit verlieren. Schuld erfordert Sühne; und Sühne ist möglich nur durch erhöhtes Einbringen von Werten in die Völkergemeinschaft auf jede auch nur erdenkliche Weise, zu der es befähigt ist. Es hat versäumt, Werte zu schaffen und einzubringen, wie es frühere Generationen getan haben, und ist der großen Tradition seiner Vorfahren untreu geworden. Es hat sich seiner großen Geschichte und Kultur nicht würdig gezeigt. Unsere Kulturträger von einst haben ein gewaltiges Vermächtnis hinterlassen, das treu zu hüten und gewissenhaft weiterzuführen heiligste Pflicht war. Statt dessen lief das Volk (zu fast 50 % nach den letzten noch zuverlässigen Wahlen 1932/33) falschen Propheten nach, glaubte ihren phantastischen Versprechungen und ließ sich blind ins Verderben führen. Blindheit galt als Vorzug, Unbelehrbarkeit als Erziehung, Ungelerntheit als Weisheit. Die Kultur wuchs nicht mehr als Werk der Berufenen organisch von innen heraus, sondern wurde anbefohlen und mußte sich in bestimmtem banalen Sinne und unter banalen mißverstandenen Redewendungen entwickeln; das ist, objektiv gesehen, Kulturbolschewismus. Wer ehrlich und mutig als Warner auftrat, wurde beiseite geschoben oder nie mehr gesehen. Das Volk lief in Massen wie eine Hammelherde ihrem Leithammel nach, der blind ins Feuer läuft, weil er ja selbst nur ein Hammel ist.

Doch viele mögen sich nicht schuldbewußt fühlen, weil sie es nicht besser wußten; sie liefen gedankenlos mit und taten nur „dasselbe wie alle anderen" – jene beliebte Entschuldigung. An einem Novembermorgen, wenn nicht schon 1936 bei Verkündigung der Blutschutzgesetze, hätten aber dem blindesten Volksgenossen die Augen aufgehen müssen, als in der Nacht sämtliche Synagogen in allen deutschen Städten auf Befehl der Regierung in Flammen aufgingen, wozu die deutsche Jugend planmäßig angeleitet und geschult war: wurde dies etwa nicht bei aller Blindheit gesehen? Es waren also Gotteshäuser, in denen zu Gott gebetet und das Alte Testament verkündet wird – samt den herrlichen Psalmen, die auch in den christlichen Kirchen der Gegenstand der Erbauung sind und von unseren großen Meistern der Tonkunst weiter vertieft, idealisiert und modernisiert wurden. Jeder Zurechnungsfähige weiß, daß auf Brandstiftung schwerste Strafe steht. Hierzu wurde die Jugend auf Befehl der Regierung erzogen. Wer am trüben Morgen jenes schwarzen Tages der deutschen Geschichte verwundert auf der Straße nach der Ursache fragte, erhielt von Aufpassern die Anweisung, schweigend nach Haus zu gehen, da er sonst verhaftet würde. Hier war ein Krieg in naher Sicht und bereits verloren[1]). Hier war es Pflicht, daß das Volk sich wie ein Mann erhob und sich eine Regierung abschüttelte, die ihm zumutete, moralisch Unerträgliches zu ertragen. Das Volk schwieg und erniedrigte sich, vergaß sich, – dasselbe Volk, in dem einst nach 1500 die große Auseinandersetzung in Religionsfragen ihre weltgeschichtliche Stätte fand, dasselbe Volk, das die größten Meister in der Kunst, Dichtung und Musik in unvergleichlicher Fülle stellte, wie kein anderes Volk, und aus dem die ersten Forscher auf dem Gebiete der Philosophie und der Einzelwissenschaften hervorgingen, auch erste Größen in der Technik und Wirtschaft. Erfolgreiche Staatsmänner sind verhältnismäßig seltener anzutreffen, obwohl es an bedeutenden, edlen Herrschergestalten gewiß nicht fehlte. Ein politisches Volk sind die Deutschen nie gewesen.

An einem späten Morgen – diesmal war es der Mai 1945 – erwachte das Volk wie aus tiefem Schlummer, sich die Augen reibend, sah seine Kulturstätten und Kunstschätze vernichtet und fragte erstaunt, wie dies möglich gewesen sei. Antwort: weil es sich selbst blind gemacht hatte. Nunmehr geht es niedergeschlagen an die Ausräumung von wirklichem und moralischem Schutt; und dann nach erstaunlich langer Zeit versucht es den Wiederaufbau, der länger dauert als die Zerstörung.

War es getäuscht oder schuldbeladen? Ein großer Teil hat sich in der Tat von dem Anstreicher anstreichen lassen; viele mögen Zweifel gehabt, aber lange Zeit sich an den nach ihrer Ansicht einzigen Ausweg aus allen Schwierigkeiten, die doch nur die Folgen der Friedensdiktate des ersten Weltkrieges gewesen seien, geklammert haben. Trifft aber die Einsichtigen

[1]) Das sagte mir mit dürren Worten unser alter Universitätspedell, den ich unterwegs traf, ein ehemaliger Feldwebel.

Schuld? Diese Frage besprach ich oft mit Gesinnungsgenossen, mit denen man ein offenes Wort wechseln konnte. Wir sahen uns gegenüber der Diktatur, insbesondere der Geheimen Staatspolizei, in einer unüberwindlichen Zwangslage, die nach bekannten strafrechtlichen Anschauungen die Schuld ausschließt[2]). In unserer Bedrängnis verstummte die Theorie; uns warf sich alsbald nach Beginn der Diktatur, als man die Entwicklung einigermaßen voraussehen konnte, die Frage auf: Ist es nicht Pflicht der Hochschullehrer, die Ämter zur Verfügung zu stellen, falls nicht die Freiheit von Forschung und Lehre gewährleistet wird? Sollten wir nicht sofort unsere Arbeit niederlegen, sofern nicht gewisse untragbare Regierungsakte unterblieben, wie wir sie später in zunehmender Vielheit und Stärke erleben mußten? Trugen wir nicht mit die Verantwortung für den Verfall, wenn wir an unseren Ämtern klebten? Sollte man nicht gerade von akademischen Kreisen ein geschlossenes Handeln erwarten, ein laut vernehmbares „Nicht weiter", zum mindesten eine energische passive Resistenz?

Wir kamen zu dem Ergebnis, daß die äußere Macht der Universität und der Akademiker gegenüber dem Terror nicht aufkommen könnte. Man würde das freiwillige Ausscheiden alter bewährter Lehrkräfte nur begrüßen und dafür Parteileute und sog. alte Kämpfer einsetzen; einige Rechtsanwälte würden sich bereit zu Lehraufträgen finden; historische und philosophische Fächer fielen aus oder würden durch Parteibeamte ersetzt. Der Niedergang der Universitäten und ihre Umwandlung in Fachschulen wären nur erwünscht, da die Förderung der Parteianschauungen ja höchstes Gesetz war. Wie dringlich habe ich doch in Königsberg den medizinischen Ordinarien, Klinikdirektoren und Institutsleitern, vielfach allerersten

---

[2]) In einer ähnlichen, noch furchtbareren Lage waren die Generale: auf der einen Seite stand die Wahrung der Disziplin angesichts der Not des Vaterlandes, auf der anderen die bessere Erkenntnis, die zum Widerstand gegen unsinnige Dienstbefehle verpflichtete. Aber wenn nicht alle Offiziere geschlossen Widerstand leisteten? Auch sie standen unter dem Terror der Geheimen Staatspolizei, die jeden Verdächtigen beseitigte. Dieses Dilemma vergißt man, wenn man leichthin den Generalen die Mitschuld am zweiten Weltkrieg aufbürdet. Würden sie unter irgend welchen Vorwänden (Krankheit usw.) ihren Abschied nachsuchen, so wären sie ebenfalls der Staatspolizei verfallen. Derartige Themen, die außerordentlich zur Schärfung des Rechts- und Staatsbewußtseins sowie des moralischen Gewissens beitragen, ließ ich in rechtsphilosophischen Seminarübungen im Anschluß an Heinrich v. Kleists „Prinz v. Homburg" ergiebig behandeln. – In diesem Zusammenhang drängt es mich, über das Schicksal eines pflichttreuen Beamten, des mir befreundeten Oberstaatsanwalts in Königsberg, zu berichten. Alsbald nach dem Umsturz 1933 erschien ohne Anmeldung in seinem Amtszimmer der Gauleiter Koch (der es in der mittleren Eisenbahnbeamtenlaufbahn nicht weiter gebracht hatte) und forderte die sofortige Freilassung einer großen Zahl nationalsozialistischer Strafgefangener (auch unpolitischer) laut vorgelegter Liste. Auf seine Erwiderung, er müsse die Entscheidung des Generalstaatsanwalts einholen, legte Koch eine Pistole auf den Tisch mit den Worten: „Ich fordere binnen 5 Minuten Freilassung". Umsonst war auch die Vorhaltung, darunter seien auch Einbruchsdiebe, Kindesschänder usw. Er ordnete die Freilassung an und berichtete im Dienstweg. Dieser Vorgang wurde ihm nach 12 Jahren nach der Besetzung durch die Russen zur Last gelegt. Darauf richtete er die Pistole gegen sich selbst.

Autoritäten auf ihrem Gebiete, ihre vaterländische Pflicht vorgehalten, aus ihrem Amt zu scheiden, da ihre Tätigkeit selbst die Nazi nicht missen möchten und da ihre Entlassung eine Blamage gegenüber dem Ausland darstellen würde. Auch sie erwiderten, daß der Eindruck auf die Regierung ausbleiben würde, Parteiärzte und Naturheilkundige würden eintreten, das Unterwühlen der ärztlichen Wissenschaft wäre der Partei nur willkommen; vor allem möchten sie selbst, die alten Berufsärzte, ihre Kranken nicht verlassen, überhaupt größeres Unheil verhindern. Diese letzteren Gesichtspunkte gaben in der Tat den Ausschlag. Auch Hindenburg blieb nach dem Zusammenbruch auf dem Posten und lieh seine Dienste einem ihm nicht genehmen Regierungssystem[3]). So konnten auch die Juristen, Philosophen und Historiker durch ihr Beharren und manche Resistenz Gutes stiften und im stillen ihre Erkenntnisse lehren. Wäre ich 1933 ausgeschieden, so wäre ich zur Unwirksamkeit von 12 Jahren verurteilt gewesen, manche Forschungsarbeit wäre vielleicht nie geschrieben, und manche Beeinflussung der Jugend vom Katheder herab wäre unterblieben[4]).

Anderseits bestand ein gewichtiges Bedenken: ich hätte wohl in Behaglichkeit und Ruhe, unter Einsparung von Nervenkraft, die erwünschte Gelegenheit gefunden, größere und bedeutendere Werke zu schaffen; ich war mir bewußt, daß ich die zur Schöpfung geeignetste Lebenszeit (vom 55. Lebensjahr ab) unmittelbar vor mir hatte und daß die Sonne schon tiefer sank. Doch ich brachte dieses Opfer zugunsten der Universität, der Jugend und des Vaterlandes; das „Nichterreichte" in meinem Leben wurde ein tragisches Motiv, wenn auch nur ein Nebenmotiv: ich blieb im Amte, auch als 1936 die beiden Buchverbote mich in neue Not versetzten. Und ich

[3]) Hindenburg fühlte sich im politischen Leben geradezu unglücklich. Als er im letzten Lebensjahr gefragt wurde, welches Erlebnis das furchtbarste gewesen sei, wobei man erwartete, er würde die Abdankung des Kaisers oder die Niederlage des Heeres oder die äußere und innere Not des Vaterlandes nennen, wie es seiner Lebensauffassung wohl entsprochen hätte, antwortete er: Als ich unter dem Druck der Parteien stand. – Nach seiner Wahl zum Reichspräsidenten fragte er seinen Leibarzt in Hannover, ob er in seinem hohen Alter die Wahl annehmen könne. Dieser gab zur Antwort: Als Arzt sage ich ja; als Freund sage ich nein; als Deutscher sage ich: wir alle bitten darum. – Wie man in seiner Familie über Hitler dachte, zeigt eine Äußerung der kleinen Enkeltochter, als sie Hitler vorgestellt wurde: Du bist also der Mann, der immer grüßt: Heil ich! – Der allgemein für Deutsche geltende Hitler-Gruß paßte nicht für den angeblich obersten Deutschen, der hiermit außerhalb der deutschen Volksgemeinschaft stand. Der Gruß war undeutsch.

[4]) Wenn ich in der Vorlesung heikle Dinge, z. B. die „säkularen Blutschutzgesetze" von 1936 vorzutragen hatte und mit offener Kritik zurückhalten mußte, begann ich: „Meine Herren, heute müssen Sie wieder viel zwischen den Zeilen lesen". Die Hörer beobachteten natürlich äußere Haltung, amüsierten sich aber über meine „Offenheit", wie mir später einer meiner getreuen Hörer berichtete: der Kaplan Dr. Heinrich Portmann, Sekretär beim Kardinal Bischof Graf Galen, späterer Verfasser des Buches: Der Bischof von Münster. Es war jener mutige Bischof, der in seinen Predigten schonungslos die politischen Maßnahmen geißelte. Auch er blieb im Amt. – Unsere klare Beurteilung der Lage möge folgender Scherz illustrieren. Alsbald nach Ausbruch des Krieges kursierte in Kollegenkreisen das Rätsel: Welcher Unterschied ist zwischen Optimisten und Pessimisten? Die Optimisten sagen: „Wir verlieren den Krieg." Die Pessimisten: „ja, aber wann?"

sah jetzt in aller Deutlichkeit die weit größere Not des Vaterlandes kommen – gleich dem Kapitän eines lecken Schiffes auf dem weiten Meer, wenn vom Horizont die Sturmwolken heranziehen.

„Der Tragödie zweiter Teil" — Abenteurerleben

Gegenüber dem Schicksal des deutschen Volkes und dem Zusammenbruch seiner Kultur treten die persönlichen Erlebnisse zurück. Ich gebe einige Tagebuchnotizen wieder: eine Ausarbeitung widerstrebt mir. Der Fernerstehende vermag sich kaum die rechte Vorstellung von den körperlichen wie seelischen Erschütterungen des Bombenterrors zu machen. Alle Augenblicke glaubte ich den „höchsten Augenblick" im Sinne von Faust-Goethe zu erleben. Am liebsten wäre mir, wenn der Tod mich am Studiertisch oder am Flügel oder vereint mit Studenten in der Vorlesung ereilen würde. Es sollte nicht sein.

1941. 7.–11. Juli. Bisher schwerster Nachtangriff. Zwei Zimmer, Küche und Balkon von einer Sprengbombe zerstört. Beschränkung auf die beiden anderen, schlechteren Zimmer und langsamer Wiederaufbau nach unsäglich mühevoller Gewinnung von Handwerkern, die höchst selten ihre recht teuer erkauften Versprechungen einhielten.

1942: Tag und Nacht Angriffe mit Schäden.

1943: Terrorangriffe mit größeren Schäden am 11. Juni, 10. und 24. Oktober, 5. und 10. November. Unter meinen Fakultätskollegen werden der Zivilrechtler Krückmann und der Staatsrechtler Neuwiem nebst Gattin getötet. Wann wird als Dritter im Bunde der einzige Strafrechtler herankommen?

Am 20. Juli 1944 scheiterte die „Widerstandsbewegung", von deren Plänen ich einige Kenntnis hatte. Geistiges Haupt war der als Reichskanzler vorgesehene Karl Goerdeler; einst hatte ich mit ihm als Bürgermeister von Königsberg (1922/30) Schulter an Schulter im Referendarexamen geprüft und ihn als bedeutenden Wissenschaftler und erfolgreichen Verwaltungsbeamten schätzen gelernt, der das deutsche Vaterland über alles liebte. Seiner Revolte war der Erfolg versagt; er wurde hingerichtet. Die seelischen Qualen steigerten sich immer mehr.

1944: Verschärfte Terrorangriffe, meist mit Brandschäden, besonders stark am 19., 26. und 30. September. Am 5. Oktober Unterbrechung der Vorlesung über das Wesen der Ehre (StGB § 185); im Keller des neuen Universitätsgebäudes verschüttet. Die Studenten (darunter Schwerkriegsbeschädigte) zogen mich heraus und reinigten mich. – Am 30. Oktober wurde mein Haus durch einen Volltreffer bis auf den Grund vernichtet; ausnahmsweise saß ich diesmal nicht im Keller, sondern im Bunker.

Am 1. November kam ich mit einem Sammeltransport des Roten Kreuzes nach Bad Rothenfelde, Krankenhaus Sonderanlage, in eine Art „Zellenhaft" in durchaus unfertigem, feuchtem Barackenlager, erstmalig nach vielen

Monaten wieder Licht und Wasser. Die Insassen der Gemeinschaftsräume gleichen den „Bewohnern des Totenhauses" (Dostojewski über sibirische Strafanstalten): Selbsthilfe und freie Liebestätigkeit (Goethes Wanderjahre); auch seelische Fürsorge übte ich für Ausgebombte und Schwerkranke. Fortgesetzte Terrorangriffe auf die nahen Städte, Osnabrück und Bielefeld; wir sahen aus der Ferne die Feuersäulen. Prachtvoller Anblick des Teutoburger Waldes bei rotbrauner Herbstfärbung. Einstellung auf kurze Sicht gleich einem Taglöhner nur bis zum nächsten Tag und zur nächsten Nacht. Einsamkeit und Stille in den unendlichen Räumen des Sternenhimmels. Man verliert den Sinn für Zeit (das große Thema von Thomas Manns „Zauberberg"). Das Schweigen der herrlichen Natur in der Winternacht ergreift die Seele ebenso wie die Bewegung des Geistes aus der qualvollen Gegenwart hinein in die Ungewißheit der zeitlichen und die Gewißheit der ewigen Zukunft. Beginn meiner Arbeiten über Raum und Zeit, fertiggestellt in der Medizinischen Klinik Münster nach schwerer Lungenentzündung April 1946[5]). Man muß die Anschauungsformen Raum und Zeit von sich abstreifen, und man wird das Wesen der Dinge erkennen, die Ewigkeit schauen. Das ist reinste Logik und muß praktisch geübt werden. Ein Hauptthema nicht nur der Metaphysik!

1945. Mein Bett werde dringend für Kranke benötigt; so lautete kaltblütig die Kündigung des Nazi-Arztes. Am 29. Januar früh 3 Uhr Fahrt in offenem Bauernschlitten bei strengem Frost gegen eisigen Ostwind während fast einer Stunde nach dem Bahnhof Dissen. Von dort in ungeheiztem Abteil mit häufigem Umsteigen und Zugunterbrechungen: Reiseziel Marburg. Die Fahrt war nicht mehr ausführbar; Sprengung des Viadukts von Altenbeken. Ich entschloß mich zum Verbleiben in Bad Salzuflen; dorthin siedelte die Medizinische Fakultät von Münster samt der Universitätsverwaltung über. Warmherziger Empfang durch Rektor (Prof. Siegmund) und Prorektor sowie die bekannten Bürobeamten: ein erhebender Lichtblick. Unterwegs mußte ich von der wenigen geretteten Habe auch noch meinen zweiten Handkoffer zurücklassen, den ich nicht mehr erhielt. Nach Monaten erstmalig wieder gute Musik gehört; Prof. Schellong spielte Bach. Ich sollte im Frühjahr vor Medizinern Vorlesungen halten (Kriminologie). Die Einrichtungen im Kurhaus und in den Badehäusern waren noch höchst unfertig, aber herrliche Wege im Kurgarten. Salzuflen sollte Lazarettstadt (Schutz durch das Rote Kreuz gegen Bombenangriffe) werden; tatsächlich fielen die Bomben auf die nahe Reichsautobahn. Anfang Mai heftiger Kampf bei Bielefeld. Alsbald rückten die amerikanischen Truppen in Salzuflen ein; später wurden sie von den Engländern abgelöst. Die Bewohner standen dauernd unter dem Druck sofortiger Evakuierung der Wohnräume unter Zurücklassung der Habe, die nicht sofort mitgenommen werden kann. Ich gehe täglich in den Wald und schließe meine völkerrechtliche Abhandlung über den Weltfrieden ab; vor allem arbeite ich den Allgemeinen Teil des Strafrechts aus.

---

[5]) Erschienen im Anhang der Metaphysik 1951 Kap. 2.

Die Engländer benehmen sich ruhig und zurückhaltend. Ich empfinde den Segen des leichten Gepäcks: man fühlt sich nicht als Sklave seiner Habe und erlebt die Nichtigkeit des Eigentums und der Sachwerte. Ein Diogenes-Ideal taucht auf. Viel erörtert wird, ob es nicht Pflicht der Generale gewesen wäre, nach dem Scheitern der Verschwörung vom 20. Juli 1944 sofort eine neue vorzubereiten. v. Witzleben war ein gescheiterter „Prinz von Homburg". Der Terror durch die Partei, insbesondere durch die SS, war jedoch zu stark. Der Aufenthalt in Salzuflen bei fortwährender ungestörter Arbeit wäre erholsam gewesen, wenn nicht die Sorge um meine Angehörigen und Freunde im Osten bestanden hätte; seit April fehlte jede Nachricht. In Gedanken schreibe ich ihnen Briefe. Wer kann noch an mich denken? Wen werde ich wiedersehen? und in welchem Zustand? Erst im Oktober erfuhr ich, daß mein Bruder im Mai in russische Gefangenschaft geraten ist (er ist jetzt gerichtlich für tot erklärt) und seine Frau nebst dem Sohn und der Tochter in Berlin in schlimmen Verhältnissen leben müssen.

Im September 1945 wird bekannt, daß die britische Militärregierung die Wiedereröffnung der Universität Münster, insbesondere auch der Juristischen Fakultät genehmigte. Wenn mich jemand nach dem Sitz der Fakultät fragte, gab ich zur Antwort: La faculté c'est moi. Zum Aufbau meiner Fakultät, deren einziger juristischer Ordinarius ich damals war, eile ich am 22. September zurück. Dekan wurde der junge, sehr rührige und gewandte Volkswirtschaftler Walther Hoffmann. Anfang November kann unser Semester mit Hilfe von Lehrbeauftragten beginnen. Der Germanist Schmidt-Rimpler kam als Ostflüchtling zur rechten Zeit, um uns zu unterstützen. Die Vorlesungen hielten wir in Klinikhörsälen; das Juristische Seminar bauten wir mit etwa einem Drittel des alten Bücherbestandes in einer Baracke auf. Leider erhielten mehrere der anwesenden Professoren nicht oder nicht rechtzeitig ihre Bestätigung durch die Militärregierung. Ende Januar 1946 warf mich eine Lungenentzündung nieder: die Folge des unheizbaren Zimmers, in das ich trotz meines Sträubens vom Wohnungsamt eingewiesen wurde. Wieder hing mein Leben an einem Faden, diesmal wegen der Kohlennot, obwohl wir dicht an den Kohlengruben wohnten. Allmählich erhielt ich die geretteten Bücher zurück, etwa ein Viertel meiner einst ansehnlichen Bibliothek. Im Sommersemester kamen wieder nach und nach Dozenten, kamen aber sofort in Scharen Studenten, in hohem Maße arbeitsfreudig und geistig ausgehungert. Leider mußte die Höchstziffer ihrer Zulassung sehr niedrig gehalten werden; kaum 20 % der Anmeldungen hatte Erfolg. Das gab begreifliche Erregung. Viele verantwortungsreiche Sitzungen in Senat und Fakultät galten dem Aufbau und Neubau. Vita nuova – zu jeder neuen Fahrt bereit.

Der Mangel an Wohnungen und der Wohnungen war und ist in Münster besonders groß. Bezeichnend ist, daß der Direktor der Ohrenklinik sich nach seiner Ausbombung um die Pförtnerwohnung seiner eigenen Klinik monatelang beim Wohnungsamt bewarb und sodann abschlägig beschieden wurde; dort hatte sich der renitente und leicht handgreiflich werdende Pfleger einer anderen Klinik mit seiner vielköpfigen Familie festgesetzt und ging mangels einer anderen Bleibe nicht heraus. Für mich war früher bis zu meiner Ausbombung das Gelehrtenheim nebst Bibliothek und Musikzimmer, mit würdigen Bildern geschmückt, eine Art Heiligtum, in dem ich Gäste und Besucher nur in einer von ihnen zu beobachtenden entsprechenden Stimmung zu empfangen pflegte, selbstverständlich auch in einem würdigen Anzug und nach taktvoller Anmeldung durch die Bedienung. Nach dem verlorenen zweiten Weltkrieg und schon während des Hitlerregimes empfand man so recht, wie tief das deutsche Volk in seinem äußeren Lebensstandard gesunken ist. Innerlich suchte ich namentlich den Studenten gegenüber Niveau zu halten: die offizielle Sprechzeit hielt ich nicht in der „Wohnung", die ich ja nicht besaß, da ich in einer engen Zelle wie in einer Strafanstalt lebte; vielmehr war ich „nach der Vorlesung zu sprechen". Ich ging alsdann mit den „Besuchern" oder „Gesuchstellern" bei schönem Wetter unter den Bäumen oder in den Gärten spazieren, bewußt wie in den antiken Schulen der Akademiker und der Peripathetiker in den Laubengängen und im heiligen Hain. Mit einiger Mühe vermag man die entsprechend feierliche Stimmung zu schaffen, selbst wenn man von Schutt und Schmutz belästigt wird.

Die Engländer haben die europäische Kultur bis jetzt (!) gerettet und sich zu diesem Zwecke der Waffenhilfe der Russen und der Amerikaner bedient; denn eine Fortsetzung des Nazismus hätte die Kultur völlig vernichtet. Die Engländer haben ihre wertvollen Kräfte weise geschont und für die Verwaltung aufgespart, worauf sie selbstbewußt hinweisen: zur Erziehung und zum selbständigen politischen Denken, zur Freiheit und taktvollen Opposition. Sympathisch, beinahe väterlich im Ton gehalten, war die Botschaft des Generals Montgomery vom 28. August 1945, nach der er als Ziel setzte die „Erziehung der deutschen Jugend, durch eine frohe Schulzeit zu würdigen Staats- und Weltbürgern heranzuwachsen"; aber er erklärte auch: „Das Ansehen der deutschen Universitäten ist unter dem NS-Regime in den Augen der Welt tief gesunken; ich werde keinen Professor im Amte belassen, der seine Gaben im Dienst des NS prostituiert hat[6])." Am 3. November 1945 wurde die Universität Münster feierlich eröffnet mit einer Ansprache des englischen Generals von zehn Minuten in der (sonst zu Symphoniekonzerten dienenden) Stadthalle; verdolmetscht: durch seine Besatzungstruppen seien jetzt die Bedingungen geschaffen, unter denen die Universität wieder ungestört arbeiten könne.

Am 23. 12. 1946, als die unheizbare Unterkunft in Münster bei dem anhaltend strengen Frost zum Wegzug zwang und ich mich tagelang weder gewaschen noch zum Schlafen ausgekleidet hatte, wandte ich mich an die

---

[6]) Tatsächlich gelang es einer ansehnlichen Reihe prominenter Nazis, sich im Lauf weniger Jahre wieder auf den Sattel zu schwingen, um die ehemaligen Nazigegner als wahre Nazi zu verdächtigen, sich selbst aber rein zu waschen.

Provinzialverwaltung, Abteilung für Verwahrlostenfürsorge usw., und folgte auf deren dankenswerte Fürsorge dem Rat Hamlets: „Ophelia, ich sage dir, geh in ein Kloster". Und nach beschwerlicher, fünfstündiger Eisenbahnfahrt in ungeheiztem Abteil und mehr als einstündigem Fußmarsch während der Dunkelheit in unbekannter, menschenleerer Gegend konnte ich am späten Abend endlich mit Faust sprechen: „Ach wenn in unserer engen Zelle die Lampe wieder freundlich brennt". Aber „nach des Lebens Bächen" sehnte ich mich vorerst nicht hin. Denn bei den Nonnen des Herz-Jesu-Klosters, 5 km vom Bahnhof Vreden, nahe Ellewick an der holländischen Grenze, war ich vorzüglich aufgehoben. Inmitten von Nadelwald in fruchtbarer Gegend mit wohlhabender Landwirtschaft liegt das Kloster mit seinen 80 Insassen unter geistlicher Leitung wie ein Märchenland in lautloser Stille. Den Wanderer erinnert nur Glockenläuten und in der Nähe Orgelklang daran, daß hier überhaupt Menschen wohnen. Wie Parsifal im 1. Akt folgte ich dem Glockenklang. Ich zog aber ein wie Jung-Siegfried; denn ich fühlte mich durch die kräftige Waldluft gestählt zu neuen Taten. Dort blieb ich bis August 1948; ich war zur Selbstbesinnung und Selbstkritik vorzüglich angehalten und bereitete in Ruhe neue Auflagen und neue Werke vor. Im Herbst 1948 waren die Verhältnisse in Münster dank der Währungsreform erträglicher geworden, so daß ich meine Vorlesungen wieder aufnehmen konnte.

Vor Sonnenuntergang

Eine eindrucksvolle Feier bot meine Fakultät mir und zugleich, wie sie betonte, sich selbst an meinem 70. Geburtstage, wo mir eine stattliche Festschrift dargebracht wurde (bei de Gruyter, Berlin verlegt, 296 S.), herausgegeben von einem der beiden Fachkollegen und Nachfolger auf den Strafrechtslehrstuhl Arthur Wegner. Die Fakultät hatte zum Abendessen in das damals vornehmste Hotel der Stadt, den Rheinischen Hof, geladen; erschienen waren 32 Gäste, darunter der Rektor, der Kurator, der letzte Vorsitzende des Strafsenats in Hamm, Senatspräsident Litten, mit ihren Damen. Wir gingen erst um Mitternacht auseinander. Ungewohnt des schweren Weines und der vielen Zusprüche trat bei mir, wie ich es näher bekannten Studenten erzählte, ein Stadium ein, in dem ich nicht 32, sondern 64 Gäste sah, so daß ich Einstellung des Verfahrens verkündete. Es war eine gelungene Feier nach allseitigem Urteil: die Fakultät zeigte sich in schönster Harmonie; hierfür, mein schönstes Geburtstagsgeschenk, dankte ich den Fakultätsmitgliedern ganz besonders in meiner Schlußansprache und danke ihnen noch jetzt. Es gibt nicht nur eine Idee der Gerechtigkeit, nicht nur eine Idee der Universität, sondern auch eine Idee speziell der Fakultät: wenn ein jedes Mitglied sich und seine Tätigkeit gemäß seiner Individualität entfaltet, jedoch unter Einlenkung auf die Wissenschaftsidee, die Erforschung der Wahrheit und der Förderung der wissenschaftlichen Erkenntnis und ihrer Auswertung im Leben, so müssen sich in diesem, einem jeden innewohnenden Wertstreben alle, individuell auch noch so verschiedene Mitglieder harmonisch verbunden fühlen; eine solche, ihrer höchsten Gemeinschaftsaufgabe genügende Fakultät bietet einem jeden Mitglied vielseitige Anregung und Förderung, sichersten Schutz und tiefste Befriedigung. Unter dieser Voraussetzung konnte Wegner in seiner Würdigung meiner Persönlichkeit (Dtsch. Rechtszeitschrift 1949, H. 12) schreiben: ein solches Mitglied ist in einer Fakultät nicht nur Kollege, sondern immer auch Freund. Auch mein zweiter strafrechtlicher Kollege Peters hatte in der Juristischen Rundschau Juli 1949 in seiner Würdigung sich in ähnlich warmer freundschaftlicher Verbundenheit geäußert.

Sämtliche juristische Fakultäten (mit ganz wenigen Ausnahmen) hatten gratuliert, individuell höchst verschieden, je nach ihrer Zusammensetzung, nach ihrem Dekan, nach ihrer Einstellung zu meinem Lebenswerk. Für mich war diese Verschiedenheit interessant und lehrreich, weniger in dem, was sie sagten (in Glückwunschschreiben geht es ohne Belobigung nicht ab), als in dem, was sie nicht sagten, sei es unbewußt, sei es absichtlich. Manches erschien mir als irrig, einiges sogar als Fehlurteil. Gewisse Glückwünsche erstreckten sich auf zwei Schreibmaschinenseiten (Köln), einige beschränkten sich auf Telegramme. Die meisten waren nur vom Dekan gezeichnet, einige von sämtlichen Ordinarien eigenhändig unterschrieben (nachahmenswert! man erfährt genau, wer gratuliert!). Aus dem ganzen ersieht man, als was man in den Augen anderer gilt und wozu man gemacht wird. Ein willkommener Fingerzeig, wie man sich zu verhalten und wie man sich zu vervollkommnen hat! — Begreiflich sind auch die Beiträge zur Festschrift sehr verschieden, unter sich sowohl wie in Beziehung zu meinem Lebenswerk. Eine für mich überaus lehrreiche Studie zum Begriff der Rechtslücke verdankt die Festschrift der feinsinnigen Feder Engischs; ich fühlte meine eigenen Lücken recht eindringlich. Im ganzen glaube ich die etwas gefürchtete „große Bewährungsprobe" des 70. Geburtstags bestanden zu haben. Eine zweite Reifeprüfung! Oder der Schlußtermin im Konkursverfahren.

Schließlich darf ich noch meine gedruckte „Danksagung" folgen lassen:

„Für die vielen zu Herzen gehenden Glückwünsche, bedeutungsvollen Worte und schönen Ehrungen zu meinem 70. Geburtstag danke ich allen tief bewegt. Daß in schwieriger Zeit eine so stattliche Festschrift herausgebracht werden konnte, gereicht dem Herausgeber und den Mitarbeitern, dem Verlag und der Druckerei zum hohen Verdienst. Für mich entstehen hiermit erhöhte Verpflichtungen und erweiterte Aufgabenkreise.

Als mich im Oktober 1944, unmittelbar nach einer Vorlesung über das Wesen der Ehre, einige Studenten aus dem verschütteten Luftschutzkeller der Universität herausgezogen hatten, schrieb ich an meinen Bruder nach Berlin, ich sei nahe daran gewesen, den „höchsten Augenblick" im Sinne von Faust-Goethe zu erleben. Mein (zur Zeit in Rußland vermißter) Bruder erwiderte, er wünsche mir, daß ich noch manche höhere und schönere Augenblicke erlebe. Es scheint, als wäre jetzt ein solcher Augenblick gekommen. Ehrung verpflichtet. Ehre beruht auf Pflichterfüllung. Ehre ist verdiente Geltung und begründete Anerkennung. Überall sehe ich meinen Pflichtenkreis gewaltig ausgedehnt. Möge mir die Kraft beschieden sein, die gestellten Erwartungen wenigstens in bescheidenem Maße zu erfüllen und zu meinem geringen Teil wertbeständige Arbeit zum Wohl des deutschen Vaterlandes, der Kultur, der Wissenschaft, der Praxis, der Mit- und Nachstrebenden, der Freunde und Schüler zu leisten. Meine bisherigen Veröffentlichungen erscheinen mir jetzt nur als Vorarbeiten.

Je älter man wird und je mehr man heranreift, umso winziger erscheint die eigene Person, umso mehr entäußert man sich, um nur dem Ganzen zu dienen und in Werten für das Ganze aufzugehen: die wahre Glückseligkeit und das ewige Leben im Weltganzen. – Was ich vor einigen Jahren bei meiner Emeritierung den Studenten sagte, darf ich heute so variieren und auf jüngere, mitstrebende Kollegen, Gesinnungsgenossen und Mitarbeiter ausdehnen: Die Jugend um sich, die Jugend vor sich, die Jugend in sich, die Jugend mit und für sich – so erreicht man nie die Altersgrenze."

Verwendung der Freizeit. Bis zum Sommersemester 1949 las ich noch zweistündig Rechts- und Sozialphilosophie, zuletzt in den schönen Hörsälen mit dem Blick in den Schloßgarten. Mit dem 70. Lebensjahr verließ ich endgültig das Katheder. Als freier Mann übernahm ich die schwere Pflicht, über die Verwendung der kostbaren, mir verbliebenen Freizeit und Arbeitskraft Rechenschaft abzulegen. Eine Unterlassung wäre pflichtwidrig. Seitdem bis Juni 1954, also in 5 Jahren, habe ich noch zehn größere Werke veröffentlicht, davon neun in erster Auflage. Im Juni 1955 erschien als elftes die 3. Aufl. der Allg. Strafrechtslehre, die sich in den Dienst der schwebenden Strafrechtsreform stellte. In einem Geburtstagsbrief scherzte ein Kollege, ich erfreue und ehre mich selbst durch mindestens ein neues Buch. Ja, ehren kann mich nur eigene Leistung; Anerkennung durch andere erhöht nicht das Verdienst, wie abfällige Kritik es nicht schmälert. Aber ich legte mir eindringlich die Frage vor, ob meine philosophischen Schriften der „Zeitlage" noch entsprechen (die allerdings, trotz Hegel, kein Maßstab ist). Die „Zeitlage" erblicke ich (mit Spranger in seinem Schlußwort zum 4. deutschen Philosophenkongreß 1954, Zeitschr. f. philos. Forschung 9, 1955, 409 ff.) wie nach dem ersten Weltkrieg in der Notwendigkeit eines Wiederaufbaues, in der augenblicklichen ideengeschichtlichen Krisenstimmung, Zersplitterung, Ratlosigkeit, Hilfsbedürftigkeit, pessimistischen Haltung; so erklärt sich die Neigung zur Existenzphilosophie (deren Grundbegriff auch nach Spranger 413 nicht geklärt ist), die Vorliebe für die Begriffe Angst und Sorge, eine Niedergangsstimmung, die auch den erfolgreichen Werken von Schopenhauer, Kierkegaard, Spengler, Thomas Mann, Heidegger u. a. zugrunde lag. Da die Theologie eine scharfe Grenze zur wissenschaftlichen Philosophie zieht, so suche ich einen Ausweg und Aufstieg zur Einheit bei der Wertphilosophie: ich gehe von der Lebensphilosophie aus (von der übrigens die Existenzphilosophie nur einen Ausschnitt darstellt) und erweitere sie zur Kulturphilosophie (zu der auch Spengler aufgerufen hat). Meine Lehre glaubt ein notwendiges Erzeugnis der Zeitlage zu sein und glaubt zugleich einen Weg zur Rettung, zur Hilfe, zu den bleibenden Werten zu zeigen.

Außer dieser brennendsten Frage, die allerdings rein wissenschaftlicher Art ist, bedrückt mich die Ausbildung und Erziehung der Studenten. Das geforderte „Studium generale“ kann, wie ich in kleinen gutachtlichen Äußerungen wiederholt darzulegen suchte, schon jetzt jeder gebildete Dozent innerhalb seines Faches in induktivem Aufstieg pflegen; das lebendige Vorbild wirkt mehr als alle Theorie. Großen Erfolg verspreche ich mir von den Studentenhäusern (dem Nansenhaus in Göttingen, dem Leibnizkolleg in Tübingen, dem Aaseehaus in Münster u. a.); auch dort müßte ein Studium generale gepflegt und außenpolitische Vorarbeit geleistet werden. Wenn in jedem Zweibettzimmer je ein deutscher und ein ausländischer Student wohnen, so wird hiermit ein Grund für eine Verständigung der Nationen gelegt. Einer außenpolitischen Heranbildung der Studenten bedarf es dringend für eine Auseinandersetzung mit Osteuropa, wo die Studenten nach jahrelangem Drill einen machtpolitischen Faktor einseitiger Prägung bilden, der unserer gesamten Kultur gefährlich werden kann.

Näher den Wolken und den Sternen

Man fragt mich, wie ein gealterter Mensch, der viel erlebt hat, jetzt über Welt und Menschen denkt. Ein großer Wandel hat sich bei mir nach dem 75. Jahr vollzogen. Das äußere Leben wird immer einsamer und erdenferner. Von meinem Schreibtisch, an dem ich länger als früher sitze, blicke ich über Dächer und Bäume hinweg in nebelgraue Fernen, zu Wolken und Gestirnen, als sei dort die Stätte für ein zweites Leben, für ein Leben, das ich mir ohne Wirken und Schaffen nicht denken und nicht wünschen kann. Ich fühle mich allmählich immer näher einem ewigen Leben. Pflichtverkehr habe ich längst abgestreift; Alltagssorgen suche ich abzustreifen – um Zeit und immer mehr Zeit zu gewinnen. Umgang pflege ich mit wahrhaft wertvollen Menschen. Besuche empfange ich von solchen, die sich zu mir hingezogen fühlen und die gern bei mir weilen. Zu mir kommen ungebeten außer Berufsgenossen jüngere Studenten, angehende Studenten, einstige Doktoranden, fertige ausländische Gelehrte. Auf mehrere Tage besucht mich mein ehemaliger Schüler (1937/8) Dr. D. v. Dimitrijević, der als Strafrechtsdozent an der Universität in Sarajevo ein Institut für Kriminologie ausbauen will. Mich besucht ein Professor aus Tokio, mit dem ich die Übersetzung meiner Rechtsphilosophie (1954) vereinbare. Studenten und Ausländer haben ein unbefangenes, durch keinerlei Rücksichtnahmen beengtes Urteil, das sie harmlos wie Kinder äußern, offen und aufrichtig, wie es ihnen ums Herz steht. Durch sie erfahre ich große „Neuigkeiten“ aus dem Leben: wie Menschen und Berufskollegen über mich und andere denken, was wir bei ihnen „gelten“. Und ich verhalte mich ebenso aufgeschlossen, weswegen sie eben meinen Umgang nachsuchen. Hier vollzieht sich ein reiner, abgeklärter Verkehr in jugendlicher Offenheit und beinahe kindlicher Ursprünglichkeit; manche Gestalten treten für mich, selbst dem Himmel nahe, in eine Gemeinschaft, wie man sie mit „Engeln" haben möchte.

Die wissenschaftliche Forschungsarbeit kann wegen des Zeitgewinns, der Befreiung von Pflichten, gesteigert und intensiviert werden; hierin erblicke ich die Idee der „Emeritierung". Dabei klingt ein tragischer Unterton mit: die Aufgabenfülle erfordert ein arbeitsreiches Leben von Jahrzehnten; ich empfinde jetzt erst recht das Leid von Jünglingen, die unvollendet in den frühen Tod zogen. Systematische Vertiefung, auf die es mir letzthin stets ankam, zeigt Lücken und Mängel auf, die ich einst an der Oberfläche für Untiefen hielt. Die ebenfalls stets bei Durcharbeitung und Neuauflage angestrebte inhaltliche Bereicherung und soziologische Unterstützung würden neue Forschungsarbeit erfordern. Auch neue Themen leben auf und leuchten (erstmalig) auf. Mich beschleicht die Sorge um die Nachfolge und den Nachwuchs, nicht nur für die eigenen Werke, sondern allgemein für die eigene Wissenschaft. Wird den Jüngeren ein „System" gelingen, das ebenbürtig neben dem meinen besteht und meine Leistung erst im rechten Licht, aus der Distanz, aber auf demselben Niveau, nicht nur von der Talwanderung erscheinen läßt? – Dazu tritt die schwerere Sorge, wie bei jedem Deutschen, um das Vaterland, um die östliche Heimat, um die Vertriebenen, um die europäische Kultur. – Darum blicke ich von meinem Alterssitz über entblätterte Bäume in nebelgraue Fernen. Aber ich spiele täglich eine halbe Stunde Klavier, meist Bach und den späten Beethoven, jene abstrakten Tonsprachen, wie sie der Himmel spricht, an dem die Sterne nach ehernen, ewigen Gesetzen ihren Lauf vollenden.

Wie wenn man auf Urlaub, auf Erholungsurlaub geht, beschäftigen mich im Anschluß an zugesandte Fakultätsmappen wichtige Fragen der Verwaltung. Bei Berufungen und Ernennungen hören auch fremde Fakultäten noch immer gern meinen Rat; gelte ich doch als objektiv und unbeeinflußt durch Modeströmungen. Als Senior hielt ich es schon früher für meine Pflicht, den Dekan bei streitigen wichtigen Angelegenheiten bald zu unterstützen, bald zu warnen, und zwar bei gebotenem Takt auch ungefragt, und nicht nur wo es um meine früheren Lehr- und jetzigen Forschungsfächer ging.

Übrigens scheinen die Rechte und Pflichten eines Seniors nicht überall bekannt und anerkannt zu sein; sie beruhen auf ungeschriebenem Recht und folgen aus der „Idee der Fakultät". So habe ich gern am Ende der letzten Sitzung vor Semesterschluß als Ältester dem Dekan für seine erfolgreiche Geschäftsführung namens der Fakultät mit einigen Worten meinen Dank ausgesprochen und dabei die besonders wichtigen und schwierigen Sachen rekapituliert. Eine derartige feierliche Behandlung dürfte dazu beitragen, etwaige Mißstimmung und persönlichen Ärger durch die für das Ganze geleistete Arbeit aufzuheben und die Bedeutung der Fakultät für das Universitätsleben zu erhöhen. – Daß ich mich aber auch mit kleinen, „formalen" und sehr „irdischen" Dingen zu einer Zeit befaßte, als ich bei einem notwendig gewordenen chirurgischen Eingriff bereits an der Schwelle des höheren Lebens gestanden hatte, zeigte eine Anfrage älterer Kollegen, ob es mir nicht aufgefallen wäre, daß ein junger Assistent (oder gar schon Dozent) es öfters an den nötigen Manieren fehlen lasse, was für die gebotene Studentenerziehung sich ungünstig auswirken könne. Einst hatte ich gelehrt: Formfragen sollte man nicht überschätzen, aber auch nicht unterschätzen.

Zu den beglückendsten Stunden meines „Urlaubs" gehörten die Besuche von Doktoranden und Habilitanden. In ihnen erkannte ich oft Züge und Motive, die mir einst als Ideal vorgeschwebt hatten. Erst spät hatte ich das Glück, auf meinem Lebensweg durch den einsamen Herbstwald einen Blütenstrauch anzutreffen, den zu hegen und zu pflegen ich als meine letzte berufliche Pflicht betrachtete.

Die letzten Worte des Forschers: den Gegnern habe ich bald zu schwer und zu gründlich, bald zu viel und zu schnell geschrieben, mir selbst und vielleicht auch der Allgemeinheit zu wenig und zu langsam – eine unvollendete Symphonie, die jetzt als vollendet hingenommen werden muß. – Hätte ich nach jedem Werk den Gegnern und mir eine Atempause gelassen, so wäre es angenehmer gewesen; ich hätte mehr für das einzelne Werk werben und mehr Anhänger und Nachfolger gewinnen können; der Erfolg wäre im Augenblick größer gewesen, aber das Ganze kleiner und bescheidener, für kleine und bescheidene Leute faßbarer, und der Strom wäre beständig unterbrochen, in Alltagsarbeit versandet und vielleicht versiegt. Nun nutzen die Gegner aus, was ihnen in den Schoß fällt, ohne Quellenangabe, als ihre Skizze, um Gehör und Nachfolge zu finden.

Ein Vorahner Hegels, der schlesische Mystiker Jacob Böhme (1575–1624), schrieb:

Wem Zeit ist wie Ewigkeit,
Und Ewigkeit wie Zeit,
Der ist befreit
Von allem Streit.

Und wir dürfen hinzusetzen:

Von allem Neid,
Von allem Leid.

9. Forschung und Werk – Erreichtes und Nichterreichtes

Leitziele

Aus dem Leben, wie es soeben dargestellt wurde, erwächst im organischen Zusammenhang das Lebenswerk. Das Leben in allen seinen irdischen Mängeln ist Voraussetzung und Hauptelement des Werks. Das Fernziel sind die ewigen (absoluten) Werte. Diese innigen Zusammenhänge zu erklären und zu würdigen, ist zugleich eine Aufgabe des Werks. Die Größe des Werks besteht nicht im Umfang und will auch nicht – so anmaßend wagt man nicht aufzutreten – in der objektiven kulturellen Bedeutung liegen; sie besteht in der innerlichen Größe der Anlage. Das Lebenswerk ist nicht eine Summe einzelner Bücher und Abhandlungen, die aneinander gereiht einen gewissen, in die Augen fallenden Umfang ergeben; es ist nicht nur ein Vielfaches von Bänden, wie es der Außenstehende oder Anfänger sehen mag. Es ist ein einheitliches, harmonisches, geschlossenes Ganzes. Bei seiner Entstehung lag dem Verfasser allerdings nicht dieser aufs Große gerichtete Plan vor; dieser erwuchs selbst erst mit den einzelnen Schriften allmählich aus kleinen, nur allzu bescheidenen Anfängen, bis man ihn nunmehr rückschauend, aufgerollt, objektiv vor sich liegen sieht, als wäre er schon von Anfang an dagewesen. Die in der Idee geschaute Größe besteht in der Bewältigung ungeheurer Stoffmassen und in der Hineinzwängung in ein reguliertes Strombett mit regulativen Fernzielen, in der schier unmöglich erscheinenden Synthese und Systematisierung verschiedenartigster und sprödester Lebensgebiete von gewaltiger Ausdehnung unter großen, einheitlichen Gesichtspunkten. Noch dazu sind es so spröde, systemfeindliche Stoffmassen wie die beiden Prozeßrechte und so neuartige, (philosophisch) undurchforschte und ungeklärte Gebiete wie die Juristische Methodenlehre, die analytische Soziologie, das positive Völkerrecht und die auf lückenhaften Tatsachen aufbauende Kriminologie. Vor allem sind die Probleme nicht von außen, nicht von anderen gestellt; sie erwachsen selbst aus dem Leben und entstehen aus einer kleinen Abhandlung, die sich gleichsam hydramäßig vermehrt: ein Problem erzeugt ein ganzes Bündel ungeahnter, neuer Fragen. Vgl. das chronologische Schriftenverzeichnis Nr. 1–9. So erklärt sich auch meine geringe Neigung zur Arbeit in Wörterbüchern, Kommentaren, Instituten, Gesellschaften mit festgelegter Arbeitsordnung.

Perioden

In drei Abschnitten liegt dieses Werk vor; es sind nicht drei zeitlich abgegrenzte Perioden, vielmehr wird ein Abschnitt um den folgenden schichtenweise oder ringförmig erweitert. Die eigentliche Rechtslehre hat ihren Schwerpunkt etwa in den Jahren 1908–1921. Die Philosophie nimmt die mittlere Periode von 1922–1930 ein. Zuletzt folgen die Soziologie und vor allem die Tatsachenforschung, die „zweite Praxis", mit Ausstrahlungen zum Völkerrecht und mit Weiterführung der Grundlagenforschung. – Im einzelnen:

In drei Abschnitten liegt dieses Gesamtwerk eines Menschenlebens vor. Im ersten Abschnitt ruht der Schwerpunkt bei der engeren Rechtslehre; den Höhepunkt bilden die Grundlagen des Prozeßrechts (1919) und die Grundlagen des Strafrechts (1921). Weiterführungen bilden die erst der dritten Periode angehörenden, die Ergebnisse der Methodenlehre und der Tatsachenforschung verwertenden Werke: Allgemeine Prozeßrechtslehre (1951) und Allgemeine Strafrechtslehre (1949) sowie ein System des Strafrechts Teil II 1954. Die Grundlagen des Strafrechts (1921) entwickelten bereits das Juristische Grundgesetz; die hierüber handelnde kleine Schrift (1923) bildet den Übergang zur mittleren, philosophischen Periode; deren Anfang und Höhepunkte sind: Philosophie der Zukunft (1923, 1926), Grundlagen der Gesellschaft (1924), Grundlagen der Wissenschaft (1926, 1949). Zusammenfassung: das kleine Lehrbuch der Rechts- und Sozialphilosophie (1929). Erweiterungen nach der staatstheoretischen und ethnologisch-vergleichenden Seite: Rechts- und Staatsphilosophie (1936); nach der methodologisch-erkenntnistheoretischen Seite: Juristische Methodenlehre (1940, die bisher umfangreichste, rechtsphilosophische Darstellung!); nach der logisch-konstruktiven Seite: Juristische Elementarlehre (1944, aufgebaut auf der Urteilsfunktion); nach der historisch und kulturphilosophisch-soziologischen Seite: System der Rechts- und Sozialphilosophie (1949 angelegt pädagogisch und umfassend); nach der metaphysischen Seite: Metaphysik auf sozialwissenschaftlicher Grundlage, zugleich eine soziale Berufsethik (1951, eine Vertiefung der Philosophie der Zukunft). Diese nach 1930 entstandenen philosophischen Werke stehen bereits unter dem Einfluß der zur dritten Periode gehörenden Tatsachenforschung sowie des Staats- und Völkerrechts. In diese dritte Periode fallen vor allem: Kriminalsoziologie (1933, das bisher umfangreichste Werk, das auch die meiste Arbeitszeit erforderte); deren Weiterführung und methodische Vertiefung: Kriminologie als reine und angewandte Wissenschaft (1950, Verarbeitung von 25 Schülerarbeiten). Eine Ausdehnung der Rechts- und Staatsphilosophie ins Juristische stellen dar: Völkerrecht und Weltfrieden (1948) und System des Völkerrechts (1952). Der dritten Periode, die ja mehr einen ins Einzelne gehenden, auswertenden enzyklopädischen Charakter trägt, gehören außer den genannten ferner an: die ästhetischen Werke (demnächst veröffentlicht); Beethoven und das Wesen der Musik; Wirklichkeit und Idealgestalt (kulturgeschichtlich) sowie diese Selbstdarstellung. Endlich die kleine, zusammenfassende und auswertende Einführung in die Rechtsphilosophie (1954). Will man diese drei Perioden schlagwortartig nach Forschungszielen kennzeichnen, so läßt sich sagen: die erste bemüht sich besonders um begriffliche, logische Schärfe, die zweite um Tiefe, während die dritte in die Weite strebt.

Technik der Forschung

Zusammenschauen mehrerer verschiedenartiger Probleme, ja ganzer Materien und großer Stoffmassen, sowie gleichzeitiges Arbeiten an ihnen mit Drang und Zwang zum System. So wurden gleichzeitig bearbeitet: 1. Zivil- und Strafprozeß (1919); 2. Strafrecht und Rechtsphilosophie (1921); 3. Philosophie und Soziologie (1923/4/6); 4. Rechtsmethodik und geisteswissenschaftliche Grundlagenforschung (1936/40); 5. Philosophie, Rechtsdogmatik und Tatsachenforschung (1933/43); 6. Logik und Musik (1940/2); 7. Völkerrecht und Kriminologie; 8. Musikästhetik und Idealgestalt; 9. überall kontrolliert an dieser Selbstdarstellung.

Die zeitliche Entstehung der Werke, ihr Heranreifen deckt sich natürlich keineswegs mit der Ausarbeitung und Fertigstellung, und bis zur Veröffentlichung vergingen wieder oft Jahre über Jahre. Maßgebend für die Konzeption ist der Zeitpunkt, wo ein Problemgebiet zwingend vor das Forscherbewußtsein tritt; der Forscherdrang erwacht, und das Gewissen wird gequält. Die Zeitspanne ist bei den einzelnen Gebieten höchst verschieden gewesen. Das Prozeßrecht trat erst als letztes Gebiet in meine wissenschaftliche Interessensphäre, erst weit nach dem Beginn der Praxis, wurde aber als erstes Forschungsgebiet mit einem großen Werk (1919) in die Tat umgesetzt, gleichsam mit „Rechtskraftwirkung" ausgestattet; mein „Ruf" war und blieb begründet. Das war „prompte Justiz", schneller Prozeß; eine „Wiederaufnahme" kam für mich nicht in Frage. Die Allgemeine Prozeßrechtslehre war ein später Ausbau (1951). Das Strafrecht berührte mich schon seit der Mitte der Studienzeit aufs tiefste; seine „Verabschiedung" verzögerte sich immer von neuem, ebenso wie die des Strafgesetzbuchs. Die Philosophie reichte in meine Schülerzeit zurück und fesselte mich unausgesetzt. Die Musik begann schon mit der Kindheit, mich völlig gefangen zu nehmen; das Beethovenbuch fand erst an der Schwelle des Greisenalters den Weg in die Wirklichkeit. Die Beschäftigung dehnte sich also oft auf Jahre oder gar Jahrzehnte, ja wie bei der unsterblichen Musik auf mehrere Menschenalter aus; aber es fiel die Beschäftigung mit einem Gebiet (Völkerrecht, Soziologie, Kriminologie) auch wieder auf lange Jahre aus, um nur latent zu glimmen.

Die wichtige Konzeption geschah höchst verschieden, und die „wissenschaftliche Schwangerschaft" (Schopenhauer) war wiederum von sehr verschiedener Dauer. Die wertvollsten Gedanken flogen mir oft zu, wo ich es am wenigsten erwartete, z. B. auf Reisen, während der Eisenbahnfahrt, bei Waldwanderungen, beim Ausruhen am Strande, überhaupt besonders häufig im Sommer, ohne Rücksicht auf Lektüre oder ohne Arbeit am Schreibtisch. Mitunter kamen sie zu ungelegener Zeit und verlangten sofortige Festhaltung, sollten sie nicht wieder verloren gehen, so auf dem Weg in die Vorlesung oder zur Fakultätssitzung, im Luftschutzkeller oder vor dem Schlafengehen.

Das Festhalten und überhaupt das Sammeln des Materials führte ich auf Zetteln aus, wie ich es auch meinen Doktoranden und Schülern empfahl (Näheres Allg. Strafrechtslehre 2. Aufl. 1949 S. 248) und wie es wohl auch von Schaffenden auf anderen Kulturgebieten betätigt wurde[1]). Richard Strauß sprach einmal von seinen Kompositionskästen aus der Zeit der Elektra und des alsbald folgenden, durchaus verschiedenartigen Rosenkavaliers. Berühmt sind Beethovens Skizzenhefte; man weiß, wie langsam und mühevoll die Melodie des zweiten Satzes der fünften Symphonie zustande kam. Kant sann über die Kritik der reinen Vernunft zwölf Jahre und mehr (wohl zwanzig) nach und schrieb das Werk in fünf Monaten nieder (sehr zu dessen und der Leser Schaden!). Welche gewaltige Mühe erfordert doch allein eine Tafel (Tabelle). Überhaupt die systematisch sauberen, kurzen Zusammenstellungen! Und die Herausarbeitung logischer Gegensätze (ohne Überschneidung, ohne Idealkonkurrenz)! Man mag gegen mich sagen, was man wolle: Mangel an Selbstkritik kann man mir nicht vor-

---

[1]) Über Goethes Faust berichtet J. G. Zimmermann im September 1775: „Faust war angekündigt worden, und man erwartete ihn demnächst erscheinen zu sehen. Zimmermann bat seinen Freund um Mitteilung über den Stand. Goethe brachte einen mit kleinen Papierschnitzeln gefüllten Sack, warf ihn auf den Tisch und sagte: Da ist mein Faust". (Goethes Gespräche, herausgegeben v. Biedermann, Inselverlag, S. 60).

halten. Unaufhörliches Nachprüfen an Gesamtsystemen, Verbessern in Vorlesungen, Seminarübungen, Rezensionen, Aufsätzen, Abhandlungen, ehe ein großes Werk in das Licht der Welt treten durfte![2])

Die Frage nach der „geistigen Heimat" beantwortet dieses Buch, das sich vielen „geistigen Stammvätern" verpflichtet weiß, ohne (wie man meinte) „eklektisch" zu sein. Wer mich einseitig nach der einen oder anderen Seite abzustempeln und festzulegen sucht, vielleicht um mich alsdann besser widerlegen zu können, zeigt nur seine eigene begrenzte Sehweite und mangelnde Einfühlung. Jedoch haben einige kritische Äußerungen mit Recht auf gewisse Heimatgebiete und Einflußsphären, Lehrmeister und Vorläufer, Freunde und Mitkämpfer aufmerksam gemacht. Und das ist wissenschaftsgeschichtlich gewiß nicht uninteressant; „sage mir, mit wem du umgehst, und sage mir, wer dein Lieblingsphilosoph ist, so werde ich dir sagen, wer du bist". Wir beschränken uns an dieser Stelle auf einige grundsätzliche Äußerungen und müssen im übrigen auf die folgende Bibliographie nebst Rezensionen verweisen.

Am zutreffendsten ist wohl, die geistige Heimat in dem deutschen Idealismus und der deutschen Klassik zu sehen[3]). Vor allem in den Frühwerken wurde von der Kritik mit Recht die Beeinflussung durch die Neukantianer erkannt; für die philosophischen Schriften wies das Philosophen-Lexikon II 1950 auf die Einflüsse der Marburger Schule (Cohen) und der Südwestdeutschen Schule (Rickert), mit demselben Recht aber auch auf die Einflüsse durch die Phänomenologie (Husserl) hin, während in juristischer Hinsicht früher und noch später in der Jur. Elementarlehre (1940) der Einfluß Stammlers und noch mehr der Wertphilosophie und Kulturtheorie erkannt wurde[4]). Später sollten der Irrationalismus in Gestalt der Lebensphilosophie, dann wieder die Wert- und Kulturphilosophie von gewissem Einfluß geworden sein[5]). Daneben lief fortgesetzt die Einwirkung der Soziologie (nach dem Phil. Lex. a. a. O. besonders durch Tönnies und v. Liszt). Wiederholt und nachdrücklich hervorgehoben wurde, daß meine Lehre und Haltung stark an Fichte und Leibniz erinnere: Aktivität, Wertidee und Vollkommenheitsstreben, Wertverwirklichung, Harmonie zwischen den kleinsten Lebenskonkreta bis zu dem Höchsten, Einbeziehung der Gottesidee, normativer Pantheismus, Versöhnung unter den Menschen und Völkern, Staaten und Konfessionen, Gesamtsystem der Wissenschaften[6]).

So werden widersprechende Motive, anscheinende Gegensätze, in ihrem Wesenskern auf höherer Ebene als Einheit erkannt. Und durch das Ganze schlägt der göttliche Funken, ebenso wie in jedem mitwirkenden, strebenden Einzelmenschen. Diese geheimnisvolle Einheit (Platon: Monas, Idee) nannte ich Wert-Monade, die sich in den verschiedenen Pro-

---

[2]) Meine Pflicht zur Selbstkritik betonte ich oft genug meinen Kollegen gegenüber, wenn sie mich auf Kongressen fragten, ob ich nicht bald wieder ein neues Buch schriebe, da sie Stoff zur Anregung haben wollten, was bis 1933 oft geschah und gewiß aufrichtigen Wünschen entsprang. Auch erste Verleger fragten an, sogar noch nach 1933. So wurde ich nicht nur von innen, sondern fast mehr von außen getrieben. Die bis heute fortdauernden Unterdrückungsversuche der Gegner (besonders stark und frech erst seit 1933) hielten mich nicht auf, sondern trieben mich nur noch mehr an. Die Frechheit nahm übrigens nach meiner Emeritierung in einem Maße zu, wie es ein Außenstehender nicht für möglich halten kann, was mir hochstehende Praktiker bezeugten.

[3]) Legaz y Lacambra, Vorwort zur span. Ausg. d. Rechts- und Sozial-Phil. 1933.

[4]) Würtenberger, Arch. d. Völkerrechts 2, 1950 S. 502.

[5]) Petraschek, Die Rechtsphilosophie des Pessimismus 1929; Ridder, Z. f. d. gesamte Staatswissensch. 108, 1953 S. 768; Würtenberger a. a. O.

[6]) W. G. Becker, Arch. f. civilist. Praxis 1951 H. 2; Liermann, Jur. Rdsch. 1950 H. 11.

blemlagen der Einzelwissenschaften in verschiedener Gestalt zeigen mag[7]), in ihrem Gehalt immer derselbe Kern ist. Die Wert-Monade ist das Wesen einer Einzelerscheinung, das als Einheit die Tendenz zum Ganzen in sich trägt (deshalb: „Wert" für das Ganze, in dem sich alle kleinste Wesenheiten in Harmonie vereinen; deshalb wiederum sind sie Gegenstand unserer Erkenntnis, ferner das regulative Richtziel unseres Wollens und Strebens). Bei energischer Selbstbesinnung und im Kampf der Menschen und ihrer Meinungen offenbaren sie sich als Wesenskern, als Göttliches im Menschen, als konkretisierter absoluter Wert. Die Wert-Monaden im Menschen sind ihre Lebenskraft, ihr Schöpfungswille, ihr Ewiges, Unsterbliches, Göttliches. Ohne sie wäre die Existenz des Menschen sinnlos. Daher steht die Existenzphilosophie, in der eine neue Richtung der Philosophie gesehen wird, erst am Anfang[8]); zur Fortsetzung bedarf es der Wertphilosophie, die sich zur Sozial- und Kulturphilosophie sowie zur Metaphysik (Sozial-Metaphysik, Wert-Ontologie, Wert-Monadologie) zu erweitern hat. Diese Expansionskraft, ein wahrer Wert-Imperialismus, ist ein Werk der Wert-Monade, die in sich die Tendenz zur Fruchtbarkeit trägt[9]).

Das Gesamtsystem ergab sich mir nicht aus philosophiegeschichtlichen oder „geistesgeschichtlichen" Erwägungen und Auseinandersetzungen (etwa als Fortsetzung des Neukantianismus und Neuhegelianismus, der Phänomenologie, Lebensphilosophie und Ontologie — obwohl diese Reihenfolge, objektiv gesehen, im wesentlichen das Richtige treffen würde). Vielmehr wurde das Ganze an Einzelproblemen und in Einzelwissenschaften erarbeitet.

Das Ganze läßt sich, wenn man eine neue Richtung schlagwortartig bezeichnen will, etwa nennen: Wert- und Kulturphilosophie, Sozialmetaphysik, Wert-Ontologie. Speziell die Rechtsphilosophie erscheint als konkrete Interessen- und Wertungsjurisprudenz. — Programmatisch ergibt sich die Aufgabe, unter

---

[7]) Über die Wert-Monade spricht fast jedes meiner größeren Werke seit 1924 (Grundlg. der Gesellschaft S. 32 ff., wo die erste Anregung von der Phänomenologie ausging); der damalige Stand meiner Lehre wurde wiedergegeben von Eisler, Wörterbuch der philosophischen Begriffe 4. Aufl. II 1929 S. 172, vgl. III S. 538. — In dieser Selbstbiographie tritt mein Grund- und Leitbegriff naturgemäß mehrere Male auf, ohne jedoch hier breiteren Raum für die Begründung zu beanspruchen.

[8]) Die Existenzphilosophie, die von mir seit ihrem Auftreten (Heidegger, Sein und Zeit 1929) als einseitig und unvollständig (was sie bis heute geblieben ist!) bekämpft wurde, kann in bescheidenem Maße auch für meine Wertphilosophie herangezogen werden. Ihr Ausgangspunkt ist derselbe wie in meiner Philosophie der Zukunft 1923, 1926: Angst, Sorge, Tod, Nichts S. 1; Zeit S. 54 ff. ergänzt durch Metaphysik 1951 S. 395 ff.).

[9]) In neuester Zeit fanden Grundgedanken meiner Lehre, das System und die Monade, eine beachtliche Erneuerung und Vertiefung durch Schriften zweier älterer Autoren, die mir auch sonst nahe standen: Paul Natorp, Philosophische Systematik, 1957 (aus dem Nachlaß hgg. v. Hans Natorp); Max Wundt, Die geschichtlichen Grundlagen von Leibniz' Metaphysik, Zeitschr. f. philosophische Forschung 1957 H. 4.

diesen Gesichtspunkten die zugeordneten Geisteswissenschaften zu bearbeiten und zunächst ihre aktuellen, ungelösten Grundprobleme anzupacken.

Lebens- und Kulturphilosophie, Metaphysik

Anfang und Ziel des Systems. Hierin besteht von je her die bei weitem größte Schwierigkeit für jede wissenschaftliche, d. h. gesamtsystematische Arbeit. Alle tieferen Meinungsverschiedenheiten beruhen darauf, daß es über Anfang und Ziel an Verständigung und Verstehen fehlt. Sicher sollte heutzutage sein, daß man nicht von wissenschaftlich Unbegreiflichem ausgehen kann, wie Gott, Weltgeist, Weltall; hierin kann nur Richtung und Ziel (wenn auch unerreichbares Ziel) liegen. Den Ausgang können aber auch nicht so unbestimmte und leere Begriffe bilden wie Substanz, Sein, Dasein, Erscheinung (Hegelianer, Ontologen, Phänomenologen); auch nicht zu enge, nicht genügend umfassende Begriffe wie Vernunft, Geist, Bewußtsein (Kant, Neukantianer, neuere Erkenntnistheorie und Psychologie); auch nicht so subjektive und zusammengesetzte, erst der Analyse bedürftige Begriffe wie der Mensch, dem gegenüber die große Natur steht (einseitige Vertreter der Ethik, der Psychologie, der Anthropologie, der Existenzphilosophie). Ausgang kann nur sein das Leben. Über nichts können wir eine bestimmte Aussage machen, was nicht Gegenstand unseres Erlebens gewesen ist. Gemeint ist aber nicht das persönliche Erleben eines jeden Einzelmenschen; dann würden nur persönliche, individuelle, subjektive Lebensauffassungen und Weltbilder entstehen. Gemeint ist das Leben im kosmischen (transzendentalen) Sinn, das zu sachlichen, objektiven, für alle Menschen gültigen Lebens- und Weltanschauungen führt.

Das Leben ist Streben, Kraftstreben, das wohl auch der Natur in irgendeinem Sinne eignet; es ist das den Gesetzmäßigkeiten zugeordnete, metaphysische Objekt. Von hier aus ergeben sich auch Gesamtsysteme, die für alle Wissenschaften und für alle Menschen Gültigkeit beanspruchen dürfen. Für Menschen gibt es vier Lebensfunktionen: Wollen, Gestalten (Fühlen), Denken und Handeln (Wirken). Dagegen kennt die Kantische Philosophie nur drei Bewußtseinsfunktionen. Das Leben und Streben ist auf Werte (im weitesten Sinne) gerichtet, worunter auch Befriedigung materieller Bedürfnisse, auch tierischer, niederer Bedürfnisse gehört. Von „Bedeutung" sind nur objektive Werte (Bedürfnisse), die für größere Kreise von Menschen gelten.

So ergeben sich entsprechend den vier Lebensfunktionen vier Kulturgebiete: Religion (Moral), Kunst, Wissenschaft, Werkkultur (Technik, Wirtschaft, Sozialpflege, Recht). Der Inbegriff dieser vier verwirklichten Kulturgüter macht die Kultur aus. Kultur ist der Inbegriff und der innere Zusammenhang aller verwirklichten objektiven Werte. Es würde jedoch nicht genügen, daß ein Wertstreben allein einem einzigen kleineren Kulturgebiet entspricht; es muß sich vielmehr der Gesamtkultur harmonisch einfügen und den obersten absoluten Werten genügen; das sind solche, die keiner weiteren Rechtfertigung mehr fähig und bedürftig sind.

Entsprechend den vier Kulturgebieten gibt es v i e r a b s o l u t e (ewige) W e r t e : Sittlichkeit, Schönheit, Wahrheit, Gerechtigkeit (soziale Zweckmäßigkeit, Gemeinwohl). Der metaphysische, sachliche Gehalt von Wertstrebungen, die den absoluten Werten als den obersten Grundgesetzen alles Lebens genügen, sind die W e r t - M o n a d e n. Sie bedeuten das Ewige im Menschen, im Weltall. Ihr Zusammenhang bedeutet die Ewigkeit, das Reich der ewigen Werte, mit der Richtung auf die Gottheit. G o t t läßt sich von hier aus definieren als Inbegriff aller verwirklichten und noch (als unendliche Aufgabe) zu verwirklichenden absoluten Werte (Wert-Monaden). Diese Aussage über Gott können wir machen, weil und soweit er Gegenstand unseres Erlebnisses ist. Lessing sagte: die Wahrheit ist bei (!) Gott. Unser System gelangt zu dem Ergebnis: die Wahrheit ist (!) Gott. Gott ist aber umfassender der Inbegriff aller konkretisierten absoluten Werte, nicht nur der Wahrheit. Gott ist also auch in Vollendung die Güte, die Schönheit (Harmonie), die Gerechtigkeit. Unendliche Aufgabe aller Menschen und Sinn alles Lebens, aller Geschichte, des ganzen Weltalls ist die Realisierung der absoluten Werte, also das Aufwärtsstreben zur Gottheit. Ohne diesen metaphysischen Halt wäre die Welt sinnlos, das Leben nicht lebenswert. Nur dieser Richtpunkt bedeutet Lebensglück, Glückseligkeit, Eudämonie im hellenischen Sinne, wahren Nutzen im Sinne der angloamerikanischen Utilitarier und Pragmatiker.

Von den ewigen Werten (den Grundgesetzen) leitet jedes Kulturgebiet (jede Einzelwissenschaft) Bedeutung und Berechtigung ab und findet dort zugleich Schranken; das gilt für Religion und Moral, für Recht und Staat, auch für jede Forschung. Die W a h r h e i t läßt sich von hier definieren als die Harmonie der menschlichen Wertstrebungen im Bereich des wissenschaftlichen Denkens; entsprechend die (ebenso vielgesuchte und verfehlte) G e r e c h t i g k e i t als die Harmonie der menschlichen Wertstrebungen im Bereich des sozialen Handelns (der Gemeinschaften, des Staates, der Völkerrechtsgemeinschaft). Jedes staatliche Gesetz, jeder Friedensvertrag, jedes einzelne rechtliche Handeln sind nach diesem „Juristischen Grundgesetz der Gerechtigkeit und des Gemeinwohls" zu behandeln und zu würdigen.

Wem dieser „abstrakt-idealistische" Standpunkt zu nichtssagend oder vieldeutig ist, der ist allerdings auf das höchste zu bedauern, weil er in sich keine Wert-Monaden erlebt, nicht den schönen Götterfunken in sich trägt, nicht das gotische (faustische) Streben zu betätigen Gelegenheit findet; es liegt aber nicht an den Ideen, sondern an ihm selbst. Er muß sich alsdann schulen lassen oder selbst schulen, ein jeder auf seinem Gebiet — statt zu jammern über die seelische „Not der Existenz", über die Angst und die Nöte unseres Daseins, richtiger nur seines eigenen Daseins, nicht der anderen, die dagegen Wert-Monaden in sich tragen und sich selbst zu helfen und zu erheben wissen. Der Jurist, der mit hochabstrakten Maßstäben wie Gerechtigkeit und Gemeinwohl nicht zu arbeiten versteht, ist ebenfalls nicht genügend geschult; muß er doch Maßstäbe wie Treu und Glauben (bona fides), recht und billig (jus aequum, equity), angemessen, öffentliches Interesse tagtäglich handhaben. Und wem jene Erweiterung des Lessingschen Wortes nichts besagt, daß die Wahrheit bei Gott ist und Gott selbst ist, der hat wohl noch nicht das Bibelwort gehört: Ich bin die Wahrheit und das Leben, niemand kommt zum Vater denn durch mich. Er sollte sich nur selbst um Gott und die Wahrheit bemühen; Gott kommt nicht zu ihm, da kann er umsonst warten...

Wem aber unser idealistischer Standpunkt zu optimistisch erscheint und wer jeden Kulturfortschritt leugnet, der verkennt, daß die absoluten Ideen, die ewigen Werte eine Forderung, eine Verpflichtung, ein Sollen, eine ewige Aufgabe enthalten. Sie brauchten nur einem jeden in seiner Sprache beigebracht zu werden. Wenn er in dieser Richtung zu streben und zu arbeiten sich aufrafft, wird er den Segen der Arbeit, jene neue „Religion der Arbeit und der Arbeiter" in sich verspüren. Nur in dieser Richtung kann auch eine Lösung der „sozialen Frage" mit einiger Befriedigung gesucht werden. Alle anderen Lösungsversuche, höheres Einkommen, mehr Anteil an der Entscheidung, weniger Arbeit und mehr Freizeit, Reisen und abendliche Schulungskurse sind nur kleine Abschlagsszahlungen oder gar irrige Teillösungen. Aus den Niederungen des Lebens muß man sich erheben zu ewigen Werten, alles Persönliche und Menschliche von sich abstreifen. Wenn man nicht selbst dazu fähig ist, dann bedarf es der Hilfe, die immer nur Hilfe zur Selbsthilfe sein kann. Diese Regel beobachtete man mit einigem Erfolg bereits lange Zeit bei der Behandlung von (besserungsfähigen) Strafgefangenen. Sie möge bei allen Schwachen, Leidenden und Bedürftigen angewendet werden.

Meine Lebens- und Kulturphilosophie ist daher keineswegs eine Philosophie nur der kulturell Gebildeten oder gar der Kulturträger, wie man meinte; sie paßt für jeden Menschen, hoch und niedrig, wie ich stets betonte: der Schwache und Kranke vermag sich wenigstens religiös und moralisch (sozial) einzustellen und hierin reiche Befriedigung zu finden.

Allgemeingültigkeit der Metaphysik. Der obige Aufbau der Metaphysik, der Lebens- und Kulturphilosophie darf für sich den Grundriß einer Lebens- und Weltanschauung von Allgemeingültigkeit auch in dem Sinne beanspruchen, daß alle anderen so zahlreich im Bereich der Wissenschaft, der Religion und des politischen Lebens aufgestellten „Weltanschauungen" nur abgeleitete Natur besitzen und daß die Grenzen ihrer Berechtigung gerade in dem obigen Aufbau abgesteckt werden können. Es muß Anfänger (und nicht nur sie) in hohem Maße verwirren, wenn eine Kirche und eine im Staat herrschende politische Partei mit dem Anspruch auf alleinige Gültigkeit die untereinander grundverschiedensten Weltbilder aufstellen. Welches ist das richtige? Welches geht dem anderen vor? Wer es mit seiner Kirche genau nimmt und wer sich auch mit dem Staat nicht verfeinden will, steht vor einem unlösbaren Widerspruch. Und nunmehr wird ihm, so kann man einwenden, von uns ein vermeintlich drittes Weltbild geboten, das weder von der Kirche noch von Staat oder Partei gebilligt wird? Wie ist aus diesem mehrfachen Zwiespalt ein Ausweg zu finden? Oder soll Toleranz geübt werden, bestenfalls unter Berufung auf einen (wissenschaftlich unerträglichen) Relativismus und Historismus, wonach mehrere widersprechende Weltanschauungen nebeneinander bestehen, je nach Menschen, Völkern und Zeiten?

Unser metaphysisches Lebens- und Weltbild bietet „die" Lebens- und Weltanschauung, die auch jene anderen bis zu gewissen Grenzen duldet und sie darüber hinaus als unnachweisbar (unkritisch, unexakt) beschränkt oder ablehnt. Das Hilfsmittel ist die transzendentale Methode, die sich auch hier als „die" Methode, die richtige wie die fruchtbare, erweist. Unser Weltbild geht vom Leben aus und ist so umfassend, daß es alle anderen Lebensbilder als Teilbilder oder Ausschnitte umfaßt und sie von ihrem jeweiligen Ausgangspunkt, der weniger umfassend und weniger gesichert ist, innerhalb ihres begrenzten Blickfeldes bestehen läßt. Das kirchliche Weltbild gilt nur vom Standpunkt einer Kirche aus, stellt sich auf den Standpunkt des religiösen Wollens (wobei noch dahingestellt bleibt, ob es von hier aus überall kulturell berechtigt und ob es vor allem von sich aus schlüssig ist); es darf natürlich nur innerhalb dieses religiösen und moralischen Wollens Gültigkeit beanspruchen, kann also nicht Fragen der Wissenschaft, der Kunst, der Politik von sich aus und womöglich abweichend von diesen regeln.

So ist eine Harmonie der verschiedenen Auffassungen, so weit sie beachtlich sind, bei einer (transzendental konzipierten) Lebens- und Kulturphilosophie möglich. Mit dieser Einheit der Theorien ist ein großes Ziel wissenschaftlichen Denkens erreicht. Ein Staat, der hiergegen verfehlen würde, wäre kein moderner Kulturstaat. Ein Staat, in dem sich Religion und Moral, Kunst und Wissenschaft nicht frei entfalten können, wäre dem Untergang geweiht. Ein Staat, der mit Geboten und Verboten die Wissenschaft zu leiten sucht, schaufelt an seinem eigenen Grab. Die Wissenschaft verfügt über eine so unermeßliche Macht auf weite Sicht, wie niemand sonst in der Welt: Die Wissenschaft allein ist dazu befähigt, die kulturellen Werte klar zu erfassen und mitzuteilen, festzuhalten und zu überliefern und zwar in fernste Länder und Zeiten; denn sie faßt sie in Begriffe und legt sie in Schriften nieder. Und die Wissenschaft allein ist dazu berufen, über die Werteigenschaft und die Werthöhe zu entscheiden; denn sie verfügt über die obersten Kultur- und Ewigkeitsmaßstäbe, die absoluten Werte, regulativen Ideen und Grundgesetze; und nur die Wissenschaft vermag alle Objekte hiernach zu richten. Ihr Richterspruch ist unbestechlich; seine Richtigkeit und Zuverlässigkeit bildet sich zwar langsam und zuerst nicht ohne Schwankungen, setzt sich aber allmählich desto sicherer und unangreiflicher durch und behauptet zuletzt stets das Feld. Wer sonst verfügt über eine solche Macht?

Als „Monumentalphilosophie" darf die Lehre insofern bezeichnet werden, als sie von den „denkwürdigen" Tatsachen ausgeht, die festgehalten zu werden verdienen, und zu den ewigen Werten aufstrebt, die unverrückbar feststehen.

W i s s e n s c h a f t s l e h r e.

Für jede erkenntnistheoretische und methodologische Untersuchung, jene unerläßliche Vorarbeit für alle saubere wissenschaftliche Forschung, ist erforderlich die stete Gegenwart, wenn auch nicht die ausdrückliche namenhafte Verwendung der beiden Hauptgesichtspunkte W e r t - M o - n a d e als Gegenstand und G r u n d g e s e t z als Norm[1]). Ihre verschiedene gegenseitige Verknüpfung konstituiert die E i g e n a r t einer wissenschaftlichen Disziplin.

Kant hatte mit dem kategorischen Imperativ das ethische Grundgesetz eingeführt. Das J u r i s t i s c h e G r u n d g e s e t z lautet: Wohl (salus publica) der staatlichen (und der völkerrechtlichen) Gemeinschaft im Rahmen der konkreten Gerechtigkeit bei Generalisierungsfähigkeit der konkreten Entscheidung (Gestaltungsnorm) im Interesse der Rechtssicherheit. Die den Grundgesetzen zugeordnete tatsächliche (ontologische, metaphysische) Erscheinung ist die W e r t - M o n a d e, d. i. ein Kraft- und Wertstreben, das den Grundgesetzen, den regulativen Ideen, den absoluten Werten entspricht, also ewigkeitsgerichtet ist[2]).

„R e i n h e i t" einer Wissenschaft ist Durchführung ihres Grundgesetzes; es wäre ein Irrweg, die Rechtslehre etwa biologisch (rassentheoretisch) zu betreiben. Jedoch ist eine „Methodenverbindung", ja „Methodenüberkreuzung" geboten und fruchtbar, wenn dadurch die Lösung der ureigenen Probleme einer Wissenschaft gefördert wird. So ist für das Strafrecht besonders ergiebig die bio-, psycho- und vor allem soziologische Einstellung (Lebensnähe!) einerseits, die sozialethische Hinlenkung der strafrechtlichen Probleme anderseits. Nur so vermag man z. B. die Strafzumessung theoretisch wie praktisch zu meistern.

S o z i o l o g i e, R e c h t s- und S o z i a l p h i l o s o p h i e. J u r i s t i s c h e S c h r i f t e n.

Auf diesen Gebieten ist in der Sache (nicht notwendig auch bei der Formulierung) die soeben genannte „D r e i s e i t e n t h e o r i e" anzuwenden und durchzuführen. So werden die formalen Gebilde (Normen und Gesetze) lebendig gestaltet und anwendbar gemacht (konkrete Gestaltungsnorm, d. i. der wesentliche Gehalt der Präjudizien, der Präzedenzfälle) und doch zugleich nach oben den allgemeingültigen Werten zugeführt, so daß Wahrheit und Gerechtigkeit (Gemeinwohl) gewährleistet sind. Auch die Kriminologie hat sich bis ins Normative auszudehnen; auch die Sozialethik und die Rechts- und Staatslehre haben sich bis ins Tatsächliche zu erstrecken. Jede Geisteswissenschaft (Kulturwissenschaft) arbeitet in drei Dimensionen; nur der Schwerpunkt der Tätigkeit verlagert sich in den Einzelwissenschaften bald auf die Tatsachen, bald auf die Einzelnormen,

---

[1]) Über Literaturangaben vgl. oben S. 176 Anm. 7 bis 9.

[2]) Zuletzt im Rahmen einer allgemeinen Werttheorie näher begründet in der Abh.: Werttheoretische Studien (Z. f. d. ges. Staatswiss. 1957, Bd. 113 H. 2).

bald auf die obersten Werte (Soziologie – Rechtslehre – Philosophie). Fruchtbar betreiben läßt sich aber nur das gleichzeitige Forschen in drei Dimensionen.

Wenn man mir gern vorhält, ich habe die Grenzen einer Einzelwissenschaft überschritten, so ist auf diese Lebensnotwendigkeiten hinzuweisen, da der Positivismus und die Spezialistik versagt haben; die Befehle des Diktators waren unrichtige Gesetze. Immer wieder zeigt die Erfahrung, daß es ungerechte Entscheidungen und lebensfremde Völkerrechtsnormen gibt. Hier bedarf es zur Gesundung des Rechtslebens der Korrektur. Die Richtlinien und Anwendung zu lehren, ist Aufgabe der Wissenschaft. Die Gegner, die Nur-Juristen, die strengen Positivisten, lehnen – bequem genug – die Idee als nicht brauchbar für die Anwendung ab; sie verkennen, daß sie im Zusammenhalt mit den Lebenskonkreta sehr wohl anwendbar ist. Wie der Lehrer „gerecht" urteilen kann, wenn er den einen Schüler für tüchtiger im Vergleich mit den anderen hält, ebenso bemißt der Richter die Schuld des einen Verbrechers gerechterweise als höher als die des anderen, weil er ihn als gefährlicher und verwerflicher erkennt. Die Gegner sträuben sich aber gegen eine solche konkrete Tatsachenforschung, weil sie ihnen offenbar zu zeitraubend und mühsam ist oder sonst aus Mangel an Materialkenntnis nicht gelegen kommt; daher wünschen sie eben als Positivisten jene allgemeinen Anweisungen.

Gegen meine Rechtsphilosophie sind in diesem Zusammenhang weitere Einwände erhoben: sie berücksichtige nicht ihre eigene historische, politische und sonstige personale Bedingtheit, sie habe kein Verständnis für das „Materiale", für das „Substantielle", für die moderne „Ontologie" und „Existenzphilosophie" und könne jener anderen „Substanz" nicht gerecht werden (Erik Wolf in MonSchr. Dt. Recht 1954 H. 12). Gedacht ist hierbei offenbar an die bloß relative Gültigkeit, wie sie schon Radbruch zugrunde gelegt hatte; auch wird meine Lehre als liberalistisch konzipiert abgestempelt, sie könne daher dem christlichen, auch dem sozialistischen Gedankengut nicht genügen. – Für eine Wissenschaft beanspruche ich als systematischer Denker[3]) zunächst Voraussetzungslosigkeit als Anfang und Ausgang; und diese muß ich den genannten materialen, politischen, historischen, theologischen Strömungen absprechen. Daß der Forscher als solcher nicht allgemeingültig schafft und von unendlich vielen Voraussetzungen abhängig ist, suchte diese Selbstbiographie im Höchstpersönlichen („Dasein"); und wenn das Materiale durch das persönliche religiöse oder politische Bekenntnis geliefert werden soll, so beschränkt sich eine hierauf errichtete Wissenschaft doch nur auf eine engere Gemeinde oder Partei oder Schule. Gerade mein System darf sich anmaßen, diese Abhängigkeiten aufzuweisen; und dank seiner methodischen Orientierung läßt es die fremden Lehren innerhalb gewisser grundgesetzlicher Grenzen sehr wohl gelten. Es sei daran erinnert, daß der methodische Kritizismus Kants ganz treffend als „Grenzpolizei" gekennzeichnet wurde; es wird tolerant verfahren und für Ordnung, Reibungslosigkeit und Harmonie gesorgt. Das kann nur universell, objektiv, formal und absolut geschehen. Die Ontologie paßt zwar für alle Seinswissenschaften, aber nicht für die engeren Sollens- und Wertungswissenschaften, deren Thema der kulturelle konkrete Schöpfungsakt ist, der ein bisher

---

[3]) Anderseits ist mein „System" auch geistesgeschichtlich eingelassen, wie der große zweite Teil meines Systems der Rechts- und Sozialphilosophie v. 1949 zeigt (was von den Gegnern gar zu leicht vergessen wird).

noch nicht vorhandenes Sein erst hervorbringen soll. Die Ontologie würde das Recht nur als generelle, abstrakte Regeln (Seinsordnung) nach Art des Historikers und Positivisten, die Gesetzbücher nach Art der Literaturgeschichte betrachten.

Die Lebensfähigkeit meiner Rechtsphilosophie, ihre Werthaftigkeit und Fruchtbarkeit glaube ich dadurch bewiesen zu haben, daß ich hiernach mehr als ein Spezialgebiet systematisch bearbeitet habe. Sollte den Gegnern gelingen, auch nur ein einziges Fachgebiet auf Grund ihrer Rechtsphilosophie vollständig und geschlossen zu errichten, worauf ich zur Zeit (1958) trotz ihrer Vorbereitungen und Ankündigungen noch immer vergeblich warte, so hätten sie noch längst nicht den vollen Beweis erbracht; da jedes philosophische System Universalität und Allgemeingültigkeit zu prästieren hat, sollten die Gegner statt ihrer Kritiken erst einmal sich selbst schöpferisch auf mehreren entgegengesetzten Fachgebieten ausweisen. Selbstverständlich darf man philosophische Lehren nicht auf eine Einzelwissenschaft deduktiv übertragen; eine moderne Forschung geht induktiv vom Sein, d. h. vom Problemkreis des gegenwärtigen Forschungsstandes als der vorgefundenen Wirklichkeit aus. Aber um nicht ins Uferlose oder ganz in die Irre zu geraten, bedarf es der Orientierung an allgemeingültigen Prinzipien, die notwendig formal sein müssen, um dem Materialen, den neuen Werten, dem freien Schöpfungsakt Raum zu gewähren.

Dieses dreidimensionale Denken suchte ich auf mehreren Gebieten und innerhalb dieser für zahlreiche Probleme[4]) streng durchzuführen. Hiermit hoffe ich der Forschung völlig neue Antriebe gegeben und der Praxis vorgearbeitet zu haben[5]). Diese Gebiete sind das Strafrecht Teil I und II nebst Kriminologie (die sich zur „Kriminalitätsgeographie" ausdehnte, für die 25 Schülerarbeiten Stoff lieferten); die beiden Prozeßrechte, denen die formale Rechtstechnik besonders gefährlich wird; das Völkerrecht, das ich hiermit vor die Aufgabe stellte, auch rechtspolitisch zu wirken, d. h. der Gefährdung der Lebensnotwendigkeiten der Völker und dem Fortbestand lebensunfähiger Verträge Einhalt zu tun, womöglich auch Unrecht und Krieg zu verhüten; die Zusammenarbeit der Völker ergab sich als der Gegenstand des Völkerrechts, die Völkerrechtsgemeinschaft (Gemeinwohl und Gerechtigkeit) als Leitziel. – Aber auch in der Ästhetik sollte sich die Dreigliederung bewähren (hierüber sofort unten).

Mein System des Völkerrechts 1952 erschien als das erste größere Völkerrechtsbuch im Deutschland der Nachkriegszeit mit ausgesprochen deutscher Systembildung unter Orientierung auf den deutschen Idealismus und mit Appell an das Weltgewissen. Auf keinem anderen Rechtsgebiet ist die soziologisch-sozialethische Einstellung so dringend und

---

[4]) Eine Übersicht gibt Einführung in die Rechtsphilosophie 1954 § 17.

[5]) Mit Recht wurde die Ausbaufähigkeit und Ausbaubedürftigkeit meiner Wissenschaftslehre wiederholt hervorgehoben (Zeitschrift f. Öffentl. Recht 4, 410). Des fragmentarischen Charakters war ich mir nur zu gut bewußt: die Kombinatorik der einzelnen Wissenschaftselemente hätte sich ausdehnen, vermehren, vertiefen lassen, womit die Verwandtschaft der Einzelwissenschaften noch mehr hervorgetreten wäre, die Tragweite und Fruchtbarkeit dieser Systematik sich erwiesen hätte. Beanstandet wurde die Willkür der Aufstellung gerade von elf Einzelwissenschaften und vier Grundwissenschaften. Hiergegen darf ich aber zur Ergänzung auf den Anfang meines Syst. d. RSPhil. 1949 verweisen.

zwingend wie im Völkerrecht (dies wird anerkannt von Aubin Z. f. ausländ. und internat. Privatrecht 19, 583, der eine Befruchtung der künftigen Völkerrechtswissenschaft für sicher hält). Die deutsche Wissenschaft hat durch dieses Buch ihren zeitlich ersten Beitrag zum Weltfrieden und Völkerrecht theoretisch mit echt deutschem Gedankengut geliefert und glaubt hiermit in den Augen der Welt einen Teil der Schuld abgetragen zu haben, die man in Handlungen früherer Deutscher (soll heißen: früherer deutscher Politiker, verantwortlicher Stellen und bewußter Mitläufer) sehen wollte.

So erstand ein Gesamtwerk, dessen Geschlossenheit und Fruchtbarkeit von der Kritik wiederholt hervorgehoben wurde. Ein solches zu schaffen, war nicht etwa mein Plan; vielmehr reihte ich Werk an Werk, und es ergab sich die Abhängigkeit des einen von dem anderen und schließlich die Unentbehrlichkeit eines Werkes für das andere und für das Ganze sowie für den jeweiligen Literaturstand. – Im einzelnen darf ich bemerken: I. Die philosophischen Schriften entwickelten sich aus den juristischen: 1. Die Grundlagen des Prozeßrechts beeinflußten die Praxis (einschließlich Verwaltung) sowie die spätere Wissenschaft (Goldschmidt, Peters, Eberhard Schmidt, Niese; vgl. Hartungs Bericht in ZStrW 68, 1956 H. 3). – 2. Die konkrete (prozessuale) Einstellung führte zur Kriminologie und zwar über den Täter hinaus zur Soziologie; sie erstrebte überall konkrete, auf die Eigenart des Falls abgestellte Problemlösungen (Rechtskraft, Konsumtion, Beachtlichkeit des Irrtums; vgl. Allg. Strafr. 1955 § 2). Weitere Einflüsse auf den Besonderen Teil des Strafrechts und die Strafzumessungslehre, womit neue Wege gewiesen wurden (Bockelmann Z. f. Strafrechtswissenschaft 69, 269, 270). – Die konkrete Einstellung führte in der Philosophie zu einer Lebens- und Kulturphilosophie, zu einer Werttheorie und Metaphysik auf soziologischer und anthropologischer Grundlage. Die Schriften von K. Engisch setzten die konkrete Einstellung fort. – II. Umgekehrt wurden von der Wertphilosophie rückstrahlend beeinflußt: 1. die Prozeßrechte und das Verwaltungsrecht; 2. das materielle Recht (Unrecht, Schuld, Strafzweck, Strafzumessung, Privatrecht, öffentliches Recht); 3. das Völkerrecht nebst Völkerrechtspolitik (Verdroß), Einbau der Soziologie und der Sozialethik; 4. Ausbau der formalen Soziologie sowie der Ethik nach der materialen Seite; 5. Ausbau der Metaphysik und Kulturphilosophie; 6. Ausbau der Ästhetik (Musik); hierüber am Schluß noch einige Worte, die auf den Anfang zurückgreifen, womit der Kreis sich auch äußerlich schließt. – Die Wert-Monade hat sich entfaltet und ihre Fruchtbarkeit durch die Tat erwiesen.

Bis zuletzt suchte ich die Theorie durch Abhandlungen und Vorträge der Praxis und dem Unterricht dienstbar zu machen (vgl. im chronologischen Werkverzeichnis die letzten Schriften). Aufträge kamen zum Teil aus der Rechtsprechung (Justizministerien, Oberverwaltungsgericht), zum Teil aus dem politischen Leben (Wörterbuch des Völkerrechts). Als ich im Sommer 1957 vor der Frage stand, ob ich mich in der Chirurgischen Klinik einer Operation unterziehen solle, entschied ich mich, wie meine Anzeige an die Fakultät lautete, für diese nicht geringe Unbequemlichkeit und damit für den Verzicht auf einen augenblicklich angenehmen Sommeraufenthalt allein in dem Bestreben, meine Arbeitskraft länger der Wissenschaft – und dem Rechtsleben zu erhalten.

Zu dem Unerreichten gehört die Gründung eines kriminologischen Instituts, die ich kurz vor 1933 und dann noch einmal um 1937 beantragt hatte (wo ich die Unterstützung des damaligen Reichsjustizministeriums sowie der Unterrichtsverwaltungen erwirkt hatte); die Tatsachenforschung wäre hierdurch bedeutend erweitert, meine eigene Arbeit erleichtert und verbessert. Wie so vielen anderen erging es auch mir: die Ungunst der politischen und wirtschaftlichen Lage traf uns in einer Zeit, wo wir in der Mittagshöhe des Schaffens standen. – Das größte und wichtigste Unerreichte liegt aber für alle Deutsche auf dem Gebiet der Außenpolitik; ich bereue, mich nicht früher intensiv mit Völkerrecht beschäftigt zu haben. Mein kleiner Artikel im Wörterbuch des Völkerrechts 1958 über „Geistige Zusammenarbeit" glaubt mit dieser exakten Bestimmung des Objekts eine neue fruchtbare Grundlage gezeigt zu haben. Hier erkennt man wieder die Bedeutung der Wert- und Kulturtheorie.

Ästhetische Schriften.

Da im System der Philosophie allein die Ästhetik von mir noch nicht durchforscht war (die Psychologie brach in der Kriminologie durch), so lag es nahe, ästhetische Studien mit musikwissenschaftlichen zu verbinden.

In meiner Jünglingszeit hatte ich bereits den Plan gefaßt, ein Buch über Mozart zu schreiben, dem meine ganze Liebe bis heute galt, und ich besitze ein großes Material namentlich seit der Beschäftigung mit dem Mozart-Buch von Abert (viel davon ist verarbeitet in der Juristischen Methodenlehre §§ 42/3 über geniales Schaffen). Um die Zeit der „Philosophie der Zukunft" trat im Anschluß an die Lektüre von Schopenhauer und Nietzsche dagegen Richard Wagners gewaltiges Lebenswerk in den Mittelpunkt meiner Interessen (besonders seit dem Studium der Glasenappschen Biographie). Später erhielt und behielt Beethoven den Vorrang, jener Meister, dem ich in philosophischer, ethischer und rein menschlicher Hinsicht so viel zu verdanken habe.

Angesichts der großen Beethoven-Literatur durfte ich mich jedoch, wollte ich wirklich Neues und vor allem Würdiges bieten, auf biographische Forschungen und musikalische Interpretationen seiner Werke nicht beschränken. So wandte ich auch hier meinen alten und seit 1919 erprobten Kunstgriff an: ich verband zwei auf verschiedener Ebene liegende Themen mit einander; es galt, das Lebenswerk des Meisters, der nicht nur Tondichter, sondern auch Tondenker, Musikphilosoph war, auf seinen philosophischen, ethischen, kulturellen, metaphysischen Gehalt zu erforschen, woraus sich wiederum Einblicke in das rätselhafte Wesen dieser wunderbaren Kunst ergaben. Der Schwierigkeiten und Gefahren war ich mir bewußt; und ich kann wohl sagen, daß ich mir die Arbeit nicht leicht gemacht habe. Einerseits war das Lebenswerk des Meisters nicht durch eine ihm wesensfremde Auslegung zu vergewaltigen; anderseits durfte ich die objektive Bedeutung dieses zeitlosen großen Werkes vom Standpunkt unserer gegenwärtigen kulturellen Lage würdigen. So erwuchs schließlich die ungemein anziehende, hohe Aufgabe: das Lebenswerk des unsterblichen Meisters auf seinen Ewigkeitsgehalt hin zu durchforschen und zugleich unter diesem zuverlässigen Geleit das Wesen dieser der Metaphysik verschwisterten Kunst überhaupt wissenschaftlich zu bestimmen. Aber es galt auch die ganz anderen Ideale eines Bach, Mozart, Schumann, Wagner, Brahms, Bruckner und nun erst der Modernen zu berücksichtigen und einzuflechten. Sodann mußten die Auffassungen unserer bedeutenden Musiktheoretiker beachtet werden (H. Riemann, Moser u. a.). Ich lehnte zwar ab, überall eine poetische Idee unterzulegen (P. Bekker) oder gar poetische Umschreibungen zu geben (Schering); jedes Werk ist aus seinem eigenen Formbild und Ideengehalt zu begreifen. Gleichwohl darf man nicht bei formalen Analysen stehen bleiben (Riezler), sondern kann bei der Darstellung symbolische Wendungen und poetische Bilder verwenden, die in dem Betrachter gleiche und ähnliche Vorstellungen und Empfindungen hervorzurufen geeignet waren, nur inhaltlich deutlicher und begrifflich bestimmter als eine Tondichtung, aber immer möglichst im Sinne des Meisters. So glaubt mein Buch in bescheidenem Sinne selbst ein Werk der Dichtung geworden zu sein und doch auch in methodologischer, erkenntnistheoretischer und psychologischer Hinsicht Neuartiges zu bieten. Auf kein anderes Buch habe ich so lange Arbeitszeit verwendet; es begleitete mich von den ersten Entwürfen während sechs Jahrzehnte. Keinem anderen Buch habe ich so viel tiefste, innerlichste, seelische Geheimnisse anvertraut. In meinem Literaturverzeichnis erscheint es naturgemäß als „Hauptwerk", aber keineswegs als „das" Hauptwerk.

Kultursoziologische Schriften mit ästhetischem Einschlag

Zwei Schriften haben mich seit Jahrzehnten beschäftigt; die Themen habe ich zuletzt so gefaßt: Die Gerechtigkeit. Wesen und Bedeutung im Leben der Menschen und Völker — und: Wirklichkeit und Idealgestalt. Zur deutschen Kulturgeschichte. Beide Schriften entsprangen literarhistorischen Studien und enthalten den Stoff für öffentliche Vorlesungen, zu denen ein Ordinarius verpflichtet ist; aber sie verarbeiten auch manches Beiwerk, durch das meine anderen Vorlesungen, wie mir wiederholt gesagt wurde, besonders anziehend und anregend in der Richtung auf ein „Studium generale“ gewirkt haben sollen. Ihre systematische Verarbeitung führt in die Tiefe und förderte manche neuen kulturtheoretischen Erkenntnisse an den Tag. Darüber darf der äußerlich ästhetische Ton, der an das Frühwerk „Philosophie der Zukunft“ erinnert, nicht hinwegtäuschen. Wie einst hatte ich das Bestreben leichter Lesbarkeit und gefälliger Anschaulichkeit. Bei aller Sachlichkeit und Wesensvertiefung wird diese „Philosophie des Alters“ noch immer von der Leidenschaft jenes Frühwerkes durchpulst, ohne die nach Hegels bekanntem Wort nichts Großes geschaffen werden kann. Was den konkreten Inhalt anlangt, jenes „Beiwerk“ von einst, so können natürlich die beiden kleinen Schriften niemals abgeschlossen werden. Ich arbeite an ihnen unausgesetzt weiter und vergolde mir hierdurch den grauen Herbsttag des Lebens. Und ich scheue mich vor der Veröffentlichung der Spätwerke vielleicht auch aus ähnlichen Gründen, wie sie Goethe und Grillparzer zur Abkehr von der öffentlichen Kritik bestimmt haben mögen. – Noch größer ist meine Scheu vor der Öffentlichkeit, wenn ich meine „Kleine Geschichten über die Gerechtigkeit“ („Menschenschicksale“) zur Hand nehme; ihnen liegen zum großen Teil eigene Erlebnisse von Studenten zugrunde. Die Studenten von heute haben andere Interessen und andere Empfindungen. Aber es könnte immerhin das Zeitbild von Interesse sein. –

Wenn man nicht mit Unrecht sagte, die Eigenart des Alters bestehe in erhöhter Verpflichtung, so glaube ich hiermit mein Mögliches gesehen, vielleicht auch zum Teil getan zu haben – so daß „die Zeit erfüllet ist“.

Die Kraft vergeht,
Der Wert besteht.
Was einer ist, was einer war,
Im Tode wird es offenbar.

Bibliographie

Nur der verdient sich Freiheit wie das Leben,
der täglich sie erobern muß.

Goethe (Faust II, Schluß)

Schriften in zeitlicher Reihenfolge

1. Schließen sich Diebstahl und Sachbeschädigung begrifflich aus? Halle 1908.
2. Gesetz und Rechtsgefühl. Zugleich ein Beitrag zur Lehre von der materiellen Rechtswidrigkeit im Strafrecht. 1911 (Z. f. Strafr. Band 33).
3. Zur Grundlegung des Rechts und zur Umgrenzung des strafrechtlichen Tatbestands. 1914 (Z. f. Srafr. Bd. 36).
4. Selbständige Rechte Dritter im Strafverfahren. 1915 (Z. f. Strafr. Bd. 37).
5. Die Ehre und ihre Verletzung. Kritische Untersuchungen über Tatbestand und Rechtswidrigkeit der Beleidigung. Berlin, 1915.
6. Der Zueignungsbegriff. 1917 (Goltd. Arch. f. Strafr. Bd. 63).
7. Die Möglichkeit eines Juristischen Grundgesetzes. 1919 (Z. f. Rechtsphilosophie Bd. 2).
8. Die Prozeßvoraussetzungen. 1919 (Leipz. Z. f. dtsch. Recht Bd. 13).
9. Die Begründung der Prozeßrechtswissenschaft. 1919 (Z. f. Strafr. Bd. 40).
10. Grundlagen des Prozeßrechts. Stuttgart, 1919. – 2. Aufl. mit einem Nachtrag über die Neuere Entwicklung der Allgemeinen Prozeßrechtslehre. 1929. 670 S. *(Hauptwerk)*.
11. Das Wesen der Ehre. 1920 (Logos Bd. 9).
12. Rechtswissenschaft und Als-Ob-Philosophie. 1920 (Z. f. Strafr. Bd. 41).
13. Neukantianismus und Rechtswissenschaft in Herbststimmung. Eine Antikritik. 1921 (Logos Bd. 10).
14. Grundlagen des Strafrechts nebst Umriß einer Rechts- und Sozialphilosophie. 1921, Berlin, 685 S. *(Hauptwerk)* Neuaufl. unten zu 98.
15. Der Weg zu neuen Einsichten. 1921 (Z. f. Strafr. Bd. 42).
16. Logik und Rechtswissenschaft. 1922 (Leipz. Z. f. dtsch. Recht Bd. 16).
17. Das Juristische Grundgesetz, Stuttgart 1923.
18. Philosophie der Zukunft. Eine Grundlegung der Kultur. Stuttgart 1923 – 2. Aufl. 1926, 428 S. *(Hauptwerk)*.
19. Neue Horizonte der Kopernikanischen Wendung. Ein transzendentalphilosophischer Beitrag zur Lehre von den Grundgesetzen und von den Werten. (Festschrift der Universität Königsberg zu Kants 200. Geburtstag). Auch selbständig erschienen Leipzig 1924.
20. Übersicht über die gegenwärtigen Richtungen in der deutschen Rechtsphilosophie (ArchRWPh. Bd. 17). Auch selbständig erschienen Berlin 1924.
21. Kants Einfluß auf das Straf- und Prozeßrecht. 1924 (Z. f. Strafr. Bd. 45).
22. Der Einfluß Kants auf die Rechtswissenschaft. 1924 (DJZ v. 1. 4. 1924).
23. Der Einfluß Kants auf die Rechtsphilosophie. 1924 (Leipz. Z. f. dtsch. Recht).
24. Il presente e l'avvenire della Filosofia del diritto in Germania. 1924. (Rivista internazionale di Filosofia del diritto IV, 3, Roma).

25. Grundlagen der Gesellschaft. Eine Rechts- und Sozialphilosophie. Berlin, 1924. 506 S. *(Hauptwerk)*.
26. Zur Lehre von der Beleidigung mit besonderer Rücksicht auf den deutschen Strafgesetzentwurf. 1925 (Z. f. Strafr. Bd. 46).
27. Die Verjährung. Bemerkungen zum Strafgesetzentwurf. 1925 (GerS. Bd. 91).
28. Lo stato presente della scienza del diritto penale. 1925. (Rivista penale).
29. Kritik des prozessualen Denkens. 1926 (ArchRWPh. Bd. 19).
30. Soziologie contra Sozialphilosophie. 1926 (Jahrbuch für Soziologie Bd. 2).
31. Kultur der Persönlichkeit. 1926. (Z. Kultur und Pädagogik, Königsberg).
32. Aufgaben der Rechtsphilosophie. 1926 (DJZ v. 15. 10. 1926).
33. Hauptströmungen in der modernen Rechtsphilosophie. 1926. (JurWochenschr. 1926, H. 22/3).
34. Gesellschaft, Kultur, Recht. 1926 ff. (Artikel im Handwörterbuch f. Arbeitswissenschaft, Halle).
35. Beziehungen zwischen Psychologie und Soziologie. 1926 (ArchRWPh. Bd. 19).
36. Zur materialen Wertethik. 1926 (ArchRWPh. Bd. 19).
37. Grundlagen der Wissenschaft und der Wissenschaften. Eine logische und sozialphilosophische Untersuchung. Berlin 1926. 2. Aufl. Basel 1949. 437 S. *(Hauptwerk)*.
38. Das herrenlose Grundstück. Eine Untersuchung zum BGB § 928 mit rechtsphilosophischen Perspektiven. 1925 (ArchRWPh. Bd. 18).
39. Spinoza. Eine juristische Betrachtung zu seinem 250. Todestag. 1927 (DJZ v. 1. 3. 1927).
40. Fruchtbarkeit der Rechtsphilosophie. Ziele unserer Wissenschaft. 1927. (ArchRWPh. Bd. 20).
41. Die Strafe als Steigerung von Pflichten. Zugleich einige Mitteilungen über den Strafvollzug in der Strafanstalt in Insterburg. 1928 (GerS. Bd. 97).
42. Der Strafzweck nach Auffassung der Entwürfe. 1928 (DJZ 33, H. 13).
43. Der italienische Strafgesetzvorentwurf von 1927, 1928 (GerS. Bd. 97).
44. Zur 25. Auflage des Lisztschen Lehrbuchs. 1928 (Arch.RWPh. Bd. 21).
45. Zur Lebensanschauung unserer Studenten. Auf Grund einer Klausurarbeit in rechtsphilosophischen Seminarübungen. 1928 (ArchRWPh. Bd. 21).
46. Vom Problem der Rechtsgeschichte. 1929 (ArchRWPh Bd. 22).
47. Die Wirklichkeit des Rechts. Berlin, 1929. Auch in ArchRWPh. Bd. 22.
48. Lehrbuch der Rechts- und Sozialphilosophie. Berlin, 1929. 347 S. – Spanisch, Barcelona, Buenos Aires 1933. – Neuauflage unten 99.
49. Die grundsätzliche Bedeutung der höchstrichterlichen Rechtsprechung in Praxis und Wissenschaft. 1929 (Festschr. f. d. Reichsgericht).
50. Der universale Gedanke in der Rechtsphilosophie. 1929 (Festschr. f. Del Vecchio).
51. Die Rechtsphilosophie des Pessimismus. 1929 (ArchRWPh. Bd. 22).
52. Strafvollzug und Vollstreckungsrecht. 1929 (Z. f. Strafrechtswiss. Bd. 49).
53. Kausalität und Rechtswidrigkeit der Unterlassung. 1930 (Festg. f. Frank, Tübingen).
54. Strafbemessung und Persönlichkeit. Zur kriminalbiologischen Revision strafrechtlicher Grundbegriffe. 1930 (Z. f. Strafrechtswiss. Bd. 50).
55. Strafrechtliche Probleme in monadologischer Betrachtung. Ein Beitrag zur Rechtsmonadologie. 1931 (GerS Bd. 100, S. 154-228).
56. Persönlichkeit und Werk. Über die Voraussetzungen wissenschaftlicher Schöpfungen und über die Grenzen berechtigter Kritik. 1931 (ArchRWPh. Bd. 23/4). Auch selbständig ersch., 64 S.
57. Vorsatz, Irrtum, Rechtswidrigkeit. Unzulängliches in Lehre, Praxis und Reform. 1931 (Z. f. Strafrechtswiss. Bd. 51, S. 164 ff.).
58. Zu Hegels 100. Todestag. 1931 (DJZ v. 1. 11. 1931).

59. Hegel und die Gegenwart. 1931. Zu seinem 100. Todestag (ArchRWPh. Bd. 25).
60. Die materielle Rechtskraft des Zivil- und Strafurteils. 1932. (Festg. f. Richard Schmidt).
61. 25 Jahre Rechtsphilosophie. 1932 (JurWochenschr. H. 1, S. 51).
62. Stand und Zukunftsaufgaben der Rechtsphilosophie. 1933 (selbstdg. und ArchRWPh. Bd. 26).
63. Kriminalsoziologie. 3 Bände. 1933, Berlin. 818 Seiten. (*Hauptwerk.*)
64. Wendung zum nationalen Strafrecht. 1933 (selbstg. und GerS Bd. 103, S. 1).
65. Die Revolution in rechts- und sozialphilosophischem Lichte. 1933 (DJZ v. 1. 5. 1933 und ArchRWPh. Bd. 26, H. 4).
66. Revolution und Rechtsphilosophie. 1933 (Reichverwaltungsblatt vom 1. 6. 1933).
67. Aufgaben und Gefahren der Strafrechtsreform. 1933 (Dt. Recht H. 6).
68. Das Strafrecht nach der Denkschrift des Preuß. Justizministers. 1933 (DJZ 1933, H. 26).
69. Schöpferisches Volkstum als national- und weltpolitisches Prinzip. 1933 (selbstdg. und in ArchRSozPh. Bd. 27, H. 1).
70. Tendenze contemporanee della filosofia giuridica e sociale tedesca. 1934 (Rivista internationale di filosofia del diritto Bd. 14, S. 1).
71. Das Weltgewissen. 1934 (ArchRSozPh. Bd. 27, H. 2).
72. Der kriminalistische Dienst vor neuen Aufgaben. 1934 (Deutsches Strafrecht I S. 20).
73. Die Ethisierung des Strafrechts. 1934 (Deutsches Strafrecht I H. 6).
74. Recht und Volksmoral. 1934 (ArchRSozPh. Bd. 28, H. 2).
75. Anlage und Umwelt als Verbrechensursachen. In: Zeitschrift der Akademie für deutsches Recht 1935, H. 8, S. 520-533.
76. Le droit vivant; La structure du droit dans ses rapports avec les autres règles de la vie sociale et les lois de la réalité. 1936 (Annuaire de l'Institut International de Philosophie du Droit et de Sociologie Juridique, Bd. 2).
77. Rechts- und Staatsphilosophie. Eine systematische Einführung in das lebende Recht mit besonderer Berücksichtigung der Strömungen im Ausland. Stuttgart (Enke) 1936. 496 S. (*Hauptwerk*). Nach wenigen Monaten beschlagnahmt!
78. Regierung und Rechtsprechung. 1935/6 (Deutsche Justiz H. 5).
79. Lebendes Recht und lebende Wissenschaft. In: Recht und Staat H. 119, Tübingen (Mohr), 1936 (47 S.). Nach wenigen Monaten beschlagnahmt!
80. Zur kriminalsoziologischen Methode. Gutachten für den römischen Kongreß für Kriminologie. In: Beiträge zur Rechtserneuerung. 1939 H. 8 S. 322/34. – In: Rivista di diritto penitenziario Bd. 17, 1939 Nr. 3.
81. Tatbestand und Rechtswidrigkeit, Heilbehandlung und Einwilligung, 1939, Gerichtssaal Bd. 113 S. 79/122.
82. Das Verhältnis von Kriminologie und Strafrecht. 1939. In: Deutsches Strafrecht Bd. 6, S. 276/83.
83. Die Bedeutung der Strafvollzugsordnung vom 22. 7. 1940 für Strafurteil und Strafverfolgung. Zugleich zur Lehre vom Tätertyp. In: Dt. Strafrecht 1940, H. 9/10.
84. Das Unterlassungsdelikt, seine Stellung im Gefährdungs- und Willensstrafrecht. 1940, Gerichtssaal Bd. 114 S. 279/331. – Italienisch in Rivista Penale 1941 mit Einleitung von Battaglini.
85. Juristische Methodenlehre. Zugleich eine Einleitung in die Methodik der Geisteswissenschaften. Stuttgart (Enke) 1940. 624 S. (*Hauptwerk*).
86. Juristische Elementarlehre in Leitsätzen für Theorie und Praxis. Basel 1944. 160 S.
87. Zum Begriff der Kollektivschuld. Deutsche Rechtszeitschrift 1947, S. 48.

88. Humanitäts- und Organisationsverbrechen. Zur Weiterbildung des Strafrechts. In: Die Spruchgerichte, Beilage zum Zentraljustizblatt für die Britische Zone. Hamburg I Nr. 1 und 2. 1947, S. 6-9.
89. Zum Begriff der Verbrechensplanung. Ein Gutachten. Zugleich zur Weiterbildung des Strafrechts. Ebda. (wie zu 88). I Nr. 6 S. 57/9.
90. Einheit des Rechts bei Anwendung von Auslandsrecht. Zur Praxis der Spruchgerichte. Auf Grund eines Vortrags in Detmold am 7. 12. 1947. Ebda. (wie zu 88) II Nr. 2 1948. S. 33–36.
91. Zur Methodik und Grundlagenforschung in den Geisteswissenschaften. In: Forschungen und Fortschritte. Berlin, 21/3, H. 19/21. 1947. S. 209/10.
92. Reine und monumentale Wissenschaft. In: Das Auditorium, herausgegeben von Dozenten und Studenten der Universität Münster. 1948. Nr. 1.
93. Von der Notwendigkeit der Rechtsphilosophie in Unterricht und Praxis. In: Deutsche Rechtszeitschrift 1948, S. 200/1.
94. Die Gerechtigkeit im Organisationsstrafrecht. Eine rechtsphilosophische und rechtspolitische Rück- und Vorschau. In: Die Spruchgerichte (wie zu 88), 1949, S. 36/39.
95. Moderne Wandlungen der Verbrechenslehre. Bespr. der gleichnamigen Schrift von Rich. Busch. DRZ 1949, H. 5.
96. Völkerrecht und Weltfrieden. Fundamente zur völkerrechtlichen Neuordnung, Stuttgart (Kohlhammer) 1948. 266 S. (erschienen April 1949).
97. Grundprobleme der Rechtsprechung nach deutschem und englischem Rechtsdenken. Juristische Rundschau 1949, H. 5, S. 129/32 (Berlin).
98. Allgemeine Strafrechtslehre. 2. völlig neue Aufl. der Grundlagen des Strafrechts. Berlin, 1949. 264 S. *(Hauptwerk)*.
99. System der Rechts- und Sozialphilosophie. Vorlesungen zugleich über Allgemeine Philosophie und Soziologie. 2. völlig neue Aufl. des Lehrbuchs der Rechts- und Sozialphilosophie. Basel, 1949, 520 S. *(Hauptwerk)*.
100. Kriminologie als reine und angewandte Wissenschaft. Ein System der juristischen Tatsachenforschung. Berlin, 1950. 637 S. *(Hauptwerk)*.
101. Die soziale Funktion des Rechts. In: Soziale Welt, Dortmund, Bd. 1 1949, H. 1 S. 29/40. H. 2 S. 51/61.
102. Grenzen des richterlichen Beweises. Zulässigkeit des Wahrheitsserums? Ein Gegengutachten. Jur. Rdsch. Berlin, 1949, H. 16, S. 500/2.
103. Besprechung: Bader, Soziologie der deutschen Nachkriegskriminalität. In: Zeitschr. f. d. ges. Staatswissenschaft, Tübingen, Bd. 106, 1950, H. 1, S. 164/8.
104. Besprechung: Müller-Erzbach, Die Rechtswissenschaft im Umbau. In: Justiz und Verwaltung. Hamburg, Bd. 1, 1950, H. 5, S. 120.
105. Besprechung: Brusiin, Über die Objektivität der Rechtsprechung. In: DRZ 1950, S. 287.
106. Umstrittene Grundbegriffe des Prozeßrechts. In: JurRdsch. 1951, H. 9, S. 257/9. Auch in Studi in memoria di Arturo Rocco, Milano 1952, II, S. 481/90.
107. Allgemeine Prozeßrechtslehre. Zugleich eine systematische Schulung der zivilistischen und der kriminalistischen Praxis. Berlin und Köln 1951. 319 S. *(Hauptwerk)*.
108. Metaphysik auf sozialwissenschaftlicher Grundlage. Zugleich eine soziale Berufsethik. Berlin 1951. 430 S. *(Hauptwerk)*.
109. Besprechung: Seelig, Lehrbuch der Kriminologie. In: Jur. Rdsch. 1952, H. 5, S. 213.
110. Besprechung: Mezger, Kriminologie. In: Jur. Rdsch. 1952, H. 22, S. 695/6.
111. System des Völkerrechts. Eine lehrbuchmäßige Darstellung. Bonn 1952. 506 S. *(Hauptwerk)*

112. Le problème de l'unification de peines et mesures de sûreté. Gutachten für den 6. Internationalen Strafrechtskongreß in Rom 1953 in Revue internationale de droit pénale 1953, 599, in Foro penale (Napoli) 1954 II, Leitsätze in Zeitschr. f. Strafr. Bd. 65 S. 109/10 (1953).

113. Besprechung: Löwe–Rosenberg–Niethammer, Kommentar z. StPO. In: Zeitschrift f. Zivilprozeß Bd. 66 S. 322/3 (1953).

114. Besprechung: Eberh. Schmidt, Lehrkommentar z. StPO Bd. 1. In: Zeitschr. f. Zivilprozeß Bd. 66 S. 460.

115. Die beiden Tatbestandsbegriffe. Zur Lehre von den äußeren Strafbarkeitsvoraussetzungen. Festschr. f. E. Mezger, München 1953/4.

116. Völkerrechtspolitik und Staatsethos. Zur Methodik des völkerrechtlichen Denkens. Festschr. f. H. Kraus, Göttingen 1954.

117. System des Strafrechts. Besonderer Teil. Berlin und Köln 1954. (*Hauptwerk*, 622).

118. Einführung in die Rechtsphilosophie für Unterricht und Praxis. Berlin 1954 (132 S.). – Japanische Ausg. v. Prof. Minemura, Yokohama 1957.

119. Allgemeine Strafrechtslehre. 3., völlig neue Aufl. der „Grundlagen des Strafrechts" (oben Nr. 98). Berlin 1955 281 S. – Spanische Ausgabe von Juan del Rosal mit Zusätzen. Barcelona 1956 431 S.

120. Zur Behandlung der gesetzlichen Schärfungs- und Milderungsgründe. Goltd. Arch. 1955 S. 232/6.

121. Über die Rechtsvergleichung bei der Strafrechtsreform. Zugleich zu der Freiburger Antrittsrede H. H. Jeschecks. Z. f. Strafr. 67, 1955 350/63.

122. Beiträge zur Beweislehre und zur Urteilsfindung. Z. f. Zivilprozeß 1955, 325 bis 340.

123. Bindung und Ermessensfreiheit bei der Urteilsfindung. Festschr. f. Calamandrei, Padua (Cedam) 1956, 14 S.

124. Zur Rechtsprechung über die Entziehung der Fahrerlaubnis. Zugleich ein Beitrag zur kriminologischen Prognose. Goltd. Arch. 1956, 253/6.

125. Tatbestand, Unrecht, Irrtum und Beweis. Zur Strafrechtsreform. Z. f. Strafr. 69, 1957 H. 2.

126. Über das Sachliche. Ein vernachlässigter Grundbegriff der Geisteswissenschaften. Z. f. philosophische Forschung 11, 1957 H. 1.

127. Probleme der richterlichen Strafzumessung. Goltd. Arch. 1957 H. 5.

128. Über den Einfluß der Kriminologie auf die Strafrechtsreform. MonSchr. f. Krim. 1957 H. 3/4.

129. Werttheoretische Studien. Z. f. d. ges. Staatswissensch. 113, 1957, H. 2.

130. Beethoven und das Wesen der Musik. Berlin-Halensee 1958, Hesses Handbücher der Musik Bd. 107, 384 S. (*Hauptwerk*).

131. Demnächst: Beiträge zur Wertphilosophie und Rechtssoziologie. Ein Bericht mit Kritik und Antikritik. Kantstudien.

132. Geistige Zusammenarbeit. In: Wörterbuch des Völkerrechts. 2. Aufl. 1958, hgg. v. Schlochauer u. a.

133. Demnächst: Wirklichkeit und Idealgestalt. Zur deutschen Kulturgeschichte. Meisenheim 1958.

134. Leben und Lehre, eine Selbstdarstellung als Lehrmittel und Zeitbild. Berlin 1958.

Zur Zeit noch nicht veröffentlicht: Die Gerechtigkeit, Wesen und Bedeutung im Leben der Menschen und Völker. – Menschenschicksale; Erzählungen über die Gerechtigkeit und andere Lebenswerte.

Schriften in systematischer Ordnung nebst Besprechungen[1])

I. Lebens-, Wert- und Kulturphilosophie. Wissenschaftslehre. Metaphysik.

Werke: Philosophie der Zukunft, eine Grundlegung der Kultur. Stuttgart 1923, 2. A. 1926 (428 S.). – Metaphysik auf sozialwissenschaftlicher Grundlage, zugleich eine soziale Berufsethik. Berlin 1951 (430 S.). – Grundlagen der Wissenschaft und der Wissenschaften, eine logische und sozialphilosophische Untersuchung. Berlin 1926, 2. A. Basel 1949 (mit eingehendem Vorwort, 437 S.). – Juristische Methodenlehre, zugleich eine Einleitung in die Methodik der Geisteswissenschaften Stuttgart 1940 (624 S.).

Kürzere Darstellung enthält: System der Rechts- und Sozialphilosophie, Vorlesungen zugleich über Allgemeine Philosophie und Soziologie. Basel 1949 (520 S.): System §§ 2–7 (S. 3–50); Geschichte der Philosophie §§ 31–36 (S. 281 bis 390).

Einzelschriften: Neue Horizonte der Kopernikanischen Wendung; ein transzendentalphilosophischer Beitrag zur Lehre von den Grundgesetzen und den Werten; in der Festschrift der Universität Königsberg zu Kants 200. Geburtstag. Leipzig 1924, auch selbständig erschienen (26 S.). – Zur materialen Wertethik, Archiv für Rechts- und Wirtschaftsphilosophie, 19, 1926. – Neukantianismus und Rechtswissenschaft, Logos 10, 1921 (32 S.). – Kultur der Persönlichkeit, Zeitschrift für Kultur und Pädagogik, Bd. 1, Königsberg 1926. – Soziologie contra Sozialphilosophie, Jahrbuch für Soziologie, Bd. 2, Karlsruhe 1926 (15 S.). – Beziehungen zwischen Psychologie und Soziologie, Arch. f. Rechts- und Wirtschaftsphilos. Bd. 19, Berlin 1926 (11 S.). – Persönlichkeit und Werk; über die Voraussetzungen wissenschaftlicher Schöpfungen und über die Grenzen berechtigter Kritik, 1931 (Arch. f. Rechts- und Wirtschaftsphilos. Bd. 23/4 und selbständig, 64 S.). – Schöpferisches Volkstum als national- und weltpolitisches Prinzip, 1933 (Arch. f. Rechts- und Sozialphilos. Bd. 27 und selbständig, 43 S.). – Über das Sachliche; ein vernachlässigter Grundbegriff der Geisteswissenschaften, Zeitschr. f. philos. Forschung Bd. 11, 1957, H. 1. – Werttheoretische Studien, Zeitschr. f. d. ges. Staatswissenschaften Bd. 113, 1957, H. 2 (20 S.) – Wirklichkeit und Idealgestalt; zur deutschen Kulturgeschichte, Meisenheim 1958. – Leben und Lehre, eine Selbstdarstellung als Lehrmittel und Zeitbild, Berlin 1958. – Beethoven und das Wesen der Musik, Berlin-Halensee 1958, 384 S. (Hesses Handbücher der Musik Bd. 107). – Menschenschicksale, Erzählungen über die Gerechtigkeit und andere Lebenswerte (z. Z. ungedruckt). – Die Gerechtigkeit, Wesen und Bedeutung im Leben der Menschen und Völker (z. Z. ungedruckt). – Beiträge zur Wertphilosophie und Rechtssoziologie, ein Bericht mit Kritik und Antikritik (Kantstudien, z. Z. ungedruckt).

---

[1]) Besprechungen sind im folgenden sämtlich zitiert, soweit sie den Verlagen zugegangen oder mir sonst bekannt geworden waren, auch wenn sie inhaltlich unbedeutend oder abfällig ausfielen; in ihrer Gesamtheit wird ein Bild von den interessierten Kreisen und ihrer Aufnahme sowie Aufnahmefähigkeit gegeben. Dem Kenner unserer Literatur wird auch das Schweigen von Fachzeitschriften auffallen, wo eine Besprechung hätte erwartet werden sollen. Diese Zusammenstellung enthält also nicht nur eine Kritik der besprochenen Schriften, sondern auch eine Kritik der berufenen Kritiker und ihrer Fachzeitschriften. So lernt ein Autor nach Ablauf von Jahren und Jahrzehnten seine wahren Freunde und Feinde untrüglich erkennen. Manchen Berufskritikern scheint noch nicht bewußt geworden zu sein, daß auch ihre Tätigkeit der Gerechtigkeitsidee untersteht.

Zusammenhängende Darstellungen der Sauerschen Lehren:

Philosophen-Lexikon (Ziegenfuß) Band II, 1950 (die Darstellung betrifft jedoch nur die bis 1936 veröffentlichten Schriften). – Wörterbuch der philosophischen Begriffe (Eisler), 4. A. 1927 ff., bei den Artikeln Kultur, Geschichte, Gesellschaft, Kausalität, Gott, Ewigkeit, Rechtsphilosophie, Gerechtigkeit, Ethik, Genie, Kategorie, Energismus, Monade, Leben, Gut, Pantheismus, Person, Soziologie, Wissenschaft, Natur, Wirken, Humanität, Fiktion, Intuition, Ding, Musik u. a. – Handwörterbuch der Arbeitswissenschaft (F. Giese), Halle 1930 bei den Artikeln Kultur, Gesellschaft, Recht. – K. Petraschek, Die Rechtsphilosophie des Pessimismus 1929, Teil 3: Rückwendung vom Pessimismus zum Optimismus in der heutigen Kulturphilosophie Sauers bei rechtsphilosophischem Pessimismus, S. 368/403. Dazu Erwiderung in Arch. f. Rechts- und Wirtschaftsphilos. Bd. 22, S. 624/631. Dazu Petraschek, Krit. Vierteljahresschr. f. Gesetzgebung und Rechtswiss. Bd. 28, S. 15/45. – Larenz, Rechts- und Staatsphilosophie der Gegenwart 1931, S. 60. – Staat und Menschheit, Ideengeschichte der Verlagsbuchhandlung Dr. Walter Rothschild, von Otto Bettmann 1930. – Vorwort der spanischen Ausgabe von Sauers Rechts- und Sozialphilosophie, von Luis Legaz y Lacambra, 1933; ins Deutsche übersetzt in Arch. f. Rechts- und Sozialphilos. Bd. 27, S. 271. – Llewellyn, Präjudizienrecht und Rechtsprechung in Amerika, Leipzig bei Weicher, 1933, S. 115 ff. – Battaglini in Rivista penale Bd. 19, 1941, Nr. 7. – Theodor Sternberg, Der Komparatismus (Vergleichende Methode) und die Struktur der Wissenschaft, Tokio 1940 (japanisch und deutsch). – Universidad Revista de Cultura, Zaragossa, 10. 2. 1933, S. 705/6. – Revista de derecto internacional, Habana, 31. 12. 1933. – Kurt Sternberg, Neukantische Aufgaben, 1930. – Max Angerthal, Untersuchungen zur Kulturidee in der neueren Rechtsphilosophie. Diss. Königsberg, 1929. – Rolf Werk, Grenzlinien zwischen Recht und Moral, Diss. Münster 1950. – Tidskrift, utgiven av Juridiska föreningen i. Finnland 1950, H. 5 (Brusiin). – Rolf Strüh, Grenzlinien zwischen Recht und Sitte, Diss. Münster 1952. – JurZ 1955 H. 20 (Würtenberger). – Nuova Rassegna (Firenze) 1956 Nr. 22 (Meloni). – Estudios de Deusto (Bilbao) 1956 IV Nr. 8, 541/4. – W. Hardwig DtschLitZtg. 78, 1957 H. 2. –

Besprechungen der Philosophie der Zukunft:

Kantstudien Bd. 31, S. 112 (Dr. F. Schroeder). – Die Tatwelt Bd. 3, 1927, S. 159 (Dr. Jordan). – Blätter für erziehenden Unterricht 1923 Nr. 19 (v. Sallwürk). – Zeitschrift für internationales Recht Bd. 37 S. 422 (Prof. Niemeyer). – Arch. f. Rechts- und Wirtschaftsphilos. Bd. 17, S. 457 (Prof. H. Rust). – Monatsschrift f. Kriminalpsychologie und Strafrechtsreform 1928 (Hoppe). – Gerichtssaal 1925, S. 464 (Mezger). – Kölnische Zeitung vom 18. 8. 1923 (Prof. G. Burckhardt). – Literarische Berichte aus dem Gebiet der Philosophie 1923, H. 9/10. – Allg. Musikzeitung 1926 (Müller-Blattau). – Ärztliche Mitteilungen 28 Nr. 25. – Schwäbischer Merkur 1923 Nr. 80. – Deutsche Tageszeitung vom 29. 5. 1923. – Neue Bahnen 1923, S. 281. – Karlsruher Tageblatt 1923 Nr. 179. – Eine große Zahl von Zuschriften, namentlich aus Lehrerkreisen.

Besprechungen der Grundlagen der Wissenschaft:

Literarische Wochenschrift 1926 Nr. 35 (Max Wundt). – Monatsschrift für Kriminalpsychologie und Strafrechtsreform Bd. 17, S. 467 (Salomon). – Deutsche Juristenzeitung 1927, Sp. 1704 (K. Wolff). – Zeitschr. f. Internat. Recht Bd. 37, S. 422 (Niemeyer). – Pädagogisches Echo v. 4. 9. 1926 (Kern). – Die Tatwelt 1927, S. 159 (Jordan). – Zeitschr. f. öffentl. Recht Bd. 6 Nr. 3 (Kunz). – Zeitschr. f. Strafrechtswiss. Bd. 48, S. 218 (Johannsen). – Arch. f. Kriminologie Bd. 81, S. 185 (Seelig). – Arch. f. Rechts- und Wirtschaftsphilos. Bd. 20, S. 319 (Görland). – Der Türmer Bd. 31, S. 446 (Lerche). – Kritische Vierteljahresschr. f. Gesetzgebung und Rechtswiss. Bd. 28, S. 15 (Petraschek). – Dt. Richterzeitung Bd. 18, H. 7 (OLGRat Bovensiepen). – Literarische Berichte aus dem Gebiet der Philos. 1926 H. 11/12. – Wissenschaft und Schule in Österreich, April 1930. – Pester Lloyd v. 28. 1. 1928 (OStAnwalt

Auer). – Gerichtssaal Bd. 96 H. 1/4 (Mezger). – Natur und Geist 1926, S. 166 (Kautzsch). – Rivista internazionale di filosofia del diritto 1927 Nr. 3 (Di Carlo). – Arch. f. Rechts- und Sozialphilos. 1950 H. 2 (Matzat). – Psyche 1950 H. 3 (Meinertz). – Zeitschr. f. d. ges. Staatswiss. Bd. 107, S. 187 (Pfannenstill). – Österr. Zeitschr. f. öffentl. Recht 1951 H. 3 (Mokre). – Theologie und Glaube 1952 H. 5. – Institut international de sciences théoriques 1954. – Giornale di Metafisica 1955 Nr. 3 S. 524/7. – JurZ 1955 H. 20 (Würtenberger).

Besprechungen der Metaphysik: Theologie und Glaube 1952, H. 5. – Friedenswarte 51, H. 2. – Stimmen der Zeit 152, H. 9. – Nouvelle Revue théologique 1954 S. 328. – JurZ 1955 H. 20 (Würtenberger). – Scholastik 1956 H. 1 (Hartmann). – Zeitschr. f. Nationalökonomie 1956, 475 (Knoll).

Besprechungen der Juristischen Methodenlehre und des Systems der Rechts- und Sozialphilosophie unten zu II.

II. Rechts- und Sozialphilosophie. Soziologie. Staatslehre.

Werke: Grundlagen der Gesellschaft, eine Rechts-, Staats- und Sozialphilosophie. Berlin 1924 (506 S.). – Lehrbuch der Rechts- und Sozialphilosophie. Berlin 1929 (347 S.). Spanische Ausgabe: Filosofia Juridica y Social. Übersetzt und eingeleitet von Prof. Luis Legaz y Lacambra. Barcelona 1933 (431 S.). – Rechts- und Staatsphilosophie, eine systematische Einführung in das lebende Recht mit besonderer Berücksichtigung der Strömungen im Ausland. Stuttgart 1936 (496 S., 1936 beschlagnahmt). – Juristische Methodenlehre, zugleich eine Einleitung in die Methodik der Geisteswissenschaften. Stuttgart 1940, (635 S.); ein Abschnitt französisch in der Festschr. f. Prof. Lambert, Lyon 1941. – Juristische Elementarlehre in Leitsätzen für Theorie und Praxis. Basel 1944 (161 S.). Das Recht wird auf der Urteilstätigkeit aufgebaut; das Rechtssystem wird an modernen Problemen erläutert; am Schluß zur Veranschaulichung Aphorismen. – System der Rechts- und Sozialphilosophie; Vorlesungen zugleich über Allgemeine Philosophie und Soziologie. 2., völlig neue Aufl. des Lehrbuchs der Rechts- und Sozialphilosophie. Basel 1949 (520 S.). Der 1. Teil enthält das System, der zweite Teil die Geschichte der Philosophie, Soziologie und Rechtslehre. – Einführung in die Rechtsphilosophie für Unterricht und Praxis. Berlin 1954 (132 S.). – Kriminalsoziologie, Kriminologie s. unten VI.

Einzelschriften allgemeinen Charakters: Die Möglichkeit eines Juristischen Grundgesetzes, Zeitschr. f. Rechtsphilos. Bd. 2, 1919 (36 S.). – Das Juristische Grundgesetz. Stuttgart 1923 (32 S.). – Übersicht über die gegenwärtigen Richtungen in der Rechtsphilosophie, Berlin 1924, auch in ArchRechts- und Wirtschaftsphilos. Bd. 17 (30 S.). – Il presente e l'avvenire della Filosofia del Diritto in Germania, Rivista di internazionale di Filosofia del Diritto, vol. 4, 1924. – Die Wirklichkeit des Rechts, Berlin 1929, auch in Arch. f. Rechts- und Wirtschaftsphilos. Bd. 22, S. 1 (42 S.). – Stand und Zukunftsaufgaben der Rechtsphilosophie, Berlin 1932, auch in Arch. f. Rechts- u. Wirtschaftsphilos. Bd. 26, S. 1 (28 S.). – Tendenze contemporanee della filosofia giuridica e sociale tedesca. 1934, Rivista internazionale di filosofia del diritto, vol. 14. – Lebendes Recht und lebende Wissenschaft. In: Recht und Staat in Geschichte und Gegenwart H. 119, Tübingen 1936 (48 S., 1936 beschlagnahmt). – Le droit vivant; la structure du droit dans ses rapports avec les autres règles de la vie sociale et les lois de la réalité; Annuaire de l'Institut international de Philosophie du droit et de sociologie juridique, vol. 2. Paris 1936 (20 S.).

Einzelschriften über besondere Themen:
Gesetz und Rechtsgefühl; zugleich ein Beitrag zur Lehre von der materiellen Rechtswidrigkeit im Strafrecht. Zeitschr. f. Strafrechtswiss. Bd. 33, 1911 (27 S.). –

Zur Grundlegung des Rechts und zur Umgrenzung des strafrechtlichen Tatbestandes, ebda Bd. 36, 1914 (23 S.). – Das Wesen der Ehre; Logos Bd. 9, 1920 (18 S.). – Rechtswissenschaft und Alsob-Philosophie; Zeitschr. f. Strafrechtswiss. Bd. 41, 1920 (26 S.). – Logik und Rechtswissenschaft; Leipziger Zeitschr. f. dt. Recht Bd. 16, 1922. – Die Rechtsphilosophie des Pessimismus; Arch. f. Rechts- u. Wirtschaftsphilos. Bd. 22, 1930. – Fruchtbarkeit der Rechtsphilosophie, Ziele unserer Wissenschaft; Arch. f. Rechts- u. Wirtschaftsphilos. Bd. 20, 1927 (22 S.). – Der universale Gedanke in der Rechtsphilosophie. In: Studi filosofici giuridici dedicati a Giorgio Del Vecchio, Modena 1931. – Gesellschaft, Kultur, Recht. Artikel im Handwörterbuch f. Arbeitswissenschaft (F. Giese), Halle 1926. – Strafrechtliche Probleme in monadologischer Betrachtung. Ein Beitrag zur Rechtsmonadologie; Gerichtssaal Bd. 100, 1931 (74 S.). – Revolution in rechts- und sozialphilosophischem Lichte, Arch. f. Rechts- u. Wirtschaftsphilos. Bd. 26; auch Dt. JurZtg. 1933. – Revolution und Rechtsphilosophie, Reichsverwaltungsblatt 1933. – Das Weltgewissen; Arch. f. Rechts- u. Wirtschaftsphilos. Bd. 27, 1934 (12 S.). – Vom Problem der Rechtsgeschichte; ebda. Bd. 22, 1929. – Rechts- und Volksmoral, ebda. Bd. 28 H. 2, 1934. – Die grundsätzliche Bedeutung der höchstrichterlichen Rechtsprechung in Praxis und Wissenschaft, in der Festgabe der jurist. Fakultäten für das Reichsgericht: Die Reichsgerichtspraxis im deutschen Rechtsleben, Bd. 1, 1929 (31 S.). – Von der Notwendigkeit der Rechtsphilosophie in Unterricht und Praxis, in: Dt. Rechtszeitschrift 1948, S. 200/1. – Die Gerechtigkeit im Organisationsstrafrecht, eine rechtsphilosophische und rechtspolitische Rück- und Vorschau; in: Die Spruchgerichte, Beilage zum Zentraljustizblatt f. d. Britische Zone, Hamburg 1949, S. 36/9. – Die soziale Funktion des Rechts; Soziale Welt, Dortmund Bd. 1, 1949, S. 29/40, 51/61. –

In Vorbereitung: Die Gerechtigkeit, Wesen und Bedeutung im Leben der Menschen und Völker. – Menschenschicksale; Erzählungen über Gerechtigkeit und andere Lebenswerte.

Gelegenheitsschriften:

Spinoza; zu seinem 250. Todestag. In: Dt. JurZtg. v. 1. 3. 1927. – Hegel und die Gegenwart; zu seinem 100. Todestag; Arch. f. Rechts- u. Wirtschaftsphilos. Bd. 25. – Zu Hegels 100. Todestag; Deutsche JurZtg. v. 1. 11. 1931. – Kants Einfluß auf die Rechtsphilosophie; Leipz. Zeitschr. f. dt. Recht 1924. – Kants Einfluß auf die Rechtswissenschaft; Dt. JurZtg. v. 1. 4. 1924. – Kants Einfluß auf das Straf- und Prozeßrecht; Zeitschr. f. Strafrechtswiss. Bd. 45, 1924. – 25 Jahre Rechtsphilosophie; JurWochSchr. 1932 H. 1, S. 51. – Zur Lebensanschauung unserer Studenten; auf Grund einer Klausurarbeit in rechtsphilosophischen Seminarübungen; Arch. f. Rechts- u. Wirtschaftsphilos. Bd. 21.

Ständige Literaturberichte über Rechts- und Sozialphilosophie in der Zeitschrift für Strafrechtswissenschaft 1916–1932: Bd. 38, S. 700–708; Bd. 39, S. 205–215, S. 621–632; Bd. 40, S. 239–258, S. 647–666; Bd. 41, S. 266–279, S. 423–436, 624–629; Bd. 42, S. 224–234, S. 688–693; Bd. 43, S. 368–372, 702–706; Bd. 44, S. 273–278, S. 707–714; Bd. 45, S. 298–307; Bd. 46, S. 56–63, S. 219 bis 227, S. 309–317; Bd. 48, S. 49–55, S. 214–244; Bd. 49, S. 117–121; Bd. 50, S. 184 bis 196; Bd. 51, S. 129–141; Bd. 53, S. 138–152.

Einzelne Besprechungen u. a. in:

Arch. f. Rechts- u. Wirtschaftsphilos. Bd. 13, H. 2, 3, 4 (Max Weber, Max Wolff, Leonh. Cohn); Bd. 14, S. 325 (Stammler). – Seit Bd. 18–27 (1934) zahlreiche kleinere und größere Besprechungen in jedem Jahrgang. –

Zeitschr. f. Völkerrecht 1920, S. 622 (Kohler, Shakespeare vor dem Forum der Jurisprudenz). –

Zeitschr. f. d. ges. Staatswiss. Bd. 80, S. 171/3 (J. Kraft, Methode der Rechtstheorie). – Dt. Liter.Z. 1922 Nr. 1 (Ludwig Cohn, Versuch). – Leipz. Zeitschr. f. dt. Recht 1924 Nr. 19 (Rechtswiss. d. Gegenwart); – Nr. 22 (Leibholz); 1922 Nr. 17 (E. Kaufmann), erg. Sp. 564. -- JurWochSchr., zahlreiche Bespr. v. RGEntscheidungen, ferner Bd. 51 H. 14 (Wenzel); Bd. 57 H. 1 (Weigelin); Bd. 57 H. 47 (Erik Wolf, Schuldlehre); Bd. 59 H. 44/5 (Bötticher, Rechtskraft). – Dt. JurZtg. 1925 H. 7 (F. Jerusalem, Soziologie des Rechts); 1926 Sp. 387 (Eug. Ehrlich, Jur.Logik); 1927 H. 6 (Stahl, Philosophie d. Rechts); 1930 (Binder-Festschrift). – Logos Bd. 10, S. 162–194 (E. Kaufmann, Kritik). –

Justiz u. Verwaltung, Hamburg Bd. 1, 1950, S. 120 (Müller-Erzbach, Die Rechtswissenschaft im Umbau). – Dt. Rechtszeitschrift 1950, S. 287 (Brusiin, Objektivität der Rechtsprechung). –

Besprechungen der Grundlagen der Gesellschaft:
Kantstudien Bd. 33, S. 290 (Hellm. Wolff). – Arch. f. RWPhilos. Bd. 18, S. 482 (Mezger). – Zeitschr. f. Strafrechtswiss. Bd. 46, S. 318 (Mezger). – Schmollers Jahrbuch Bd. 25 III (W. Mitscherlich). – Revue de Sociologie 1925, S. 153. – Berichte der dt. Hochschule für Politik Bd. 3, S. 63. – La Giustizia penale 1925, p. 1245. – Monatsschrift f. Kriminalpsychologie und Strafrechtsreform Bd. 17 Nr. 1/2 (Salomon). – Zeitschr. f. internat. Recht Bd. 33 Nr. 5/6 (Niemeyer). – Deutsches Volkstum 25 H. 4 (Senatspräs. Deinhardt). – Literar. Wochenschr. 1925, S. 852 (Walter). – Literar. Zentralbl. 1924, S. 1582. – Bankwissenschaft 1925 H. 20 (OLGR Bovensiepen). – Arch. öffentl. Recht NF. 8 (E. v. Hippel). – Arch. f. kathol. Kirchenrecht Bd. 105, S. 305 (Hilling). – Die Genossenschaft Bd. 54 Nr. 12 (Meister). – Kölner Vierteljahresschr. f. Soziologie 1926, S. 301 (Stier-Somlo). – Boskenschaw, Teteringen 1926. – Kommunales Echo 1925 Nr. 12. – Rundschau f. Kommunalbeamte 1924, Bd. 30 Nr. 51. – Der Morgen 1925 S. 544. – Zeitungsverlag Berlin v. 9. 1. 1925 Nr. 2. – Münchner Neueste Nachrichten v. 24. 7. 1925 (Kowalewski). – Kieler Zeitung v. 5. 2. 1925 (Bovensiepen). – Königsberger Allg. Zeitung v. 20. 2. 1925 (F. W. Schroeder)). Hamburger Korrespondent v. 3. 7. 1925. – Zeitschrift f. Geopolitik Bd. 5, S. 516.

Besprechungen des Lehrbuchs der Rechts- und Sozialphilosophie:
Kantstudien Bd. 36, S. 200 (K. Sternberg). – Gerichtssaal Bd. 101, S. 67 (G. A. Walz). – Arch. f. ziv. Praxis NF 11, S. 353/9 (W. Schönfeld). – Monatsschr. f. Kriminalpsychologie u. Strafrechtsreform 1930 Bd. 21 H. 4 (Salomon). – Natur und Gesellschaft Bd. 16 H. 1. – Mecklenburger Zeitschr. f. Rechtspflege 1924 (A. Werner). – Zeitschrift f. angewandte Psychologie 1930 H. 3. – Dt. JurZtg. 1930, Sp. 571 (Bohne). – Schweizer JurZtg. Bd. 26, S. 90 (Edlin). – Der Arbeitgeber 1929, S. 621. – Staats- und Selbstverwaltung 1930 H. 1 (Senatspräs. Dersch). – Lit. Ratgeber 1929 (Steinbüchl). – Allg. Statist. Archiv Bd. 19 Nr. 4 (Hellm. Wolff). – Weltwirtschaftl. Archiv 31 v. 2. 4. 1930 (Held). – Dt. Richterztg. 1930 H. 7 (Mannheim). – Zentralbl. f. Juristische Praxis 1931 (Hellm. Mayer). – Scholastik Bd. 6 H. 1. – Schweiz. Zeitschr. f. Strafr. 1930 (Pfenninger). – Sozialistische Monatshefte 1930, S. 1160. – Kölner Zeitung v. 6. 10. 1929 (Prof. Goldschmidt, Köln). – Pester Lloyd 1924 (OStAnw. Auer). – Krit. VierteljSchr. f. Gesetzgebung und Rechtswiss. Bd. 28, S. 15 (Petraschek). – La Giustizia Penale 1929, v. 35, p. 634. – Rivista internazionale di filosofia del diritto Bd. 15, 1 p. 103/5 (Caboara). – Revista de derecho internacional (Habana) 12 Nr. 24 v. 31. 12. 1933, S. 371 (Camus). – Universidad Revista de cultura 10 Nr. 2, 1933 (Zaragoza).

Besprechungen der „Wirklichkeit des Rechts".
Jur. WochSchr. 1930 H. 1 (Swoboda). – Gerichtssaal Bd. 99, S. 207 (Mezger). – Lit. Handweiser 1930, S. 387 (F. J. Klein). – Dt. JurZtg. 35 H. 3 (Staffel). – Zentralbl. f. d. Juristische Praxis 1930, S. 189 (F. Kaufmann). – Schweiz. Zeitschr. f. Strafr. Bd. 45 H. 3 (Pfenninger). – Scholastik Bd. 5 H. 30.

Besprechungen der Rechts- und Staatsphilosophie sowie der Schrift Lebendes Recht und lebende Wissenschaft: beides in Deutschland 3 Monate nach Veröffentlichung beschlagnahmt.

Zeitschr. f. Völkerrecht Bd. 22, S. 121 (Scupin). – Dt. LiteraturZtg. Bd. 59, H. 14 und 15 (Wilh. Merk, Tübingen). – Dt. Allg. Zeitung v. 27. 10. 1936. – Kölnische Zeitung v. 13. 3. 1937 (OLGPräs. Schollen). – Reichsverwaltungsblatt 1936 Nr. 41 (Dr. Reu). – Dt. Justiz 1937, S. 291 (Schmelzeisen). – Mecklenb. Zeitschr. f. Rechtspflege 1936, Nr. 12 (Dr. Gummersbach, Köln, und LGRat Eberhard). – Der junge Rechtsgelehrte 1936 Nr. 21. – Deutsche Rechtswissenschaft Bd. 1 Okt. 1936 (Referendar u. Fakultätsassistent Hahn, Kiel, völlig absprechend). – Zentralbl. f. d. Jur. Praxis 1937, H. 1 (OLGR Bovensiepen); H. 2 (RA Weissel, Wien). – Juristische Blätter Bd. 65, S. 19 (Dr. Schlesinger, Wien). – Lit. Ratgeber 1936. – Internat. Zeitschr. f. Theorie d. Rechts, Bd. 11 Nr. 1 und 2 (Moór, Budapest). – Schweiz. JurZtg. 1937 Nr. 24 (Edlin). – Prager JurZeitschr. 1937 Nr. 12. – Commentarium pro Religiosis 1937 (Hollemann). – Nederlandsch Juristenblaad (Amsterdam) 1936 Nr. 31. – Annuaire de philosophie du droit et de sociologie juridique Bd. 2, 1936. – Rivista di diritto privato 1937, Nr. 4 (Cabassi). – Rivista internazionale di filosofia del diritto 1937 Nr. 4, 5 (Rest). – Politica (englisch) 1937. – Athenäum (ungarisch) 1937. – Dreptul (rumänisch) 1936 Nr. 22 (Djuvara). – Archives juridiques (bulgarisch) VIII 1 (Ganeff). – Neue ZürcherZtg. v. 22. 7. 1936.

Besprechungen der Juristischen Methodenlehre (1940), der Juristischen Elementarlehre (1944). Dt. Justiz 1941, S. 233/6 (RGRAt Prof. Niethammer). – Blätter f. dt. Philosophie Bd. 16 H. 1/2 (Hans J. Wolff). – Monatsschrift f. Kriminalbiologie und Strafrechtsreform 1941 H. 11/12 (Engisch). – Hanseat. Rechts- u. Gerichtszeitschr. Dez. 1941. – Zeitschr. d. Akademie f. Dt. Recht 1941 H. 10 (Senatspräs. Prof. Klee). – Dt. Strafrecht 1941 Nr. 11/2 (LGDir. Joppich). – Gerichtssaal Bd. 116 H. 4/6 (LGDir. Weigelin). – Dt. freiw. Gerichtsbarkeit 1941, H. 3 (ORR v. Hackwitz). – Dt. LiteraturZtg. 1942 H. 27/28 (Schmelzeisen). – Dt. Rechtszeitung 1941 H. 23/24. – Krit. Viertelj. Schr. f. Gesetzgebung u. Rechtswiss. 1941, S. 159/64 (Weigelin). – Dt. Verwaltung 1941 Nr. 13, S. 264 (v. Rozycki). – MinBl. d. Reichs- u. Preuß. Min. d. Innern 1941, H. 19. – Dt. Rechtsschrifttum 1940 H. 12. – Reichsarbeitsblatt 1941 H. 3. – Der junge Rechtsgelehrte Juni 1941. – Geistige Arbeit 1941 Nr. 12 (Mallmann). – Rivista di diritto privato 1941 Bd. 11 H. 4/5 (Cabassi). – La scuola positiva. Rivista di diritto e procedura penale 1941 Bd. 19 H. 3/4 (Guarneri). – Pravnik (Prag) 1941 (Tomsa). – Tijdschrift voor Strafrecht D 1 L 1 I. – Schweiz. Zeitschr. f. Strafr. 1942 H. 2. – JurZ. 1955 H. 20 (Würtenberger). –

Besprechungen des Systems der Rechts- und Sozialphilosophie.

Arch. f. Rechts- u. Sozialphilos. Bd. 38, S. 609/13 (Utz). – Arch. f. Völkerrecht 2, S. 501/2 (Würtenberger). – JurRdsch. 1950, H. 11 (Liermann). – Neue JurWoch. 1950 Nr. 13 (Senatspräs. Heegner). – Arch. f. zivil. Praxis Bd. 151, S. 167/8 (W. G. Becker). – Kölner Zeitschr. f. Soziologie 1950, III/2 (Würtenberger). – Rivista internazionale di filosofia del diritto 27, S. 625/7 (Goretti). – Tidskrift utgiven av Juridiska föreningen Finnland 1950 H. 5 (Brusiin). – Revista de Estudios Politicos, Madrid 1950, S. 226/31. – Öffentliche Verwaltung 1952, H. 21. – Zeitschr. f. d. ges. Staatswiss. 52, H. 4, S. 768/9 (Ridder). – Universitas 1951, H. 10. – Friedenswarte 1950, H. 2, S. 172. – Revue des sciences philosophiques et théologiques 1950, S. 280. – Philosophischer Literaturanzeiger VI 1, 1953, S. 38/42 (Maste). – Die Welt der Bücher, Literar. Beiheft zur Herder-Korrespondenz 1954, S. 18. – Giornale di Metafisica 1955 Nr. 3 S. 521/4. – Zeitschr. f. Strafr. 67, 1955, 462/8 (Engisch). – Dtsch. Verwaltungsblatt 79, 1955, H. 18 (OLGRat Reimers, Hamburg). – JurZ. 1955 H. 20 (Würtenberger). –

Besprechung der Einführung in die Rechtsphilosophie:

Arch. für die civilist. Praxis 153 H. 6 S. 562/3 (Hubmann-München). – MonSchr. f. dtsch. Recht 8 H. 12 (E. Wolf). – Bücherei und Bildung 7, 1955 H. 8 (Klüwer). – JurZ. 1955 H. 20 (Würtenberger). – Estudio de Deusto (Bilbao) 1956 IV Nr. 8, 541. – The American Journal of Comparative Law VI No. 1 (Barna Horvath). –

III. Völkerrecht.

W e r k e. Völkerrecht und Weltfrieden, Fundamente zur völkerrechtlichen Neuordnung. Stuttgart 1948 (265 S.). – System des Völkerrechts, eine lehrbuchmäßige Darstellung. Bonn 1952 (506 S.). –

V o r b e r e i t e n d e S c h r i f t e n u. a.:
Weltgewissen. Arch. f. Rechts- und Wirtschaftsphilos. Bd. 27, 1934. – Juristische Elementarlehre. 1944, S. 113. – System der Rechts- und Sozialphilosophie 1950, §§ 8, 9, 15, 29. – Ferner: Festschrift für Kraus 1954. – Geistige Zusammenarbeit, in: Wörterbuch des Völkerrechts, hgg. v. Schlochauer u. a. 1958.

B e s p r e c h u n g e n v o n V ö l k e r r e c h t u n d W e l t f r i e d e n:
Friedens-Warte 1950 Nr. 2, Sp. 172 (Wehberg). – Jur.Rundschau 1949 H. 7 (Küster). – Tidskrift utgiven av Juridiska föreningen Finnland 1950 H. 5 (Brusiin). Revista de Estudios Politicos, Madrid 1950, S. 226/31. – Arch. f. Völkerrecht 1951 H. 2 (Scheuner). – The Cambridge Law Journal 1951. – Special Science Number German Book News 50 Nr. 7. –

B e s p r e c h u n g e n d e s S y s t e m s d e s V ö l k e r r e c h t s:
Gemeinsames Ministerialblatt des Bundesinnenmin. usw. A. III H. 19, S. 244. - Arch. f. Völkerrecht 4, 52 H. 1, S. 114/5 (Verdross). – JurZtg. 1953, S. 63 (Makarov). – JurRdsch. 1953 H. 2 (RA Behling). – Österreich. Z. f. öff. Recht 1953, S. 583/5 (Seidel-Hohenveldern). – Friedens-Warte 51, 1953 H. 4 (Wehberg). – Z. f. ausländ. u. internat. Privatr. 19, 583/7 (Aubin). – Jahrb. f. internat. Recht 6, 1956, 360/1 (Constantopoulos). – Istituto di diritto internazionale, Università Milano, 1955 VII 740/2. – Dtsch. LitZtg. 57 H. 7 (Hörle). –

IV. Prozeßrecht.

W e r k e.
Grundlagen des Prozeßrechts. Stuttgart 1919. 2. A. 1929 (670 S.). – Allgemeine Prozeßrechtslehre; zugleich eine systematische Schulung der zivilistischen und kriminalistischen Praxis. Berlin 1951 (319 S.). – Juristische Methodenlehre (oben II) §§ 60/3.

E i n z e l s c h r i f t e n.
Die Begründung der Prozeßwissenschaft, Zeitschr. f. Strafrechtswiss. 40. – Die Prozeßvoraussetzungen, Leipz. Zeitschr. f. dt. Recht, Bd. 13, 1919. – Die materielle Rechtskraft des Zivil- und Strafurteils, in Festg. f. Rich. Schmidt sowie selbständig, 1932 (23 S.). – Strafvollzug und Vollstreckungsrecht. Zeitschr. f. Strafrechtswissenschaft Bd. 49. 1929 (53 S.). – Kritik des prozessualen Denkens. Arch. f. Rechts- und Wirtschaftsphilos. Bd. 19, 1926 (27 S.). – Selbständige Rechte Dritter im Strafverfahren, Zeitschr. f. Strafrechtswiss. Bd. 37, 1915 (26 S.). – Das herrenlose Grundstück, Arch. f. Rechts- und Wirtschaftsphilos. Bd. 18, 1925. – Regierung und Rechtsprechung, Dt. Justiz H. 5, 1935. – Grenzen des richterlichen Beweises, Zulässigkeit des „Wahrheitsserums"? JurRdsch. 1949, S. 500/2. – Umstrittene Grundbegriffe des Prozeßrechts, ebenda 1951, S. 257/9; auch in Gedächtnisschrift für Rocco 1952 II 481/90. – Grundprobleme der Rechtsprechung nach deutschem und englischem Rechtsdenken; JurRdsch. 1949, H. 5, S. 129/32. – Besprechungen in Zeitschr. f. Zivilprozeß 54 (Löwe, Eb. Schmidt). – Bindung und Ermessensfreiheit bei der Urteilsfindung, Festschr. f. Calamandrei 1956, Padua Cedam. – Beiträge zur Lehre vom Beweis und von der Urteilsfindung, Zeitschr. f. Zivilprozeß 1955 S. 425/40.

B e s p r e c h u n g e n d e r G r u n d l a g e n d e s P r o z e ß r e c h t s:
Gruchots Beiträge Bd. 64, S. 642 (Levin). – Zeitschr. f. Rechtspfl. Bayern 1919, S. 47, (OLGRat Bovensiepen). – Zeitschr. f. öffentl. Recht Bd. 1, S. 529 (F. Sander). – Zeitschr. f. Strafrechtswiss. Bd. 52, S. 734 (Mannheim), zur 1. Aufl. Bd. 42, S. 257 (Beling). – Gruchots Beiträge Bd. 70, H. 6 (OLGPräs. Levin). – Gerichtssaal

Bd. 100, S. 89/95 (Fraeb). – Jur. Wochenschrift 1930, S. 120 (Ministerialrat Sauerländer). – Judicium Bd. 5 H. 2 (Siegert). – Leipz. Zeitschr. f. dt. Recht 1929 H. 21 (Pagenstecher). – Dt. JurZeitung 1930 H. 1 (L. Rosenberg). – Sächs. Arch. f. Rechtspflege Bd. 15 H 1/3 (Blomeyer). – Zeitschr. f. Handelsrecht Bd. 49 Nr. 4 (Walsmann). – Z. f. Zivilprozeß Bd. 56, S. 246 (Krückmann). – Z. f. Arbeitsrecht Bd. 9 H. 10 (Lutz Richter). – Der junge Rechtsgelehrte Bd. 5 Nr. 9. – Zentralbl. f. d. jur. Praxis Bd. 47 H. 7/8 (Groh). – Jur. Blätter 1931 Nr. 2 (K. Wolff). – Z. f. Vergleichende Rechtswiss. Bd. 49 H. 1 (Schwinge). – Ungarische Zeitschr. in ungar. Sprache 1930 (Oberstaatsanwalt Auer). – Handbuch des Strafprozeßrechts in Bulgarien, Sofia 1930/2 (Saranoff).

Besprechungen der Allgemeinen Prozeßrechtslehre:

Deutsche Richterztg. 51 167 (Schölz). – Neue Jur. Woch. 1952 H. 20 (Lent). – Zeitschr. f. Zivilprozeß Bd. 66, S. 64/6 (Engisch). – Die öffentl. Verwaltung 1952 H. 19 (Bachof). – Der deutsche Rechtspfleger Bd. 60 S. 238. – Giustizia penale 53, Sp. 185/89 (Siegert). – Rivista Italiana di diritto Penale 52 H. 5. – Nuova Rivista di diritto commerciale 52 V 1/4. – Landeskriminalbl. Niedersachsen 53 N. 35. – Staat u. Wirtsch. Hessen 51 N. 5. – Allg. Studentenausschuß, Sonderdruck für Juristen, Tübingen 1954/5, Nr. 7. – JurZtg. 54, 367 (Niethammer). – Z. f. Strafr. 68 H. 3 S. 475/6 (RGRat Hartung mit prozeßrechtl. Bericht). –

V. Strafrecht.

Werke:

Grundlagen des Strafrechts nebst Umriß einer Rechts- und Sozialphilosophie, Berlin 1921 (685 S.). – Allgemeine Strafrechtslehre, 2. völlig neue Auflage der Grundlagen des Strafrechts, Berlin 1949 (264 S.), 3. völlig neue Aufl. 1955 (290 S.). – Span. Ausg. mit Zusätzen v. Prof. del Rosal, Barcelona 1956, 431 S. – System des Strafrechts, Besonderer Teil, Köln 1954 (623 S.). – Zur Ergänzung: Juristische Methodenlehre (oben II) § 58.

Einzelschriften allgemeinen Charakters:

Gesetz und Rechtsgefühl; zur Lehre von der materiellen Rechtswidrigkeit, ZStrW 33, 1908 (27 S.). – Zur Grundlegung des Rechts und zur Umgrenzung des strafrechtlichen Tatbestandes; ZStrW 36, 1914, (23 S.). – Strafrechtliche Probleme in monadologischer Betrachtung, ein Beitrag zur Rechtsmonadologie; Gerichtssaal 100, 1931 (74 S.); behandelt werden die meisten Grundbegriffe nach analytischer und werttheoretischer Methode. – Kausalität und Rechtswidrigkeit der Unterlassung, Festgabe für Frank 1930 (25 S.). – Das Unterlassungsdelikt, seine Stellung im Gefährdungs- und Willensstrafrecht; GerSaal 114, 1940 (52 S.); – italienisch in Rivista penale 1941 mit Einleitung von Battaglini. – Strafbemessung und Persönlichkeit; zur kriminalbiologischen Revision strafrechtlicher Grundbegriffe, ZStrW 50, 1930 (28 S.). – Lo stato della scienca del diritto, Rivista penale 1925. – Die Ethisierung des Strafrechts 1934 in: Deutsches Strafrecht Bd. 1 H. 6. – Wendung zum nationalen Strafrecht, GerSaal 103, 1933 (36 S.). – Der Italienische Strafgesetzvorentwurf, GerSaal 97, 1928 (16 S.). – Aufgaben und Gefahren der Strafrechtsreform, in: Deutsches Recht 1933 H. 6. – Das Strafrecht nach der Denkschrift des Preuß. Justizministers, DJZ 1933. – Zur 25. Auflage des Lisztschen Lehrbuchs, Arch. f. Rechts- und Wirtschaftsphilos. Bd. 21, 1928.

Einzelschriften mit besonderen Themen:

Schließen sich Diebstahl und Sachbeschädigung begrifflich aus? Diss. Halle 1908 (122 S.). – Der Zueignungsbegriff, GoltdArch. Bd. 63, 1917 (16 S.). – Die Ehre und ihre Verletzung; kritische Untersuchungen über Tatbestand und Rechtswidrigkeit der Beleidigung, Abh. d. Kriminalistischen Instituts der Universität Berlin 1915 (Hab.Schrift 233 S.). – Das Wesen der Ehre, Logos Bd. 9, 1920 (18 S.). – Zur Lehre von der Beleidigung, ZStrW 46, 1925 (12 S.). – Tatbestand und Rechtswidrigkeit, Heilbehandlung und Einwilligung, GerSaal 113, 1939, S. 79/122. – Vorsatz, Irrtum, Rechtswidrigkeit, ZStrW 51, 1931 (19 S.). – Die Verjährung, GerSaal 91, 1925. – Die Bedeutung der Strafvollzugsordnung vom 22. 7. 1940 für Strafurteil und Strafverfolgung; in: Deutsches Strafrecht 1940, H. 9/10. – Zum Begriff der Kollektivschuld, Dt. Rechtszeitschrift 1947, S. 48. – Moderne Wandlungen der Verbrechenslehre, Bespr. der gleichnamigen Schrift von R. Busch, Dt. Rechtszeitschrift 1949 H. 5. – Humanitäts- und Organisationsverbrechen; zur Weiterbildung des Strafrechts; in: Die Spruchgerichte, Beilage zum Zentraljustizblatt für die Britische Zone, Hamburg Bd. 1 Nr. 1 und 2, 1947, S. 6/9. – Zum Begriff der Verbrechensplanung, ein Gutachten, zugleich zur Weiterbildung des Strafrechts; ebda. Nr. 6, S. 57/9. – Einheit des Rechts bei Anwendung von Auslandsrecht; zur Praxis der Spruchgerichte, ebda. Bd. 2, 1948, S. 33/6. – Die Gerechtigkeit im Organisationsstrafrecht; eine rechtsphilosophische und rechtspolitische Rück- und Vorschau; ebda. Bd. 3, 1949, S. 36/9. – Le problème de l'unification de peines et mesures de sûreté, Gutachten für den 6. Internat. Strafrechtskongreß, Rom 1953. Französisch und italienisch. Ergebnisse deutsch in Zeitschr. f. Strafr. – Die beiden Tatbestandsbegriffe. Zur Lehre von den äußeren Strafbarkeitsvoraussetzungen, Festschr. f. Mezger, 1953. – Zur Behandlung der gesetzlichen Schärfungs- und Milderungsgründe, GoltdArch. 1955, 232/6. – Über die Rechtsvergleichung bei der Strafrechtsreform. Zugleich zu der Antrittsrede Jeschecks, Zeitschr. f. Strafr. 67, 1955, 350/63. – Tatbestand, Unrecht, Irrtum und Beweis. Zur Strafrechtsreform Z. f. Strafr. 69, 1957, H. 1 (13 S.). – Probleme der richterl. Strafzumessung, GoltdArch. 1957 H. 5. –

Besprechungen der Grundlagen des Strafrechts:
Hier sind nur die allerersten Äußerungen aufgeführt, da das Werk alsbald in den damals führenden Kommentaren und Lehrbüchern fortlaufend zitiert ist (Leipz. Kommentar, 3. Aufl. 1925; Olshausen 7. Aufl. 1927; Frank 16. Aufl. 1925; v. Liszt-Schmidt 25. Aufl. 1927; v. Hippel 1925/30). – Zeitschr. f. Rechtspflege in Bayern 1922, S. 108 (OLGRat v. d. Pfordten). – Arch. f. Rechtspfl. in Sachsen 1922 RGRat Warneyer). – Zeitschr. f. Strafrechtswiss. Bd. 44, S. 2 (Mittermaier); – S. 723 (Grünhut). – Tijdschrift voor Strafrecht 1925/6, S. 338/44 (RA Trapmann, Leiden). – Rivista internazionale di filosofia del diritto; Rivista penale vol. 19/7 (Battaglini). – Arch. f. Rechts- und Wirtschaftsphilos. Bd. 16, S. 334 (Mezger). – Die Tatwelt (Euckenbund, Senatspräs. Deinhardt, Jena) 1922 Nr. 11. –

Besprechungen der Allgemeinen Strafrechtslehre:
Neue JurWochenschrift 1950 H. 11 (RGRat Hartung). – JurRdsch. 1950 H. 6 (StA Nühse). MonSchrift f. dt. Recht 1950 H. 3 (LGRat Günther Schultz). – Dt. Rechtszeitschrift 1950 H. 3 (Bader). – Universitas 1/1950 (Würtenberger). – Annuario de Derecho Penal y Ciencas Penales 1952 (J. del Rosal). – Tidskrift utgiven av Juridiska föreningen Finnland 1950 H. 5 (Brusiin). – Zeitschr. f. Strafr. 63, S. 456/61 (Lange). – Arch. f. RSozPhilos. 40, 156 (Spendel). – Staatsanzeiger f. Hessen 52, 910. – Rivista di diritto penale 1951 Nr. 1 (Pisapia). – Rivista di diritto prozessuale 1954 Nr. 1 (p. 13).

Besprechungen der Allgemeinen Strafrechtslehre 3. Aufl.:
Landeskriminalbl. Niedersachsen 1955 Nr. 28. – Studentenzeitung Tübingen, Sonderdruck f. Juristen 1955 Nr. 8. – Zentralfahndungsnachrichten 1955 Nr. 23 (Terstegen). – Monatsschr. f. Dt. Recht 1955 H. 10 (Bundesrichter Seibert). – Goltdammers Archiv für Strafrecht 1955, 318 (MinRat Grützner). – Arch. f. Kriminologie 116, 1955 S. 119. – Kriminalistik (Hamburg) 9, 1955, 440. – Archivio penale (Rom) 55 Nr. 10. – Der Jurist 1955 A Nr. 11. – Neue Jur. Wochenschr. 1956 S. 54/5 (Prof. Bruns). – Der deutsche Rechtspfleger 1956 S. 54 (LGR Petermann, Essen). – JurRdschau 1956 Nr. 4 (Bundesrichterin Koffka). – Saarländ. Rechts- u. SteuerZ 1956 H. 5. – Internat. Kriminalpolizeil. Revue, Paris 1956 Nr. 102 S. 301. – Nuova Rassegna (Firenze) 1956 Nr. 22 (Meloni). – Estudios de Deusto (Bilbao) 1956 IV, Nr. 8, 541. – DtschLitZtg. 78, 1957 H. 2 (Hardwig). – Revue de science criminelle et de droit pénal comparé 1957 Nr. 1. –

Besprechungen des Systems des Strafrechts Besonderer Teil:

Jur. Zeitung 1954 H. 20 (Bundesrichter Seibert). – MonSchrift f. Dt. Recht 1954 H. 20 (Bundesanwalt Herlan). – Die Polizei, Detmold 1954 H. 15/6 (RegDir. Dr. Georg Schulz, Hannover). – Zentrale Fahndungsnachrichten 40/54 (Terstegen). – Landeskrim. Bl. Niedersachsen 1954 Nr. 28. – Amtl. Mitt. d. Bezirksreg. Pfalz 1954 Nr. 20. – Neue Jur. Woch. 1955 Nr. 13 (Prof. Bruns). – Svensk Juristtidning, Stockholm, 31. 3. 55. – Jugoslaw. Zeitschr. 1955 S. 113/5. – Die Neue Polizei, München 1955 Nr. 2. – Gewerkschaft öffentl. Dienst, Transport, Verkehr, Presse, Stuttgart Nr. 19, 1. 10. 54. – Allg. Studentenausschuß, Sonderdr. f. Juristen, Tübingen 1954/5 Nr. 7. – JurRdsch. 1955 H. 7 (RA. Behling). – MonSchr. f. Kriminologie u. Strafrechtsreform 38, 1955, H. 3/4 (Hardwig). – Forum academicum MittBl. d. Univ. Heidelberg 7. 11. 1954. – Dt. Verwaltungsblatt 1955, 171 (Prof. Kern). – Österr. JurZ. 1956 Nr. 7 (Serini). – Dt. LitZtg. 77 H. 7/8 (Prof. Hall). – Z. f. Strafr. 69, 269/70 (Bockelmann).

VI. Kriminologie. Tatsachenforschung.

Werke:

Kriminalsoziologie; zugleich eine systematische Einführung in die Weiterentwicklung und in die Hilfswissenschaften des Strafrechts. Berlin 1933 (818 S.). – Dieses, mein umfangreichstes und bei weitem mühevollstes, wenn wohl auch nicht größtes und bedeutendstes Erzeugnis[1]) ist eine Art konstruktiven und tatsächlichen Vorbaues des folgenden. – Kriminologie als reine und angewandte Wissenschaft; ein System der juristischen Tatsachenforschung. Berlin 1950 (637 S.).

Einzelschriften.

Der kriminalistische Dienst vor neuen Aufgaben, in: Deutsches Strafrecht, Bd. 1, S. 20. – Anlage und Umwelt als Verbrechensursachen, Zeitschr. d. Akademie f. Dt. Recht 1935 H. 8, S. 520–533. – Zur kriminalsoziologischen Methode; Gutachten f. d. römischen Kongreß f. Kriminologie; deutsch in: Beiträge zur Rechtserneuerung 1939 H. 8, S. 322/34; ferner in Rivista di diritto penitenziario Bd. 17 Nr. 3 mit Anhang in ital., dtsch., frz., engl. und span. Sprache 1939 (22 S.). – Das Verhältnis von Kriminologie und Strafrecht, in: Dt. Strafrecht Bd. 6, 1939, S. 276 bis 283. – Soziologie der deutschen Nachkriegskriminalität, Rezensionsabhandl. über d. gleichnamige Buch v. K. Bader, Zeitschr. f. d. ges. Staatswiss. Bd. 106, 1950, S. 164/8. – Bespr. in JurRdsch. 1952, 213 (Seelig), 695 (Mezger). – Zur Rechtsprechung über die Entziehung der Fahrerlaubnis, zugleich ein Beitrag zur kriminologischen Prognose, Goltdammers Arch. 1956, S. 253/6. – Über den Einfluß der Kriminologie auf die Strafrechtsreform, Monatsschr. für Kriminologie und Strafrechtsreform 1957 H. 3/4.

Schülerarbeiten: 25 von mir angeregte Dissertationen, zu denen der Anregende auf diesem Gebiet die wichtigste Vorarbeit leistete: Auszug in Kriminologie, S. 555/615.

Besprechungen der Kriminalsoziologie:

Jur.Wochenschr. 1934 H. 8, S. 471 (GenStAnw. Danckwortt). – Dt. JurZtg. 1934, S. 866 (Engisch). – Dt. Justiz 1935 Nr. 8 (Schaffstein). – Monatsschr. f. Kriminalpsych. und Strafrechtsreform 1933/4 H. 1 (RA Maunzen). – Arch. f. Rechts- und Sozialphilos. Bd. 27, S. 542/5 (Bohne). – ZStrW Bd. 54, S. 768 (v. Weber). – Schweizer JurZtg. 1934/5 Nr. 23 (Pfenninger). – Zentralbl. f. d. jur. Praxis 1935

[1]) Das Buch erschien Anfang 1933 im Verlag Dr. Walther Rothschild in Berlin-Grunewald in 3 Lieferungen. Die neuen politischen Machthaber beanstandeten den „nicht-arischen Verlag“. Die Gesamtausgabe erfolgte darauf im Verlag für Staatswissenschaften und Geschichte in Berlin und Leipzig 1933; der Verlag ging nach politischen Schwierigkeiten später im Verlag für Recht und Gesellschaft in Basel auf. Die Auswirkungen aller dieser Komplikationen traten auch bei den Besprechungen hervor.

Nr. 8 (Mittermaier). – Psychotechnische Zeitschr. (Dresden, herausgegeb. von Prof. Hans Rupp, Berlin) 1935 S. 49 (RA Goerres). – Zeitschr. f. d. gesamte kriminalistische Wissenschaft und Praxis 1934, S. 280 (Hagemann). – Viertelsjahrsschr. f. angewandte Kriminalistik Bd. 1, S. 67 (Philipp). – Pester Lloyd v. 31. 5. 1953 (OStAnw. Auer). – La scuola positiva, vol. 14 Nr. 11/2.

Besprechungen der Kriminologie:

Die Neue Polizei, München 1950, Nr. 10. – Neue Jur.Wochenschr. 1951 H. 16/17 (RGRat Hartung). – JurRdsch. 1950, S. 763/4 (OLGRat Schimmelpfennig). – Der deutsche Rechtspfleger 1951 H. 3 (Amtsanw. Hoppe). – Polizeipraxis 1951 H. 3/4. – Polizeirundschau 1950 H. 12 (Meinert. – Schweizer Zeitschr. f. Strafrecht Bd. 65 H. 4. – JurZtg. 1952, 18 (Bader). – JurBlätter, Wien 1951 H. 23 (Seelig). – La scuola positiva 51 (Grispigni). – Arch. f. RSozPhilos. Bd. 39, S. 589 (Klug). – Journal of Criminal Law, Criminology and Police science of Northwestern University New York 42 Nr. 5 (Eliasberg). – Landeskriminalbl. Niedersachsen 53 N. 52 – ZStrW 66, 272 (Seelig).

Anhang

Lebensregeln und Ornamente [1])

Das oberste Sittengesetz (der kategorische Imperativ) lautet nicht: Tue deine Pflicht. Es lautet: Tue mehr als deine Pflicht. Fördere deine Mitwelt und die Nachwelt, soweit du es vermagst, und zwar nicht aus Pflicht (Kant), auch nicht aus Neigung (Schiller gegen Kant), vielmehr im Bewußtsein, daß es das größte Glück, daß es das höchste Gut ist, im Gemeinwohl und schließlich in den ewigen Werten aufzugehen.

Tue mehr als deine Pflicht, nicht in mehr oder längerer Arbeit, vielmehr in Erhöhung der Wertleistung. Der Produzent, Handwerker, Handarbeiter, Schüler, Lehrer, Künstler, Forscher, Beamte, Händler, sie alle sollen mehr als den Durchschnitt bieten. Alsdann gewinnt die Kultur, die Nation, die Mit- und Nachwelt. Man helfe den Mitmenschen, wo man nur kann; man berate und fördere ihn, auch seine Umgebung. Namentlich in Zeiten allgemeiner Not erhöht sich die soziale Pflicht, nicht in gleichem Schritt die Rechtspflicht. Man warte nicht auf Gegenleistung oder Dank. Der schönste Lohn ist, mehr als die Pflicht zu tun. Das größte Glück ist Erhöhung der sozialen Persönlichkeit. Das ist der Sinn des aristokratischen Prinzips bei Homer: immer nach dem Besten streben und sich vor anderen auszeichnen, nie dem Geschlecht seiner Väter Schande machen.

Halte haus mit deinen Kräften und verteile sie in weiser Ökonomie. Es kommen Zeiten, wo Steigerung der Leistung verlangt wird. Auch körperlich trainiere man sich, verausgabe sich aber nicht vorzeitig; man schlafe so viel, daß man im Notfall schlaflose Nächte aushalten kann, und man ernähre sich so, daß man in der Lage wäre, Hunger und Krankheit leichter zu überstehen. Vor allem speichere man so viele Werte auf, daß man über Zeiten der Not, mangelhafter Zufuhr oder nachlassender Aufnahmefähigkeit hinwegkommt. Der Sänger, Schauspieler, Redner gehe nicht zu früh und vorschnell zu Steigerungen über. Der Staatsmann schone die ihm anvertrauten Kräfte und fordere nicht zu frühe und zu starke Spannungen; allmähliches Anschrauben empfiehlt sich vor plötzlichen Stößen. Im Kriege kommt es nur auf den Sieg in der letzten Schlacht an. Der Fehler der Deutschen war in beiden Weltkriegen, auf die ersten Siege zu vertrauen und schon hier zu verbluten.

Ist man in der Form bescheiden und in der Sache zurückhaltend, so kann man umso anspruchsvoller auftreten. Zeigt man dem anderen zunächst dessen Vorteile und wahre Werte, so darf man umso unbedingter eigene Werte innerhalb der Gerechtigkeit anstreben.

Angriffslustigen Neidlingen gegenüber beobachte man heitere Gleichgültigkeit; man tue, als wenn ihre Sache niemanden interessiere, niemanden irgendetwas anginge, als wenn jene Leute überhaupt gar nicht da wären. Das ärgert sie am meisten und macht sie schließlich gleichgültig. Nicht nur die Hitze kann anstecken, sondern auch die Kühle; sie kann aufregen und schließlich – abregen.

---

[1]) Die folgenden Aphorismen sind eine Fortsetzung des aphoristischen Anhangs der Juristischen Elementarlehre v. 1940.

Wer dem Ganzen dient, zu dem er selbst gehört, dient damit sich selbst, und zwar besser, als wenn er sich nur selbst dient. Denn er findet Rückhalt am und im Ganzen; das Ganze dient auch ihm: alle dienen ihm – ihm als dem Herrscher. Das ist s e i n Werk.

Eine wahrhaft tüchtige Leistung setzt voraus, daß der Schöpfer nur seinem Werk lebt, ohne an Beifall und Erfolg zu denken. – Leider erfordert mehr Zeit und Kraft als die positive, aufbauende Arbeit die negative Seite: die Abwehr von Störungsversuchen durch Widersacher, der Schutz gegen unsachliche Einflüsse, die Erledigung von Zuflüsterungen, die Herstellung einer für das Werk günstigen äußeren Lage, die Überwindung wirtschaftlicher und geschäftlicher Schwierigkeiten, nicht zuletzt die Behandlung der Mißgünstigen.

Eine treffliche Taktik befolgte Goethe (Gespräch mit F. v. Müller, Tagebuch v. 31. 3. 1824, Biedermann, Inselverlag S. 481): „Wie bin ich oft verlästert, bei meinen edelsten Handlungen am meisten. Aber das Geschrei der Leute kümmerte mich nichts ... Mir ist in allen Geschäften und Lebensverwicklungen das Absolute meines Charakters sehr zu statten gekommen; ich konnte Vierteljahre lang schweigen und dulden wie ein Hund, aber m e i n e n Z w e c k i m m e r f e s t h a l t e n. Trat ich dann mit der Ausführung hervor, so drängte ich unbedingt mit aller Kraft zum Ziele, mochte fallen rechts und links, was da wolle" ... „Ich nahm alle Zustände und Personen, meine Kollegen z. B., durchaus real, als gegebene, einmal fixierte Naturwesen, die nicht anders handeln können, als sie handeln, und ordnete hiernach meine Verhältnisse zu ihnen. Dabei suchte ich ringsum mich selbst richtig zu sehen". – Welche Menschenkenntnis und Selbsterkenntnis! Welche Zielstrebigkeit und Lebensweisheit!

Einen wundervoll tiefsinnigen Ausspruch mit weitesten Fernblicken tat Grillparzer: „Am siebenten Schöpfungstag erschien der Mensch – es war Mozart". Eine Verherrlichung Mozarts und zugleich Grillparzers! Eine Verklärung der biblischen Schöpfungsgeschichte und zugleich der Musik!

Wie es eine höhere Mathematik und eine höhere Jurisprudenz gibt, so gibt es auch eine höhere Musiktheorie; alle diese und noch weitere Höhenwege steigen aus derselben unergründlichen Tiefe auf und klimmen zu gleichen lichten Bergkämmen empor. Die Musik wurde von der Menschheit allmählich herangebildet als Symbol für eine Sprache, in der sich reine Menschenseelen ihrem Gott nähern, wenn Worte und Begriffe versagen; sie verständigen sich über göttliche Dinge, über ewige Werte, über Wert-Monaden, in deren Bereich sie sich eben als ewige Wesen fühlen. So erklärt sich, daß empfängliche Gemüter sich beim Anhören und Nacherleben gewisser hoher Kunstwerke aller Erdenpein enthoben wissen. Die Musik, jene reinste monadologische Kunst, wird zum Symbol für die Sprache der Gottheit. Die Musik ist die Sprache, in der die Engel zu einander und zu empfangsbereiten Menschen, in der vielleicht auch ferne oder abgeschiedene Seelen zu uns reden (entnommen meinem Buch: Beethoven und das Wesen der Musik 1958 S. 34). – Die Parallelen zu den reinen Wissenschaften liegen vor uns.

Einen Jünger der Philosophie mag eine tiefe Sorge überkommen, wenn er sich jener (von der Sorge ausgehenden) Existenztheorie nähert, die ihm nur ein „Sein", ein „Dasein", Angst und Sorge, Tod und Nichts bieten kann und bieten will. Umso mehr wird er sich einer Lebensanschauung widmen, die vom Leben, vom Lebenswerten, vom Lebensberuf, nicht nur vom Sein sondern auch vom Sollen spricht.

In Dostojewskys Legende vom Großinquisitor wendet sich dieser an den von ihm festgenommenen Christus und spricht: „Du hast nur freie Liebe gewollt. Als du am Kreuze hingest und die anwesenden Ungläubigen schrieen: ‚Stehe auf, wenn du Gottes Sohn bist', da hast du es abgelehnt, aufzustehen; du wolltest nicht durch ein Wunder den Glauben der Menge erkaufen". – Die Lebensregel lautet: Verschmähe äußere Mittel; verlasse dich allein auf die Kraft wahrer Werte, die einzig und allein aus sich und durch sich selbst überzeugen und siegen. Lehne ab jenen Sozialismus, der die Liebe der Menschen durch Versprechen irdischer Güter erkaufen will. Und wie steht es mit einer Religion, die zu einem frommen Lebenswandel durch Versprechen eines besseren Jenseits anhält?

Das Geheimnis einer guten, innigen Gemeinschaft liegt schon bei deren Anfängen. Das Schwerste ist auch hier der Anfang, wie bei jedem großen Werk, die Leitidee einer Komposition, der tragische Knoten des Dramas, der Systemgedanke einer Philosophie. Hier ist es der soziale Gedanke: einer biete dem anderen ein besonderes Maß von Werten; der andere muß dafür empfänglich sein, und er muß sich durch die Tat dankbar erweisen. Durch die Gegenwerte wird wiederum sich der erste verpflichtet fühlen – naturgemäß zu höheren Wertleistungen. So schreitet die Wertgemeinschaft stufenweise vorwärts und aufwärts. Echte Gemeinschaft wird genährt und gestählt durch Werte; sie erkaltet bei Gleichgültigkeit. Diese Gesetzmäßigkeit gilt für alle Gemeinschaften; sie gilt umso stärker, je kleiner, enger, inniger sie ist. Sie gilt für Ehe, Familie, Freundschaft, Vereine, Erziehungs-, Bildungs-, Berufs- und Erwerbsgemeinschaften.

Dringendste Aufgabe ist für jeden einzigen Deutschen, seine frühere Kultur hoch und heilig zu halten, vor allem auch für sie und an ihr weiterzuarbeiten. Die Menschen arbeiten aber lieber für ihren Tagesbedarf, und sie arbeiten fast stets auf kurze Sicht. Deutsche Wälder werden abgeholzt; deutsche Anlagen werden abmontiert. Ging nicht an Baumarmut und Eigensucht einst manche große Kultur zugrunde?

Ein großer Kulturträger bietet auch auf fernliegenden Kulturgebieten für empfängliche Gemüter ungeahnte Werte, die von diesen nur selbst für ihre Zwecke gehoben werden können; sie müssen gewissermaßen von neuem entdeckt werden. So las Fürst Bülow „seinen" Goethe, Napoleon „seinen" Plutarch, Beethoven „seinen" Shakespeare, Anselm Feuerbach „seinen" Kant, Rich. Wagner „seinen" Schopenhauer. Wir alle sollten mit mindestens einem Lieblingsautor in die Gesamtkultur eindringen und von hier auch unser Fachgebiet befruchten. Unser Tagewerk würde gewinnen.

In frommen Kreisen hört man neben Milde und Nachsicht Ansichten von erstaunlicher Härte: Bombengeschädigte, politische Flüchtlinge, Verunglückte, Kranke tragen selbst die Schuld, weil sie nicht zu Gott oder nicht oft genug zu Gott gebetet haben und nunmehr gestraft werden sollen. Nunmehr tritt zu ihrem unverschuldeten Leid und Unglück noch eine moralische Belastung. Gibt es nicht einen gerichtlichen Ehrenschutz gegen solche Ungerechtigkeit?

Nach Falstaff ist Ehre „ein buntbemaltes Schild beim Leichenzug". Nach Hamlet ist Ehre eines der wertvollsten persönlichen Güter: „Nicht ohne großen Gegenstand sich regen / Doch einen Strohhalm selber groß verfechten, / Steht Ehre auf dem Spiel". – Dort der Lebemann und Lüstling; hier der ideale Jüngling und Weltverbesserer. Dort die äußere Ehre, die öffentliche Meinung; hier die innere, die wahre Ehre, der wirkliche Geltungswert. Dort „die Wetterfahne, die im Winde sich dreht" (Dante); hier das Richtmaß für soziale Wertung und Behandlung. Dort der Untergang mit dem eigenen Tod; hier der Übergang in die Unsterblichkeit.

Moralischer Hochstand ist oft Folge oder Begleiterscheinung schweren unvermeidbaren Unglücks, körperlichen oder seelischen Leides. Wenn das Schicksal so grausam und ungerecht straft, will man zeigen, daß man trotz alledem sich wenigstens moralisch bewährt und keine Strafe verdient, also ungerecht leidet – als wenn das Schicksal dann die Strafe erlassen würde!

Alle Gelehrten sollten eine große unsichtbare Arbeitsgemeinschaft bilden, die nur einen Wettbewerb duldet: den anderen zu überflügeln – nicht an Leistungen (die sich harmonisch einfügen sollen), sondern an Edelsinn (der die anderen und die Gemeinschaft stärkt).

Auf öffentliche Taktlosigkeiten meiner Gegner habe ich, sofern es sich überhaupt lohnt, erwidert oder erwidern lassen: ich könne mich nicht besinnen, daß ich zu ihnen unhöflich gewesen sei. Diese Höflichkeit oder Nichtbeachtung ihrer Pöbeleien pflegte sie am meisten zu ärgern; ob auch zu bessern?

Mit jeder neuen Leistung erstehen neue Neider und Gegner. Wer mir meinen Gegner gar als Vorbild oder als Richtziel hinstellt, bekam von mir zu hören: ich habe nicht gewußt, daß er jetzt so bescheidene Ansprüche stelle.

Vom Gegner kann man (äußerlich wie innerlich) abhängig sein und beeinflußt werden durch Bekämpfung und durch bewußte Neutralität, durch Schweigen, Verschweigen, Totschweigen, wenn man ihn nicht kennen will. Nichtkennenwollen beruht auf Lüge. Nur bloße Unkenntnis steht außerhalb jeder Einflußsphäre.

Der Weg zur Macht im politischen Leben ist so schmal, daß ihn nicht zwei gehen können. Der Weg zur Macht im kulturellen Leben ist so breit und so gefährdet (durch Tücken und Mißgunst), daß ihn mehrere vereint gehen müssen.

In Weiterführung der großartigen Hegelschen Auffassung, Philosophie sei der Geist einer Zeit, in ein System gefaßt – wonach allerdings die grausame Zeit sofort über Hegel hinweggeeilt wäre –, läßt sich das umfassendste System immer nur als konkrete Teilerscheinung auf dem Wege und mit der Tendenz zum Ganzen auffassen. Philosophie ist die Unendlichkeit konkreter gesamtsystematischer Erforschungen des Ewigen (Absoluten).
Von dieser Warte aus, die sich auch für Einzelwissenschaften bewährt, erübrigen sich Neid und Streit, Rivalität und Polemik, Zersplitterung in einseitige Richtungen und Schulen. Jedes wertkritisch geläuterte, ehrlich erarbeitete System wird zum Baustein des Ganzen.

Reine Wissenschaft verhält sich zu gewissen Spezialzweigen ähnlich wie Kulturzentrum zu Kleinstädterei. Die Vertreter des Bürgerlichen Rechts erscheinen so oft als Spießbürger, die des Strafrechts als Spießgesellen, die Germanisten als Vereinsbündler, die Publizisten als Rutenbündler.

Wie der Herr so der Knecht. Das gilt auch für jeden Betrieb: für ein Landgut, ein Ladengeschäft, einen Privathaushalt, für jede Behörde, jede Schulklasse, jedes Staatswesen. Knechte gibt es überall, allerdings nicht Herrennaturen. Es sollten überall nur geben: Gemeinschaften und Vorbilder.

Der Junggeselle lebt wie ein Fürst und stirbt wie ein Hund. Der Ehemann lebt wie ein Hund und stirbt wie ein Fürst. Schlimm daran ist der Witwer: er lebt wie ein Hund, und dann stirbt er noch wie ein Hund. – Wie ein Fürst zu leben und sterben, das vermag niemand, am wenigsten heute ein Fürst.

Examenswitze können lehrreich sein. Was wissen Sie über Sokrates? – Der hatte die Xanthippe. – Ist das alles? – Ja, das dürfte genügen. – Erläuterung: jeder gute Witz beruht auf einer ungewollten Differenz. Der Prüfer meinte mit seiner Frage: Ist das alles, was Sie über Sokrates wissen? – Der Prüfling verstand die Frage so: Ist das alles, was Sokrates „hatte", d. h. als Schicksal zu tragen hatte?

Es gibt Erzschurken, gegen die man auf folgende Taktik angewiesen ist, will man ihnen gegenüber seine Rechte erreichen, mag es sich um „Kameraden" oder „Kollegen", um „Vorgesetzte" oder „Untergebene" handeln. Man bittet sie um das Gegenteil von dem, was man von ihnen erhalten möchte, und versichert ihnen, daß diese Gabe einen ganz besonders erfreuen würde. Dann kann man gewiß sein, daß der Erzschurke, um seinen Haß empfinden zu lassen, um nur Ärger und Schwierigkeiten zu bereiten, das Gegenteil des erbetenen Wunsches (also des Gegenteils des wahren Wunsches) mit allen Mitteln durchsetzt und hiermit den wirklichen Wunsch unbewußt erfüllt. So ist das Leben und so ist die Welt. – Nun ist der Erzschurke möglicherweise gewandter und lebenskundiger: er durchschaut den Trick und damit den wahren Wunsch, den er nunmehr erst recht zu hintertreiben weiß; und er hält sich genau an den Wortlaut. Um den Ärger auf die Spitze zu treiben, bemerkt er noch ausdrücklich, man habe sich den Schaden ja selbst ausgebeten, er habe ihn vorausgesehen, aber er wolle aus Kollegialität und Freundschaft die Bitte nicht versagen und habe sich genau am Wortlaut gehalten. So ist das Leben. So wird im beruflichen Vorwärtskommen und im politischen Leben gekämpft.

In Zeiten allgemeinen Niedergangs gehen zahllose Menschen unbemerkt zugrunde, weil sie zu anständig sind, zu schwindeln.

Das Volk besitzt kein Verständnis für Politik, weil es egoistisch denkt und keiner Einfühlung in fremde Völker fähig ist.

Der Zickzackkurs in der Politik gleicht dem Blitz ohne Donner. – Wahrhaft gute Politik ist volksfremd. Die schlechte ist weltfremd. – Schwerster politischer Fehler ist Prinzipientreue. – Der Bluff ist in der Politik nur ein Mittel auf kurze Sicht, und nicht einmal dieses gegenüber Weltmenschen. Aber der Satz „Ehrlich währt am längsten" bewahrheitet sich keineswegs; soziologisch gilt er als „Erfolgslegende" und als „Erziehungsmittel" (für Jugendliche, für Anwärter im politischen Leben, für Theorien des Strafvollzugs).

Tüchtigkeit macht unbeliebt, denn die anderen müssen sich umso mehr anstrengen, um nicht abzufallen. – Leistungsfähigkeit, ein Vorstadium der Tüchtigkeit als der wirklichen Leistung, gilt als Maßstab nur in der Schule und in der Lebensschule. Das wirkliche Leben sucht die Leistungsfähigkeit herabzudrücken, um die unbequeme Leistung zu verhüten, die Tüchtigkeit auszuschalten. Dagegen setzt sich wahrer Wert zur Wehr; je mehr die Abwehr gelingt, umso mehr wächst die Tüchtigkeit. Wirkliche Tüchtigkeit erfordert Wehrfähigkeit ebenso wie Leistungsfähigkeit. Wehrfähigkeit macht noch unbeliebter; denn dem anderen droht Leiden. – Beliebter kann man sich machen, wenn man dem anderen entsprechend Vorteile bringt oder wenigstens zeigt, so daß er die als hinderlich empfundene Leistung möglichst vergißt oder geringer einschätzt. Tüchtigkeit setzt außer Leistung und Abwehr drittens voraus: Arbeiten für andere, für Freunde wie (erst recht) für Feinde. Da niemand solche Leistungsfähigkeit besitzt und erst recht nicht betätigt, ist ein gesunder Egoismus schließlich doch berechtigt. Der oberste Maßstab ist nicht Liebe, sondern Gerechtigkeit. Am dringendsten ist Pflege der Gerechtigkeit und Erziehung zu ihr. Das scheint mir die letzte Lebensweisheit zu sein.

Wer sich bei Verhandlungen theoretisch auf Gerechtigkeit beruft, beweist seine Machtlosigkeit oder Unzufriedenheit oder seine Lieblosigkeit oder seinen Staatspessimismus oder echten Idealismus – allemal seine innere Schwäche.

Wer zu laut die Wahrheit beteuert, verdeckt oft Schein oder Lüge. Oder er ist Idealist (d. h. Phantast) und unklarer Kopf, der die Grenzen zwischen Wirklichkeit und Wahrheit nicht kennt.

Erhalte ich eine Zurechtweisung, weil ich verpflichtet war, Mängel aufzudecken, statt des zu erwartenden (nicht: erwarteten) Dankes, so pflege ich mich in solchen nicht seltenen Fällen nach bewährter Praxis „für das Dankesschreiben höflich zu bedanken". Mitunter verweise ich dabei, je nach dem Charakter der zurechtweisenden Stelle, auf die völkerrechtliche Courtoisie.

Liebe, Fürsorge, Gemeinwohl, Gerechtigkeit, Ehre, Gedenken im Gebet – Worte und immer Worte. Aber keine Taten. So ist zwar nicht der Lauf der Welt, die nur auf Taten reagiert, aber der Lauf der meisten Menschenleben, auf die nicht Taten reagieren.

Vorträge in kleinem Kreise durch große Männer, die nur der Sache, nicht sich selbst dienen, sind immer besser als in großer Versammlung, wo sie sich dem ungefähren Durchschnitt anpassen müssen. In kleinen Schulklassen erzielt der Lehrer bessere Erfolge als in überfüllten Sälen. Der unbedeutende Mann berauscht sich jedoch umso leichter und stärker, je größer sein Kreis ist; dort fühlt er sich mehr in die Weite wirken. Die Auflageziffer guter Zeitungen ist immer klein. Das Wahrhaft-Wertvolle ist immer selten – je wertvoller, desto seltener. Höchste Werte gibt es nur in der Idee.

Es gibt kein beglückenderes Gefühl, als sich gegenseitig Werte auf Lebensdauer zu bieten. Der Wertebringer steigert sich selbst und andere unaufhörlich. Täglich erzeugt und gebiert er vollendetere Nachkommen. Er sieht sich umgeben von einer blühenden Kinder- und Enkelschar. Hier erlebt er so recht eine echte Wertgemeinschaft, eine Wertfamilie. – Das ist die Tagesansicht gegenüber der blassen Nachtansicht, die nur Kritik ohne Hinblick auf einen Aufbau übt: im fahlen Mondlicht gewahrt man nur gespensterische Umrisse.

Den Wertebringer kann man nicht genug lieben. Wahre Liebe besteht im gegenseitigen Wertebringen. Bloße Liebe artet in sinnliche oder sinnlose Liebe aus. Liebe ist immer nur als Ergebnis von Werten und Wertgemeinschaften liebenswert. Liebesgemeinschaft ist nur Wirkung, nicht Wesen. Wertgemeinschaft ist Wesen und Wirkung; sie ist Grundlage und Ziel. Denn Werte machen das Wesen der Dinge, machen Kultur und Ewigkeit aus.

Der Mensch arbeitet manche Nacht am Schreibtisch weiter, weil er zu müde ist, zu Bett zu gehen. So kann die Arbeit das Leben verlängern, wenn die Sterbestunde längst geschlagen hat.

Je älter der Mensch wird, umso mehr löst sich sein Wesen von seiner Person, der körperlichen wie der seelischen. Umso wesenhafter wird der Mensch. Zuletzt zieht sein Wesen entpersönlicht in das All. Der Tod ist kein Einschnitt; er ist nur ein unmerklicher Übergang. Er ist nichts Plötzliches und Gewaltsames, überhaupt kein Verlöschen, kein Ende. Er ist die selbstverständliche Verwirklichung dessen, was längst vorbereitet war.

Werkregister, Probleme

Autorenregister
(siehe auch Personenregister)

Personenregister

(siehe auch Autorenregister)

Sachregister

FSC
www.fsc.org
MIX
Papier | Fördert
gute Waldnutzung
FSC® C083411

Kolibri 360 GmbH
Ferdinand-Jühlke-Straße 7
99095 Erfurt, Deutschland
produktsicherheit@kolibri360.de